本书得到国家社科基金后期资助一般项目（19FJLB023）、北京市自然科学基金面上项目（9192015）及北京市社科基金一般项目（20JJB010）的资助。

我国数字经济发展的劳动力市场效应研究

李宏兵 ◎ 著

知识产权出版社
全国百佳图书出版单位
—北京—

图书在版编目（CIP）数据

我国数字经济发展的劳动力市场效应研究/李宏兵著. —北京：知识产权出版社，2021.9

ISBN 978-7-5130-7663-0

Ⅰ.①我… Ⅱ.①李… Ⅲ.①信息经济—影响—劳动力市场—研究—中国 Ⅳ.①F249.212

中国版本图书馆 CIP 数据核字（2021）第 167432 号

内容提要

本书从全球数字经济蓬勃发展下的特征趋势及我国数字经济发展的典型事实出发，明晰了数字经济从“边缘走向中心”的内涵演进及其影响劳动力市场的理论机制，系统评估了城乡、工业与农业数字经济发展影响劳动力市场就业和工资的机制与效应，并提出了具有战略性、前瞻性和针对性的系列对策措施。

本书主要面向国际贸易学、劳动经济学和信息经济学方向的研究生和本科生，及从事互联网和数字经济相关工作的专业人员。

责任编辑：国晓健　　**责任校对：**谷　洋

封面设计：臧　磊　　**责任印制：**孙婷婷

我国数字经济发展的劳动力市场效应研究

李宏兵　著

出版发行：知识产权出版社有限责任公司　　**网　　址：**http://www.ipph.cn

社　　址：北京市海淀区气象路 50 号院　　**邮　　编：**100081

责编电话：010-82000860 转 8385　　**责编邮箱：**guoxiaojian@cnipr.com

发行电话：010-82000860 转 8101/8102　　**发行传真：**010-82000893/82005070/82000270

印　　刷：北京中献拓方科技发展有限公司　　**经　　销：**各大网上书店、新华书店及相关专业书店

开　　本：787mm×1092mm　1/16　　**印　　张：**20.5

版　　次：2021 年 9 月第 1 版　　**印　　次：**2021 年 9 月第 1 次印刷

字　　数：345 千字　　**定　　价：**88.00 元

ISBN 978-7-5130-7663-0

前　言

自 2017 年“数字经济”首次写入政府工作报告以来，中央文件多次提及数字经济发展，并明确指出要推动互联网、大数据、人工智能和实体经济深度融合，壮大数字经济，加快建设网络强国。尤其是党的十九大以来，习近平总书记多次对“抓住产业数字化、数字产业化赋予的机遇，加快 5G 网络、数据中心等新型基础设施建设”等工作做出重大战略部署。而随着数字经济从“边缘走向中心”，以产业数字化和数字产业化为特征的新经济形态不断演化，并对社会经济各领域产生深刻而持续的影响。特别是，数字经济浪潮不仅会创造就业机会，调整优化就业结构，也会对劳动力市场传统就业模式和要素收入分配体系形成冲击，进而带来结构性失业风险持续存在、就业人才的数字素养亟待提升、数字鸿沟加深、企业劳资管理面临新风险、就业制度有待完善等诸多挑战，并日渐成为影响网络强国建设和经济高质量发展的重要障碍。

在新一代信息技术风起云涌和全球经济局势不确定性大幅提升背景下，深入理解全球数字经济蓬勃发展下的特征趋势及我国数字经济发展的典型事实，深刻剖析开放条件下数字经济发展的就业效应，系统探讨城乡、工业与农业数字经济发展影响劳动力市场就业和工资变迁的理论机理及异质性效应，针对性地提出以数字经济发展驱动我国劳动力市场高质量发展的政策建议，这不仅有利于掌握数字经济大国发展进程中的基本规律，也可为百年未有之大变局下实现数字经济驱动就业优先战略和经济高质量发展提供理论支持。

数字经济发展新格局下，对于上述问题的澄清势必要求理论和政策研究加快脚步，对此，本书从数字经济的内涵界定及理论演进出发，梳理了数字经济发展影响劳动力市场的相关理论和实证研究，细致探讨了全球数字经济发展特征及趋势展望，分析了我国数字经济发展的动态演进与典型特征，并重点探讨了深圳、杭州等代表性城市数字经济的发展动态、新就业模式及未来发展趋势。同时，在阐述数字经济下我国劳动力市场的特征、机遇与挑战的基础上，分别从制造业和服务业两个方面，对开放视角下我国数字经济发展的就业效应进行了理论分析和实证检验；并利用历年阿里巴巴的“淘宝村”数据考察了我国农村数字经济发展对劳动力市场收入分配的影响。此后，基于当前学界和社会广泛关注的“机器换人”的时代命题，综合采用中国制造业行业工业机器人数据、2008 年全国经济普查数据以及 2010 年人口普查数据等多维数据，实证检验了不同省份和城市工业数字化对我国劳动力市场就业和工资的影响。最后，针对国际、国内双循环新格局下数字经济发展驱动我国劳动力市场高质量发展的机制与路径，提出了具有战略性、前瞻性和针对性的系列对策措施。

本书得到国家社科基金后期资助一般项目（19FJLB023）“贸易政策不确定性下中国外贸转型升级的劳动力市场效应研究”北京市自然科学基金面上项目（9192015）“京津冀地区城市蔓延与市场邻近的能耗效应与协同优化策略研究”、北京市社科基金一般项目（20JJB010）“疫情防控常态化下数字经济驱动北京实体经济复兴研究”的资助。围绕相关选题，本书作者及研究团队在 *Open Economies Review*、*Emerging Markets Finance and Trade*、《世界经济》、《中国工业经济》、《数量经济技术经济研究》和《统计研究》等刊物发表论文数十篇，进一步支撑了国家社科基金后期资助一般项目等科研课题的研究，并形成了系列科研成果。本书大纲由李宏兵起草，由各位作者反复讨论定稿。相关合作者分别来自北京邮电大学和北京师范大学等单位，其中除第 1 ~4 章和第 9 章外，北京邮电大学研究生金鑫鑫、任思璇、王爽和王贺新参与了第 5、6、7 章部分内容的撰写；北京师范大学赵春明教授和北京邮电大学李震博士参与了第 8 章部分内容的撰写；北京邮电大学翟瑞瑞老师和李柔妍、赵丁然、王雪宁、王丽君、李贺、何梦迪、张敏、孙妍等研究生参与了书稿的排版和修订。

感谢知识产权出版社国晓健编辑辛勤且卓有成效的工作，当然本书文责自负。限于作者的水平和精力有限，不妥之处敬请各位读者批评指正。

目 录

第1章 绪 论 …… 1
1.1 数字经济内涵及理论演进 …… 1
1.1.1 数字经济的内涵 …… 1
1.1.2 数字经济的范围 …… 4
1.2 数字经济发展影响劳动力市场的文献综述 …… 6
1.2.1 数字经济发展及规模测算的文献综述 …… 6
1.2.2 数字经济发展影响就业的文献综述 …… 10
1.2.3 数字经济发展影响收入分配的文献综述 …… 13
1.3 研究方法及结构安排 …… 16
1.3.1 研究方法 …… 16
1.3.2 结构安排 …… 18
第2章 全球数字经济发展特征及趋势展望 …… 23
2.1 全球数字经济发展现状及特征 …… 23
2.1.1 “数字经济”新概念兼顾不同经济体的利益诉求 …… 23
2.1.2 全球传统产业加速数字化转型，助力复工复产 …… 25
2.1.3 疫情推动各国政府充分利用信息技术，数字化治理体系初见成效 …… 26
2.1.4 接入鸿沟迅速弥合，缓解数字经济的差异化问题 …… 27
2.1.5 全球价值链的收益分配不均，断链风险攀升，价值链区域化趋势加剧 …… 27
2.1.6 数字经济产业全球化面临的政治风险突出 …… 28
2.2 代表性国家数字经济发展动态 …… 28

2.2.1 美国：一骑绝尘，数字经济独占全球鳌头 …… 28
2.2.2 欧盟：奋起直追，力争夺回数字时代战略自主权 …… 32
2.2.3 日本：内外兼顾，提升数字经济竞争力 …… 33
2.2.4 印度：未来可期，数字经济发展差距显著 …… 36
2.3 全球数字经济发展趋势展望 …… 39
2.3.1 数字经济缓解就业压力显著，各国对数字产业的重视程度进一步强化 …… 39
2.3.2 数字经济与实体经济融合程度加深 …… 40
2.3.3 全球对数据监管与应用方面的关注度进一步提高 …… 41
2.3.4 各国积极谋求多元化合作，数字经济共同体初显 …… 42
2.4 本章小结 …… 43
第3章 我国数字经济发展的动态演进与典型特征 …… 45
3.1 我国数字经济发展的指标构建与测算 …… 45
3.1.1 数字经济指标测算体系 …… 45
3.1.2 测算总体结果与发展特点 …… 50
3.2 我国数字经济发展的指标分解与特征分析 …… 54
3.2.1 基础设施指标分解 …… 54
3.2.2 产业指标分解 …… 55
3.2.3 融合指标分解 …… 56
3.2.4 环境指标分解 …… 58
3.3 我国重点省市数字经济发展现状及趋势分析 …… 59
3.3.1 广东省数字经济发展现状、就业模式与发展趋势 …… 59
3.3.2 浙江省数字经济发展现状、就业模式与未来趋势 …… 64
3.3.3 北京市数字经济发展现状、就业模式与未来趋势 …… 70
3.4 本章小结 …… 76
第4章 数字经济下我国劳动力市场的特征、机遇与挑战 …… 78
4.1 数字经济下我国劳动力市场新就业模式及特征 …… 79
4.1.1 数字经济影响就业的理论分析 …… 79
4.1.2 数字经济就业政策梳理 …… 81
4.1.3 数字经济就业现状 …… 83

4.1.4 数字经济新就业模式内涵 …… 86
4.1.5 数字经济新就业模式特征 …… 87
4.2 数字经济下我国劳动力市场新就业模式的分布特征 …… 91
4.2.1 数字经济下新就业模式的重点领域分布 …… 91
4.2.2 数字经济下新就业模式的主要区域分布 …… 100
4.3 代表性国家保障新就业模式的税收治理举措 …… 105
4.3.1 美国 …… 105
4.3.2 欧盟 …… 108
4.3.3 澳大利亚 …… 110
4.3.4 印度 …… 111
4.3.5 各国经验借鉴 …… 112
4.4 数字经济下我国劳动力市场面临的机遇与挑战 …… 114
4.4.1 数字经济下我国劳动力市场面临的机遇 …… 114
4.4.2 数字经济下我国劳动力市场面临的挑战 …… 117
4.4.3 数字经济下我国劳动力市场新局势的应对 …… 121
4.5 本章小结 …… 124
第5章 开放视角下我国数字经济发展的就业效应研究 …… 125
5.1 开放视角下我国数字经济发展与就业变迁 …… 125
5.1.1 开放视角下的数字经济 …… 125
5.1.2 数字经济发展下的就业变迁 …… 126
5.2 数字经济影响我国劳动密集型行业出口竞争力的实证研究 …… 127
5.2.1 理论机制分析 …… 128
5.2.2 模型构建及变量描述 …… 138
5.2.3 实证结果分析及讨论 …… 155
5.2.4 基于资本和技术密集型行业的拓展分析 …… 156
5.3 数字经济下我国跨境电子商务发展影响就业的实证研究 …… 158
5.3.1 跨境电子商务就业效应的理论分析与研究假设 …… 159
5.3.2 跨境电子商务发展水平的指标构建及测算 …… 163
5.3.3 计量模型构建及统计性描述 …… 171
5.3.4 跨境电子商务就业效应的实证结果及分析 …… 174
5.4 本章小结 …… 176

第6章　我国农村数字经济发展影响劳动力市场收入分配的实证研究 …… 178
6.1　文献综述与理论假说 …… 179
6.1.1　文献综述 …… 179
6.1.2　理论假说 …… 183
6.2　模型构建与变量描述 …… 185
6.2.1　模型构建 …… 185
6.2.2　数据来源和变量描述 …… 185
6.3　实证结果分析 …… 192
6.3.1　基准回归 …… 192
6.3.2　异质性分析与调节效应检验 …… 194
6.3.3　中介机制检验 …… 197
6.3.4　稳健性检验 …… 199
6.4　基于城乡收入差距的实证分析 …… 202
6.4.1　农村电子商务发展对城乡收入差距的倒"U"形影响 …… 202
6.4.2　考虑产业结构高级化的调节作用 …… 205
6.4.3　农村电子商务发展影响城乡收入差距的异质性分析 …… 207
6.5　农村电子商务集聚影响居民收入的拓展分析 …… 211
6.5.1　农村电子商务集聚对居民收入的倒"U"形影响 …… 211
6.5.2　农村电子商务聚集对城乡居民收入的差异化影响 …… 214
6.6　本章小结 …… 215
第7章　工业数字化影响我国省际劳动力市场就业和工资的实证研究 …… 217
7.1　文献综述 …… 218
7.1.1　工业数字化对就业市场影响的研究 …… 218
7.1.2　产业层面工业数字化对就业市场影响的研究 …… 220
7.1.3　文献述评 …… 221
7.2　理论机制与研究假设 …… 221
7.2.1　理论机制 …… 221
7.2.2　研究假设 …… 227
7.3　工业数字化进程中的劳动力市场变迁 …… 229
7.3.1　我国工业数字化的发展现状 …… 229

7.3.2 我国劳动力市场变迁概况 …… 231
7.3.3 我国工业数字化进程中的就业市场演进 …… 235
7.4 模型构建与数据描述 …… 237
7.4.1 计量模型的设定 …… 237
7.4.2 变量描述及数据说明 …… 238
7.5 实证结果分析 …… 241
7.5.1 基准回归 …… 241
7.5.2 异质性检验 …… 243
7.5.3 中介机制检验 …… 247
7.5.4 稳健性检验 …… 249
7.6 基于工资差距的拓展研究 …… 250
7.6.1 基于制造业工资回归结果 …… 251
7.6.2 制造业组内工资差距的回归结果 …… 252
7.7 本章小结 …… 254
第8章 城市工业数字化影响我国劳动力个体就业和工资的实证研究 …… 257
8.1 文献综述 …… 260
8.2 模型构建与数据描述 …… 263
8.2.1 数据来源 …… 263
8.2.2 变量定义 …… 263
8.2.3 计量模型设定与估计方法 …… 265
8.3 城市工业数字化对劳动力重新配置的影响 …… 266
8.3.1 基准结果与分析 …… 266
8.3.2 劳动力跨部门重新配置的讨论 …… 271
8.4 城市工业数字化对劳动力工资的影响 …… 275
8.4.1 劳动力工资增长的回归结果与分析 …… 275
8.4.2 劳动力技能工资溢价的回归结果与分析 …… 277
8.5 本章小结 …… 281
第9章 以数字经济发展驱动我国劳动力市场高质量发展的政策建议 …… 283
9.1 加快形成国际国内双循环下的数字经济发展新格局 …… 283
9.1.1 加快布局新基建，铺就数字经济发展新基础 …… 283

9.1.2 强化数字技术研究，夯实数字经济发展基石 …… 285
9.1.3 加快规范数字经济平台建设，促进贸易便利化 …… 286
9.1.4 扩大数字经济创新应用，推动制造业数字化发展 …… 287
9.1.5 发挥数字经济网络连接效应，畅通国内国际产业循环 …… 287
9.1.6 完善数字经济产业布局，推进“一带一路”数字经济发展…… 288
9.2 积极释放数字经济带动就业“稳定器”的新动能 …… 289
9.2.1 着力推动数据资源要素市场化改革，为吸纳就业奠定基础 … 289
9.2.2 发展平台经济，促进社会灵活就业，减轻结构性失业负担 … 291
9.2.3 培训数字化工作技能，提升就业人才的数字素养 …… 291
9.2.4 完善与数字经济相关的法律法规，规范新型劳动关系 …… 292
9.2.5 引导企业建立与数字经济就业模式新变化相适应的劳资管理体系 …… 293
9.2.6 加大政策优惠，鼓励创业带动就业 …… 294
9.2.7 加快培育数字经济新兴就业机会 …… 295
9.3 多方开拓数字经济驱动劳动力市场调整的新路径 …… 295
9.3.1 以跨境电子商务发展为契机改善就业结构，促进跨境电子商务与国内就业的协调发展与良性互动 …… 295
9.3.2 以提升各行业出口竞争力为抓手，“因业制宜”充分发挥数字经济吸纳就业效应 …… 297
9.3.3 以建设数字丝路为着力点壮大数字贸易，挖掘数字贸易吸纳就业的潜力 …… 299
9.4 协调推进城乡数字经济均衡发展优化劳动力市场的新举措 …… 299
9.4.1 繁荣农村电子商务促进农民增收，缩小城乡收入差距 …… 299
9.4.2 推进中西部产业数字化差异化发展，缩小中西部地区劳动力收入差距 …… 302
9.4.3 推进城乡人才、技术、经验等要素流动，为乡村振兴注入新动能 …… 302
参考文献 …… 304

第1章　绪　论

党的十九大以来，《中共中央国务院关于构建更加完善的要素市场化配置体制机制的意见》和历年政府工作报告等中央政策文件，多次提及数字经济（Digital Economy）发展，并明确指出要推动互联网、大数据、人工智能和实体经济深度融合，壮大数字经济，加快建设网络强国。习近平总书记也多次对“抓住产业数字化、数字产业化赋予的机遇，加快5G网络、数据中心等新型基础设施建设”等工作做出重大战略部署。而随着数字经济从“边缘走向中心”，以产业数字化和数字产业化为特征的新经济形态不断演化，并对社会经济各领域产生深刻而持续的影响，尤其是对劳动力市场传统就业模式和要素收入分配体系形成冲击，并日渐成为影响网络强国建设和经济高质量发展的重要障碍。那么，深入理解全球数字经济蓬勃发展下的特征趋势及我国数字经济发展的典型事实，深刻剖析开放条件下数字经济发展的就业效应，系统探讨城乡、工业与农业数字经济发展影响劳动力市场就业和工资变迁的异质性效应及其政策应对，这不仅有利于掌握数字经济大国发展进程中的基本规律，也可为新冠肺炎疫情常态化下实现数字经济驱动就业优先战略和经济高质量发展提供理论支持。

1.1　数字经济内涵及理论演进

1.1.1　数字经济的内涵

对于数字经济的界定，美国IT咨询专家唐·泰普斯科特（Don Tapscott）（1996）在《网络智能时代的数字经济前景和风险》一书中通过论述美国信息高速公路普及化之后所产生的新经济体制，首先提出并宣告了数字经济的来临。该书通过大量商业实例，分析了信息技术广泛应用过程中市场、管理、社会等方面的新变化和对策，指出数字经济时代是一切信息数字化和以知识为基础的时代。几乎与此同时，经济合作与发展组织（Organization for Economic Co－operation and Development，OECD）正式提出数字经济概念，并将其称为电子商务或由电子商务引起的贸易行为制造、供应电子产品和服务的经济过程。此后，Kling 和 Lamb（1999）认为，数字经济是一个经济部门，该部门商品和服务从制造、销售或供给完全依赖数字化技术。Neal Lane（1999）将数字经济定义为计算机技术和通信技术在因特网中的融合，并引发的信息与技术交流促进了所有的电子商务与大量的组织变革。Beomsoo Kim（2002）进一步将数字经济的活动本质界定为“商品和服务以数字化形式进行交易”。

从上述研究来看，早期主要从计算机和通信技术对社会经济运行模式影响的角度对数字经济进行界定。随着信息通信技术的进一步发展及数字经济对其他行业的广泛渗透，学者们拓展了数字经济的范畴。如 Miller 和 Wilsdon（2001）对数字经济的理解突破了技术和电子商务的局限性，更广泛地将其理解为一种新的经济形态。研究认为，数字经济代表一场技术革命——改变我们商业、工作和生活的因特网革命；数字经济代表创新行为——驱动新经济的动力；数字经济代表可持续发展——运用数字化技术来减少我们对环境的影响；数字经济代表平等——因特网一定程度上加强社区合作和社会联系性。此后，美国商务部（2004）认为，数字经济是一种相对独立的经济形态，是以信息与通信技术为基础进行的经济活动的总和，它包括计算机、电子商务、数字交付服务、软件和通信服务等相关经济活动。英国研究委员会（Research Council UK，2010）认为，数字经济是通过人、过程和技术发生复杂关系而创造社会经济效益，涵盖将音乐、游戏、电视、广播、移动通信、电子出版物等数字经济活动。英国数字经济战略的提出也引起了其他国家对于数字经济前沿领域的关注（郑安琪，2016），澳大利亚国家数字经济战略（National Digital Economy Strategy，2011）将数字经济界定为通过互联网、移动电话和传感器网络等信息和通信技术，实现经济和社会的全球性网络化。2016 年 G20 峰会发布的《二十国集团数字经济发展与合作倡议》将数字经济定义为以使用数字化的知识和信息作为关键生产要素、以现代信息网络作为重要载体、以信息通信技术的有效使用作为效率提升和经济结构优化的重要推动力的一系列经济活动。与此同时，世界银行《2016 年世界发展报告：数字红利》也以数字红利为主题，对数字经济给出了类似的定义。国家统计局《数字经济及其核心产业统计分类（2021）》则将数字经济界定为以数据资源作为关键生产要素、以现代信息网络作为重要载体、以信息通信技术的有效使用作为效率提升和经济结构优化的重要推动力的一系列经济活动。如图 1－1 所示，本章汇总了国内外代表性组织和机构对数字经济内涵的表述。

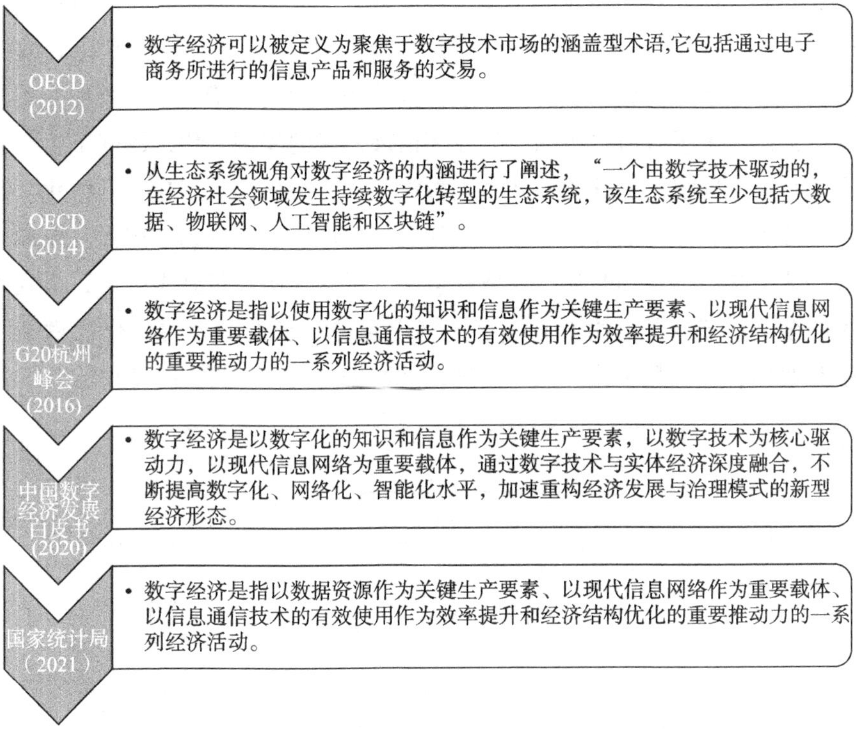

图 1－1 数字经济内涵的演进

资料来源：课题组根据公开资料整理。

从国内研究来看，学者们起步相对较晚，对数字经济的认识要么过于强调技术发展的作用，忽视其微观经济学基础；要么将数字经济囿于特定产业，使我们难以从宏观层面理解其对社会经济变革的重要影响。也正因如此，国内不少学者推动数字经济研究由数字化现象分析过渡到规范的经济学分析（姜奇平，2000；刘树成，2001；逄健和朱欣民，2013）。蔡跃洲（2018）、许宪春和张美慧（2020）等相关研究，也通过数字经济范围的确定和数字经济增加值核算等对其内涵和概念进行了重新梳理。在归纳信息经济、互联网经济和数字经济演变历程的基础上，提炼了数字经济的内涵与形成要素，构建数字经济规模核算框架，并确定了数字经济产业及数字经济产品。此后，中国信息通信研究院2015—2020年发布的系列《中国数字经济发展白皮书》，也梳理了我国数字经济发展所经历的“两化”“三化”到“四化”的发展历程，并逐步丰富了数字经济的内涵。上述研究首先从生产力角度提出我国数字经济“两化”框架，即数字产业化和产业数字化。在此基础上，又进一步从生产力和生产关系的角度提出数字经济“三化”框架，即数字产业化、产业数字化和数字化治理，认为数字经济蓬勃发展，不仅仅推动经济发展质量变革、效率变革、动力变革，还带来了政府、组织、企业等治理模式的深刻变化，体现了生产力和生产关系的辩证统一。此后，随着以数据驱动为特征的数字化、网络化、智能化深入推进，数据化的知识和信息作为关键生产要素在推动生产力发展和生产关系变革中的作用更加凸显，经济社会实现了从生产要素到生产力，再到生产关系的全面系统变革。由此，数字经济内涵进一步扩展为“四化”框架，即数字产业化、产业数字化、数字治理化及数据价值化。（图1－2）

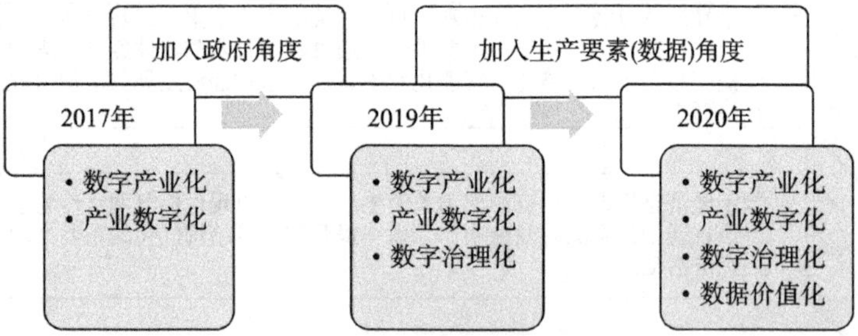

图1－2　数字经济演变进程

资料来源：根据《中国数字经济发展白皮书（2020）》整理所得。

1.1.2　数字经济的范围

随着数字经济与实体经济加速渗透融合，数字经济的范围和边界也不断变化和扩充。对此，本章大致梳理了自唐·泰普斯科特明确数字经济概念以来，其范围演变的主要历程，见表1－1。数字经济从最初的数字基础设施和电子商务，逐步发展至如下四个维度：一是数字产业化，包括5G、大数据、云计算、应用软件、互联网等产业；二是产业数字化，包括利用5G、大数据等技术进行数字化、智能化的升级和赋能的产业；三是数字化治理，包括充分利用数字技术建立健全管理体系，创新服务监管体系等数字治理模式；四是数据价值化，包括数据监管、数据安全、数据交易、数据保护等方面。不仅如此，学者们也进一步结合已有产业分类标准提出了中国数字经济产业统计分类，进而从产业类别视角探讨了数字经济的范围，具体包括数字设备制造、数字信息传输、数字技术服务、数字内容与媒体、互联网应用及相关服务5个大类，共计22个中类、122个小类（关会娟等，2020）。当然需要指出的是，作为一种全新的经济形态，数字经济方兴未艾，并将深入影响国民经济各行业和社会经济生活的诸多方面，因此其内涵和范围也必将伴随着实践的发展而不断丰富。

表1-1 数字经济范围发展历程

代表性文献	数字经济范围
唐·泰普斯科特（Don Tapscott，1996）	1. 基础设施，包括高速的互联网接入、计算能力与安全服务等； 2. 电子商务，包括在前端与后端大幅利用ICT的商业模式； 3. 运用ICT的B2B、B2C和C2C交易模式
美国经济分析局（Bureau of Economic Analysis，BEA）（2016）	1. 与计算机网络运行相关的数字化基础设施； 2. 基于网络实现商业往来的电子商务业务； 3. 由数字经济使用者所创造和使用的数字媒体
经济合作与发展组织（OECD，2017）	包括零售（电子商务）、交通（自动化车辆）、教育（大规模开放式网络课程）、健康（电子记录及个性化医疗）、社会交往与人际关系（社交网络）等领域
许宪春和张美慧（2020）	1. 数字化赋权基础设施，包括计算机硬件、软件、电信设备等支持数字经济运行和发展的数字基础设施； 2. 数字化媒体，包括直接销售型数字媒体、免费数字媒体和大数据数字媒体等； 3. 数字化交易，包括数字订购、平台实现与数字交付三种方式； 4. 数字经济交易产品，包括货物、服务、信息/数据等
金星晔和伏霖等（2020）	1. 数字经济基础设施及服务业；2. 电子商务产业； 3. 数字化信息产业；4. 数字化生产活动
中国数字经济发展白皮书（2020）	电子信息设备制造、电子信息设备销售和租赁、电子信息传输服务、计算机服务和软件业、其他信息相关服务以及由于数字技术的广泛融合渗透所带来的新兴行业，如云计算、物联网、大数据、互联网金融

续表

代表性文献	数字经济范围
《数字经济及其核心产业统计分类（2021）》	数字产品制造业、数字产业服务业、数字技术应用业、数字要素驱动业、数字化效率提升业五大类

资料来源：作者根据公开资料整理。

1.2 数字经济发展影响劳动力市场的文献综述

1.2.1 数字经济发展及规模测算的文献综述

随着数字经济新业态、新模式快速涌现，数字经济发展步入快车道并引起国内外学者的广泛关注，尤其是关于数字经济发展及规模测算的研究仍存在诸多争论。对此，续继和唐琦（2019）的研究发现，随着数字经济相关产品的出现以及传统行业数字化转型升级程度的加深，数字经济发展与规模测算面临新的挑战，至少有两大问题不容忽视：第一，数字经济发展与规模核算过程中，存在的定义和测算方法不一致、数字经济产业和数字产品类别界定模糊等问题仍未解决；第二，数字经济与传统经济的融合不断增加隐形福利，但在核算方法上存在滞后问题（刘安平，2019）。不仅如此，学者们通过梳理也发现，世界各国及相关国际组织在数字经济发展与规模测算方面均存在较大差异（王硕，2021）。归纳来看，主要有如下三种方法：一是直接估算法，即通过对数字经济范围进行明确界定，进一步估算在该范围内的数字经济规模。二是构建数字经济的多维度评价指标体系，以此对数字经济的发展情况进行合理度量。三是借助建立的数字经济卫星账户来测度数字经济规模。但是，国际上关于上述方法仍未达成一致，相关研究也正逐步深入。基于此，本章试图厘清国内外数字经济发展与规模测算的研究历程及最新进展。

1. 国外相关研究进展

从已有研究来看，美国较早开始对数字经济发展规模总量的测度进行理论和实践研究。较具代表性的是，美国商务部在 1998 年发布的关于数字经济度量的报告中，对美国经济受信息技术和电子商务发展的实际影响进行了深入探讨。Margherio（1998）的研究也发现，在1977年至1998年间，美国信息技术部门增加值占GDP的比重翻倍上升。1999年，美国进行官方统计并更新了该数字经济度量报告，在原报告度量的基础上，增加了信息技术的应用行业对美国经济增长的影响，Henry等（1999）认为该报告的新增部分为信息技术行业投资能有效促进生产率的提高提供了新的有力证据。上述研究均是以信息技术和电子商务来界定数字经济范围，并基于此完成对数字经济的相关测算，是间接对数字经济的影响实现评估和测算。Mesenbourg（2001）认为由美国人口普查局最早建立的数字经济测算框架具有明显优势。在此测算框架下数字经济的测算范围包括电子商务基础设施、电子商务流程及电子商务交易三个部分，同时提出了对应各部分的数据收集策略，从而有效提高了数字经济测算的可操作性。

美国商务部2003年基于国民经济核算体系（SNA）及产业分类标准，对数字经济发展与规模实行量化研究，并借助价格指数的修正进一步估算出2002年美国数字经济规模及其占美国真实GDP的比重。Pélissié等（2011）将互联网作为研究的出发点，对数字经济内涵进行了明确界定，同时利用支出法对私人消费、公共消费、私人投资以及贸易差额中涉及互联网的部分进行合理测算。其内在原理是通过测算互联网对相关经济活动的潜在贡献值，并将其依照科学比例计入上述相关经济活动的价值总值中。OECD（2014）提出从投资智能基础设施、增强社会活力、释放创新创造能力、促进增长带动就业等多个方面对数字经济发展程度进行测度。Colecchia等（2014）基于OECD对数字经济内涵的界定，从数字化订购、促成平台、数字化传输三大数字交易特征来识别数字经济活动。Mateus（2015）在已有研究基础上构建了数字经济与社会指数（DESI），该指数主要由五个部分构成：一是欧盟各国宽带接入；二是人力资本；三是互联网应用；四是数字技术应用；五是数字化公共服务程度。数字经济与社会指数是度量欧盟各国数字经济发展与规模的重要合成指数。Colecchia等（2014）研究认为，OECD构建38个数字经济评价指标存在一定的国际可比性，能够对世界主要国家数字经济的发展水平及规模实现较为全面及准确的反映。

此后，美国商务部数字经济顾问委员会（Digital Economy Board of Advisors）在2016年发布的数字经济报告中提出，从四个方面度量数字经济的发展：一是各经济部门的数字化程度；二是数字化对经济活动的影响；三是数字化对生产率和 GDP 等经济指标的影响；四是数字活动的新兴领域。美国经济分析局（2018）将支持数字化的基础设施、电子商务和数字媒体纳入数字经济的基本构成。Barefoot 等（2018）据此测算出 2006—2016 年美国数字经济实际增加值的年均增长率远超总体经济的增长率。Baller 等（2016）认为世界经济论坛的网络成熟指数、欧盟委员会的数字经济与社会指数能够从多维度合理测度数字经济对社会发展的影响。

2. 国内相关研究进展

国内学者对数字经济测算的研究起步相对较晚，但也从数字经济规模测算和增加值核算等方面做出了富有成效的探索。其中，康铁祥（2008）的研究较早，基于 Machlup - Porat 测算方法，结合我国数字经济发展实际测算了 2002—2005 年数字经济发展规模。此后，国内研究机构也对数字经济规模测算进行了有益的尝试，腾讯研究院（2017）通过“互联网 + 数字经济指数”与 GDP 之间的回归系数，估算我国数字经济总量。中国信息化百人会（2017）将数字经济划分为生产与应用两部分，同时在测算数字经济规模时将生产法与效率提升测算相结合，利用产业的直接贡献和间接贡献对数字经济总量进行测算。其中将直接贡献（即 ICT 产业增加值占 GDP 的比例）作为基础型数字经济，将间接贡献（即 ICT 产业应用于传统产业所产生的增加值占 GDP 的比例）作为融合型数字经济，通过测算两种类型的数字经济增加值，得到数字经济增加值总和作为数字经济增加值（向书坚和吴文君，2018）。中国信息通信研究院（2020）将数字经济的维度从数字产业化和产业数字化拓展到数字产业化、产业数字化、数据价值化和数字化治理四个维度，并对中国数字经济规模进行了测算。

由此可见，关于数字经济规模的测算思路和结果仍存在较大差异，而蔡跃洲（2018）则认为，这种差异是由不同研究机构与学者在数字经济规模的核算范围界定和测算方法的选择不一致造成的。对此，中国信息化百人会（2017）提出，可以借鉴 Jorgenson 和 Stiroh（1999）的数字经济增长核算框架，在实现数字资本投入对经济增长的贡献率求解基础上，对全要素生产率中数字经济的贡献部分进行有效提取，进一步将两者结果汇总，测算出数字经济对经济增长的贡献度。但是，该研究方法是对整体国民经济受 ICT 资本的影响进行测算，其中，ICT 产业和非 ICT 产业的数字经济未进行分类测算。蔡跃洲（2018）认为，采用支出法确实能有效将消费、投资及进出口中与互联网直接相关的部分从相应的总项目中剥离出来，但是与生产法所带来的测算缺陷相似，该测算方法直接将应用了互联网及 ICT 等技术的传统产品或服务归为数字经济，从测算角度来看存在一定的不合理性。而彭刚和赵乐新（2020）尝试在将数字经济划分为数字经济基础层和数字经济融合应用层的基础上，测算数字经济总量及其在 GDP 中的占比。

与此同时，依据 OECD 提出的关于数字经济卫星账户（DESA）的初步框架，学者们展开了进一步拓展分析。杨仲山和张美慧（2019）基于数字经济的广义概念，具体定义了编制数字经济的静态总量指标与直接贡献指标，进一步将数字交易的特征作为核心，并对其进行数字经济卫星账户的初步构建。此外，向书坚和吴文君（2019）利用 2012—2017 年相关数据测算了中国数字经济卫星账户中主要数字产业的增加值及其所占 GDP 的比重。平卫英（2021）更进一步地探讨了关于中国数字经济卫星账户的设计方案，主要内容包括两方面：一是数字经济产品分类方面，将其细化为数字产品和数字化产品两大类；二是在表式设计方面，在数字经济供给表、使用表、投资矩阵表的基础上，新增就业统计表和互联网免费服务统计表，以此凸显数字经济的发展对就业的巨大影响。而许宪春和张美慧（2020）在对比 BEA 和 ABS 的测算方法后，借助行业增加值结构系数、数字经济调整系数与行业增加值率等指标，对中国 2007—2017 年数字经济增加值和总产出等指标进行系统测算，并进一步深化了数字经济规模核算框架。

综上所述，尽管国内外学者对数字经济发展及规模测算，从诸多方面进行了富有成效的探索，但从测算方法和结果来看，目前并未形成一致意见。一是对数字经济的统计范围及分类界限未有明确的界定，使得国内外学者及研究机构对数字经济发展与规模总量的测算未能形成统一标准，导致测算结果差异较大且难以形成国际可比性。二是各国数字经济发展不平衡且新业态、新模式不断涌现，加大了统一统计口径的难度。美国在数字经济规模测算研究起步较早，测算中主要包括了支持数字化的基础设施、电子商务和数字媒体，但忽略了数字信息技术在其他诸多产业中的应用。而大多数字经济起步较晚的发展中国家，则将数字经济限定在互联网经济这一狭小范畴内。三是从国内研究看，学者们多利用直接估算、经济指标测算与卫星账户构建等方法对我国数字经济规模进行测度，并未形成一致的核算框架且对于数字经济与实体经济融合部分难以有效估算。

1.2.2 数字经济发展影响就业的文献综述

学术界对于数字经济发展影响就业的讨论，多从数字技术进步视角切入且取得了较为丰硕的成果。Nalebuff 和 Adam（1997）较早地研究指出，技术进步对就业岗位的影响作用是双向的，在创造新就业岗位的同时，也对传统就业岗位产生了较大的负面冲击。Brynjolfsson（2011）基于数字技术与美国劳动力就业的研究也认为，数字化技术虽然能够提升劳动生产力，促进经济的增长，但它也会使得企业对传统工人的需求越来越少，从而减少就业机会。此后，相关研究围绕数字经济的就业替代效应、就业创造效应及就业结构等方面展开细致探讨。

1. 数字经济发展的就业替代效应

关于数字经济发展就业替代效应的研究由来已久，Zeira（1998）较早地分析了一个以技术创新降低劳动力需求但提高资本需求为特征的经济增长模型，研究发现，机器人替代劳动力会减少就业岗位甚至使一些岗位消失，这是由于技术进步提高了生产效率、降低了成本，从而替代人类的劳动。Frey 和 Osborne（2017）研究了未来计算机化对美国劳动力市场结果的预期影响，指出在数字经济时代，人工智能更多地是替代人类的脑力劳动而非体力劳动，且可被替代的工作越来越多。进一步地，Acemoglu 和 Restrepo（2020）利用美国 1990—2007 年的劳动力市场的数据，研究了工业机器人对美国劳动力市场的影响。从理论上证明了机器人可能会减少就业和工资，并且发现每千名工人增加一个机器人将使就业人口比例降低 0.2%，工资降低 0.42%。Autor 等（2003）则将生产活动划分为两类，一类是程式化工作，指的是重复性的认知和体力活动；另一类非程式化工作，指的是具有较高的灵活性和抽象性，需要高技能劳动力进行操作的任务。研究结果表明，智能化生产技术的改造会替代从事程式化任务的工人，造成结构性失业。

国内学者王君等（2017）则研究了数字技术进步对劳动力就业的影响机制，结果表明，人工智能、工业机器人等新技术、新模式对我国劳动力就业的替代作用虽然尚不明显，但是从长期来看，对劳动力就业的挤出风险不能小觑。陈永伟、许多（2018）也指出，人工智能革命在推进生产力提高的同时，也带来了潜在的失业威胁，估计在未来的 20 年，约 76.76% 的总就业人员会受到人工智能的冲击。宋旭光和左马华青（2019）通过研究工业机器人投入对工业劳动生产率和劳动力供给的影响指出，工业机器人的使用会通过提升工业的劳动生产率替代一部分劳动力就业，这更多地是一种互补式替代效应。王文（2020）进一步基于中国30个省份2009—2017年面板数据的研究发现，数字经济背景下工业智能化水平的提升显著降低了制造业就业份额，且数字经济的发展也加剧了劳动力市场的就业分化（黄浩，2021）。

2. 数字经济的就业创造效应

对于数字经济的就业创造效应，Bessen（2018）研究发现，人工智能技术使许多工作自动化，但对就业的影响并不明显，世界各国的就业人数依旧呈现出不断增长的趋势，这说明技术革命通过抑制替代效应而增加劳动力就业岗位。Acemoglu和Restrepo（2018）也通过构建一个自动化和人工智能对劳动力、工资和就业需求影响的研究框架，发现自动化产生的成本节约导致了非自动化任务对劳动力的需求增加，即生产力效应。国内学者胡鞍钢等（2016）认为，普及互联网以及广泛应用数字新技术已经成为创造就业岗位的重要渠道，数字技术带来的就业岗位数量的增加十分可观，对就业结构的调整和创造就业岗位都发挥着重要的作用。詹晓宁和欧阳永福（2018）认为，数字经济的发展创造出新业态和新型商业模式，对传统产业和传统的商业模式都产生了深远影响；数字经济会创造更多的就业岗位，包括数字化、智能化在内的相关数字经济领域的FDI对带动传统产业的就业起到了重要作用。谢绚丽等（2018）研究证实，数字金融的发展能够对企业创业产生显著的促进作用，其中，数字金融的覆盖范围、使用强度以及数字支持服务程度都会对企业创业产生正向影响。何婧和李庆海（2019）则将视角集中于农户创业行为上，并发现互联网数字金融对农户的创业行为具有正向促进作用，尤其是数字金融能够缓解农户的信贷约束，有效促进农户创业，提高其创业绩效。李晓华（2019）也指出，我国人口规模庞大是发展本国数字经济的重要基础，也是我国数字经济发展的优势所在；数字经济的蓬勃发展会为中小企业的发展创造更好的条件，也能够带来更好的就业机会。进一步地，孟祺（2021）基于中国2000—2018年的面板数据研究，也发现数字经济的发展并不必然减少就业规模，而是替代效应和抑制替代效应并存，导致数字经济并没有减少就业。

新冠肺炎疫情暴发以来，数字经济发展对于缓解就业压力的重要作用进一步凸显。王伟玲和吴志刚（2020）指出，为对冲疫情，数字经济催生出了像“共享员工”等新型就业模式。疫情期间，互联网企业业务猛增，人手十分紧缺，许多企业实行了“共享员工”计划，推出了就业共享平台，实现员工的跨行调配。这种模式能够灵活调配社会上的、企业间的员工，迅速为短缺行业提供人力，在一定程度上缓解了就业压力。何宗樾和宋旭光（2020）也认为疫情下数字经济对社会的就业压力有较大的缓解作用，数字经济不仅对像非农就业等非正规就业，而且对创业者也起到了积极作用。线上的优势极大程度地减少了人员的聚集，对就业市场起到了稳定作用，也有效地帮助企业复工复产。疫情下人们初步形成数字消费惯性，有利于拓展经济发展和开拓社会就业新空间。贺建风（2020）指出，疫情期间所形成的数字消费新模式有利于开辟新的就业渠道。不仅在线消费习惯的养成能够催生出更为广阔的线上市场需求，且社会生活的数字化演进也能够催生出一系列新兴产业链。武汉大学稳经济保就业课题组（2020）更为细致地分析，为夺取“疫情防控阻击战”和“经济民生保卫战”的双重胜利，应该大力推进数字经济与实体经济融合，鼓励发展新产业、新业态，进一步激发灵活就业增量。

3. 数字经济对就业结构的影响

数字经济的快速发展促使了社会分工和就业结构的加速改变，推动了以灵活就业为特征的新就业模式的涌现和就业技能结构的分化。对此，学者们从数字技术变革视角进行研究，发现信息技术革命的演进往往会伴随着劳动力需求结构的调整（Rosenthal 和 Stuart，2012）。Rees 和 Shah（1986）较早地研究也表明，技术变革会导致市场对高技能从业者的旺盛需求；但是并非所有的技术革命都会增加对技术型从业者的需求，这主要是由新技术和非技术性劳动之间的互补和替代关系决定的。Goos 等（2009）的研究则发现，智能化与数字化生产在欧洲等国家都出现了不同程度的就业极化现象，即高技能与低技能劳动者的就业岗位和薪资都逐渐增加，而分布在中间位置的中等技能劳动者的就业率下降且薪资在逐渐减少。Michaels 等（2014）利用美国、日本和九个欧洲国家的数据检验了劳动力“极化”现象，研究发现，信息和通信技术的提高会增加对高技能劳动力的需求而减少对中等技能劳动力的需求，对低技能劳动力的影响较小，进而导致劳动力市场两极分化。Ikenaga 和 Kambayashi（2016）基于 1960—2005 年日本劳动力市场两极分化的长期趋势，也证实了日本劳动力市场的两极分化也取决于技术的引进。Acemoglu 和 Restrepo（2018）构建了一个关于智能化生产和就业的理论模型。在该模型中，自动化技术将会替代以前由劳动力执行的任务。那么在资本固定和技术外生的静态模型中，自动化会降低就业和劳动收入占比，甚至可能降低工资，而创造新任务则会产生相反的效果。同时，数字技术也会带来新业态新模式，能够创造许多知识和技术密集型工作岗位，增加高技能劳动力需求，促进高质量就业。

国内学者也关注到数字经济对就业结构的影响，其中，孙早和侯玉琳（2019）从工业智能化视角出发研究工业智能化发展与就业结构的关系，结果表明，工业智能化发展会导致劳动力就业结构呈现“两极化”特征。阎世平等（2020）也通过考察中国的数字经济发展水平对劳动力就业结构的影响，表明在全国范围内，数字经济发展水平越高，劳动力需求“两端极化”格局越明显，即数字经济的发展减少了中等技能劳动力的需求，增加了低等和高等技能劳动力需求。戚聿东等（2020）基于2008—2018年不同省份就业质量的测算研究发现，数字经济发展加速了产业结构转型升级，也带动了就业结构优化和就业质量的整体提升；尤其是互联网和电信业、软件业、电商零售业和科学技术业显著增加了第三产业就业比重和各省就业质量得分。

综上所述，数字经济发展对劳动力市场的影响呈现就业创造效应和就业替代效应的两面性，且学者们并未就二者效应的强弱形成一致意见。多数研究也倾向于认为，至少在短期内数字经济的发展及工业智能化转型不会降低劳动就业总量，但会对就业结构产生较大的影响。但已有研究多从人工智能、互联网等数字技术方面考察数字技术进步影响就业的作用机制对不同行业、技能劳动力就业的异质性影响及就业“极化”现象的探讨；而相关理论分析相对薄弱且对于数字经济的其他维度涉及相对较少。同时，对于数字经济所引致的就业结构变迁和劳动力市场高质量发展的理论和实证研究还有待进一步深化。

1.2.3 数字经济发展影响收入分配的文献综述

1. 数字经济发展对收入增长的影响研究

随着数字经济与实体经济的融合向纵深发展，通过数字产业化、产业数字化及数字技术进步，加速了产业结构调整和劳动力就业调整，并深刻影响了劳动力市场的收入分配格局。学者们首先从数字技术进步的视角进行研究，发现在抽象和具有创造性的工作领域，人工智能可以通过提高劳动力的生产效率和边际产出水平来促进劳动力收入水平的提升（Autor，2015）。而DeCanio等（2016）通过对美国154个制造业行业的数据研究则发现，当机器劳动与劳动力之间的替代弹性在1.7～2.1时，机器人的使用会显著降低劳动力的工资水平。与上述研究不同的是，Acemoglu 和 Restrepo（2018）则指出，如果人工智能会替代高技能劳动力，则会降低高技能劳动力的工资；反之，如果其会替代低技能劳动力，则低技能劳动力的工资会降低。Acemoglu 和 Restrepo（2018）使用 1990—2007 年美国的相关数据研究发现，通勤区内劳动力的就业和工资水平都与工业机器人的使用呈现显著的负相关关系，在每一千名工人中增加一台机器人，工资将降低 0.25% ~0.5%。国内学者何玉长和方坤（2018）的研究也认为，人工智能对收入增长的作用主要体现在两方面：一方面，相较于普通企业，智能型企业具有更高水平的技术和大量的资本累积，能够凭借其独特的竞争优势获得超额利润；另一方面，相较于普通劳动力，从事智能化相关工作的劳动力具有专业的知识技能，能够获得更高的工资报酬。何宗樾等（2020）则探讨了数字金融发展对贫困的影响，研究发现数字金融发展增加了贫困发生的概率，尤其是数字鸿沟的存在使得位于贫困线附近和贫困线以下的居民由于数字金融的发展而愈加贫困。

当然，学者们的进一步研究也证实，数字经济发展对收入水平的影响具有异质性。Graetz 和 Michaels（2018）指出，随着数字经济的发展，机器人的使用率会大大提升，并会带来全要素生产率和平均工资的增长。但是从长期来看，人工智能对劳动力工资水平的促进作用会逐渐降低。即在经济发展水平较低时，生产率会随着人工智能的发展而提高，从而工资水平也会增加；但是随着经济发展水平的不断提升，工资水平到达一定高位时，工资水平的增长速度会逐渐放缓。

而有些学者则指出，人工智能对劳动力工资水平的影响具有异质性。惠炜和姜伟（2020）验证了人工智能对工资水平异质性影响，认为人工智能与劳动力之间的关系决定了其对工资水平的作用，如果人工智能的发展替代劳动力，则人工智能会对工资水平产生负面作用。钞小静和周文慧（2021）指出，在短期内人工智能技术的使用不利于提高劳动收入份额，并且在第一产业其负面影响更加明显。人工智能会通过优化劳动力就业技能的结构、扩大技能收入的差距从而降低劳动收入份额。而郭凯明（2019）通过建立多部门动态一般模型进行研究，发现人工智能技术的发展对劳动力收入份额的影响作用具有不确定性，劳动收入份额会因为生产要素流向资本密集型产业而降低。王颂吉等（2020）在分析数据要素对经济增长作用机制的基础上，分析认为数据要素参与收入分配，应通过市场机制使数据要素生产者按贡献获得合理报酬。

2. 数字经济发展对收入差距的影响研究

以人工智能为代表的数字技术的广泛应用，在一定程度上加剧了劳动力市场极化，并深刻影响了不同劳动群体间的收入差距。Black 和 Spitz - Oener (2007) 的研究发现，互联网的大规模应用可以显著提高工资回报率，但是基于女性的家庭无酬劳动及互联网技能的弱势地位，互联网的应用极大可能会扩大性别工资差距。Orleya (2011) 的研究认为，数字技术的发展通过影响就业数量和岗位的变动导致工资收入的变化，并由就业极化引致工资极化的产生。Autor 等 (2013) 进一步的研究发现，随着数字化、智能化的提升，绝大部分低技能职业岗位及其所属行业中劳动人员的实际劳动收入和就业率在一段时期内出现了停滞或下降。在就业结构实现调整的背景下，Autor 和 Salomons (2017) 研究也发现，收入分配日渐呈现向高学历、高技能劳动人员不断倾斜的趋势，因此人工智能的使用会不断扩大高技能群体与低技能群体之间的工资差距。国内学者蔡跃洲和陈楠 (2019) 研究认为，人工智能技术发展与应用有效推动了资本要素比例的提高，令其对低技能劳动力的收入产生更大的冲击，并且进一步压缩了中等收入阶层的规模，扩大了高收入阶层和低收入阶层的贫富差距。王国敏等 (2020) 从微观视角探讨了数字经济时代人力资本差异对收入不平等的影响。研究认为，数字密集型行业的劳动者若拥有复杂认知技能中的信息技能、非认知技能中的学习和创造性解决问题的技能、社会交往技能，以及自组织技能中的两种或两种以上的技能组合，可以获得额外的工资溢价。

进一步地，在数字经济加快发展进程中，互联网及数字技术应用对性别工资差距的影响也引起了学者们的广泛关注。Wasserman 和 Richmond - Abbott (2005) 认为，女性与男性相比，在社会资源以及教育水平方面处于弱势地位，因此，女性在日常生活及工作中使用互联网的机会更少、熟练度更低；而互联网的广泛应用将有利于缩小这一差异。但庄家炽等 (2016) 的研究则发现，女性的互联网工资溢价为男性互联网工资溢价的 90.6%。戚聿东和刘翠花 (2020) 则利用 2010 年、2013 年、2015 年中国综合社会调查 (CGSS) 的数据进行研究，发现数字经济背景下互联网使用对总体工资水平有显著正向影响，且随年份推进显著缩小了性别工资差距；随分位点数提升，性别工资总差异呈先下降后上升的 "U" 形变化趋势。不仅如此，有学者认为，互联网技术在企业日常工作中的使用更趋向于脑力劳动而非体力劳动，这极大削弱了男性员工在体力方面的优势，所以女性员工借助对互联网的应用可能会进一步缩小性别工资的差异（Moreno - Galbis 和 Wolff，2008）。

对于上述研究，也有部分学者持不同观点，认为人工智能技术的发展和应用不仅会对低技术劳动力产生不利影响，甚至对高技术劳动力也产生更大的负面影响。Autor 等（2013）研究发现，服务业的就业率和劳动收入出现了与其他行业相反的研究结论，即在服务行业的工作岗位中，低学历劳动人员的工作时间增长了 50%，其小时工资也相应增长约 11%。陈永伟和曾昭睿（2019）认为，随着数字经济向实体经济的纵深渗透，在低技能劳动人员面临被替代的风险时，高技能劳动人员也同样存在被替代的可能，因此，人工智能技术的应用可能会使得高低技能劳动人员的收入差距呈减小趋势。

综上来看，学者们关于数字经济对收入分配影响的研究多从技能和性别视角展开，并认为数字经济所催生的新技术、新模式对工资和收入分配的影响具有两面性。已有文献为我们理解数字经济蓬勃发展背景下数字技术及其应用对劳动力市场的冲击，提供了较好的理论和实证研究支撑。但目前研究仍缺少在产业层面数字经济如何影响收入分配的理论分析，尤其是对影响机制探讨不够充分。同时，已有研究多聚焦于数字技术尤其是人工智能应用对劳动力收入分配的影响，对于数字经济本身及其新业态、新模式的理论和经验的研究还亟待加强。

1.3 研究方法及结构安排

1.3.1 研究方法

本书的主要研究将坚持规范研究与实证研究相结合、定性研究与定量研究相结合，系统分析我国数字经济发展的劳动力市场效应。具体研究方法和工具主要包括：

（1）指标体系构建方法。

关于数字经济的指标测度，学术界并没有形成一致意见。对此，本书根据中国电子信息产业发展研究院公布的《2019 年中国数字经济发展指数》，结合数据可得性和研究目标，构建了包括基础设施指标、产业指标、融合指标和环境指标等 4 个一级指标、9 个二级指标和 35 个三级指标的综合指标体系。在测算过程中，一方面对原始数据进行标准化处理，另一方面采用专家打分法（Delphi 法）确定各级指标权重，并结合相关统计数据对全国 31 个省、自治区和直辖市（不包括港、澳、台地区，以下简称“各省”）的数字经济发展水平进行评估。

同时，对于工业数字化指标的构建，本书主要采用如下两种方式：一是省级层面的工业数字化指标。根据孙早等（2019）测度地区工业智能化水平的思路，本书从基础建设、生产应用、竞争力和效益 3 个一级指标进行衡量测算，包含软件普及和应用情况、智能制造企业情况、工业企业创新能力等 9 个二级指标。此后，本书将数据逐年标准化后采用主成分分析方法进行指标权重的计算，从而测算出省级层面工业数字化水平。二是利用城市工业机器人使用来衡量。具体而言，根据 Dauth 等（2017）、Acemoglu 和 Restrep（2020）等文献的研究思路，对中国 14 个制造业行业层面的机器人使用台数、城市产业就业结构以及城市 16 ~ 64 岁适龄劳动力数量加权平均，得到城市层面的工业机器人使用指标，以衡量当地工业数字化水平。在行业匹配及具体测算中，考虑到国际机器人联盟数据库（International Federation of Robotics，IFR）中的行业与国民经济 2 位行业分类（CIC -2）并非完全一致，根据数据的可获得性，本书将 IFR 行业与 CIC -2 位行业匹配得到 14 个制造业细分行业的机器人使用台数，此后将 2008 年经济普查数据、2010 年全国人口普查数据资料以及实证研究的城市代码进行匹配，进而得到城市层面的工业机器人使用指标。

（2）工具变量法、中介效应模型及倾向得分匹配（Propensity Score Matching，PSM）等多种实证研究方法。

首先，为有效克服变量内生性问题所导致的估计偏误，本书在实证研究中主要采用含有工具变量的两阶段最小二乘法作为控制内生性问题的方法。如在第 8 章关于城市工业数字化影响劳动个体就业与工资的研究中，以工业机器人的使用来衡量的城市工业数字化，可能受到劳动力就业结构的反向影响。实证分析依然可能存在因不可观测的遗漏变量偏误和反向因果关系而导致的内生性问题。因此，我们进一步采用亚洲其他国家同行业的机器人使用作为我国行业机器人使用的工具变量进行识别，然后采用与解释变量相同的构建方法，构建城市层面工业机器人进行两阶段最小二乘法回归。

其次，本书采用学术界广泛使用的中介效应模型，对不同维度下数字经济影响就业和工资的理论机制进行检验。一方面是根据温忠麟等（2014）的经典研究，采用中介效应较为常用的逐步回归法，其基本思想是，若 $a\neq0\cap b\neq0$，则 $ab\neq0$。另一方面，考虑到上述方式可能存在检验力较低的问题，即校验过程中容易发生系数乘积显著但得出不显著的结论，本章采用优化的 Bootstrap 方法，从样本中重复取样，对取样后的样本得到系数乘积（ab）的估计值，将它们从大到小排列，以第 2.5 百分位点和第 97.5 百分位点构成系数乘积的 95%置信区间，并直接针对假设“$ab=0$”进行检验。若置信区间系数乘积结果不包含 0，则回归结果显著。

最后，本书利用基于反事实思想的倾向得分匹配方法，来有效处理实验组和对照组初始条件不完全相同造成的选择性偏差。在农村数字经济发展影响收入分配的研究中，通过预测每个县拥有农村电子商务即“淘宝村”的概率（进行 Logit 回归），并使用临近匹配、卡尺匹配及核匹配三种匹配方式，为发展农村电子商务的实验组匹配对照组。

（3）理论分析和多种图表分析法。

除上述指标构建和实证方法外，本书还采用了理论分析和多种图表分析方法。如理论机制探讨和研究假设的提出，以及利用框架图的形式清晰地呈现出数字经济对劳动力市场的影响路径。而散点图、相关性系数图及核密度分布图等描述性统计分析和基于不同国家、省市和行业的对比研究方法的使用，则极大地丰富了本书的研究结论，并有助于对研究问题的理解。

1.3.2 结构安排

本书主要围绕我国数字经济发展的劳动力市场效应研究展开，共包括九章，除绪论部分外，其余部分包括：

第 2 章主要探讨全球数字经济发展特征及趋势展望。在数字经济推动新冠肺炎疫情常态化下复工复产、助力全球经济复苏的背景下，其作为经济增长新动能和保就业生力军的角色正被各国日益重视。本章梳理了全球数字经济发展的现状，分析了各国数字经济发展规模变迁，指出目前全球数字经济发展格局呈现以中美两国规模领先，英日德韩法等并驾齐驱的现状。在此基础上，总结了全球数字经济发展的六大特征，即：数字经济新概念兼顾不同经济体的利益诉求；全球传统产业数字化转型加速，助力传统产业复工复产；疫情推动各国政府充分利用信息技术，数字化治理体系初见成效；接入鸿沟迅速弥合，缓解数字经济的差异化问题；全球价值链的收益分配不均，断链风险攀升，价值链区域化趋势加剧；数字经济产业全球化面临的政治风险突出。接下来，本章总结了美国、欧盟、日本、印度等主要国家或地区的数字经济发展特征，并对比了各自发展阶段的状况和发展动态，展望了全球数字经济多元化合作、数字经济与实体经济加速融合及其缓解就业压力作用逐步释放的发展趋势。

第 3 章主要分析我国数字经济发展的动态演进与典型特征。在已有研究的基础上，本章通过构建基础设施指标、产业指标、融合指标和环境指标 4 个一级指标、9 个二级指标、35 个三级指标的数字经济发展指数，测算了 2014—2018 年我国省级层面的数字经济发展水平，归纳了我国数字经济高速发展背景下呈现的由东部到西部阶梯式下降、西部地区数字经济发展潜力巨大的特点。不仅如此，本章继续分解了数字经济各级指标的发展差异，重点剖析了广东、浙江和北京等省市在基础设施、数字产业发展、产业数字化融合以及数字发展环境上的表现，并探讨了深圳、杭州等代表性城市数字经济发展动态、新就业模式及未来发展趋势。

第 4 章主要分析了数字经济下我国劳动力市场的特征、机遇与挑战。随着数字经济发展对劳动力市场的影响不断加深，数字经济新就业模式不断涌现，日益呈现数字素养成为劳动者就业必备技能、组织方式平台化、就业方式灵活化、就业空间无界化等特征。从重点领域分布上看，新零售、泛娱乐、新金融、新制造四大领域受数字经济影响较大且发展迅速；从主要区域分布看，我国数字经济就业增速与占比稳步提升，但区域分布加速分化，就业岗位集中分布于东部三大经济区域，中西部区域逐步崭露头角。同时，本章还基于国际视角，从美国、欧盟、澳大利亚、印度等代表性国家保障新就业模式的税收治理举措出发，归纳了各国相关的应对措施对于我国的经验借鉴。基于此，本章提出了数字经济发展对劳动力市场的双刃剑作用，即数字经济为我国劳动力市场带来诸如催生灵活就业模式、创造大量就业机会、调整优化就业结构等机遇的同时，也使我国劳动力市场面临着结构性失业风险持续存在、就业人才的数字素养不高、数字鸿沟加深、监管政策及法律体现不完善等诸多风险。对此，本章也提出了我国抢抓数字经济带来的劳动力市场发展机遇并应对发展挑战的政策建议。

第 5 章主要分析了开放视角下我国数字经济发展的就业效应。数字经济开放是其发展进程中的重要特征，因此，本章基于开放视角从制造业和服务业两方面详细分析了数字经济的就业效应。首先，在制造业方面，本章重点探究了数字经济发展影响我国制造业细分行业出口竞争力的四大机制，即生产要素数字化路径、产业结构升级路径、制造业价值链重塑路径、技术创新路径；利用2012—2018年数据实证检验了数字经济发展对制造业出口竞争力具有正向促进作用，且对技术密集型行业的促进作用最为明显，对劳动密集型行业的影响最小。其次，在服务业方面，本章重点研究了以跨境电子商务为代表的数字贸易的就业规模效应和就业结构效应。在测算我国省级层面跨境电子商务发展水平的基础上，实证检验了我国跨境电子商务发展水平的提高对总体就业规模的扩大具有一定抑制作用，但对产业间就业结构改进和优化有一定帮助。同时，跨境电子商务促进了IT行业的劳动力就业，使得信息服务业从业者的比例明显提高，带动我国劳动就业人员由劳动密集型部门向知识密集型部门转移。

第6章主要分析了我国农村数字经济发展对劳动力市场收入分配的影响。农村电子商务发展是我国农村数字经济新形态的典型表现，也是农村就业和农民增收的重要抓手。基于此，本章利用2009—2017年阿里巴巴的“淘宝村”数据与我国相关县级指标匹配，在提出研究假设的基础上，运用双向固定效应模型、中介效应模型及倾向得分匹配等多种实证方法，检验农村电子商务发展对农民增收、城乡收入差距的影响。本章的研究发现，农村电子商务发展能显著促进农民增收，使得城乡收入差距呈现显著的倒“U”形趋势；其对农民增收的促进作用表现为中西部优于东部、高市场化水平地区优于低市场化水平地区。从影响机制看，地区经济发展水平对农村电子商务影响农民增收有正向调节作用，政府财政支持力度则有负向调节作用。从中介机制看，农村电子商务通过促进农民返乡就业增加农民收入，通过产业结构高级化影响城乡收入差距。同时，农村电子商务聚集对城镇和农村居民收入都呈显著的倒“U”形影响，农村电子商务聚集程度过高则不利于城乡居民增收，且对农村居民影响较为明显。

第7章主要分析了工业数字化影响我国省际劳动力市场就业和工资的实证研究。以人工智能、工业互联网等为代表的工业数字化高速发展，深刻冲击着劳动力市场的就业和工资结构，并逐步改变了传统劳动力市场的运行机制。对此，本章在分析工业数字化影响就业和工资变动理论机制的基础上，利用2001—2016年我国省级面板数据，测算了工业数字化指标，并利用固定效应和中介效应模型实证检验了工业数字化对劳动力就业和工资的影响效应。研究发现，工业数字化显著促进了我国就业增长，且对中西部地区和高技能劳动力的就业增长影响作用更为明显，不仅加剧了就业结构单极极化趋势，也推动了劳动力在产业间的“跳跃式”流动。进一步地，工业数字化通过产业结构合理化和产业结构高级化的中介机制促进了就业增长。从工资效应看，工业数字化总体上显著缩小了制造业工资差距，且缩小了中—高收入群体的工资差距，扩大了中—低收入群体的工资差距。

第8章主要开展了城市工业数字化影响我国劳动力个体就业和工资的实证研究。工业机器人的使用对我国制造业数字化转型升级和经济结构转型具有重要影响，“机器换人”成为当前学界和社会广泛关注的时代命题。基于此，本章采用中国制造业行业工业机器人数据、2008年全国经济普查数据以及2010年人口普查数据构建城市工业数字化指标，衡量工业机器人在中国不同城市的增长情况，以2012年、2014年和2016年中国劳动力动态调查数据为依据，以劳动力的就业和工资为研究对象，从区域劳动力市场的视角分析了城市工业机器人使用对当地不同部门劳动力就业和工资的影响。研究认为，一是城市工业机器人的使用并没有造成当地劳动力市场整体就业岗位的减少，但导致了劳动力在不同部门之间的重新配置，即制造业部门就业概率下降，服务业部门就业概率上升，这一效应主要体现在低技能水平的劳动力群体。二是在就业集约边际方面，城市工业机器人的使用显著提高了当地劳动力的工作时长，这主要源于服务业部门工作时长的增加。三是城市工业机器人的使用对当地劳动力的整体工资增长影响较小，但部门工资结构随之调整，其中制造业部门的工资和技能溢价增长较快，服务业部门的工资增长较慢，而技能溢价无显著变化。

第9章主要是以数字经济发展驱动我国劳动力市场高质量发展的政策建议。在全球经济不确定性加剧和新冠肺炎疫情叠加背景下，数字经济展现出巨大的韧性和优势，积极推进数字经济发展不仅成为各国复苏经济的关键抓手，也成为推动全球经济增长的新动能。对此，本章结合前文的研究，提出从数字经济入手驱动我国劳动力市场高质量发展的政策建议。具体而言，一是要加快形成国际国内双循环下的数字经济发展新格局；二是积极释放数字经济带动就业“稳定器”作用的新动能；三是多渠道开拓数字经济开放驱动劳动力市场调整的新路径；四是协调推进城乡数字经济均衡发展优化劳动力市场的新举措。

最后，为便于对研究思路和逻辑框架的理解，本书列出了主体部分的结构框架如图1－3所示。

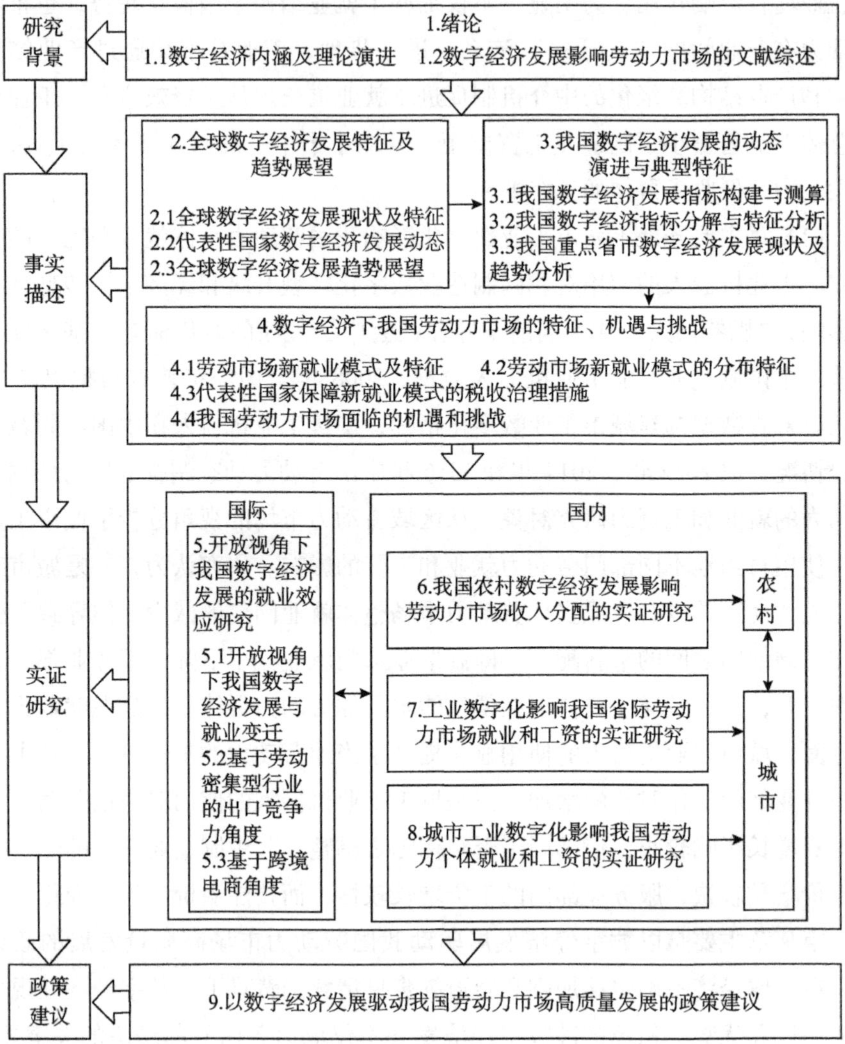

图1-3 本书主体部分的结构框架

第2章　全球数字经济发展特征及趋势展望

近年来，新冠肺炎疫情的暴发及迅速蔓延给全球经济体系带来了巨大挑战和机遇，数字经济在抗疫、复工复产、助力经济复苏等方面都发挥了重要作用，展示了更为广泛的应用前景和增长潜力，全球数字经济发展驶入快车道。目前，数字经济成为全球经济复苏的新引擎，数字经济与传统工业经济发展特征的差异性进一步凸显。本章在重点总结概括全球数字经济发展现状及六大特征的基础上，梳理了美国、欧盟、日本、印度等代表性国家或地区数字经济的发展动态，并展望了全球数字经济发展的趋势。

2.1　全球数字经济发展现状及特征

全球数字经济发展格局呈现以中美两国领先、英日德韩法等国并驾齐驱的特点。Statista网站数据显示，在2019年全球数字产业排名中，中美两国位居前列且产业规模远远超过紧随其后的英日德韩法等国，中国以25669.9亿美元排名第一，美国以19020.37亿美元，排名第二，前十名其他八位依次为英国、日本、德国、韩国、法国、印度、加拿大、巴西。除巴西产业规模不足1千亿美元外，其余国家的数字产业规模虽然都超过1千亿美元，但低于1万亿美元，如图2-1所示。

2.1.1　“数字经济”新概念兼顾不同经济体的利益诉求

唐·泰普斯科特在其1996年出版的《网络智能时代的数字经济前景和风险》一书中首次提及数字经济的概念。数字经济是继农业经济、工业经济后，一种以现代信息通信技术为依托、以网络尤其是互联网为载体，通过信息网络实现资源生产、分配、交换和消费的新型经济。随着以云计算、大数据、物联网、移动互联网、人工智能为代表的新一代信息技术的成熟和产业化，数字经

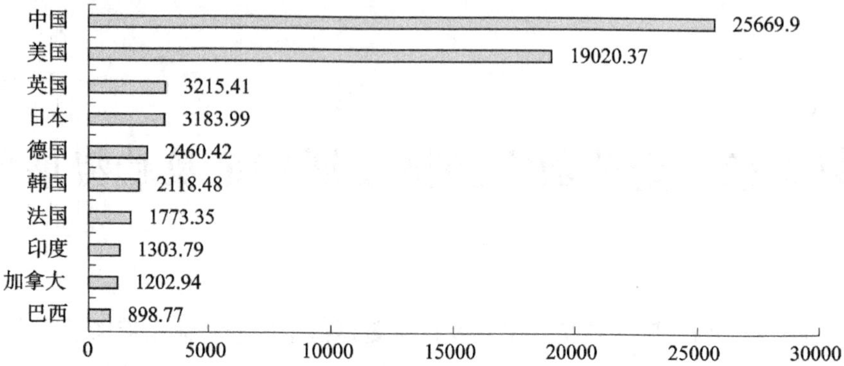

图2-1　2019年全球数字产业规模排名TOP10（单位：亿美元）

资料来源：Statista网站 https：//www. statista. com。

济进入高速增长的轨道，新产品（服务）、新业态、新模式不断涌现。但目前国际上并没有被广泛认可的数字经济的定义，不同的学者从不同的角度定义了数字经济。数字经济的内涵最早由OECD在2012年的一份报告中提出，之后被慢慢完善。

在我国，数字经济内涵的演变经历了"两化""三化""四化"的过程。最开始从生产力角度提出了数字经济"两化"框架，即数字产业化和产业数字化；之后从生产力和生产关系的角度提出了数字经济的"三化"框架，即数字产业化、产业数字化和数字化治理；直至2020年，数字经济的内涵进一步拓展，以数据驱动为特征的数字化、网络化、智能化深入推进，数据成为关键生产要素，在推动生产力发展和生产关系变革的过程中占有不可或缺的地位，促进了经济社会实现从生产要素到生产力，再到生产关系的全面且系统的改变，将数据价值化引入数字经济框架，由此数字经济内涵修正为"四化"框架，即数字产业化、产业数字化、数字治理化、数据价值化。

可以看出，我们国内对数字经济的内涵侧重从生产要素、生产力和生产关系发展的自然规律的方面进行界定，而最新由新加坡等国提出的数字经济概念则寻求利益折中，尝试兼顾发达经济体和发展中经济体的不同诉求，既涵盖由中国等发展中经济体推动的贸易便利化、无纸化贸易、电子认证和签名等传统的"电子商务"议题，也纳入了美日等国力推的数字产品、跨境数据流动、网络安全等"数字贸易"议题，更囊括了创新和新技术以及数字包容性等新议题，具有技术新型化、产业覆盖全、议题覆盖广的特征。具体来说，在新加坡、智利、新西兰共同签署的《数字经济伙伴关系协定》（DEPA）中引入的“数字经济”概念包括三个层级的要件，分别为核心要件、数字和信息技术部门、数字化部门。其中，核心要件包括半导体和传感器等基础性创新、计算机和通信设备等核心技术、互联网和通信网络等赋能型基础设施；数字和信息技术部门是指基于数字技术直接产生的数字产品和服务，包括数字平台、移动设备、支付服务等；数字化部门指依托于数字技术衍生出的数字赋能型部门和行业，如金融、传媒等行业。数字经济既包括底层的数字基础设施与技术创新，也包括产品层面的数字产品和服务以及行业层面的数字化行业和部门，与上述三要件相关的议题均可纳入数字经济领域。

2.1.2　全球传统产业加速数字化转型，助力复工复产

新冠肺炎疫情加快推进了各国传统产业的数字化进程，主要包括农业数字化、工业数字化和服务业数字化。2019 年，全球主要国家的产业数字化占数字经济的比重均超过 50%。从国家层面来看，德国产业数字化占比达到 90.3%，处于领先水平；美国、英国、日本、法国、巴西等国家的产业数字化占比超过 80%；中国产业数字化占比也超过 80%，达到了 80.2%（图 2－2）。从各传统产业层面数字化程度比较来看，服务业数字化转型的速度领先，工业数字化转型稳步向前，农业数字经济发展速度略缓。

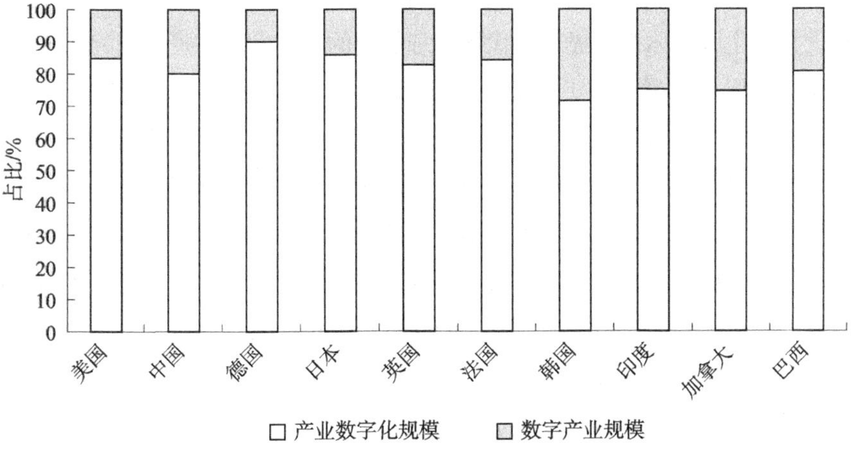

图 2－2　2019 年全球主要国家数字经济结构

资料来源：中国信息通信研究院。

在农业方面，此次疫情对农业的主要影响集中在农民用工的限制和农产品的运销等方面。农村电商和直播带货等新兴消费模式的出现为解决各地农产品陷入滞销困境的问题发挥了重要作用，如中国的拼多多、京东、淘宝等电子商务平台纷纷推出助农通道，为解决各地农产品滞销问题开拓新渠道。农村电商促进了线上线下融合，分配和整合了各种资源，并快速打通了产销两端，为人们提供了基本的生活保障。

在工业方面，口罩、防护服和其他物资的短缺加快了制造业数字化转型的步伐。企业积极应用工业互联网、人工智能、虚拟现实等新技术，尝试无人工厂、无人车间等新型工作方式，在一定程度上缓解了劳动力短缺，有效应对了疫情期间生产运作和物资供应等问题。

在服务业方面，疫情加速了服务业线上线下的融合，通过发挥数字经济平台的优势作用，“大线上小线下”模式成为稳定服务业发展的新兴力量。服务业各细分领域都在尝试引入新技术，探索新的“无接触”式业务形式，积极应对疫情下的线下活动停滞的困境，“无接触购物”方式受到广泛追捧。国际邮政公司（IPC）2020 年发布的“2020IPC 国内电商消费者调查”显示，疫情期间，52% 的消费者倾向于在各自国内的电商平台购物，避免物理接触。

2.1.3 疫情推动各国政府充分利用信息技术，数字化治理体系初见成效

突如其来的疫情给政府治理能力带来了很大挑战，各国政府都意识到了大力建设数字化服务体系和提升现代化治理能力的重要性。在疫情期间，全球各国政府积极运用大数据、人工智能、云计算、5G、区块链等新一代信息技术，基于大数据分析构建指挥和应急响应机制，实现对疫情的科学分析与精准施策。例如，中国政府通过门户网站建立疫情信息发布平台，为民众了解本地疫情、政府抗疫举措、相关部署等提供了重要信息渠道；同时，力推“不见面”政务服务，使疫情期间多项服务实现零距离安全办理。法国政府也针对疫情开发了防疫申报通行软件，对使用者进行实时记录，防止疫情大肆蔓延，保障国民生命安全。

另外，一些国家政府也建立了模块化和开放源码的工具，以便在国内政府和跨国政府间进行数据重用。如爱沙尼亚、新加坡和印度，采用了全政府的数字政府平台方法，通过应用程序接口（Application Programming Interface，API）和其他互操作性技术使民间组织和私营部门系统相结合。

2.1.4 接入鸿沟迅速弥合，缓解数字经济的差异化问题

数字发展时代，互联网虽然解决了信息、资源互联的问题，但其不仅无法抹平各个区域信息化发展水平的差异，反而加剧了区域间信息发展水平的差异，由此形成了数字经济领域中的数字鸿沟。从广义上来说，数字鸿沟是指由网络信息技术水平，以及技术应用和创新能力的差异所导致的区域、国家、企业、行业、社区之间形成的信息落差和贫富两极分化的趋势。数字鸿沟又具体分为拟合鸿沟与接入鸿沟。接入鸿沟是指由一部分个体能够接入数字技术，另一部分无法接入所造成的信息可及性差异。一般来说，接入鸿沟通常源于宽带、终端等数字基础设施条件的差异。

经过此次疫情的冲击，各国纷纷认识到数字经济对冲疫情的有效性，各国政府纷纷颁布相关政策措施，积极利用国家财政补贴政策，进一步刺激本国数字产业化升级和数字基础设施的建设。随着互联网的不断普及和通信成本的不断下降，现阶段的接入鸿沟正在迅速弥合，缓解了数字经济的差异化问题。

2.1.5 全球价值链的收益分配不均，断链风险攀升，价值链区域化趋势加剧

经济全球化时代下，近乎所有的国家和地区都在以不同的方式和程度融入全球价值链，参与国际分工的不同环节。世界经济由此形成了复杂的产业链和供应链网络，其最直观的表现就是产品生产的全球化：一件产品由成百上千的零部件组成，而这些零部件的生产分散在全球各地。但是在这复杂的生产网络中，如果处于产业链核心地位的企业停工停产就很有可能产生多米诺骨牌效应，严重影响整个生产环节。疫情暴发期间，各国采取的停工停产措施，直接冲击着东亚、欧洲和北美全球三大生产网络，单一来源的供应商或专门生产特定产品的区域在危机时期暴露出的脆弱性，使得高度依赖进口的国家和地区出现物资供应危机。

在新冠肺炎疫情暴发背景下，全球数字经济价值链受到供给与需求两侧的挤压，出现供应链局部断裂的趋势，全球一体化生产体系的脆弱性进一步凸显。从供给侧来看，新冠肺炎疫情下的全球数字经济产业链及供应链遭受严重冲击，尤其是电子产业等供应链较长的产业其供应链断链风险加剧，多个服务行业亦出现严重的萎缩现象。从需求侧来看，新冠肺炎疫情使得全球社会需求

锐减，全球市场出现急剧萎缩现象。全球价值链呈现区域化属性早已显露端倪，据麦肯锡研究，2013—2017 年，区域间贸易在全球商品贸易总额中的占比增加了 2.7%。受新冠肺炎疫情暴发的影响，各个国家都普遍陷入医疗和生活物资短缺的困境，需要直面供应链安全形势恶化的难题，基于抗疫供给安全的需要以及出于维护自身数字经济安全的考虑和需求，积极利用政策措施，试图将已经转移到国外的生产环节重新迁回本国，强调内向发展和独立发展。曾经强调实体部门资本和生产转移的主要发达国家，目前也开始着手恢复国内产能布局，推动新一轮供应链内向发展。此次疫情将催化全球产业分工格局的调整与重构，全球产业链布局的区域化、分散化的趋势将会更加显著。

2.1.6 数字经济产业全球化面临的政治风险突出

针对推动数字经济产业发展所涉及的数据要素自由流动、数字贸易壁垒规范等方面，以全面与进步跨太平洋伙伴关系协定（CPTPP）、经济伙伴关系协定（EPA）和美国－墨西哥－加拿大协定（USMCA）为主要表征的新型区域贸易协定已形成初步成果。但以 WTO 为代表的多边传统贸易体制在面对数字产业迅速发展的新情境下仍无法为数字贸易的自由发展提供配套成熟的条款约定和惯例。尽管美国就数字税议题一直与英、法等欧洲国家争执不下，但目前多数国家已向跨国科技巨头征收数字税。2020 年 4 月 1 日，英国政府对包括亚马逊和谷歌在内的众多美国科技巨头公司正式征收 2% 的数字服务税。目前，已有 20 多个国家或地区提出征收数字税的要求，涵盖地理范围由欧洲、亚太向美洲和非洲扩散。数字税的落地使其可能成为一国政府对来自其他国家的数字企业设置进入壁垒的重要依据，将对全球性政治、经济环境造成一定程度影响，增加数字经济产业全球化所面临的一系列政治风险。

2.2 代表性国家数字经济发展动态

2.2.1 美国：一骑绝尘，数字经济独占全球鳌头

1. 数字经济成为拉动经济增长的驱动力

美国在数字经济领域的领先地位毋庸置疑，特别是在基础技术和创新方

面，其优势在短期内很难被撼动。美国商务部的数据显示，近10年来，数字经济已经成为拉动美国经济增长的重要引擎。1998—2018年美国数字经济的年均复合增长率高达9.9%，而同期美国整体经济的平均增速只有2.3%，数字经济的增速是美国整体经济增速的4倍以上。美国数字经济对国内生产总值的贡献仅次于制造业。2018年美国数字经济占国内生产总值的9%，制造业占国内生产总值的11.3%。同时美国部分行业的数字化进程十分明显，2017年美国产业数字化规模达到10.11万亿美元，占数字经济规模的88%，其中金融业的数字化程度达到57%。

2. 以联盟方式推进新兴技术与先进制造融合，提升产业竞争力

美国享有在互联网、信息通信等方面的技术优势，并积极通过国家战略利用技术优势赋能制造业。在2018年颁布的《先进制造业美国领导力战略》(*Strategy for American Leadership in Advanced Manufacturing*) 中，明确提出“技术、劳动力、供应链”是保障先进制造业领导地位的核心内容；同时聚焦开发和转换新型制造技术，将数字技术、前沿领域技术与经济要素紧密挂钩，为市场提供有价值的产品和服务。可以看出，这是一项涉及构思、设计、制造、分配的全生命周期的活动。随后，白宫又于2019年发布了《美国主导未来产业》(*America Will Dominate the Industries of the Future*)，要求在人工智能、先进制造业技术、量子信息科学和5G技术领域进一步深入。美国寄希望于通过开发新技术、启用新产品、创造新产业拉动就业，保障供应链的安全稳定并强固国防工业基础。

在推进先进制造业的国家战略进程中，美国采用联盟方式推动“制造伙伴计划”。一方面，利用公有制与私有化的合作，在基础研究领域挖掘具有强劲竞争力的高新技术，对价值链上的关联企业进行大规模的整合，加速技术的转移与转化；另一方面，联盟合作使得测试场域的提供、各组织制定标准的流程和走向更为高效且清晰，以此形成整个产业的强劲竞争力。

3. 数据红利逐步释放，数字治理体系日渐成熟

美国政府致力于释放数据红利，将数字化技术应用于生产生活的各个领域，为数字经济发展提供最大力度的支持。美国政府问责局（Government Accountability Office，GAO）在最新报告中表示，其调查的四个联邦机构（农业部、住房与城市发展部、国家科学基金会、商务部）均已建立数据治理框架，并设定了首席数据官（Chief Data Officer，CDO），以确保自身数据资产实

现透明、可访问、高质量以及对机构任务的有效支撑等。

目前，美国多个州政府对数字政府中涉及的部分技术，通过和私有企业进行合作，采取“外包”的形式，达成公私合作伙伴关系，推动政府治理的数字化转型。随着美国政府对私营部门认知度的加深与态度的转变，美国政府重新定义了双方的合作关系，在技术和信息共享等方面对私营部门的开放程度也逐步提升。

在建设数字化政府的进程上，将部分公共服务及惠民项目外包给互联网巨头公司对政府和企业来讲是双方共赢的举措。站在政府层面，如苹果（Apple）、脸书（Facebook）以及谷歌（Google）等科技巨头具有强大的技术优势和完备的资金保障，能够在较短的时间内提供优质的信息技术服务，因此，政府职员只需要在此基础平台上负责简单的信息采集等执行性工作即可，可以大幅提升政务效率，保障平台技术。站在企业层面，这些互联网巨头公司得到了更多的商业机会，获得了更多的经济收益，“无成本契约”的商业模式也能够得到进一步的推广。目前，美国的犹他州等多个州政府都已与私营企业之间采用“无成本契约”模式进行合作，这种无成本的合作模式与消费者在网上点播视频类似，私营企业会向使用数字政务的用户收取相应费用，但数字服务只有在被使用时才能盈利，因此，私营企业会积极吸引和推动公民应用这项服务。“无成本”的合作模式可以使政府免除前期投资，重新构建数字政府服务采购模式，有效地推进政府数字化转型，提升政府数字化治理能力。

4. 旧金山湾区是美国数字企业巨头集聚之地

美国加州西海岸的旧金山湾区，由五个主要地区[1]构成，包括旧金山、圣马特奥、圣克拉拉和坎贝尔等城市。在硅谷的辐射影响下，旧金山湾区成为世界最先进的技术创新集群。

旧金山是全球信息技术和数字经济发展的重镇，其促进创新的科技政策、严格的知识产权保护和巨大的资金投入等为旧金山数字技术的发展提供了强有力的支撑，进而孕育了苹果、脸书、谷歌等一系列数字经济领域科创企业巨头。

旧金山湾区的数字媒体产业的区域集聚性特征显著。据《世界四大湾区

---

[1] 圣何塞－森尼韦尔－圣克拉拉（San Jose-Sunnyvale-Santa Clara）、旧金山－奥克兰－海沃德（San Francisco-Oakland-Hayward）、纳帕（Napa）、圣罗莎（Santa Rosa）、瓦列霍－费尔菲尔德（Vallejo-Fairfield）。

数字媒体产业竞争力研究报告》数据显示，旧金山湾区的山景城、门洛帕克、圣何塞、旧金山等表现突出。从数字媒体产业上市公司数量看，2017年世界四大湾区排名前10位的城市中，旧金山湾区的旧金山市、山景城、圣何塞、圣马特奥4个城市入围，公司数量合计达到51家（如表2-1所示），其中，旧金山高达29家，超过山景城、圣何塞和圣马特奥等上市公司数量之和；从营业总收入看，2017年世界四大湾区排名前10位的城市中，旧金山湾区的城市占据5位，其中，谷歌、领英（Linkin）等数字媒体超级巨头集聚的山景城以1116.82亿美元高居第一，门洛帕克、圣何塞、旧金山和圣拉斐尔等分别位居第二、第六、第七、第十位。无论是从上市公司企业数量还是营业总收入看，说明该旧金山湾区的数字媒体产业都具有明显的集聚优势。

表2-1　2017年世界四大湾区数字媒体产业上市公司数量和产业营业收入的前十位排名

上市公司数量排名			营业收入排名		
排名	城市名称	上市公司数量/家	排名	城市名称	营业收入/亿美元
1	东京	96	1	山景城	1116.82
2	旧金山	29	2	门洛帕克	406.53
3	纽约	24	3	深圳	294.66
4	香港	13	4	东京	220.77
5	深圳	11	5	诺沃克	139.02
6	山景城	10	6	圣何塞	104.60
7	圣何塞	6	7	旧金山	79.97
8	圣马特奥	6	8	纽约	49.55
9	广州	5	9	广州	26.37
10	诺沃克	4	10	圣拉斐尔	20.57

资料来源：据《世界四大湾区数字媒体产业竞争力研究报告》数据整理。

在人才优势方面，旧金山湾区也同样具有集聚性特点，数字人才竞争优势领先于全球26个主要城市的平均水平，其中，在颠覆性技能（人机交互、人工智能等）的人才储备方面达到了平均水平的两倍以上，基础性技能（游戏开发等）的人才储备则达到平均水平的三倍以上。2010—2020年，旧金山湾区主导了美国10%以上的新增数字服务工作，以旧金山和圣何塞为中心的区域新增了20万个数字岗位，在2010—2020年的十年里新技术就业的占比中达到了17.7%。

2.2.2 欧盟：奋起直追，力争夺回数字时代战略自主权

1. 网络普及率区域差异明显

宽带网络部署需要与固定和移动网络上快速增长的网络流量保持同步。欧盟完全覆盖了基本的宽带基础设施，但是只有44%的家庭从超大容量网络（Very High Capacity Network，VHCN）中受益。VHCN网络包括房屋光纤（FTTP）和电缆DOCSIS 3.1技术。随着欧洲有线网络的升级以及在多个成员国中的普及，VHCN网络的覆盖范围在2019年显著增加。但由于FTTP和电缆都主要集中在城市地区，农村的连通性仍然很低，仅覆盖20%左右的家庭，远低于欧盟城市平均水平（图2-3）。其中，马耳他、丹麦和卢森堡在VHCN网络上得分最高，覆盖率超过90%。相比之下，在希腊、英国、塞浦路斯和奥地利等，则覆盖相对较弱，只有不到五分之一的家庭可以使用。

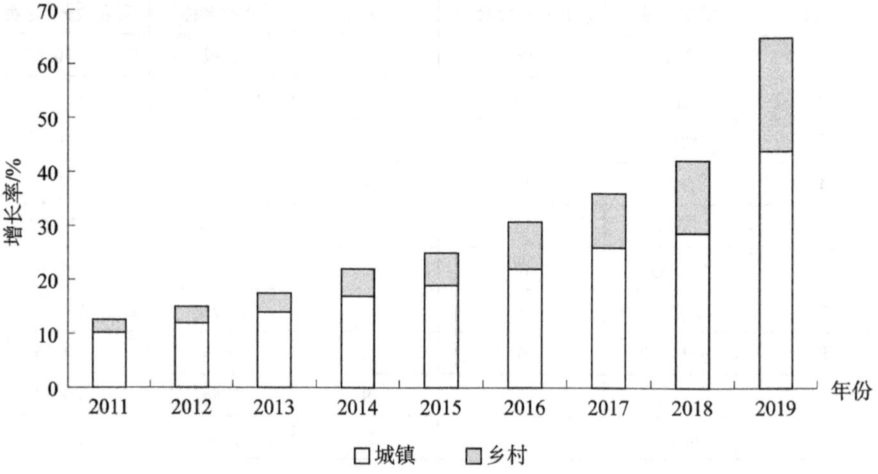

图2-3 欧盟内部总体与乡村VHCN增长率

资料来源：IHSMarkit，Omdia，PointTopic和VVA，欧洲宽带研究。

2. 夺回数字时代的战略自主权成为欧盟未来的主要发力方向

强大的数字基础设施与服务在新冠肺炎疫情暴发期间成为支撑社会经济生活的中流砥柱，欧盟也在此次疫情暴发期间深刻认识到在技术和数据资源方面缺乏强有力的掌控。面对数字技术的不断更迭和国际竞争的日趋激烈，欧盟不仅对数字监管和数字治理的力度不断加大，而且更加注重核心技术的研发与创新能力，强调欧盟摆脱对于非自主性技术的强烈依赖，要求独立掌握人工智

能、高性能计算等核心技术，增强数字时代的战略自主权。

2020 年 2 月，欧盟接连发布三份重要的数字战略文件：《塑造欧洲的数字未来》《人工智能白皮书》和《欧洲数据战略》。同年 7 月 14 日，欧洲议会又进一步发布《欧洲数字主权》报告，彰显欧洲追求技术与数据主权的决心。其中，在数据跨境流动方面，欧盟一直采取“外紧内松”的策略，尝试建立欧盟数字单一市场，以此引领国际数据流动和保护规则。欧盟在数字技术方面落后的主要原因就是资金不足，投入过少。欧盟已充分认识到问题所在，并加大了对核心数字技术的投资力度。新冠肺炎疫情的暴发使欧盟深刻认识到对于经济、技术和数据这三面的主权把控的重要性，未来欧盟会在战略主权的夺取方面更为积极主动，以此填补数字产业发展滞后的缺口。

3. 尝试构建数据治理规则和产业发展之间的新平衡

在看到其他国家因数字经济而享有的巨大收益和自身不断加深的数字鸿沟，欧盟各成员国对于快速推动数字产业发展的诉求愈演愈烈。自新冠肺炎疫情暴发以来，一系列的数字化转型规划被确立，欧盟在前景规划中所体现的核心观念发生了重大变化，重点逐渐从技术风险与价值观向经济收益与产业发展进行转移，力求在这两方之间寻求一个合适的平衡点。

在过去，欧盟更多地将重心放在了保护个人数据隐私、反垄断规则制定、数据安全治理等方面，虽然在国际的数据监管方面形成了自己独到的见解，但这种思维模式也限制了技术的应用，企业无法对数据进行最大限度的开发利用，使得诸多产业发展有限。不过，欧盟已开始转变思维模式，对于数据逐步放松管制，开始取消应用面部识别技术的全面禁令等。数字市场的统一、数字基建、信息化普及等方面成为欧盟想要率先攻破的目标，欧盟计划在建立统一的数据市场投资 40 亿 ~60 亿欧元，释放尘封的海量数据，实现数据在各产业各部门间的联动共享。无论是从欧盟层面还是各成员国层面，各方都希望通过顶层设计和实际举措来推动本土数字产业的发展和关联企业的进步。

2.2.3　日本：内外兼顾，提升数字经济竞争力

1. 以数字新政推动数据驱动型社会变革

在颁布数字经济的顶层设计方面，日本的行动领先于其他国家，早在

1995年，《面向21世纪的日本经济结构改革思路》[1]就颁布了关于发展数字产业的政策。但是日本数字经济的整体发展却不是一帆风顺，在数字发展规模和速度方面，日本均属于较低水平。2018年，日本某广告公司曾与牛津大学研究机构联合发起有关数字经济与社会情况的问卷调查，“数字经济满意度指数”可反映一国数字经济能否满足人们需求，“数字社会指数”可反映一国数字经济发展程度。在被调查的24个国家和地区中，日本在“数字经济满意度指数”和“数字社会指数”排行中分别为最后一名和倒数第三名。

总体来说，日本数字经济发展与欧美等发达国家相比处于弱势地位，在顶层设计方面领先的优势并没有得到充分发挥。直到“数字新政”的出现，重燃了日本在全球数字革命中占据一席之地的希望，“数字新政”对于提升日本数字化水平、推动社会转型、对冲人口老龄化劣势等方面具有重大意义。日本因人口老龄化所导致的经济增长动能不足的问题已困扰多年，因此，日本政府更加重视数字技术与经济增长、民生福祉、社会治理的深度融合。

《国际劳动生产率比较报告》[2]显示，日本2018年的劳动生产率为一小时46.8美元，仅为美国的60%，位列七国集团末尾。日本希望通过科技发展，实现机器对人的主要体力和部分智力的完美替代，使人们将精力放在知识、数据、信息等要素的生产、服务和交易活动方面，如管理、创新等。

日本经济产业省发布的“互联工业”战略，目的在于利用人工智能、物联网等科技手段突破人口老龄化、劳动力短缺等发展瓶颈，将技术应用到制造业生产领域。虽然机器人的使用能够弥补年轻劳动人口不足的问题，拉动劳动生产率的提高，并且伴随社会的数字化转型，部分岗位对于劳动者的体力要求逐步放宽，但对于经验、技能等后天人力资本投入累积形成的智力要求却逐渐提高。例如，东京2020年奥运会组委会发布的《东京2020机器人计划》，就表示将在东京奥运会期间充分应用各种机器人及智能技术为运动员和观众提供服务，展现运动的创新、观战方式的创新和能够改变社会未来的创新。

社会的数字化转型离不开技术的研发与支持，安倍政府提供了大量的资金支持，尤其是在基础研究、初创企业等创新链上的市场失灵环节。在分工方面，日本各部门之间也各有偏重，例如，文部科学省将支持重心放在了战略性

---

[1][2] 蓝庆新，彭一然．日本“数字新政”战略动机与发展特征［J］．人民论坛，2020（25）：128～131．

基础研究领域，为科技成果转化提供风险把控；经济产业省则将支持重心放在了技术开发和产业化应用，为科技初创企业提供资金保障。

2. 数字技术成为构建"高效 + 经济安全"的韧性供应链体系的有力武器

日本作为世界制造业强国，制造业是支撑其经济发展的核心产业和经济增长的核心动力。日本企业秉持长期传承和持续创新的精神，在制造领域一直以来都与美国、德国齐名，其在新冠肺炎疫情暴发之前所建立的高效全球供应链体系在各国都享有美誉。然而，新冠肺炎疫情从供需两个方面对日本制造业企业的管理模式和业务模式造成了挤压，这既不同于日本大地震带来的单向供给冲击，也不同于 2008 年全球金融危机对需求的冲击，此次是全方位的双向冲击。

为了巩固和提升日本制造业的国际竞争力，重建一个"高效 + 经济安全"的韧性供应链体系被提上日程，制造业企业需要具备灵活应对环境急剧变化的自我变革能力，数字技术成为实现此目标的关键。为此，安倍政府专门制定了加快推进制造业数字化转型的发展战略。提出以数字化转型作为增强制造业竞争力的突破口，并从以下三个方面制定并实施策略。一是充分利用数字技术强化工程链设计力，《2020 年版日本制造业白皮书》中特别强调要强化工程链，通过设计能力前端装载、强化各部门以及各企业间数据的互联互通、加快建立数字工程系统和活用材料信息学等措施来提升制造业的设计能力；二是利用 5G 技术赋能制造业现场，强调活用 5G 技术不仅是追求通过信息技术的灵活应用来实现业务的效率提升和优化，更重要的是通过灵活运用数字技术从而获得新的附加价值；三是加强数字化人力资源保障，《2020 年版日本制造业白皮书》将系统思维和数学能力指定为制造业数字化所需的人力资源能力。日本政府也制定了确保数字化人力资源的一系列措施，加强作为制造业基础的实践和体验式教育活动，促进数学、数据科学和人工智能领域的扫盲教育，加强培养人才的数字能力。

3. 力争在数字经济板块抢占"规则制高点"

日本首相安倍晋三在 2019 年 1 月的达沃斯论坛上提出了全球数据治理这一新概念，并希望能够进行深入探讨，试图引导 WTO 讨论方向，主导规则的制定。当今世界经济竞争的制高点就在于国际经贸规则的制度，目前这也成为日本对外经贸战略的最高目标。

为实现争夺国际经贸规则制定权这一对外经贸战略的最高目标，日本政府采取的是"两步走"战略，即：一方面依托全球性国际经贸组织的峰会外交，使日本能够在全球层面创造国际规则；另一方面是通过推动区域经济一体化战略，使日本在区域层面创造国际经贸规则。从理论上看，推进这两个层级目标的实现并无时间先后的差异，但在具体实践中，由于实现第一层级目标面临涉及的主体多、诉求复杂、协调难度大等难题，因此日本采取的战略是优先促进第二层级目标的实现，以此来倒逼第一层级目标的实现。

在2019年，日本率先于美国在数字关税、跨境数据传输、数据本地化等方面达成了双边性质的“数字贸易协定”，并积极推动“日美欧三方会谈”，试图在数字治理方面构建新的双边、多边同盟，为日本在争夺国际经贸规则的制定权方面打下基础。在G20大阪峰会期间，日本政府注意到了峰会外交的“规则设定与建章立制”功能，抓住主场优势，巧妙地设立峰会议题，创立制定数字经济国际规则的“大阪轨道”，以“调解人”的角色推动WTO改革，使日本在主导国际经贸规则制定的战略取得了重要进展。

未来，日本在全球性和区域性的数字治理规则的制度上会更加积极主动。日本对外一直是以“小国”形象著称，但日本能否通过参与全球数字经济治理，抢占“规则制高点”还未可知，“以小推大”的奇迹是否能实现是由多方面的因素共同决定的。对于日本自身而言，需要国内数字产业及创新技术的强力支撑，但更多地取决于全球政治经济局势的动态发展。

2.2.4 印度：未来可期，数字经济发展差距显著

1. 数字消费成为经济的增长引擎

印度政府自2010年发放3G牌照，2014年提出“数字印度”后，便聚焦于电子政务、保健和教育数字化宽带接入以及公民数字化赋权与公民数字素养提高。截至2018年第一季度，印度成为全球增长最快的移动应用市场、全球第三大互联网市场，拥有约4.22亿宽带用户，涉透率达到32.9%，且95%以上为无线互联网用户。印度移动经济快速增长，对GDP贡献巨大。2017年9月的互联网消费数值为5.6兆TB，居世界第一。由于电商平台、在线支付、物流体系的发展完善和智能手机的频繁使用等，据BCG估计，到2025年印度的电子零售将增长到130亿~150亿美元，约占总销售额的10%。

为了营造更好的数字经济发展环境，建立良好的数字经济发展框架，在市场化引导政策上对电信业等数字经济倾斜，如较低的市场准入、消费者优惠等。另外，为了推动移动互联网发展，推广生物识别技术，2010年以来推出

了“果酱计划”（JAM）；为了增进消费增长和电子商务，2017 年 7 月实施间接税改革，将原来复杂的税收统一为数字商品和服务税（GST）。印度零售商业形态也积极向数字化转型。如美国 Facebook 公司于 2020 年 4 月宣布向印度信实工业公司旗下的“吉奥平台”数字服务公司投资 57 亿美元，以为印度众多的中小型商店网络化提供服务。

在疫情冲击下，2020 年印度经济陷入技术性衰退，而以印度电商为代表的数字经济却发展势头良好。如根据印度电商巨头亚马逊印度发布的《2020 年中小企业影响报告》数据，2020 年新增卖家 15 万，超 7 万多家卖家加入全球销售计划，Amazon Business 印度市场销售额同比增长 85%，中小企业和品牌累计出口额已突破 15000 亿卢比。另外，本土电商强势崛起，借助社交平台，电商与原有零售商店融合发展，产生新经济业态，重构印度消费经济、消费市场，改变了印度民众的生活方式。

2. *通过体制改革为数字经济发展创造有利条件*

印度是长期实行五年计划经济政策的国家。但是，随着 2017 年“十二五”计划执行完毕，莫迪政府提出，取消五年计划方案，代之以实施十五年发展远景规划，旨在淡化“计划”色彩，强化“市场”特征，从更长远的角度谋划国家发展方向。将十五年发展远景规划命名为“国家发展议程”，具体分解为 3 年行动计划（2017—2020）、7 年发展战略（2017—2024）和 15 年愿景规划（2017—2032）。

印度政府重视释放信息科技和大数据战略带来的技术红利，力推的“数字印度”计划，重点在普及宽带上网、建设大数据中心、以数字身份证带动手机政府治理等，并以移动端为基础实现公共服务和社会管理。2020 年印度《数据中心政策 2020》（草案）列出了政策框架，涵盖各类监管干预措施、激励机制、治理体制机制等。正在讨论的印度《个人数据保护法案》中明确规定了数据本土化等要求，提出了建设数据中心的基础架构，以维护本国数据主权。

数字印度旗舰计划包括印度处于人口“窗口期”，拥有强大的软件技术和相关服务业、巨大的市场潜力、相较完善的汇率金融制度、“世界办公室”的称号、网络互联互通战略目标、有利国际环境等，使印度具备成为数字大国的要素和条件。

3. *以产业发展和平台建设推动数字化普及和应用*

社会普及和应用是数字社会建设的关键点也是难点，印度数字战略布局核心立足于通过鼓励应用研发、制定通用标准和产业培育三方面，并给予政策引导和支持。应用研发方面，大数据分析、云计算、智能机器人技术、数字软件服务开发是印度加大投入的重点领域。标准制定方面，印度的数字经济战略强调了数字技术及产业应用标准的制定、协同和优化。产业培育方面，印度建立大数据中心，推动大数据创新在“工业 4.0”、生命科学、医疗健康领域的应用。印度的 Snapdeal、Shop Clues 等互联网科技公司迅速崛起成为全球数字企业典范。

数字经济开放合作是印度整体对外开放合作的突破口。中国与印度在软件开发、数字支付、智能手机制造等合作方面成效显著，如华为、阿里巴巴等公司与印度公司在上述方面拥有密切合作。印度要拓宽与其他新兴国家的数字合作，需要解决跨境信息开放和流动，服务器、计算中心等设备的本地化，跨境电商征税及税基侵蚀处理，以及互联网国际监管及治理问题；应在资源共享、市场开放、技术开发、信息安全等方面深化合作和经验交流。

4. 5G 网络建设推动数字基础设施领域完善

在数字基础设施建设方面，印度于 1995 年开通了互联网，几乎与国际同步。但是，由于印度在发展的前 10 年，集中发展的是拨号窄带业务，网速和用户增长速度慢，宽带、互联网和个人电脑的渗透率不超过 1%，远远低于世界水平，在 2004 年印度政府制定《2004 宽带政策》后才加速发展，但仍有许多计划目标未实现。进入 3G 时代以后，无线互联网发挥了重要作用，据波士顿咨询集团研究，2016 年时居住在印度农村的互联网用户约为 1. 3 亿人，印度互联网和移动协会（IAMAI）和尼尔森的报告显示，截至 2019 年 11 月，印度农村地区的活跃互联网用户为 2. 27 亿，超过城市地区的 2. 05 亿。这意味着人们对智能手机等电子产品需求的大增，印度的数字经济市场会迅速扩展。

随着 2018 年印度推出的新电信政策，到 2022 年预计可为该行业引入 1000 亿美元的投资。印度在进一步降低资费的同时，推广以数字方式联接农村和偏远地区。在 5G 方面，印度第一大电信公司 Bharti Airtel 和国有电信企业 BSNL，借助与诺基亚建立的合作关系，制定了 5G 技术发展路线图，为 5G 发展创造了有利发展环境。当前，印度政府 5G 网络建设的具体内容主要围绕新一代 5G 网络的覆盖、速度和技术提升三个方面，致力于促进互联网使用率提高及智能手机使用。2016 年印度的入网增长率远快于美国等发达国家，互联网普及率为 30% 以上，入网人口从不到 1000 万人增长到 3. 4 亿人；而同期美国仅从

1.2亿人增长到2.8亿人。

5. 中印数字合作之路机遇与挑战共生

在数字经济发展不平衡的时代，发展中国家在发展数字经济和争取数字经济主权方面更需要国际合作。中印在数字经济领域具有产业互补性，拥有数字经济发展与合作的广阔市场前景、良好的基础条件及产业优势。中印数字经济发展的潜力巨大。

数字丝绸之路建设为中印数字经济合作提供了机会和平台，可以合作的领域包括：扩大宽带接入，提高宽带质量；支持互联网创业创新；促进数字化转型；促进中小微企业数字化发展；促进电子商务合作；促进信息通信技术领域的投资；等等。另外，在电子政务、电子医疗等领域也存在诸多合作机会。若中印政府在数字丝绸之路建设中加强数字经济政策对接，两国企业和产业界共同拓展数字经济合作领域，深化数字经济创新合作，两国社会界加强知识和人员交流与共促数字素养提高，中印数字丝绸之路建设大有可为。

然而，受疫情及地缘政治恶化影响，中印双方在数字经济领域的矛盾也逐渐凸显，印度发展数字经济的政策也面临如何平衡保护本土产业和吸引外来投资之间平衡的难题。印度政府自2020年6月以来，已对中国200多款应用程序采取禁用措施，影响了两国数字经济的合作。整体来看，要促进中印数字经贸合作，急需厘清两国合作的机会与威胁，探索双边合作的新思路，以规避双方数字经济合作的“安全担忧”问题。

2.3　全球数字经济发展趋势展望

2.3.1　数字经济缓解就业压力显著，各国对数字产业的重视程度进一步强化

面对新冠肺炎疫情的外生冲击，各国经济发展规模均呈现大幅萎缩趋势，全球经济发展形势不容乐观，各传统行业因人流、物流受限而复工复产缓慢，而在线办公、在线教育、互联网医疗、智慧物流等科技公司异军突起，劳动力市场现有的供求格局出现了不相适应甚至扭曲和错配的现象，在理顺扭曲的过程中资源配置具有潜在的改善空间。

各国际组织根据全球经济发展实际情况，逐步调低对全球经济的增长预期，如2020年4月14日国际货币基金组织在发布的《世界经济展望报告》中，预测全球经济将在2020年整体萎缩3%；同时，2020年6月8日世界银行也测算估计，在疫情影响下，全球各国的内需、供应、贸易及金融出现严重停摆现象，预计在2020年发达经济体、新兴市场及发展中经济体的经济活动将分别收缩7%与2.5%。在全球经济的严峻形势下，数字产业展现出顽强的韧性。数字经济在带动经济增长、优化产业结构、促进劳动就业等方面具有弹性优势，是全面恢复经济运行常态的手段，于是各国政府纷纷颁布相关政策措施，积极利用国家财政补贴政策，进一步刺激本国数字产业化升级，加快数字经济复兴本国经济的步伐。表2－2为多国促进数字产业发展的措施。

表2－2　多国促进数字产业发展的措施

序号	国家	措　施
1	美国	特朗普签署了财政刺激计划，美国各方以此为中心积极提速发展、保障数字经济。其新布局的核心特点是从数字基础设施和技术研发快速拓展到布局数字应用层面
2	日本	日本推出的比较有代表性的举措是放宽本国企业电子支付牌照发放、布局东盟国家制造和仓储物流基地，以及加速落实“美日贸易协议”和“欧日贸易协定”，并积极博弈于“中日韩自贸协定”
3	中国	国家发展改革委、中央网信办印发《关于推进“上云用数赋智”行动培育新经济发展实施方案》的通知； 习近平总书记也多次强调“做大做强数字经济”，建设“数字中国”，中央经济工作会议在部署推动高质量发展重点任务中，明确提出“要大力发展数字经济”
4	欧盟	欧盟推出多项法案加快数字化转型进程。2020年2月以来，欧委会公布了一系列数字化转型规划，包括指导欧洲如何适应数字时代的总体规划以及《欧洲数据战略》《人工智能白皮书：面向卓越和信任的欧洲人工智能发展之道》《欧洲新工业战略》等

2.3.2　数字经济与实体经济融合程度加深

新冠肺炎疫情严重影响着全球社会的经济秩序，由于疫情防控推行的社交隔离和外出限制，大规模的线下生产消费活动被迫停滞，对全球实体经济产生极大冲击，令社会经济实体逐步形成线下线上相结合的发展模式，以期应对疫情带来的负面效应，维持正常的社会生产和生活秩序，如线上办公、视频直播、网络观影、数字金融等应用场景。

随着疫情蔓延速度上升，政府大范围实施“强化社区隔离”政策，人们为避免新冠肺炎疫情感染而迅速接受“零接触金融”与“无接触购物”的新理念，并在日常生活场景中逐步转变支付及消费习惯，与高风险的“接触型”支付及消费方式相比，人们更倾向于利用无接触低风险的电子支付方式与电商平台实现日常消费需求，该转变将有效促进全球各国在数字货币与电商平台上的研发与应用，为各国全面推动无纸化货币与“无接触经济”提供新助力。新冠肺炎疫情下数字技术在疫情防控的应用加速推动着全球范围内社会生产、生活和消费方式实现全面“在线化”与“云端化”。

疫情不仅加速推动了服务业线上线下加快融合，还促使金融、零售、餐饮等细分领域积极引进新兴技术，探索虚拟银行、无人零售、无人餐饮等新型业态。如在房地产行业，看房买房的流量主力正在不断趋向移动端和线上看房，运用 VR 技术即可在线完成看房、选房和简单的装修等活动，VR 房地产用户能够获得越来越方便和直观的体验。在餐饮行业，考虑到疫情的常态化，开始探索与疫情共存的新商业模式，积极尝试人工智能等新兴数字技术，包括远程操控人形机器人代替服务员来接待客人，并提供语音订餐服务。此项应用在减少接触、防控疫情的同时，还可以有效降低人工成本。

2.3.3　全球对数据监管与应用方面的关注度进一步提高

数据是数字经济的重要资源之一，不仅能为企业赋能发挥作用，同时也能有效推动全球数字经济的发展。全球实体经济在疫情的冲击下遭受重挫，各国为缓解疫情带来的经济下行压力，纷纷将目光转向数字经济的发展，计划利用数字经济产生的巨大潜在收益激发本国经济活力。数据作为数字经济最核心的要素，其重要性不言而喻，但目前数据的监管与应用中仍存在诸多不可忽视的问题，因此各国政府针对上述问题开始积极布局。

在疫情期间，全球大部分国家均积极布局数字经济下的数据监管标准化建设。各国政府意图在为个人数据的隐私保护提供更加透明和更具有可操作性的司法保护基础上，进一步构建个人信息的产权体系以及相应的信息市场。如欧盟发布的《欧洲数据战略》由原来的强调数据监管中的技术风险和价值观，转变为实现经济收益与规则治理达到新的平衡，并积极构建数据高度自由流动的欧盟统一信息市场；日本政府则欲在与美欧的密切合作中积极推动建立数字经济条件下数据监管的全球标准，并使该数据监管标准成为上述共同数字经济市场的准入门槛，与此同时，日本政府亦积极推动《人工智能伦理和数据保护宣言》的实际执行，将其转化为各国数据监管当局的日常工作实践；美国则通过联邦通信委员会、联邦贸易委员会等职能机关集中加强对中国企业的数据安全审查力度，并且以非政府组织的名义推动各种隐私保护和数据安全规则及倡议的出台。

此外，数据要素的市场化与数据的跨境流动问题也引起全球各国广泛重视，各国政府纷纷出台相关政策措施推动数据要素市场化进程、保障数据跨境自由流动安全性及可行性、争夺全球数字经济价值链中高收益环节。为提高数据要素在市场中的地位，中国在中共十九届四中全会中将数据纳入生产要素范畴，积极推动数据要素市场化。

2.3.4 各国积极谋求多元化合作，数字经济共同体初显

全球数字经济国际合作呈不断深化的趋势，各个多边合作框架积极促进数字经济发展，并为其提供良好的国际环境。金砖国家、G20、OECD、APEC 等多边合作机制积极作为，为推动全球数字经济发展提供强大助力。如图 2－4 所示，从数字经济发展规模来看，G20 的 17 个成员国以大约 28.3 万亿美元的数字经济规模位列第一，OECD 的 36 个成员国则以近 23.7 万亿美元的数字经济规模位列第二，APEC 与金砖国家分别以 21.9 万亿美元及 6 万亿美元紧随其

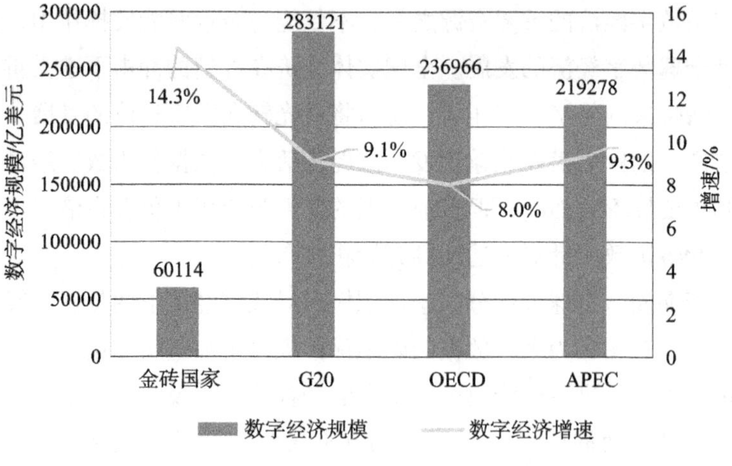

图 2－4　2018 年各合作机制数字经济发展情况

资料来源：中国信息通信研究院。

后。从数字经济发展增速来看，成员国中发达国家最多的 OECD 数字经济增速最慢，其增速仅为 8.0%，而成员国均为发展中国家的金砖国家数字经济增速最快，同比增长 14.3%。

新冠肺炎疫情暴发后，全球各国积极寻求数字经济联盟的助力，提高其本国数字经济水平，积极应对疫情的挑战，并逐步形成区域联盟化格局，例如，日本在疫情下数字经济的新布局中通过借助美日贸易协议和欧日贸易协定进一步加强与美国和欧盟的同盟关系，与美国、欧盟合作打造“共同数据圈”，逐步建立美欧日三方互通的共同数字经济市场，并推进与其他国家的数字融合；英国也通过日本数据保护协议进入亚洲市场，开拓更为广阔的数字经济市场；中国则进一步实施“数字一带一路”计划，通过“数字基建援外”帮助发展中国家建立 5G、人工智能（AI）、物联网、云计算以及区块链等数字经济基础设施，助力各个发展中国家构建自己的数字经济应用生态系统，以期共同打造人类数字经济共同体。

2.4　本章小结

面对动荡不安的世界经济格局，数字经济却以惊人的速度发展，有效地缓解了全球经济持续下行的压力。数字经济在推动全球经济发展，并在对冲疫情导致全球价值链断裂、产业分工破坏等方面发挥了重要作用。那么，认识当前全球数字经济发展态势，对我国以数字经济为抓手提升国家实力、抢抓战略制高点具有重要意义。因此，本章通过对全球数字经济发展现状及特征、代表性国家数字经济发展动态的梳理，总结概括全球数字经济发展的趋势。具体来说，全球数字经济发展呈现六大特征：一是对数字经济概念的认识不断提升，“数字经济”新概念兼顾不同经济体的利益诉求；二是全球传统产业数字化转型加速，助力复工复产；三是疫情推动各国政府充分利用信息技术、数字化治理体系初见成效；四是接入鸿沟迅速弥合，缓解数字经济的差异化问题；五是全球价值链的收益分配不均，断链风险攀升，价值链区域化趋势加剧；六是数字经济产业全球化面临的政治风险突出。

美国、欧盟、日本、印度等主要国家和地区的数字经济发展特征突出。美国数字经济一骑绝尘，在全球独占鳌头，2019 年，美国凭借技术创新优势，走在全球数字经济前列，数字经济规模蝉联第一。欧盟则奋起直追，尝试在数据治理规则和产业发展之间构建新的平衡，力争夺回数字时代战略自主权。日本内外兼顾，对内鼓励数字技术应用，让其成为构建“高效+经济安全”的韧性供应链体系的有力武器，以数字新政推动数据驱动型社会变革；对外寻求数字经济合作，力争在数字经济板块抢占“规则制高点”。印度以产业发展和平台建设推动数字化普及和应用，着力数字消费，弥补数字经济发展差距，印度数字经济发展未来可期。

疫情冲击下，全球数字经济发展趋势主要表现为：数字经济缓解就业压力显著，各国对数字产业的重视程度进一步强化；数字经济与实体经济融合程度加深；全球对数据监管与应用方面的关注度进一步提高，各国积极谋求多元化合作，数字经济共同体初显。

第3章　我国数字经济发展的动态演进与典型特征

当今世界，数字技术创新日新月异，数字化、网络化、智能化深入发展，尤其在新冠肺炎疫情暴发之后，在推动经济社会发展、促进国家治理体系和治理能力现代化、满足人民日益增长的美好生活需要方面发挥着越来越重要的作用。本章将从数字经济指标测算入手，分析我国数字经济发展的总体特点，并详细分析我国重点省市的数字经济发展现状、就业模式与发展趋势。

3.1　我国数字经济发展的指标构建与测算

3.1.1　数字经济指标测算体系

针对数字经济的统计测度，部分国际组织与研究机构基于不同视角进行了估算，包括国际货币基金组织（IMF）、波士顿咨询公司（BCG）在内的多家机构采用狭义的数字经济测算方式，发现数字部门所创造的GDP占国家GDP比重范围为6.5%～13%。但包括埃森哲咨询公司、腾讯研究院、中国信息通信研究院在内的多家机构则采用广义的数字经济测算方式。从2018年腾讯研究院发布的《中国“互联网+”指数报告》来看，通过利用多期GDP季度数据、数字经济指数等进行面板固定效应回归得到数字技术及活动的渗透规模，测得我国数字经济规模2018年约为32.9%，占GDP的比重为34.8%。通过比较两种定义下的测算结果，使用广义的数字经济测算方法较使用狭义方式而言，数字经济对经济的贡献度将提高2～3倍。可以发现，测算方式的选择对于分析结果具有较强的影响。基于这一前提，我们根据两种测算方法被人们接受和认可的程度，在选取广义角度的基础上，通过建立指标体系对我国各省份的数字经济实力进行了测算与评估。

根据中国电子信息产业发展研究院公布的《2019 年中国数字经济发展指数白皮书》建立的指标体系，在考虑数据可获得性的基础上进行调整，建立了基础设施指标、产业指标、融合指标和环境指标 4 个一级指标、9 个二级指标、35 个三级指标（表 3 –1），用来对全国 31 个省、直辖市和自治区（不包括港、澳、台地区，以下简称“各省”）的数字经济发展水平进行评估。其中各指标数据主要来自《中国统计年鉴》《中国互联网络发展状况统计报告》《省级政府网上政务服务能力调查评估报告》，中国信息通信研究院、工业与信息化部相关统计等官方统计渠道。

在处理原始数据时，对缺失值进行补充，然后再进行标准化处理，最后计算得出各省（直辖市、自治区）数字经济发展指数，并对我国数字经济整体发展情况与各区域发展状况进行纵向分析与区域间的横向对比分析。计算方法如下：

对于各指标权重的确定采取 Delphi 法。根据专家打分意见（表 3 –1），4 个一级指标中，基础设施指标占 22%，产业指标占 22%，融合指标占 34%，环境指标占 22%。在二、三级指标的合成中，通过将数值进行加权合成处理，即原始数据进行标准处理后乘以权重的累加结果，即可得到各省市（自治区、直辖市）的数字经济发展指数。最终得到的测算结果即能同时满足同一地区不同年度间的垂直比较和同年度不同地区间的水平比较。

表 3 –1　数字经济发展指数的测量指标体系

一级指标（权重）/%	二级指标（权重）/%	三级指标（权重）/%
基础设施指标（22）	宽带（23）	移动宽带普及率（12.5）
		4G 网络用户访问互联网平均下载速率（12.5）
		城（省）域网出口宽带指数（12.5）
		移动宽带用户数（12.5）
		固定宽带用户数（12.5）
		互联网普及率（12.5）
		移动电话普及率（12.5）
		固定宽带用户平均下载速度（12.5）

续表

一级指标（权重）/%	二级指标（权重）/%	三级指标（权重）/%
基础设施指标（22）	网站和域名（11）	网站数量（25）
		域名数量（25）
		独立IP数量比例（25）
		IPv4比例（25）
产业指标（22）	产业规模（6）	电子信息制造业规模（50）
		软件和信息技术服务业规模（50）
	产业主体（9）	ICT领域主板上市企业数量（34）
		互联网百强企业数量（33）
		独角兽企业数量（33）
融合指标（34）	工业数字化（23）	重点行业典型企业ERP普及率（12.5）
		重点行业典型企业MES普及率（12.5）
		重点行业典型企业PLM普及率（12.5）
		重点行业典型企业SCM普及率（12.5）
		重点行业典型企业采购环节电子商务应用（12.5）
		重点行业典型企业销售环节电子商务应用（12.5）
		重点行业典型企业装备数控化率（12.5）
		中小企业信息化服务平台数（12.5）
	农业数字化（2）	农业农村信息化示范基地数量（100）
	服务业数字化（9）	第三方支付金融牌照和互联网保险金融牌照数量（34）
		电子商务销售额（33）
		有电子商务交易活动企业占比（33）
环境指标（22）	政务媒体（2）	政务机构微博数量（100）
	政务网上服务（15）	政府网上政务服务在线办理成熟度（20）
		政府网上政务服务在线服务成效度指数（20）
		服务方式完备度（20）
		服务事项覆盖度（20）
		办事指南准确度（20）

（1）基础设施指标。

基础设施指标反映了我国数字基础设施发展状况，其数值的高低代表了指定时期内我国数字基础设施发展水平，该指标涵盖了宽带、网站和域名发展指数两个二级指标（图 3－1）。其中宽带指标在指标体系中的整体权重为 23%，网站和域名发展指标占整体权重为 11%。对数字基础设施的评估是研究我国数字经济发展状况、各省市数字经济发展水平的重要依据。良好的数字基础设施建设是推动数字经济发展、实现经济动能数字化转化的必要条件，也是实现数字产业规模扩张、开拓数字服务提供范围的重要基础。

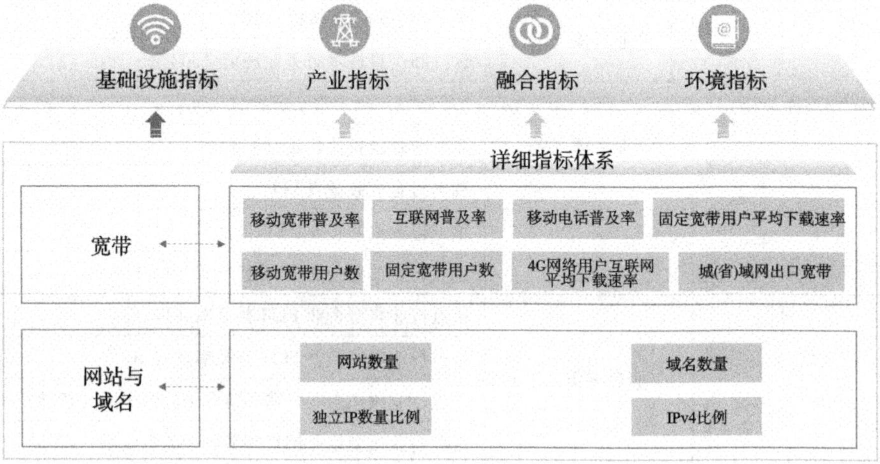

图 3－1 基础设施指标二、三级指标结构

（2）产业指标。

产业指标反映的是我国数字产业发展水平，包括产业规模与产业主体两个二级指标（图 3－2）。其中，产业规模在考察对象上以电子信息制造业、软件和信息服务业等主要的数字产业主体为主，收集其相关的营收情况，通过进一步处理得到具体数值。其衡量的是数字化产业的收益情况，是对当前数字化产业运营状况的良好反馈。产业主体以互联网百强企业数量、ICT 领域主板上市企业数量等指标作为微观分析对象，对某一特定时期我国数字经济产业内代表性企业数量进行核算，从另一方面对我国数字经济产业发展状况进行研究。对数字产业发展规模与产业主体的数据化研究有助于对我国当前数字经济发展状况进行更为准确的宏观定位与微观分析。

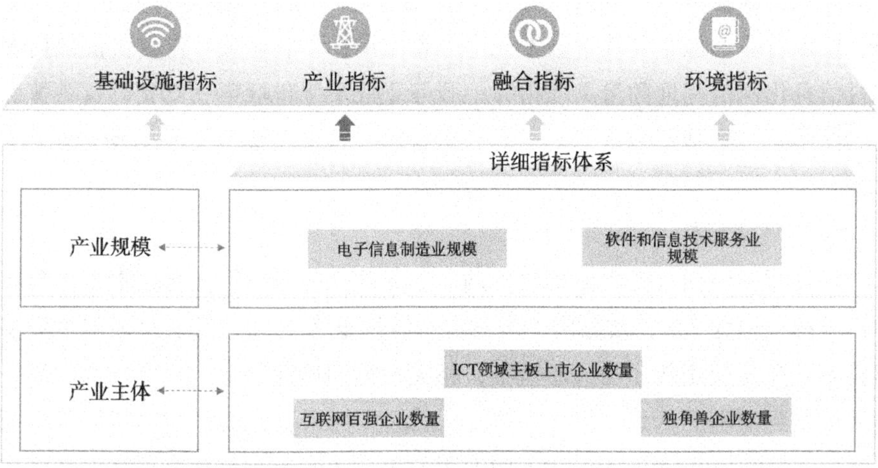

图 3-2　产业指标二、三级指标结构

（3）融合指标。

融合指标衡量的是产业数字化转型的程度，其反映的是新兴数字技术在传统产业发展中的应用情况（图 3-3）。在该指标的构建中，通过将产业数字化情况细分为农业数字化、工业数字化与服务业数字化，进而更加精确地对产业数字化进程进行研究。在权重的分配上，工业数字化占总指标体系比例为 23%，农业数字化与服务业数字化比例分别为 2% 与 9%。从三级指标来看，

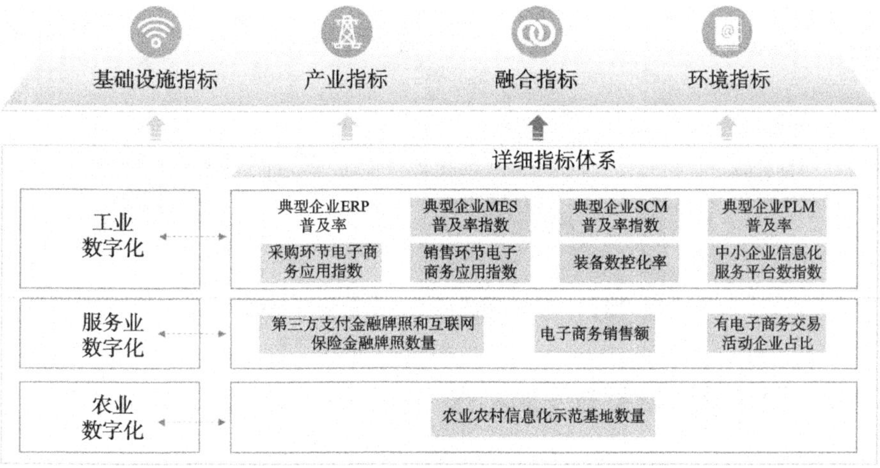

图 3-3　融合指标二、三级指标结构

工业数字化涵盖重点行业典型企业ERP普及率、重点行业典型企业PLM普及率、重点行业典型企业装备数控化率等8项指标；农业数字化则仅仅包括农业农村信息化示范基地数量1项指标；服务业数字化包括第三方支付金融牌照和互联网保险金融牌照数量、电子商务销售额、有电子商务交易活动企业占比3项指标。

（4）环境指标。

环境指标包括政务媒体与政务网上服务两个二级指标。在权重上，政务媒体占整体权重为2%，政务网上服务占整体权重为15%，其所描述的是数字信息技术政务化应用效率与应用范围，相关指标的构建能够对数字技术的政务应用环境得到清晰的认识（图3－4）。从三级指标来看，政务媒体指标下包括政务机构微博数量1项指标；政务网上服务包括政府网上政务服务在线办理成熟度、服务方式完备度、服务事项覆盖度等5项指标。研究数字经济环境指标能够更加直观地透视当前我国数字化技术应用效果和与政府事务结合的密切程度，使得当前数字技术应用环境与效果得到更加直观的显现。

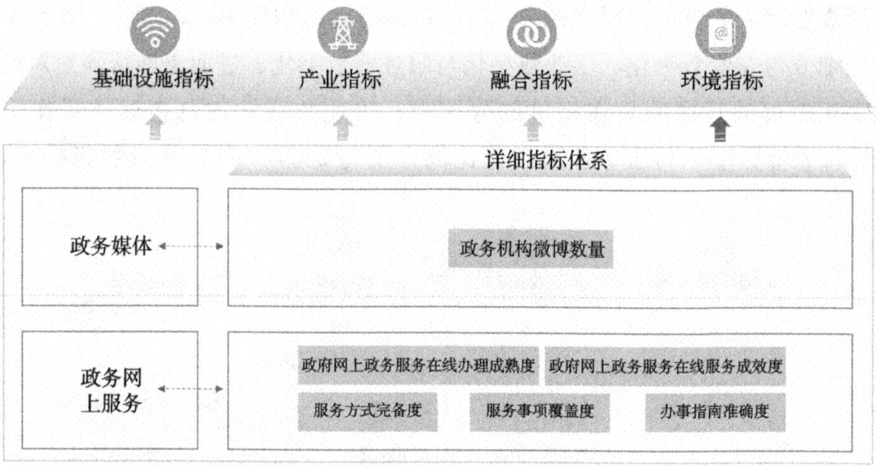

图3－4　环境指标二、三级指标结构

3.1.2　测算总体结果与发展特点

2014年以来，我国数字经济总量持续上升，由2014年的16.2万亿元增长至2020年的41.36万亿元，规模增加了一倍多。在2014年以后，随着我国经济发展进入新常态，数字经济发展的势头也愈发迅猛，占 GDP 比重持续上升（表 3－2）。截至 2020 年，数字经济占我国 GDP 的比重达 38.60%。随着数字经济的蓬勃发展和数字技术渗透作用的加强，数字经济对我国 GDP 的贡献作用愈发重要。从政府支持上看，2014—2020 年，各级政府陆续出台了一系列相关的扶持政策，为数字经济的持续发展积极营造良好的外部环境。

表 3－2　我国数字经济发展总体情况

参考数据	2014 年	2015 年	2016 年	2017 年	2018 年	2019 年	2020 年
数字经济的总量（万亿元）	16.20	18.60	22.60	27.20	31.30	35.80	39.20
数字经济占 GDP 的比重/%	26.10	27.50	30.30	32.90	34.80	36.20	38.60
数字经济对 GDP 的贡献/%	58.35	68.60	69.90	55.00	67.90	67.70	约 70
同比名义增长/%	21.10	17.50	18.90	20.30	20.90	15.60	9.70
GDP 增长速度/%	7.30	6.91	6.74	6.76	6.60	6.00	2.30

资料来源：根据国家统计局和中国信息通信研究院公开资料整理；其中，2020 数字经济对 GDP 的贡献数据，来源于“中国城市数字经济论坛 · 2020”上的报告，https：//5gai. cctv. com/2021/01/14/ARTIwa4wuxw765LaWTPqY16Y210114. shtml。

“数字经济”一词在 2017 年首次被写入政府工作报告中，党的十九大报告也进一步明确提出要推进“数字中国”建设，这都为发展数字经济提供了便利的环境条件。此外，党的十九大报告还指出，“加强应用基础研究，拓展实施国家重大科技项目，突出关键共性技术、前沿引领技术、现代工程技术、颠覆性技术创新，为建设科技强国、质量强国、航天强国、网络强国、交通强国、数字中国、智慧社会提供有力支撑。”

为深度剖析我国数字经济发展状况，本章利用构建的指标体系详细测算了 2014—2018 年的数字经济发展指数总值。整体测算结果如图 3－5 所示。该图显示出数字经济发展指数总值在中央支持政策的促进下一路攀升，且发展水平呈现持续平稳上升的状态。目前，在经历一番快速发展后，我国已经成为全球第二大数字经济大国，在数字经济赛道上不断显现出自身真正的数字实力。我国在巩固自身地位的过程中，发展指数总值由 2014 年的 2.41 增加到 2018 年的 3.68，可见我国数字经济不管是在基础设施建设还是产业融合发展程度上都取得了新的进展。由表 3－2 可见，2018 年我国数字经济对 GDP 的贡献已经达到了 67.90%，表明数字技术对我国国民经济产生的影响正在逐渐加深，相信我国 5G 技术的领先发展，必将进一步开启我国经济发展的新引擎。

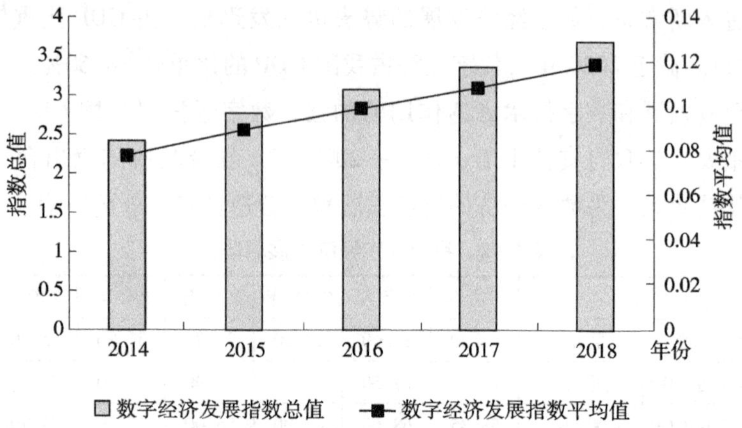

图 3－5　2014—2018 中国数字经济发展指数总体情况（不含港澳台地区）

资料来源：根据国家统计局和中国信息通信研究院公开资料整理。

根据测算结果，2014—2018 年我国数字经济的发展整体呈现如下两大特征。

（1）数字经济的发展呈阶梯式特点。

数字化水平与经济发展水平密切相关，因此，我国数字化程度最高的地区是以北京、上海、广东为代表的东部省市，而数字化程度较低的地区主要分布在西部，如西藏、新疆和青海。从表 3－3 我们也可以看出，东部指数占比已经接近了 50%，其次是中部占比约为 30%，西部数字经济发展最为落后。再结合图 3－6 可以明显看出，2014—2018 年，我国数字经济每一年的发展呈现从东部沿海向西部内陆逐渐降低的趋势，东部、中部、西部三者之间的比例关系约为 5∶3∶2，从而表现出阶梯状态。根据图 3－7 可知，东部地区发展指数平均值明显领先于全国平均值，中部地区平均值与全国平均值基本持平，西部地区则相对落后，这一数据也基本反映了各区域数字经济的发展状况。

表 3－3　各地区数字经济指数总值占全国指数总值比例

	2014 年	2015 年	2016 年	2017 年	2018 年
东部占全国指数总值的比例/%	48.29	48.88	49.52	47.75	47.79
中部占全国指数总值的比例/%	29.48	29.32	29.06	29.76	29.22
西部占全国指数总值的比例/%	22.23	21.80	21.42	22.48	22.99

（2）西部地区数字经济发展潜力巨大。

虽然目前我国西部地区数字经济的发展水平还有待提高，但是实际上，近年来在数字技术的助力下，西部地区实现的追赶式发展也是有目共睹的，数字经济发展指数由 2014 年的 0.560 提升至 2018 年的 0.935（图 3－6）。虽然与东部、中部存在明显差距，但整体发展势头向上改善。这一方面证明我国西部还有巨大的发展潜力未被完全激发，另一方面也说明数字经济将推动我国东西部区域协调发展。这是由于数字技术是化解西部区域劣势的良方，同时在数字经济的浪潮中，受益的不仅仅是企业，生活在西部的居民也会因此平等地获得金融、电商和物流等资源。综上所述，我们有理由相信数字经济正帮助我国跨越东西部差距的“胡焕庸线”❶。

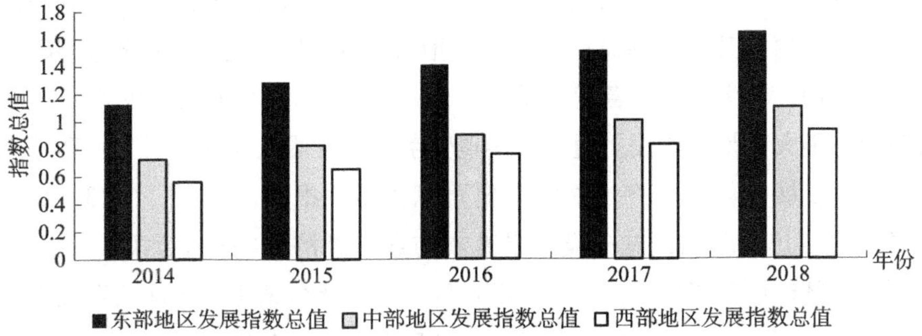

图 3－6 我国各地区数字经济发展指数总值

资料来源：根据公开资料整理、测算所得。

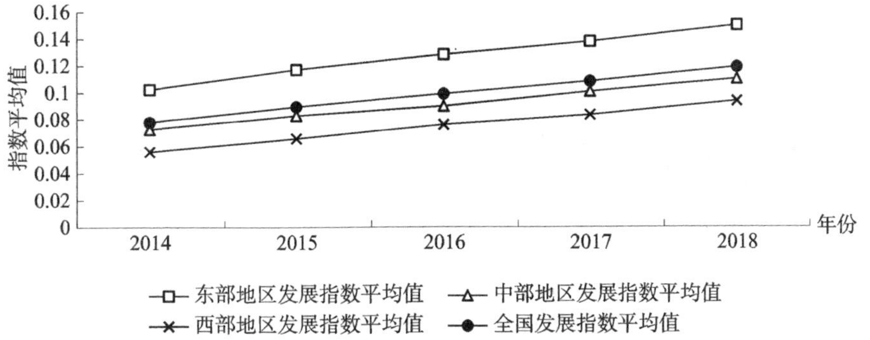

图 3－7 我国各地区数字经济发展指数平均值

资料来源：根据公开数据整理、测算所得。

❶ 胡焕庸线（Hu Line，或 Heihe－Tengchong Line，或 Aihui－Tengchong Line），即中国地理学家胡焕庸（1901—1998）在 1935 年提出的划分我国人口密度的对比线，最初称“瑷珲—腾冲一线”，后因地名变迁，先后改称“爱辉—腾冲一线”“黑河—腾冲一线”。

3.2 我国数字经济发展的指标分解与特征分析

3.2.1 基础设施指标分解

我国基础设施发展情况态势平稳，党的十九大以来增长趋势明显。从图3－8可以看出，在政府的大力支持下，数字经济基础设施建设在2014—2018年得到了大幅提升，指标总值由1.799增长至4.342。此外，伴随着5G技术的研发应用，各大电信运营商纷纷抢占5G城市试点，也对各地的数字设施建设起到了很大的推动作用。通过对各地数字经济发展状况的分析，发现基础设施的蓬勃发展是数字经济走高的主要贡献力量。根据图3－7、图3－8和表3－4可以得出，基础设施建设水平基本与数字经济发展水平类似，北上广等东部地区基础设施指标远高于中西部地区。近两年各地更是掀起数字经济建设的热潮，尤其是在基础设施较差的西部地区。对数字基础设施建设投入的快速增长，进一步表明数字经济对我国东西部地区经济平衡发展具有拉动作用。

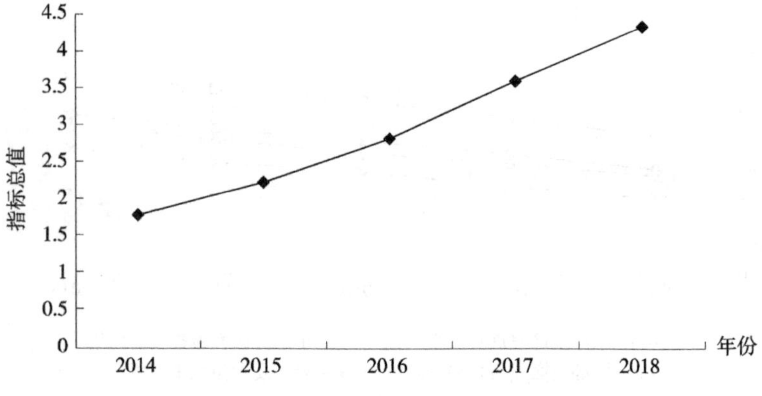

图3－8 数字经济基础设施指标总值趋势

表3－4 2014—2018年基础设施指标平均值排名前十的省市

排名前十省市	五年平均值
广东	0.219

续表

排名前十省市	五年平均值
北京	0.204
浙江	0.160
江苏	0.151
上海	0.146
山东	0.142
福建	0.127
河北	0.110
辽宁	0.108
河南	0.107

资料来源：根据公开数据整理、测算所得。

3.2.2　产业指标分解

我国数字产业发展相对较缓，但整体趋势向好。从图 3－9 可以看出，2014—2018 年，得益于我国电子信息制造业的转型，我国产业发展指标整体表现良好，由 0.474 增加至 0.748。一方面，新兴技术应用领域与范围不断扩大，加速了电子信息制造业的应用创新，促进了二者的融合；另一方面，制造业的转型与高端存储、人工智能、虚拟现实等新技术的快速突破密不可分。两方面的综合作用，推动了电子信息制造业持续转型，进而带动了市场对软件和信息技术服务业的需求，最终加大了相关制造业与服务业对经济的贡献程度。从表 3－5 也可以看出部分省市产业发展状况的差异，五年间产业发展指标平均值最高的是北京（0.085），紧随其后的是广东与江苏，上海位列第四。得益于大规模的互联网企业集群效应与软件和信息技术服务业规模的不断扩大，北京市在数字化产业发展上存在区域优势，数字化进程相对较快。

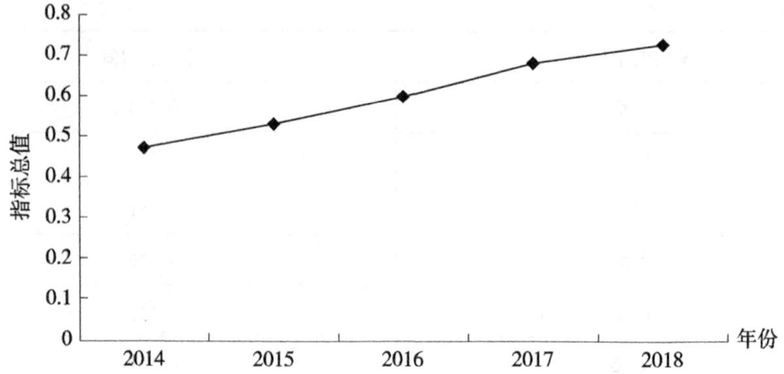

图 3－9　数字经济产业指标总值趋势

表 3－5　2014—2018 年产业指标平均值排名前十的省市

排名前十省市	五年平均值
北京	0.085
广东	0.082
江苏	0.061
上海	0.057
浙江	0.041
山东	0.032
福建	0.028
四川	0.027
湖北	0.018
重庆	0.018

资料来源：根据公开数据整理、测算所得。

3.2.3　融合指标分解

企业信息化融合发展进程加快，产业数字化发展速度小幅回落。我国数字经济行业融合的发展基础仍然薄弱，而且传统产业融合主要发生在东部沿海地区，整体上还有很大的发展空间。从表 3－6 可以看出，北京市近五年融合指标平均值位于国内榜首，上海、浙江紧随其后，但是数字技术在中西部地区的应用与东部地区还有很大的差距。其主要原因在于：一是尽管我国新兴产业发展迅速但规模普遍较小；二是针对共享经济、平台经济之类的新模式，目前仍无法完全发挥其对经济增长的拉动作用，通常在发展初期受到多方面因素的限制。导致虽然目前我国的数字经济在高速发展，行业的融合和外溢却跟不上数字技术发展的速度。而且从图 3－10 来看，近期行业融合发展相对热度有所降低，融合指标总值增长速度放缓。因此，数字经济和传统行业融合发展不能操之过急，一是需要从长效来看，树立样板工程，让企业看到效益，同时还要发挥新经济对其他行业的带动作用。二是传统产业应用和融入数字技术的能力仍不足，相关经验欠缺，使得产业信息化投入的试错成本及试错风险较大，容易超出企业的承受能力。

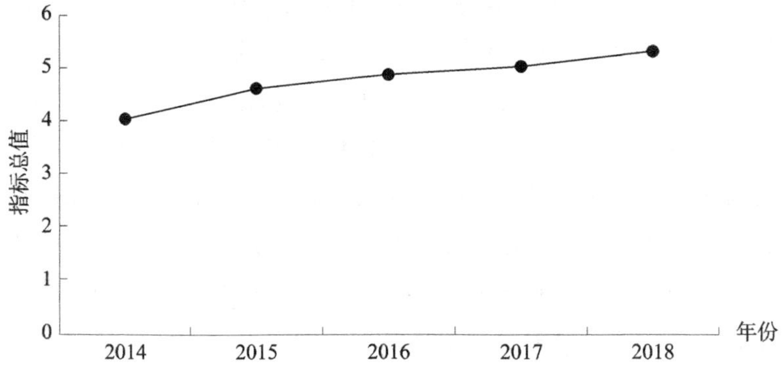

图 3－10　数字经济融合指标总值趋势

表 3－6　2014—2018 年融合指标平均值排名前十的省市

排名前十省市	五年平均值
北京	0. 246
上海	0. 233
浙江	0. 230
广东	0. 225
江苏	0. 210
山东	0. 205
安徽	0. 203
福建	0. 193
湖南	0. 176
黑龙江	0. 174

资料来源：根据公开数据整理、测算所得。

3.2.4 环境指标分解

各级政府加强数字服务设施的建设，政务数字化进程不断推进。以统计指标的总值来看，2014—2018 年，我国数字经济的环境指标总值一直呈上升的发展势头。数字经济近五年能够保持持续稳定的发展速度，从根本上得益于国家出台的各项政策及措施。政府分别从流程简化、优化体验、操作省时等方面提出了相应的对策和建议，为政务服务数字化转型提供了支持。国务院 2016 年 9 月印发的《国务院关于加快推进"互联网 + 政务服务"工作的指导意见》，就已对推进"互联网 + 政务服务"的相关工作进行了宏观布局。据相关统计数据，2017 年我国共有 70 多个大中型城市提供在线政务服务，App 数量达到 514 个，服务范围涵盖交通、社保/民政、旅游等，极大地便利了人们的日常生活需要。[1] 此外，大数据、人脸识别、信用指数等也开始渗透到政务领域，开启简化政务服务流程、重塑政务服务体验的新征程。根据表 3 - 7 不难发现，数字经济发展越领先的地区，环境指标得分也越高。但是根据各地区使用支付宝为居民提供政务服务的统计数据发现，其中中西部城市的使用比例增长最为显著，进一步证明中西部地区的数字经济具有巨大的发展潜力。虽然 2018 年政务机构微博数量等指标稍有下降，但是对政务数字化建设整体影响不大。由于前两年电子政务的迅速发展，不可避免会出现政务办理混乱、重复等现象，数量下降也是各级政府去冗存精进一步建设"智慧政府"的必经之路。

表 3 - 7 2014—2018 年环境指标平均值排名前十的省市

排名前十省市	五年平均值
浙江	0.142
江苏	0.136
广东	0.130
贵州	0.127
上海	0.116
福建	0.113
甘肃	0.112

[1] 移动政务服务报告（2017）——创新与挑战［EB/OL］.（2018 - 5 - 24）［2020 - 5 - 6］. http://xxzx.mca.gov.cn/article/dzzw/201805/20180500009251.shtml.

续表

排名前十省市	五年平均值
安徽	0. 112
四川	0. 110
北京	0. 105

资料来源：根据公开数据整理、测算所得。

3.3　我国重点省市数字经济发展现状及趋势分析

3.3.1　广东省数字经济发展现状、就业模式与发展趋势

1. 广东省数字经济发展现状分析

根据数字经济发展指数测算情况来看，2014—2018 年广东省数字经济发展指数总值呈现平稳上升趋势（图 3 - 11）。2018 年，广东省数字经济发展指数总值为 0. 209，位于所有参与测评省市的第一位。从 2014—2018 年二级指标平均值情况来看，广东省均处于前列。基础设施指标五年平均值为 0. 219，排在所有测评省市第一位。产业指标五年平均值、环境指标五年平均值分别排在所有测评省市的第二、第三位（表 3 - 8）。

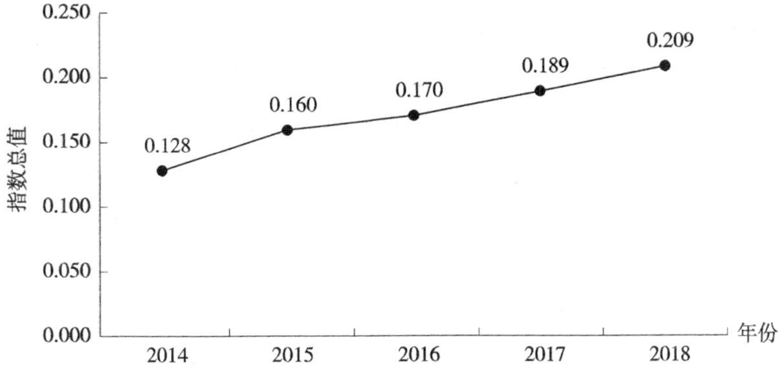

图 3 - 11　广东省 2014—2018 数字经济发展指数总值变化

表3-8　2014—2018年广东省数字经济发展指数二级指标年度值及平均值

	基础设施指标	产业指标	融合指标	环境指标	发展指数总值
2014年	0.174	0.059	0.159	0.105	0.128
2015年	0.194	0.070	0.221	0.120	0.160
2016年	0.218	0.071	0.233	0.125	0.170
2017年	0.243	0.100	0.238	0.150	0.189
2018年	0.265	0.108	0.274	0.151	0.209
五年平均值	0.219	0.082	0.225	0.130	0.171

资料来源：根据国家统计局和中国信息通信研究院公开资料整理。

作为数字技术研发与应用最早的省份之一，广东省数字基础设施建设情况较好，移动宽带普及率、互联网普及率、独立IP数量与IPv4比例等主要基础设施发展情况衡量指标处于领先地位。同时，电子信息制造业与软件和信息服务业规模的不断扩大，互联网百强企业数量的不断增多，对广东省产业指标的提高具有直接促进作用。需要注意的是，广东省数字经济融合指标排名相对其他指标而言具有滞后性，首先，广东省跨界融合型人才结构失衡，导致部分企业对精通信息化与生产制造的跨学科复合人才的需求得不到满足，相关人才的缺乏已经成为广东省数字经济融合发展进程中的一大制约因素；其次，目前中小企业内部智能化改造的动力仍存在不足，一方面受到规模化生产能力、资金实力的限制，另一方面，融合经验的欠缺也对企业造成了约束，一定程度上造成广东省传统产业数字化转型相对较缓。

作为研究广东省数字经济发展的重要途径，深圳市数字经济发展状况及特征对于探究广东省数字经济发展特点具有重要的意义。作为中国“互联网技术最发达城市”，深圳处于我国数字经济发展的最前沿。持续的技术创新，保证了深圳经济的高效稳定发展，更为深圳打造了一批世界一流的新一代信息技术应用领域。

2. 广东省数字发展特征分析

2014—2018年广东省基础设施指标平均值排在所有测评省市首位，为0.219，与排名第二的北京市（0.204），排名第三的浙江省（0.160）相比，优势明显（图3-12）。基础设施作为数字经济发展的重要基础，很大程度上影响着省市、区域的数字经济发展模式与发展路径。另外，广东省2014—

2018 年产业指标平均值也名列前茅，以 0.082 分排名第二，与排名第一的北京市（0.085）差距较小。良好的基础设施与不断发展的产业规模为广东省数字经济创新性发展提供了强大的依托。同时，深圳市作为研究广东省数字经济发展模式重要的突破口，其数字经济的发展极大地体现了广东省良好的数字基础设施带来的福利。

（1）创新是数字产业发展的源动力。得益于广东省良好的数字基础设施建设，深圳市数字产业的创新与探索得到了更为有力的支持。数据显示，在深圳的具有创新动力的企业中超九成是本地企业，并且这些企业内专门从事专利和研发的人员比重比较大，而这些支撑资源又进一步推动企业的持续创新。同时，以人工智能与数字经济广东实验室、平安科技、深圳计算机科学研究院、腾讯科技有限公司为代表的大量科研机构，不仅拥有领先的科研、技术和人才优势，还以深圳完善的基础设施建设为载体，不断提高区域内数字经济发展水平，扩大企业规模，加快推进传统企业的数字化转型。此外，实验室作为重要的创新平台，可以吸引高层次人才和重大科研项目的集聚，产生明显的虹吸效应，不断突破重要领域内的关键环节，助力数字经济发展。它们以深圳市为主要发展阵地，开展数字经济重点活动，必将促进广东省数字经济的全面发展。

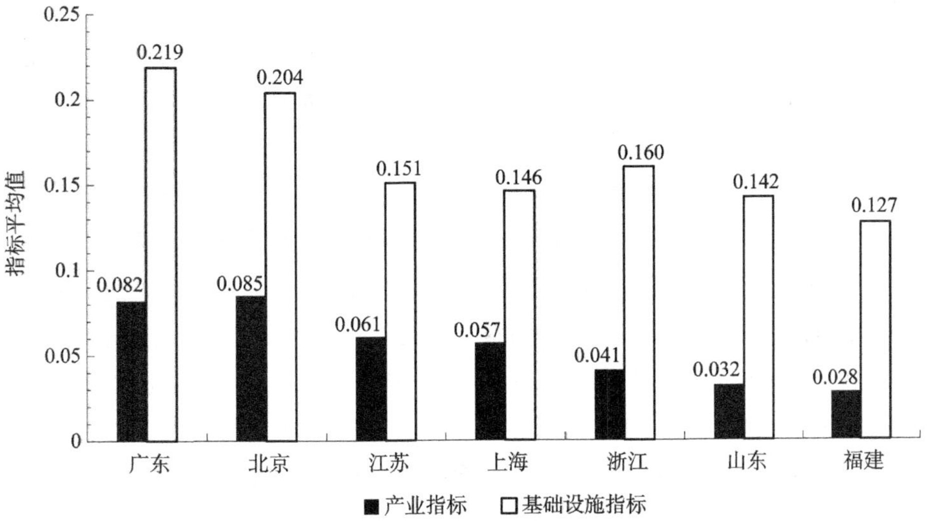

图 3－12　2014—2018 年深圳基础设施指标、产业指标平均值省市前七位

资料来源：根据公开数据整理、测算所得。

（2）数字经济覆盖领域广，各行业融合程度与应用深度逐渐加强。一定程度上来看，较高的产业指标总值代表了广东省数字产业发展领域范围不断扩大，一定程度上也代表其数字产业化的持续性发展。作为研究广东省数字经济发展程度的样板城市，深圳市数字化产业在不断发展的过程中，逐步建立了涵盖大数据、金融科技、云计算等全方位、多领域的新兴技术产业。2018 年 9 月，大湾区贸易金融区块链平台正式启动运行。民生政务、生态环保等各方面数字化融合速度仍在加速推进，数字化政府的逐步建立、数字化政务的不断完善也已成为深圳市数字化发展的目标。2019 年 1 月，深圳市上线具有统一性政务服务功能的移动客户端“i 深圳”，致力于为市民提供统一的在线服务。据统计，截至 2019 年底，个人事务的近 95%、法人事务的 60% 能够进行线上服务。

（3）产业发展环境不断完善，相关政策扶持机制逐步健全。明确数字企业及相关产业在数字化进程中的支撑作用后，深圳市积极开展战略部署工作，加大对数字产业的扶持力度，如 2018 年发布《深圳市战略性新兴产业发展专项资金扶持政策》；随后，深圳市工业和信息化局所发布的 2020 年第一批数字经济产业扶持计划申请指南中，更进一步确定了关于数字化企业发展中政府工作的两大重要支持领域：“数字产业链关键环节扶持项目”与“数字经济产业服务体系扶持项目”。国务院 2019 年 8 月发布的《中共中央国务院关于支持深圳建设中国特色社会主义先行示范区的意见》，明确了支持深圳建设网络空间科学与技术、5G 等重大创新型载体，从政策上协助深圳市构建数字经济创新试验区。

数字经济的发展状况影响着深圳能否在建设现代化经济体系的重要任务中处于领先地位。数字经济的试验，不仅仅要从理论、技术等方面填补其领域内的空白，更应该注意相关法规与监管政策的不断创新，以期适应当前快速发展过程中可能面临的诸多不确定性因素。因此，有关数字经济产业税收的立法、执法和普法工作的重要性将逐渐凸显出来。举例而言，在数字经济创新性发展的过程中，能够采取一种类似于“监管沙盒”的方式，推动数字经济创新性发展。具体而言，政府能够通过“监管沙盒”打造“精简版”的市场，并使该市场拥有较为宽松的监管环境，通过分批次、分企业推行“先试点、再总结、后推广”的试验模式，为深圳市数字经济的持续发展提供必要的协调作用，进一步为国家层面改革思路提供可行的思路与经验。

3. 广东省数字经济就业模式探析

研究深圳市数字经济就业模式对于探析广东省当前数字经济就业模式发展有十分重要的意义。深圳市通过建立大批科研单位与科技型企业，吸引了大批高层次的电子信息制造业与软件信息服务业的人才。同时，由于新型数字化制造企业在生产中涉及供应链等多个环节及多项制造资源，相应地提高了新制造职位应聘者的综合素质。值得注意的是，目前深圳市跨界融合型人才结构相对短缺，导致许多企业缺乏精通信息化与制造的复合型人才，一定程度上制约了深圳市数字经济就业规模扩大的进程。

4. 广东省发展趋势分析

（1）知识产权保护日益得到重视。数字经济飞速发展的过程中，知识密集型产业所拥有的高附加值产品、技术、专利是其业务竞争中的核心优势，因此，对于知识产权的保护是企业与政府需要共同专注的核心任务。从深圳当前的知识产权保护规则来看，无论是企业独立开发的技术成果，还是与国外联合开发的技术成果，或是在重新消化吸收的基础上创新的技术，都需要获得权威机构出具的相关认证或成果鉴定材料。

（2）技术应用逐渐具备场景化与产业化基础。新兴数字技术如何与应用场景更好地融合，推动产业发展；在具有先进性的同时，如何保留良好的推广应用价值，是数字经济发展中需要把握的重要内容。从深圳市目前数字经济的发展情况来看，无论是重点领域服务和模式的创新，还是核心技术工艺的提升，均以满足宏观发展趋势、符合国家产业调整的战略布局为引领方向，同时还应对经济或社会经济产生显著的效益，对产业发展起到良好的支撑性作用。

（3）持续性研发投入成为企业共识。随着企业发展与创新能力的不断提高，持续性的研发、创新型投入能够为企业带来集聚性优势资源与产业层级的提升。企业必须确立明确的项目建设资金筹措方案，保持稳定的、持续性的技术研发投入，以确保新产品开发成效获得显著性增长，稳步提升研发能力，推动企业及上下游产业的发展。例如，作为深圳市互联网创新的重要动力，华为的向新思维与创新能力一定程度上代表了深圳市数字经济创新性发展的状况。2019 年 8 月 9 日，华为召开开发者大会，正式发布了其独立研发的鸿蒙 OS 操作系统，该系统是应用于手机、可穿戴设备等多种智能终端的操作系统。

鸿蒙 OS 的发展关键在于生态，生态建立的关键在于应用和开发者。为快速推动鸿蒙 OS 生态的发展，鸿蒙 OS 面向全球开发者开源，并推动成立开源基金会、建立开源社区，开放在通信、摄像、全场景、AI 等方面的核心能力，与各界生态伙伴共同打造出面向更好的消费者体验的应用与服务，为产业发展注入新活力，共同创造全场景智慧化新体验与新生态。鸿蒙 OS 不仅能为消费者带来万物互联的全场景智慧生活的极致体验，同时能够让设备商在“5G + AI + IoT”爆发的全场景智慧化时代抢占先机，使得开发者能够以最少的成本覆盖最多的用户，快速实现全场景业务创新。

3.3.2　浙江省数字经济发展现状、就业模式与未来趋势

1. 浙江省数字经济发展现状分析

根据指标测算结果来看，2014—2018 年浙江省数字经济发展指数总值表现为稳步增长的态势。浙江省数字经济指数总值由 2014 年的 0.125，增长至 2018 年的 0.176（见图 3 – 13）。从排名上来看，指数总值在五年间由 2014 年的第 5 名上升至 2018 年的第三名，仅次于北京与广东。

以数字经济发展二级指标得分情况来看，浙江省环境指标五年平均值排名位于所有参与测评省市第一，与排名第三的广东省拉开了较大的差距。同时，基础设施指标平均值与融合指标平均值均排名第三。产业指标平均值的排名情况则相对落后，在所有测评省市中排在第 5 位（图 3 – 13、表 3 – 5）。可以发现，浙江省环境指标表现最为亮眼，归因于其不断扩展的政府网上政务服务在线办理业务与网上政务服务覆盖事项。浙江省数字化政务进程不断推进，为浙江省数字经济的发展提供了稳定的政府支持。值得注意的是，浙江省产业指标仍不够理想，尽管浙江省拥有阿里巴巴、海康威视、新华三集团等一大批行业领军企业，但是从整体上看存在数字经济产业综合实力不足的问题。

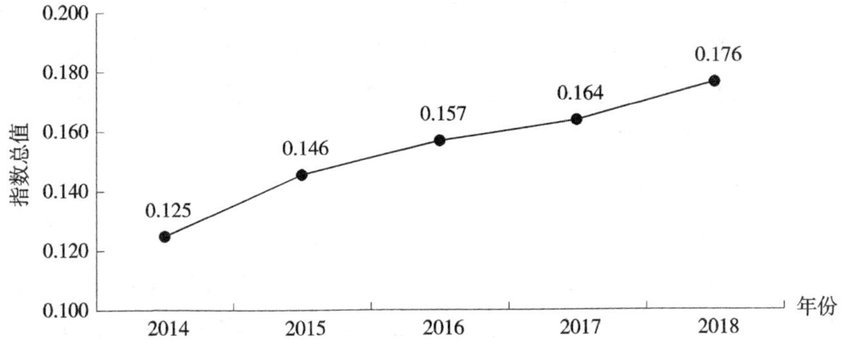

图 3－13　2014—2018 年浙江省数字经济发展指数总值变化

资料来源：根据国家统计局和中国信息通信研究院公开资料整理。

表 3－9　2014—2018 年浙江省数字经济发展指数二级指标年度值及平均值

	基础设施指标	产业指标	融合指标	环境指标	发展指数总值
2014 年	0. 117	0. 028	0. 185	0. 135	0. 125
2015 年	0. 136	0. 032	0. 229	0. 139	0. 146
2016 年	0. 161	0. 043	0. 239	0. 140	0. 157
2017 年	0. 182	0. 050	0. 235	0. 148	0. 164
2018 年	0. 202	0. 052	0. 260	0. 146	0. 176
五年平均值	0. 160	0. 041	0. 230	0. 142	0. 154

资料来源：根据国家统计局和中国信息通信研究院公开资料整理。

杭州作为浙江省数字经济发展状况最好的城市，其发展特征与趋势很大程度上代表了浙江省数字经济发展方向。作为杭州市经济发展的新能源，数字经济在杭州市发展过程中扮演着越来越重要的角色。从数量上来看，2014—2018 年杭州市数字经济平均增长率达到 22%，占杭州市平均经济总量的四分之一。同期，杭州数字经济规模占浙江省数字经济规模的一半以上。从企业层面来看，杭州是海康威视、阿里巴巴等一批数字创新领域领军企业的所在地，较大的产业规模所带来的吸引与溢出效应为数字经济的发展提供了较好的机会。从政府层面看，杭州继 2014 年提出“发展信息经济、推动智慧应用”后，2016 年又明确提出以信息经济推动杭州全面改革的发展思路，2018 年发布了《杭州市全面推进“三化融合”打造全国数字经济第一城行动计划（2018—2022 年）》。同时，在研发机构方面，杭州市不仅拥有浙江大学等高等学府，还拥有之江实验室、阿里巴巴达摩院等新型研发机构。这一系列的积累为杭州数字经济的发展提供了坚实的基础和可靠的保障。移动支付、城市大脑、数字安防、智慧零售等十大类经济、民生相关项目入选杭州“数字经济新十景”，“数字杭州”成为人们对于杭州的新印象。

2. 浙江省发展特征分析

2014—2018 年浙江省环境指标平均值位列第一，达 0.142（图 3－14）。由测算数据可以看出，在浙江省数字经济发展中，以政务环境为主要依托的数字化产业与政府事务相结合的发展状况成为浙江省数字经济发展的重要动力。作为浙江省数字经济发展的样板与先行市，杭州市数字技术与城市管理、政府事务的融合，很大程度上展示了浙江省数字经济发展的特点。

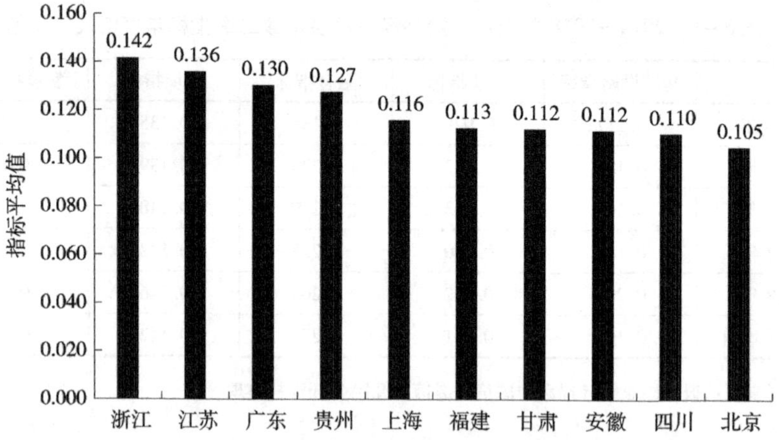

图 3－14　2014—2018 年环境指标平均值省市前十位

资料来源：根据公开数据整理、测算所得。

（1）简化政务审批程序等政府数字化改革营造了良好的政务、营商环境。数字化技术与政务服务的结合为杭州数字经济的发展提供了良好的政务环境。自 2014 年来，杭州不断加快政府数字化转型的进程。2014 年，杭州市提出发展信息经济“一号工程”，2017 年又开展“最多跑一次”改革，保证“互联网＋政务服务”稳步前行，简政放权这一理念逐渐得到贯彻，营商环境、政务服务逐渐得到改善。数据资源管理局的成立，加快了各类数据收集及处理工作的进程。至 2017 年底，归集 59 个部门 290. 21 亿条数据。与此同时，相关的配套设施相继建成，其中包括电子证照、“城市大脑”专题库等四大数据库。通过数字系统的自动处理与分发能力将有效数据传递给各相关部门，无须商户及个人填写重复性的资料，极大提高了跨部门事务的处理效率。

商事制度的改革成为改善数字经济营商环境的重要抓手。杭州数字经济的蓬勃发展与其良好的营商环境有着密切的联系。营商环境的好坏不仅对其范围内企业经营环境有着重要影响，还对企业活力有着重要的调控作用。针对数目庞大的“互联网 +”电商企业，杭州市出台允许设立商务秘书企业的新政策，电商企业的营业场所可以通过托管商务秘书完成。这一做法不仅为互联网企业节省了创业和经营成本，更让“不租商业房，也能开公司”的零门槛创业条件逐步实现。简便快捷的政务服务也是数字经济发展过程中重要的保障力量，对此，杭州市着眼于企业开办所需时间和发票申领程序两项流程的精简工作，推行“住所登记申报承诺制”等一系列方便企业的措施。上述一系列的政策为杭州数字经济、数字企业的发展提供了良好的营商环境。同时，营商环境的改善将吸引越来越多的互联网企业落户杭州，数字经济发展态势整体向好。

(2)“数字平台”成为培育新型数字企业的沃土，借助数字发展平台，打造良好的创新创业生态。杭州市所拥有的“数字平台”范围宽阔、类别齐全，以科技创新与数字产业发展为主要创新路径的大平台涵盖科创大走廊、国家级经济开发区、国家高新区等，同时，以“大众创业、万众创新”为核心理念的小平台降低了数字经济产业发展的成本与准入门槛，其主要包括大创园、众创空间等。

“十一五”至“十三五”期间，杭州共成功建成两个省级产业集聚区——城西科创产业集聚区和大江东产业集聚区。两个大型产业集聚区的建立，进一步丰富了城西科创大走廊和城东智造大走廊的产业广度与深度，形成了产业空间新格局。企业方面来看，杭州市成功吸引了一批高端数字企业，包括阿里巴巴、三维通信在内的多家数字企业进驻科创产业集聚区，并建立以之江实验室、阿里巴巴达摩院等为代表的高端研发机构，打造人工智能小镇、5G 创新园等创新空间。同时，杭州市各政府部门积极践行“店小二”式的服务理念，为数字企业发展提供便利的条件。各平台利用与人才、企业紧密联系的优势，明确服务需求发展方向，针对性地提升服务水平，为不同的企业量身定制个性化服务向导，为企业争取优质的营商环境。首先，积极落实企业服务代办员制度，为各类大型企业和重点企业配备专项服务人员，开展与政府有关部门对接的工作，为企业提供有求必应的伴随式服务。其次，各平台积极推出具有自身特点的多样化人才引进政策，包括对高层次人才补助、对高学历毕业生提供生活补贴等，为杭州人才引进提供了十分便利的条件和有力的支持，吸引了一大批高新技术人才。此外，政府不断鼓励并引导平台建立创新型服务机构，如科技中介服务机构、金融服务机构、风险投资机构、人才服务机构等，在完善高新技术配套产业的同时，以更加专业的市场服务打造影响数字经济发展的一流生态环境。

（3）探索数字化城市治理新模式。自“三化融合”实施以来，杭州市逐渐踏上了产业转型之路，从产业升级到城市数字化，全力打造共生共荣的“数字家园”。2014 年，杭州市提出信息经济“一号工程”，积极推动建设“六个中心”，大力发展十二个核心产业。2017 年的统计数据显示，杭州市数字经济增加值同比增长 21.8%，总额达 3216 亿元，占该地区生产总值的 25.6%，杭州经济的增长超一半的贡献来自数字经济。新时代下，杭州市凭借数字经济发展领先于全国绝大多数地区的先发优势，率先启动构建基于大数据产业融合的数字经济，推动传统经济模式的数字化转型。在数字经济发展方向上，明确增强以云计算、大数据、物联网等新兴优势产业为基础的产业竞争力，提升集成电路等基础行业的发展速度，同时积极着眼于区块链、虚拟现实等技术在数字企业中的应用，力争打造万亿元级数字产业集群。在对目标扶持企业的选择上，重点优化阿里巴巴、海康威视等大规模企业营商环境，力争将杭州打造成为数字化龙头企业聚集地。在研究投入上，增加对杭州市本土研究机构，例如浙江大学、之江实验室等创新平台的投入，通过增加对科技源头研发环节的供给，促进科技成果转化。

杭州 2016 年提出“城市数据大脑”，该构想通过采用阿里云 ET 人工智能技术，对城市运行状况进行实时分析、监控。根据系统数据分析得出的结论自动调配资源，最大化利用资源，从而解决城市的运行问题。为了实现“城市数据大脑”在城市治理中的全面应用，同时保证其数据及分析的合理性，杭州市不仅完善了相关的基础功能设施以对数据采集及相关基础收集工作进行保障，更积极号召各类主体共同参与、共同推动。目前，“城市数据大脑”已从最初的仅应用于交通治堵，逐步发展成为包括城建城管、政务服务和民生服务在内的全方位服务体系。

3. 浙江省数字就业模式

杭州市作为浙江省数字经济就业最具有代表性的城市，是浙江省数字化发展的重要样板，杭州市数字化就业不仅在于产业数字化过程中所创造的复合型岗位，更在于大数据与云计算技术在就业过程中所提供的强大的信息匹配能力。一方面，在数字化技术所提供的新就业岗位方面，杭州的数字化就业主要依赖数字化平台得以实现。数字化平台主要包括城西科创大走廊、国家省级经济开发区、国家高新区、特色小镇等大型科技创新平台，也涵盖了包括大创园、孵化器、众创空间等小型平台，为数字就业拓宽了空间。另一方面，数字化技术为就业信息与就业服务匹配提供了强大的支撑能力。2017 年 3 月，杭州市正式推出智慧就业信息系统，该系统全面应用云计算、互联网、移动终端、大数据、电子影像、工作流管理等信息化技术，在就业服务精准提供、就业信息、数据开放共享等方面均实现了突破性进展，为杭州市就业服务从传统模式向新模式的转变提供了有力的技术支撑，实现了“大数据 + 就业”，共享加开放的模式。其中智慧就业信息系统基于“互联网”思维设计和开发，充分落实融合开放的思想。通过开发统一接口，分别与支付宝、微信以及部分区就业部门应用系统进行对接，使得服务对象可以及时查询本人的就业信息、参保信息。建立了大数据平台，实现了初步的失业预警预测、人员一站式查询、业务即席查询等功能。

4. 浙江省发展趋势分析

杭州新时代驱动数字经济发展的路程是科技和产业的转型升级之路，也是城市社会治理和发展范式的转型之路，唯有探索驱动数字技术、数字产业和数字城市的互促共荣，才能建成有国际影响力的数字经济化城市。

首先，继续深化科技创新对杭州数字经济的引领作用。紧密围绕“数字浙江”建设目标，落实相关政策要求，加强关键大数据核心技术融合领域应用创新，全力塑造中国版“山景城”，引领包括人工智能、大数据、航空航天、区块链、金融科技在内的战略性新兴产业，提升数字经济核心竞争力，加快培育下一个千亿元级产业集群。平台生态对杭州数字经济的支撑作用将进一步得到重视。充分发挥国家高新区的品牌效应与城西科创大走廊的大平台效应，做实、做强梦想小镇、云栖小镇、物联网小镇、人工智能小镇和中国互联网经济产业圈等一批数字经济特色小镇和特色园区，吸引各类创新资源，实现数字经济的集聚化发展。同时，要注意发挥互联网法院和知识产权法院的作用，助力企业和产业增加对核心知识产权的相关内容的了解。其次，要积极引进和培育具有国际创新服务能力的科技服务机构，推动国际间的知识产权合作和保护；最后，还要加快引入一批涵盖生命健康、数字经济等领域的专业孵化器，发挥孵化平台的整合作用，完善包含“众创空间 + 孵化器 + 加速器”的科技孵化链条，构建科技企业逐步成长的梯次培育机制。

在发挥数字城市对杭州数字经济保障作用的同时，加快数字化城市治理步伐。以杭州举办“智慧亚运”和推行5G应用试点为契机，加快推进“三化融合”行动。在良好的营商环境中，以数字政务为支点，深化“最多跑一次”改革，推动数字经济快速发展。此外，落实政府数据资源整合、开放与共享，制定配套的标准和法规制度，加强信息保护意识，建设网络数据安全保障体系。加快完善数字化城市治理方案。以阿里城市大脑研发中心、海康AI iCloud生态系统等数字产业为优势，拓展“城市数据大脑”在城市治理中的应用范围，构建以大数据为支撑的城市治理现代化体系。

杭州市数字经济发展的核心在于智慧城市。自2016年起，智慧城市这一概念应用领域不断扩大。阿里云发布的《城市大脑：探索“数字孪生城市”》白皮书，将“ET城市大脑”描述为：以互联网为基础设施，汇聚城市的全量数据，对数据与视频进行实时分析，通过感知、理解、决策、搜索、预测和干预，将人工智能技术进行全流程的应用，对城市运行进行全局的及时分析，调配已有的公共资源。2016年，杭州市西湖区人民法院率先引进阿里云人工智能ET系统，ET能够同步记录、显示庭审中法官和诉讼参与人的交流过程，延迟不超过300毫秒。同时进行自动纠错，其准确率远远超过普通书记员的准确率，实现了真正的智慧法院。2018年6月，杭州萧山国际机场T3航站楼内25个安检通道上线ET航空大脑的人脸识别技术，该技术被接入机场原有的信息系统，安装过程中，现场仅需要更换一台广角摄像头。上线一个月内，人脸识别技术成功发现5名冒用身份证的旅客，技术判断准确率超99.6%。

3.3.3 北京市数字经济发展现状、就业模式与未来趋势

1. 北京市数字经济发展现状分析

2014—2018年北京市数字经济发展指数总值呈现向好趋势，2014—2015年出现较高的增幅。以指数总值来看，北京市数字经济指数总值由2014年的0.135，上涨至2018年的0.201。从排名上看，北京市由2014年的第一位，下降至2018年的第二位，整体来看依然保持高水平发展（图3-15、表3-10）。以数字经济发展二级指标得分情况来看，北京市产业指标与融合指标得分情况

良好，五年平均值均位列第一。[1] 在所有测评省市中，北京市是唯一一个在两项测评指标中均占据第一位的城市。但是需要关注的是，北京的政府环境发展尚未达到理想水平，环境指标五年平均值仅仅为 0.105，排在所有测评省市的第十位，与浙江、广东存在较大的差距。

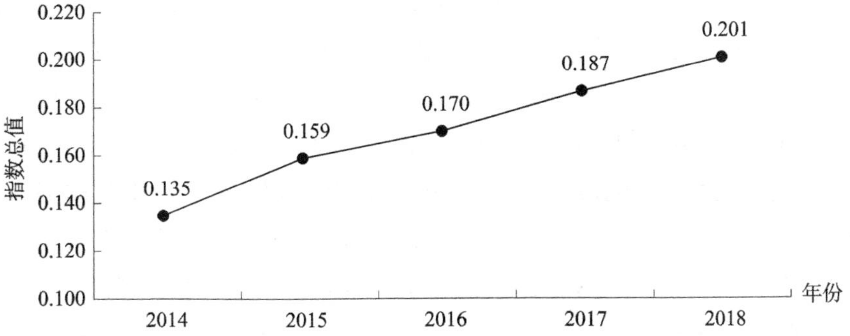

图 3-15　2014—2018 年北京市数字经济发展指数总值变化

数据来源：根据国家统计局和中国信息通信研究院公开资料整理。

表 3-10　2014—2018 年北京市数字经济发展指数二级指标年度值及平均值

	基础设施指标	产业指标	融合指标	环境指标	发展指数总值
2014 年	0. 153	0. 069	0. 197	0. 086	0. 135
2015 年	0. 177	0. 077	0. 241	0. 096	0. 159
2016 年	0. 210	0. 083	0. 246	0. 099	0. 170
2017 年	0. 228	0. 092	0. 266	0. 118	0. 187
2018 年	0. 251	0. 102	0. 282	0. 124	0. 201
五年平均值	0. 204	0. 085	0. 246	0. 105	0. 170

资料来源：根据国家统计局和中国信息通信研究院公开资料整理。

作为全国的政治、科技、文化中心和国际交流中心，北京的功能定位及基础设施为其发展数字经济提供了良好的外部优势。此外，北京内还聚集了大量的数字产业，为北京市数字经济的发展提供了强大的技术支持，培育出了百度、360、京东等近百家人工智能、大数据、云计算相关领域的上市企业。同时，众多的高素质高层次创新人才也为北京市数字经济的发展提供了充分的人才技术保障。

[1] 五年平均值排名参见表 3-5，表 3-6。

根据《2019京津冀数字经济发展报告》，北京作为京津冀地区数字经济发展的引领者、主导者，其数字基础设施指标总值高于天津、河北，在京津冀三地位居第一。但是，作为科技创新中心，北京在我国数字经济发展中应有的模范引领作用还没有得到完全发挥。就现阶段北京市数字经济的发展规模和水平来说，还远远落后于世界上发达国家或地区，但相较于我国中西部地区，北京的数字设施更加完善、实力也更加雄厚，是我国数字技术和产品的发达地区。2018年北京市的数字经济规模占北京市GDP的比重超过50%，数字经济对经济的拉动作用显著，但整体效用仍有待提高，存在很大的发展空间。

中国信息通信研究院发布的《中国数字经济发展与就业白皮书（2019年)》显示，2018年北京市数字经济规模总量实现新的跃升，数字经济规模超过1万亿元，在直辖市中仅次于上海。相比而言，同时期北京市数字经济增速达到16%，而北京市GDP增速仅为6.5%，数字经济增速明显高于同时期GDP增速。而就数字经济与就业联系来看，2018年北京市数字经济就业岗位突破500万个，数字经济就业岗位增速超过10%，占所有就业岗位的比重达到44.1%，位列全国第二。

2. 北京市数字经济发展特征分析

2014—2018年北京市的产业指标和融合指标平均值位居各省份榜首，分别为0.085和0.246（图3－16）。通过测算数据，我们可以看出北京市数字化产业以及产业数字化发展情况非常可观。北京依托中关村内大量聚集的数字产业，积极推动建立完备的产业链，又通过逐渐形成规模的数字产业，进一步发挥其对传统产业的融合带动作用。同时，北京市内的各大高校及科研院所也为数字经济的发展提供了源源不断的人才保障，保证了北京市数字技术的创新能力。整体来看，北京市数字经济发展呈现如下特征。

（1）互联网企业总部集聚，产业链完整。作为国家政治与文化中心，北京市在互联网基础设施方面具有天然的固有优势。中关村吸引了一大批高质量互联网企业在京设立研发机构，推动北京市成为电子商务、互联网金融、互联网就业方面的领跑者。早在2012年，北京市就在《智慧北京行动纲要》中，以城市智能运行行动计划、企业网络运营行动计划、市民数字生活行动计划等八大计划为契机邀请全世界互联网企业。北京市借助于领先全国的基础资源优势和内外统筹的整体推动力量，全面部署完整的产业链条，通过聚集超600家与物联网直接相关的企业形成规模化的产业集群。从机制创新来看，北京市构

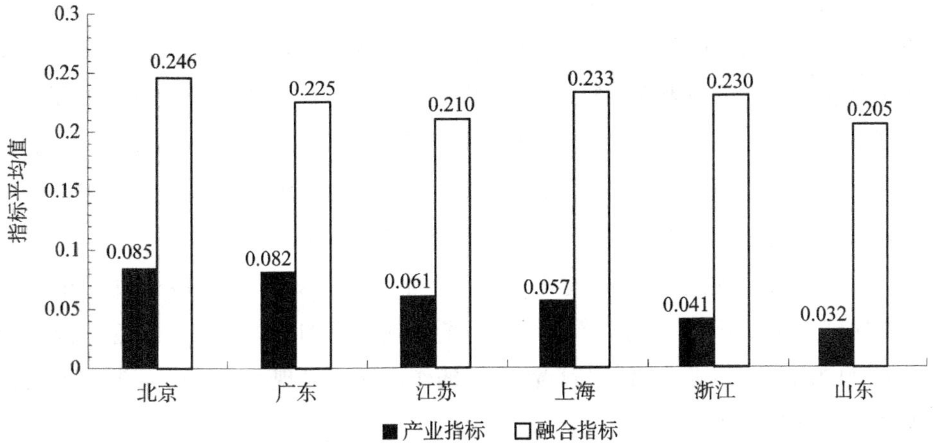

图 3－16　2014—2018 年我国产业指标、融合指标平均值省市前六位

数据来源：根据公开数据整理、测算所得。

建以政府、产业联盟、研究机构和企业为主，共同参与协同作业的联动机制，对数字产业集群的发展起到了十分关键的作用，进一步强化了物联网对智慧北京建设的支持作用。

（2）实施创新驱动，推动数字经济发展。自党的十八大以来，依托互联网企业这一微观主体，北京市数字产业增长方式的转变速度不断加快，由要素投入型生产模式向集约创新型生产模式的转变得到深化。创新不仅成为北京市互联网产业的主要驱动力，更是现阶段北京数字经济持续发展的核心要素。在创新理念的引领下，北京市也加快了产业创新的速度，以互联网、云计算、人工智能为代表的新兴产品迅速涌现，为北京市经济的持续增长注入了新的活力。

一方面，北京市的互联网产品表现出综合化与多样化的特征，包括门户、搜索引擎、团购、视频及其他硬件产品。另一方面，北京市与华为共同成立的北京鲲鹏联合创新中心，专注于芯片、操作系统、数据库等关键核心产品，为各行业数据提供更为多元、安全、高效的算力保障。尽管北京市成功占领了中国互联网产业创新链的高端环节，但创新产品仍然存在良莠不齐和难以监管的问题。

（3）数字金融迅猛发展，推动北京市成为金融创新高地。2017 年，我国共有 270 家企业获得第三方支付牌照，其中，北京市的互联网企业就占据了 20% 的比重，达到了 53 家。由此可见，仅就获得第三方支付牌照企业而言，北京市已处于领先地位。一方面，2016 年上半年数据显示，北京市金融信息服务业营业收入较去年同期增长 83.7%，达 14.5 亿元，53 家取得第三方支付牌照的非金融机构营业收入增长率为 48.1%，达 59 亿元；另一方面，传统产业数字化融合的速度不断加快，银行、保险等传统金融机构在数字化的趋势下也不甘落后，纷纷开拓了互联网金融业务。据统计，北京地区 7 成以上的保险公司开始提供在线数字业务，商业银行中电子银行交易的替代率也达到 70%。[1]

（4）数字产业环境不断优化，创建企业发展生态圈。2014—2018 年，北京数字产业环境不断优化，产业内部逐渐呈现良好的竞争态势。随着各行业法规制度的出台，行业内自律与自治组织的作用逐步显现，行业内龙头企业积极发挥规模优势、引领优势，中小企业则注重加大科研创新力度，两者逐渐达成互补的发展模式。

北京市通过聚集全国的互联网信息，利用资源的聚集效应形成了比较完善的数字内容生产环境。为了进一步降低企业的成本压力，营造良好的商业环境，北京市不仅降低了企业的互联网宽带租用费用，还在信息传输成本、机房及线路建设等方面制定了统一的规划与优惠政策，这也从侧面显示出北京市数字产业发展的普惠性和包容性。以企业规模为例，北京市数字化产业既存在大体量的上市公司，如百度、京东等，也聚集了一大批中小型创业公司与小微企业，如天使投资、风险投资（VC）、私募股权投资（PE）等。受益于行业巨头通过拉动内需寻求发展的商业模式，小微企业可以选择为此过程提供优质的创意产品和人才。在这一完整的产业生态中，不同规模的数字化企业相互衔接、充分整合行业资源，打造合作共赢的产业链，实现共同发展。

3. 北京市数字经济就业模式

北京市的互联网集聚效应，为其数字就业模式奠定了基础。北京市凭借良好的基础设施和政策保障，极大地提升了数字化过程中吸纳就业规模的能力。北京市集聚了大量的互联网巨头，百度、360、京东等大批人工智能、大数据相关的新兴科技巨头，为高端技术型人才与复合型人才提供了大量的就业岗位。同时，集聚效应下的协同效应也使得北京市培育了一大批中小型企业或创业型团队，拓宽了数字化就业的选择方向。

北京市诸如信息、通信和技术等 ICT 基础产业的发展状况好于融合产业，

---

[1] 资料来源于北京市统计局政府信息公开专栏。

例如，从数字化人才的储备上看，北京针对基础产业的 ICT 人才的比例已超过 60%。从就业范围来看，北京市数字产业优势人才主要分布在金融、教育、医疗、文娱与企业服务领域，最多就职于互联网、通信与电商企业，如百度、IBM、华为、京东和联想等。

4. 北京市数字经济发展趋势分析

充分利用现有资源，合理协调京津冀发展，扩大数字经济领先作用。首先，通过对北京市数字经济发展指数分析，可以看出目前北京市的政府数字环境建设相较于数字经济发展水平相似的省份尚有不足，其主要表现在政务媒体和政府网上服务两方面。但是随着数字革命时代的加速到来，一方面居民对政府数字化办公具有强烈要求，另一方面政府对自身更快的信息更新速度有需求，二者都必将推动北京政府加强对政务数字环境的建设。虽然目前北京市数字经济的发展还远远落后于发达的国家和地区，但是北京市完全具备发展成为具有国际竞争力的数字经济新高地的潜力。

（1）借助 5G 基础建设和产业生态布局，北京市将引领数字经济走上持续快速发展的“快车道”。北京市先后发布并实施了 5G 产业发展行动计划、大数据行动计划以及工业互联网发展行动计划等重要战略，推动数字经济走上持续发展的“快车道”。北京市的 5G 基础建设和产业生态布局已经走在全国前列。而北京市率先落地的 5G 智慧世园、积水潭 5G 远程手术、三一重工 5G 智能制造、北汽奔驰 5G 智慧出行等各行业的应用场景，实现了 70 周年国庆阅兵、世园会开闭幕式、男篮世界杯的 5G 超高清直播，初步展现了 5G 改变社会的能力。因此，在 5G 商用不断推进的过程中，北京市为了实现数字经济的高效发展，将持续重点关注 5G 通信设备智能化制造、设备智能操作系统等一批产业化项目的建设进程。

（2）在京津冀地区数字经济发展中充分发挥引领者和主导者的作用，推进京津冀一体化。在确保北京已初步构建合理完善的互联网产业体系后，北京市的软件产业将致力于促进北京市经济新旧动能转换，加快与制造企业的融合进程，推进区域产业智能化转型升级，将北京打造成为由中国制造向中国“智”造转变的先行区与战略高地。

北京市的 5G 产业建设全国领先，网络部署和应用全国领先，《北京市 5G 产业发展行动方案（2019 年—2022 年）》的发布，更进一步显现出北京市加快推动网络布局建设、构筑高端高新的 5G 产业体系、推动首都新一代信息技术产业全面升级的信心和决心。在此行动方案中，北京市明确提出了发展示范应用的重点，智能交通、健康医疗、工业互联网、智慧城市、超高清视频赫然在列。

“5G+智能交通”方面，北京自动驾驶测试道路以及智能网联示范区建设正在加快推进，下一步将实现自动驾驶的车路协同、车车协同等场景，推动“5G+智能交通”全面发展。“5G+智慧医疗”方面，北京已形成301医院远程手术、积水潭医院骨科机器人手术、北医三院世园会远程急救等一批典型应用案例，未来将实现智慧医疗领域海量连接，支持远程机器人手术等对低时延、高可靠有较高要求的智慧医疗应用。“5G+工业互联网”方面，北京启动了东方国信、京东物流、爱动超越公司的建材行业生产线、智能物流、汽车制造车间智能巡检三个试点示范项目，未来将推进实现人机协同感知、设备云端控制、远程协作等移动低时延应用，推动设备和流程从自动化走向智能化。

北京市作为京津冀数字产业发展的核心，在区域内发挥着资本辐射、产业引领、创新驱动的龙头作用。在逐步推进京津冀一体化的过程中，北京市数字经济发展的主导作用应通过发挥引领作用进一步加以拓展。首先，通过孵化和应用将成熟的数字技术向津冀地区转移，以带动津冀地区数字化产业发展。其次，通过研发与溢出效应的作用，逐渐拓宽数字技术的地理渗透范围，以期将领先的数字技术推广到全国，发挥首都的引领作用，缩小当前我国各区域间数字经济领域发展鸿沟。

3.4 本章小结

作为新时代经济快速、稳定发展的突破口，数字经济逐渐成为新一轮产业竞争的核心领域，也是现阶段拉动全球经济复苏的中坚力量，这也注定数字经济必将成为各国竞相追逐的焦点内容。在此背景下，各国为抢占数字经济的中心位置，将不遗余力地发展以5G、人工智能、物联网、云计算、区块链等为代表的新兴数字信息技术。而这些新兴技术的变革和应用，无疑会给经济社会的各个领域带来巨大的机遇和挑战。本章通过构建涵盖基础设施指标、产业指标、融合指标和环境指标等指标体系，测算了我国数字经济发展指数，发现我国数字经济呈高速发展态势，但发展水平呈东中西阶梯式特点，且西部地区数字经济发展潜力巨大。另外，本章在分析各一级指标的基础上，重点剖析了以深圳、杭州、北京为代表的重点城市在基础设施、数字产业发展、产业数字化融合以及数字发展环境上的表现，并且各省市数字经济发展为诞生数字就业新模式奠定了基础，拓宽了数字化就业的选择方向。

第4章　数字经济下我国劳动力市场的特征、机遇与挑战

伴随着数字技术飞速前进，数字经济正在成为重塑世界的力量。它不仅带来效率的提升，而且推动着商业模式创新和组织模式变革。劳动力市场也在数字经济的推动下不断革新：人工智能推动制造业领域工作模式变革；平台组织模式重组了部分服务业；数字平台和各类数字基础设施大幅度降低了创新创业的门槛，创意阶层涌现；传统行业数字化转型浪潮迭起。这些变化共同推动了新就业模式的快速发展。2018年以来，党中央、国务院多次强调要做好“稳就业、稳金融、稳外贸、稳外资、稳投资、稳预期”工作，有效应对外部经济环境变化，确保经济平稳运行，其中“稳就业”居于首位。在数字经济高速发展的新形势下，国家高度重视数字经济就业问题，数字经济稳就业政策陆续出台。2020年7月14日，发展改革委等13个部门发布《关于支持新业态新模式健康发展，激活消费市场带动扩大就业的意见》，支持新业态新模式健康发展，激活消费市场带动扩大就业，打造数字经济新优势。第3章基于重点省市的数字经济发展分析已初步得出“各省市数字经济发展为诞生数字就业新模式奠定了基础，拓宽了数字化就业的选择方向”的结论。在此背景下，本章从数字经济下我国劳动力市场新就业模式的内涵、特征及分布情况入手，研究了代表性国家保障新就业模式的税收治理举措，总结了数字经济下我国劳动力市场面临的机遇与挑战。

4.1　数字经济下我国劳动力市场新就业模式及特征

4.1.1　数字经济影响就业的理论分析

以互联网为核心的新一轮科技和产业革命，改变了劳动力市场的格局和资源配置方式，传统的就业观念和就业方式正在发生改变。“灵活就业”“非正规就业”等概念的兴起，反映了就业模式的变化。数字经济在给劳动力就业带来挑战的同时，也为实现更高质量的就业提供了契机。具体而言，数字经济对就业的影响主要通过就业替代机制和就业补偿机制来实现。

1. 就业替代机制

一方面，随着技术进步和劳动生产率提高，传统岗位的就业需求减少，从事标准化工作的工人将会被机器自动化替代；另一方面，技术性失业和资本替代劳动会冲击传统就业，低技能劳动者由于文化水平和技能水平不高，很难在短时间内储备专业知识和技能并突破行业门槛。牛津经济研究所（2019）发布报告称，预计到 2030 年，全球约 2000 万个、相当于约 8.5% 的制造业职位将被机器人取代。Aghion 和 Howitt（1994）在熊彼特创新理论基础上，将技术进步对就业的“创造性破坏”分为直接效应和间接效应。前者指技术进步降低现存工作岗位的价值，加速了企业淘汰低价值的现存岗位；后者指技术进步导致的资本化效应和人力资本价格的上涨，打击了企业提供更多就业岗位的积极性。Brynjolfson 和 Mcafee（2014）则从需求的角度提出数字化使企业对某些类型工人的需求越来越少，会对就业产生冲击。Graetz 和 Michaels（2015）从提高生产率和工资的角度发现机器人可以提高生产率和工资，从而减少低技能工人的就业。与之观点相似的施瓦布（2016）也认为，信息和其他创新技术会通过取代现有人工来提高生产率，从而导致常规性和重复性工作大幅减少。王君等（2017）则从理论上分析了技术进步对于就业的影响机制，指出数字技术催生的人工智能、工业机器人等对我国劳动力就业的替代作用尚不明显，但从长期来看，对就业的挤出风险不容小觑。Acemoglu 和 Restrepo（2018）则通过实证检验，发现数字经济时代智能化生产能够引发就业替代效应，也能够创造出新的工作需要，而且在新的岗位需求中，高技能型劳动力显然更加具备比较优势。

2. 就业补偿机制

新技术的开发、扩散和应用本身就会产生新的就业岗位，且其应用到传统产业带来的技术变革也会形成新的就业岗位。同时技术进步降低了生产成本、增加了收入，导致总需求和总投资增加，进而创造新的就业机会。胡鞍钢（2016）认为，数字技术应用间接创造的就业岗位的规模要远大于直接创造的就业岗位数量，互联网的普及和应用已经成为创新创业的引擎。新技术也可能产生新的经济活动和市场，从而创造新的就业岗位，Nikulin（2017）认为，数字化创造了新的工作岗位，并使劳动市场更具包容性、灵活性、透明性。刘晓英（2019）认为，在数字经济拥有技术化、智能化、融合化等特点的基础上，数字经济时代会产生信息技术开发型、人工智能型、产业融合型、社会制度调整型新型职业。王伟玲和吴志刚（2020）认为，疫情使很多互联网企业业务激增，人手紧缺，数十家不同行业的企业发布了“共享员工”计划，推出就业共享平台，实现跨行调配、互助就业。“共享员工”模式将社会中、企业间的员工进行灵活调配，能够迅速为短缺行业提供人力，大大缓解了就业压力。何宗樾和宋旭光（2020）认为，数字经济对疫情下就业压力有很大的缓解作用，数字经济对非农就业特别是受雇型非正规就业具有显著的促进作用，并且对创业者也产生了积极影响。数字经济因其线上优势最大限度地降低了人员聚集的风险，在就业市场中最先响应、最为活跃，对就业市场起到了稳定器的作用，同时也有效助力了其他行业的正常发展。贺建风（2020）研究发现，疫情期间所形成与强化的数字消费新模式，在后疫情时代将得以延续，可拓展经济社会发展的新空间，也有利于开辟新的就业渠道。首先，在线消费习惯进一步养成，催生了广阔的线上市场需求。其次，社会生活数字化水平提升，催生一系列新兴产业链。最后，随着“一带一路”倡议的深入实施，以数字创意产业为突破口的数字消费新模式，可加速推进中国文化和中国经济的双重价值融合，并能有效促进区域共同发展和人类命运共同体的构建（图4－1）。

总体来说，数字经济新动能创造的就业机会多于损失的就业机会，新动能之所以能够在整体上带动就业，关键在于其产业融合功能与就业的联动效应。其带动的就业不仅更加灵活，而且可以覆盖农民工、高校毕业生等重点群体的就业需求，具有满足长期就业和灵活就业的“蓄水池”功能。宫瑜（2019）分析了数字经济就业创造效应和损失效应的微观作用机制，运用VAR法进行实证检验，发现我国数字经济对就业率具有正向作用，贡献率随时间不断上

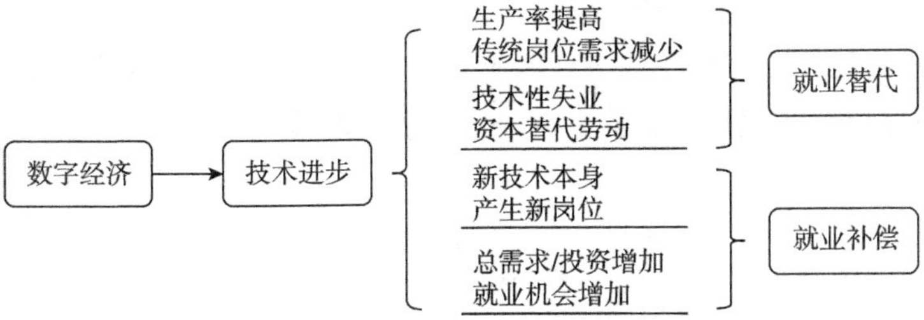

图 4－1　数字经济影响就业机制分析

升。在数字经济新就业模式下的灵活化就业机会中，虽然有一部分长期从业者，但更多的是季节性、临时性、过渡性、试探性的短期从业者。在就业形势较好时，更多人通过灵活就业兼职工作，补充收入改善生活。在就业衰退时，则更多人依靠多样化的灵活就业机会稳定收入来源，等待时机寻找更好的工作机会。这种随进随出的灵活化就业方式，有效降低了规模化失业风险，就业“蓄水池”和“稳定器”的作用显著。疫情之下，互联网数字平台发展开启了“加速键”，不但加速了中国各产业的全面数字化，也创造了大量灵活就业岗位，成为中国“稳就业”的新引擎。

4.1.2　数字经济就业政策梳理

随着新一轮科技革命和产业变革孕育兴起，互联网、大数据、云计算、人工智能等数字技术日新月异，以数据资源为重要生产要素、以全要素数字化转型为重要推动力的数字经济蓬勃发展，数字经济领域就业加速增长，新就业形态不断涌现。但同时，数字人才供给缺口大、适应劳动者流动性和就业方式多样化的就业服务及用工管理制度有待完善等问题仍较为突出。

党的十八大以来，党中央、国务院陆续出台了《“互联网＋”行动计划》《国家信息化发展战略纲要》《促进大数据发展行动纲要》《新一代人工智能发展规划》《国务院关于进一步扩大和升级信息消费持续释放的需潜力的指导意见》等系列重大战略和政策措施，从战略层面支持推动数字经济发展（表4－1）。国家发展改革委、工业和信息化部、科技部等部门也纷纷加快数字经济相关政策出台。针对就业层面，国家发展改革委等 19 个部门联合印发《关于发展数字经济稳定并扩大就业的指导意见》，通过加快培育数字经济新兴就业机会、持续提升劳动者数字技能、大力推进就业创业服务数字化转型等政策举措推动数字经济稳定与扩大就业。2020 年 4 月 11 日国家发展改革委表示，将开展数字经济新业态培育行动，在卫生健康、教育等领域培育新业态，实施灵活就业激励计划，降低灵活就业门槛，鼓励创新创业。

表 4－1　数字经济国家就业政策汇总

发布部门	发布时间	发布内容
国家发展改革委	2018 年 9 月	《关于发展数字经济稳定并扩大就业的指导意见》
国务院办公厅	2019 年 8 月	《国务院办公厅关于促进平台经济规范健康发展的指导意见 》
中共中央办公厅、国务院办公厅	2019 年 5 月	《数字乡村发展战略纲要》
国务院办公厅	2019 年 12 月	《国务院关于进一步做好稳就业工作的意见》
发展改革委等	2020 年 2 月	《关于促进消费扩容提质加快形成强大国内市场的实施意见》
国务院办公厅	2020 年 3 月	《国务院办公厅关于应对新冠肺炎疫情影响强化稳就业举措的实施意见》
发展改革委等	2020 年 7 月	《关于支持新业态新模式健康发展　激活消费市场带动扩大就业的意见》
国务院办公厅	2020 年 7 月	《国务院办公厅关于支持多渠道灵活就业的意见》

资料来源：中华人民共和国中央人民政府网、发展改革委网站。

具体在重点省市方面，为落实数字经济稳就业、扩大就业，北京市出台了配套的政策措施。为贯彻落实数字经济“一号工程”的决策部署，大力发展数字经济，推进数字产业化和产业数字化，浙江省委省政府在促进就业方面制定政策措施。广东省大力支持数字经济下的新业态就业并提出，对依托互联网服务平台等新业态、新模式实现灵活就业的就业困难人员，给予不超过其社会保险实际缴费额 2/3 的社保补贴。同时，为提高劳动者就业创业能力，创造更多更丰富的就业机会，各地也纷纷出台政策。北京提出要努力打造国际人才高地，实施好雏鹰人才计划；浙江省表示，要深入推进高校毕业生基层成长计划；广东省表示，鼓励高校毕业生到各类创业孵化基地创业创新，落实场租、税费减免等扶持政策，提供创业融资、参展参赛等服务支持。

4.1.3　数字经济就业现状

第一，数字经济拉动就业作用显著，既能推动就业升级，也能带来新增就业。初步测算表明，2018 年我国数字经济领域就业人数达到 1.91 亿人，占全年总就业人数的 24.6%。在全国总就业人数同比下降 0.07% 的背景下，数字经济领域就业岗位实现了两位数的高速增长，同比增长 11.7%。其中，数字产业化部分就业岗位达到1220 万个，同比增长9.4%，产业数字化部分就业岗位达到 1.78 亿个，同比增长 11.6%，传统产业数字化转型吸纳就业岗位多、增长快，已成为我国“稳就业”的重要渠道（图 4 –2）。

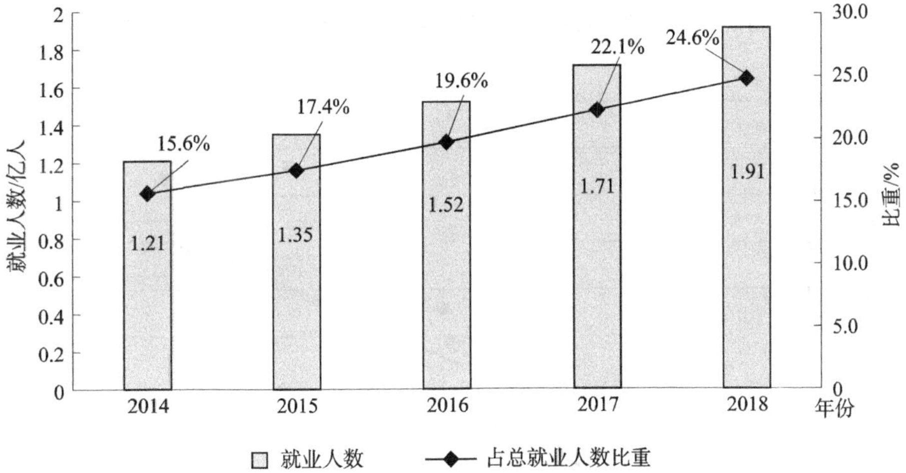

图 4 –2　2014—2018 年我国数字经济吸纳就业情况

资料来源：根据中国信息通信研究院、中商产业研究院整理。

第二，数字经济发展是新增就业的稳定器。如图 4 –3、图 4 –4 所示，数字经济发展指数和新增就业数量呈现正相关。即数字经济发展水平越高的省份，新增就业数量越多。近两年中国经济增速放缓，面临一定的下行压力，但就业并未受到明显影响，城镇新增就业保持稳定，调查失业率和登记失业率不降反升，这其中数字经济所延伸的新产业、新业态对拉动就业起到了重要作用。在“就业难”形势日趋严峻的情况下，全国各个省份亦应因地制宜大力发展数字经济、适应数字经济，新岗位将给劳动者带来更高质量的、更充分的就业。

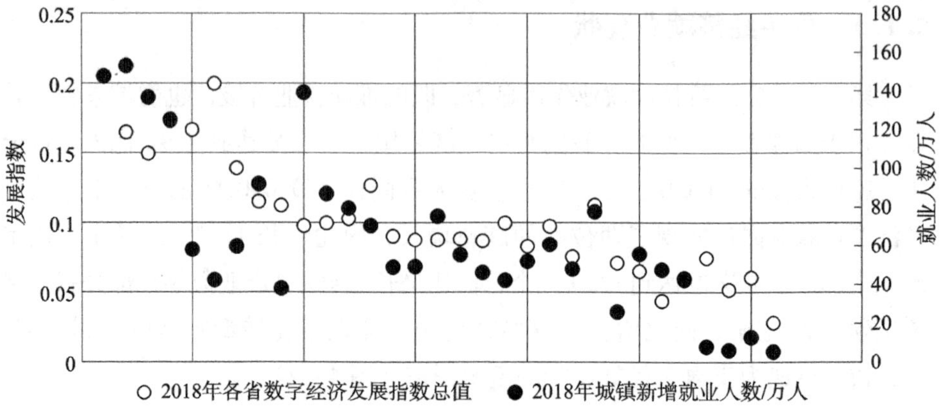

图 4-3　2018 年各省数字经济发展指数总值与新增就业散点图

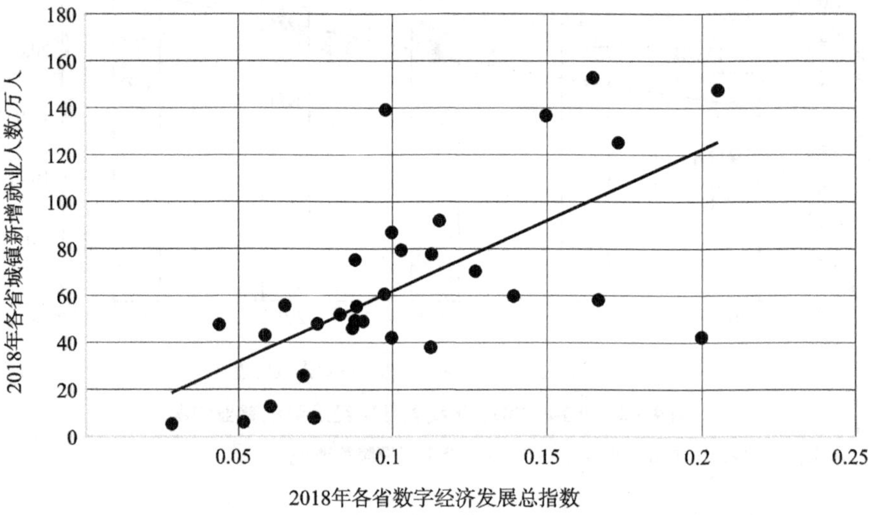

图 4-4　2018 年新增就业与发展指数拟合

资料来源：根据各省 2018 统计公报、测算数据整理。

第三，数字经济的快速发展使得三大产业数字化转型就业吸纳能力显著提升。经初步测算，2018 年第一产业数字化转型相关岗位约有 1928 万个，占第一产业总就业人数的 9.6%，占比提升约 2 个百分点。第二产业数字化转型岗位为 5221 万个，占第二产业总就业人数的 23.7%，占比提升约 1.4 个百分点。第三产业数字化转型就业岗位约 13426 万个，占第三产业总就业人数的 37.2%，占比提升约 4 个百分点。第三产业数字化转型岗位占比提升最快，第二产业占比提升最慢，其原因主要是行业属性导致数字化转型难易程度存在差异。高交易费用、低固定资产占比、低技术密集度的第三产业进行数字化改造的难度较小，行业从业者向数字化技能从业者的角色切换更为容易；而低交易费用、高固定资产占比、高技术密集度的第二产业进行数字化改造的难度较大，工业基础工艺方面的人才对数字化、智能化相关知识经验匮乏，转型难度较大（图4－5）。例如，传统的出租车司机转换为网约车司机较为容易，而普通生产工人转换为掌握人机协同、智能辅助决策等技术的数字技能型人才的难度较大、任务较艰巨。

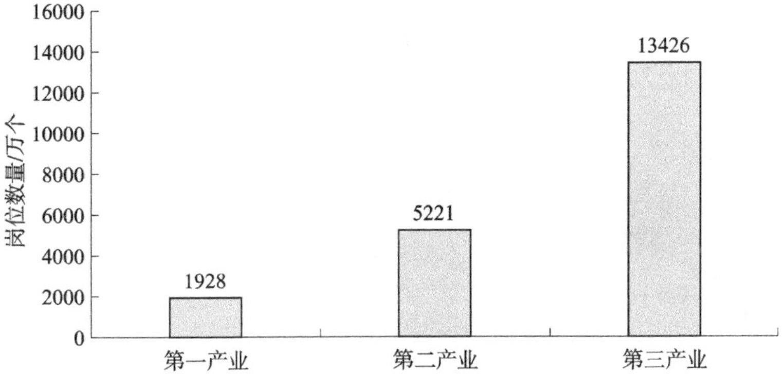

图4－5　2018年我国三次产业数字经济就业岗位数量统计

资料来源：根据中国信通院、中商产业研究院整理。

第四，数字经济催生新的就业模式。数字经济的发展带动了大数据、云计算和平台经济、分享经济的发展，创造了新产业、新业态、新模式。其中的新就业模式的主要体现为“四新”：一是领域新，包括网商、电商、分享经济、社群经济等；二是方式新，员工与雇主的联系不是通过传统的“单位制”，而是互联网平台；三是手段新，通过互联网创业不再依托传统的招聘会、就业市场，而是大数据技术和移动互联技术；四是观念新，灵活就业、多重身份兼职成为就业新观念，不再追求“铁饭碗”。

在数字经济时代，新就业模式与传统就业模式发生了颠覆性变化，通过利用互联网技术手段对新时代新需求和新供给的高效匹配，数字经济下兼顾自由和收入的灵活化新就业模式已经成为新的高质量就业形式。与此同时，数字经济新就业与传统就业保持并存发展、融合促进的良性互动关系。如图4－6所示，首先，拥有由更广泛的高技能与高素质的劳动者、数字化人才以及机器智能所组成新的就业骨干（数字经济就业人群），其中既有依托于传统组织雇佣关系的“传统青年”，亦有在外部第三方共享平台上寻求多元化的“零工”和自主创业者；同时，传统组织也会内生出类似外部平台的灵活就业市场。其次，传统就业领域经过数字技术的催化，将派生更多具有跨界属性的新就业机会。最后，为了应对日益复杂、多元、旺盛的客户需求，传统组织也将拓展人力资本的储备方式，借助任务平台外包匹配更灵活的用工需求。

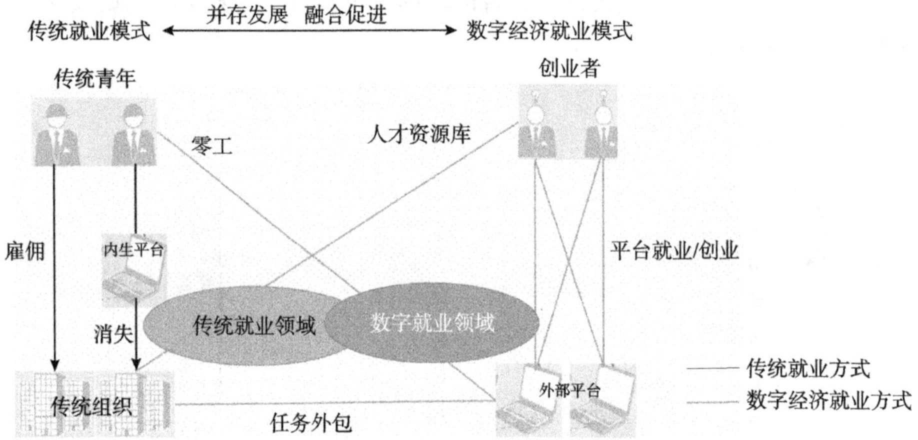

图 4－6　传统就业模式与数字经济就业模式

资料来源：根据 BCG 资料整理。

4.1.4　数字经济新就业模式内涵

学者及业界对就业新模式进行了诸多探究，张成刚（2016）从生产力和生产关系两个不同的角度解释新就业模式的内涵，认为生产力角度的新就业模式是在新一轮工业革命带动的生产资料智能化、数字化、信息化条件下，通过劳动者与生产资料互动，实现虚拟与实体生产体系灵活协作的工作模式；生产关系角度的新就业模式指伴随着互联网技术进步与大众消费升级出现的去雇主化、平台化的就业模式。牛禄青（2017）认为数字技术和数字经济所建构的就业模式与传统就业模式迥然不同，主要表现在就业平台化、就业灵活化、就业无界化。2017 年中国就业促进会指出，新就业形态是指与建立在工业化和现代工厂制度基础上的传统就业方式相区别的就业形态，主要包括伴随着互联网技术进步与大众消费升级而出现的去雇主化就业模式及借助信息技术升级的灵活就业模式。

通过对数字经济就业特征的总结、对数字经济形势以及对学者和业界对就业新模式探究的分析，我们认为新就业模式是指：在数字经济背景下，颠覆传统就业模式，借助互联网数字化技术和智能化技术所孕育的平台化、共享化、灵活化及去空间化的新型就业模式。数字经济的发展推动了新领域的诞生和发展，即新零售、泛娱乐、新金融和新制造。而新领域的诞生和发展又引领了新就业模式的兴起：新零售推动线上平台化就业及线下共享化和灵活化就业；泛娱乐与平台化、去空间化及灵活化的就业模式紧密相连；新金融借助平台化就业模式拓展传统金融人才的就业空间；而新制造则通过共享专业复合型人才和工业互联网平台吸纳高端人才实现就业。

4.1.5　数字经济新就业模式特征

以互联网、云计算、大数据、物联网、人工智能等为代表的数字技术，正给当前的就业环境带来重大改变。据预测，2035 年中国整体数字经济规模接近 16 万亿美元，数字经济渗透率达到 48%，总就业容量达 4.15 亿元。与此同时，很多传统产业的岗位将会被淘汰，伴随而来的是新岗位、新工作的涌现。数字经济下的新就业模式将呈现以下特征。

1. 数字素养成为劳动者就业必备技能

在数字经济条件下，大部分工作将以“数据”为核心展开。与数据相关的职业必将大大增加，成为就业新常态，如数据分析、数据运算、虚拟现实操作等。数字经济对劳动者的数字技能和数字素养提出很高的要求，不具有数字素养的人将面临失业和边缘化危险。数字素养成为基本就业技能，包括掌握必要的信息技术，能够对电子文档、电子表格、数据库、多媒体等数字信息进行制作、储存和管理，并能够运用信息技术和互联网技术解决工作中的相关问题。民众数字素养水平直接关系到一国的数字鸿沟情况及相应的结构性失业和贫富差距问题，更关系到一国整体的数字经济发展水平。所谓的“数字素养”可以看作是在新技术环境下，从获取、理解、整合到评价、交流的整个过程中使用数字资源、使得人们有效参与社会进程的能力。既包括对数字资源的接受能力，也包括对数字资源的给予能力。提高数字素养既有利于数字消费，也有利于数字生产，是数字经济的关键要素和重要基础。随着云计算、大数据、人工智能与区块链等数字技术的迅速发展，正在推动全球新一轮科技革命和产业革命加速前进，对人类的生活带来前所未有的影响。新技术的深入发展在为经济社会的进步创造条件的同时，也将深刻改变国家的比较优势和竞争优势，对全球格局产生深刻影响。有鉴于此，世界各国纷纷出台数字化发展战略（表4-2），来布局科技与经济发展，高度重视人才数字素养的培养，以抢占未来发展先机。

表4-2　部分国家数字化发展战略

国别	发布时间	发布内容
美国	2016.10	《规划未来，迎接人工智能时代》
	2016.10	《国家人工智能研究与发展战略计划》
	2016.12	《人工智能、自动化与经济报告》
俄罗斯	2017.7	《俄罗斯联邦数字经济规划》
英国	2018.5	《产业战略：人工智能领域行动》
日本	2018.9	《人工智能战略草案》
澳大利亚	2018.12	《澳大利亚的技术未来——提供一个强大、安全和包容的数字经济》

资料来源：各国政府网站。

虽然全球范围内以数据人才为重要生产力、以数字素养为重要推动力的数字经济蓬勃发展，数字经济领域就业加速增长，新就业形态不断涌现，但目前我国数字人才供给缺口大、数字素养欠缺、数字鸿沟较深等问题仍较突出。当前和今后一段时期，我国仍需抢抓发展机遇，大力提升国民数字素养以扩大就业，促进经济转型升级和就业结构改善。

2. 组织方式平台化

数字经济的发展促进了多种互联网平台的兴起，包括购物平台、打车平台、外卖平台等。数字经济以这些互联网平台为中枢，通过互联网技术协调各类社会资源，提供互联互通服务，将多方人员联系起来以满足社会就业的发展需求。互联网平台经济的发展减少了就业搜寻和匹配的成本，在不断促进就业的同时创造就业、推动就业升级，并产生了较低资源消耗的健康税收，在创造商业价值的过程中发挥出正向的生态价值。在宏观经济层面，互联网平台通过扩大内需来创造就业。在区域产业层面，通过产业集群扩大产业链整体就业规模；随着线上线下消费融合，扩大平台就业规模。在微观经济层面，一方面，随着互联网平台的发展，线上线下消费融合渐成主流，创造了新的消费市场增量，也相应带动了新的就业机会；另一方面，随着消费需求日益多元化，平台经济也开辟出无数新市场，从而在供给端提升就业规模和就业质量。

数字经济时代下，平台型企业创造了大量就业机会，阿里巴巴就是其中一个典型的例子（表4－3）。作为蝉联2019年中国互联网企业100强榜首的企业，长期以来，阿里巴巴平台不仅为商家、用户创造价值，还创造了积极的就业效益。根据公开披露的数据，2018年阿里巴巴平台创造4082万个就业机会，其中包括1558万个直接就业岗位和2524万个上下游的生产制造、加工、物流等环节的带动型就业机会。在阿里巴巴零售平台26个经营类目中，服装鞋帽针织纺品类（409万个）、日用品类（284万个）、家用电器和音像器材类（162万个）带动的交易型就业机会数量位居前三。随着阿里巴巴近年来的不断发展，它已成为横跨商业、金融、物流、云计算各个领域的一个独特的数字经济体。因此，它所吸纳和创造的就业创业生态，并不仅仅局限于传统的电子商务平台，在本地生活、大文娱、新零售等领域都衍生、带动了多元化的就业平台体系成型。

表4－3　阿里巴巴数字经济平台就业生态体系

平台就业机会类型	代表性平台业务模块	主要带动就业形式
实物商品交易型	淘宝、天猫、聚划算、闲鱼、1688、零售通	线下雇佣就业
线上劳务交易型	饿了么（骑手端）	线上零工就业
线上服务交易型	饿了么（商户端）、优酷（大文娱）、飞猪、淘票票、大麦网	线下雇佣就业
商户展示型	口碑	生态关联就业
互联网企业直接就业型	盒马鲜生、苏宁易购、银泰百货、大润发、居然之家、虾米音乐、阿里影业、UC、菜鸟、钉钉、阿里云、高德地图	直接雇佣及灵活就业

资料来源：根据阿里巴巴官网资料整理。

3. 就业方式灵活化

与标准雇佣模式相比，企业组织的平台化打破了传统的稳定捆绑式的雇佣关系，劳动者的工作时间、工作内容、雇佣期限等更加灵活化，人力资源市场的供求关系更加富有弹性，择业和创业更加自主灵活。互联网技术赋予劳动者更多选择权和自由度，可以根据自己的技能优势和时间状况，选择多样和灵活的就业岗位。数字经济推动我国灵活就业实现了四大转变：一是规模爆发式增长，实现从边缘补充到重要组成的转变。如今随着网络购物、共享经济等新模式新业态的发展，灵活就业人数快速增加，已逐渐成为一股重要的就业力量。二是范围快速扩张，实现从少数领域到多样化领域就业的转变。灵活就业除分布在商贸流通领域以外，还广泛分布在物流、直播等多样化领域。三是质量不断提升，实现从低层次就业到高层次就业的转变。更多拥有高学历、高人力资本的人参与灵活就业，尤其是在知识分享等领域，灵活就业者的受教育水平大幅提升。四是竞争力大幅跃升，实现从被动选择到主动参与的转变。

如今，依托技术和平台的赋能，灵活就业者可以在更多领域展开竞争，能在专业化领域更好地满足日益个性化的需求，灵活就业成为就业者的主动选择。根据国家信息中心发布的报告，2018 年中国参与共享经济的人数达到 7.6 亿人左右；参与提供服务的人数约为7500 万人，同比增长7.1%。其中大部分人是灵活就业。阿里研究院预测，未来 20 年，8 小时工作制将被打破，中国约有 4 亿劳动力将通过网络实现自我雇佣和自由就业，相当于中国总劳动力的 50%。以"灵活的就业模式、丰富的就业渠道、较低的从业门槛"为特点的零工经济正因为数字经济的快速发展发生改变，并深入中小城市与小城镇。《2019 中国县域零工经济调查报告》显示，县域市场有零工收入的人群达到了 52.27%，35.11%的县域零工工作与互联网相关，"互联网 +"类零工在各种零工类型中排名第一。如今遍布于市场的"互联网 +"类零工类型，既包括最典型的网约车司机、外卖骑手和快递员，又催生了收钱码系统软件开发师、数字微客、AI 标注师、公交车路线规划师等 40 多种新职业。这些新职业，有 1/3 仅需在线即可完成。对于实质为灵活就业的零工经济，其利用不同的技能模块通过数字技术构造出一个市场，为不同的企业或平台提供短时服务。除了技能匹配之外，从业者的兴趣相投也成为这些新职业兴起的原因之一。鸡汤文案师、心愿制作师、歌单导师等小众职业从业者能够在新的就业形态中去完成过去想做却没机会做的事，使从业者能够发挥自己的优势或者追求兴趣，在灵活就业中实现自我价值。

4. 就业空间无界化

互联网技术的发展和平台经济的兴起使数字经济下的就业不断挣脱物理空间和时间的束缚，越来越多的劳动者可以自由选择工作地点和工作时间，不再拘泥于传统办公地点和办公时间的局限。从只能白天作业的家庭作坊、规模化工厂，到 24 小时全球化作业，再到虚拟网络组织，利用网络组织随时随地达成交易和服务，极大地拓宽了就业空间的界限。就业空间无界化主要体现在两类应用场景：一是服务型应用，劳动者可借助数字经济技术和平台远程异地提供劳动及服务，如第三产业数字化的发展催生了美食博主、在线健身教练、在线医生等新兴职业，这些新兴职业可以在App上接单投稿和提供咨询指导，在家即可远程为世界各国客户提供服务，解决了因为异地而难以服务的困难。二是交易型应用，买卖双方可借助数字经济技术的发展突破异地限制达成交易活动。例如，以盒马鲜生为代表的“新零售”项目在越来越多的城市落地。在大数据、人工智能和移动互联网等新技术推动下，在日益完善的物流配送体系支撑下，超市、专业店等传统零售业态与电商平台深度融合为买卖双方的无界融合提供了有利条件。买卖双方突破时空限制达到无界融合将成为行业发展趋势。

服务型应用和交易型应用具体可以以在线教育和电子商务平台为例。

（1）在线教育。在线教育突破了时空限制，可以使教育从业者随时随地、时时刻刻地向学生提供教育服务。同时，由于地域的教育发展极其不合理，乡村城市的教育差距显著，东南沿海地区和西北地区的教育设施和师资力量也不尽合理，线上教育可以让发达地区的名师向全国各地的学生提供教育服务，从而缩小教育差距，使教育资源公平化。

（2）电子商务平台。电子商务平台突破时空限制为买卖双方的交易达成提供便利，创造大量就业岗位。如阿里巴巴、京东、拼多多等电子商务平台。传统商务异地买卖双方由于存在地域限制，信息沟通交流存在障碍，进而造成了交易困难。但随着数字技术的发展及电子商务平台的兴起，买卖双方可以通过电子商务平台互换交易信息，达成交易无界化，突破时空限制。同时创造了一系列衍生就业机会，如物流、售后服务等工作岗位。

4.2　数字经济下我国劳动力市场新就业模式的分布特征

4.2.1　数字经济下新就业模式的重点领域分布

由于新就业模式覆盖就业人群多、涉及就业领域广泛，因此，本小节选取受数字经济影响变革大及未来发展前景广阔的四大领域——新零售、泛娱乐、新金融、新制造，对数字经济下新就业模式的结构进行深入刻画（表4－4）。

表4-4 四大领域内容

新零售：淘女郎、网店设计、个性化导购、众包物流、大数据预测
泛娱乐：IP生态圈、网红、主播、游戏制作
新金融：互联网金融
新制造：智能工厂、智能家居、智能机械制造

资料来源：根据波士顿资料整理。

1. 新零售

2018年我国的网上零售交易额突破9万亿元，占社会消费品零售总额的比重却只有23.64%（图4-7）。2019年，全国网上零售额10.63万亿元，比上年增长16.5%，[1] 占社会消费品零售总额（41.16万元）的比重为25.83%；其中，实物商品网上零售额8.52万亿元，同比增长19.5%，占社会消费品零售总额的比重为20.7%。线上销售占比持续提升，但未来线下零售仍然占据主流。

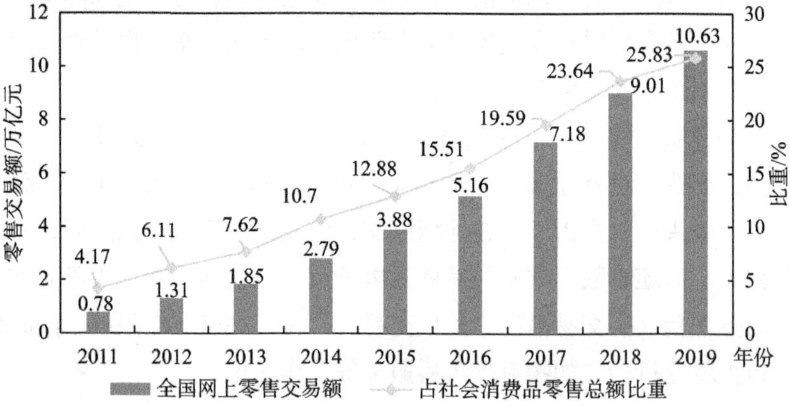

图4-7 2011—2019年全国网上零售交易额及占社会消费品零售总额比重统计情况

资料来源：根据前瞻产业研究院资料整理。

2016年，以消费者体验为中心的泛零售形态——“新零售”概念崛起：借助人、商品与服务、供应链的数字化以及现代物流，确保线上线下交易充分整合（不区隔订单来源、交付形式）以及数据流动对各消费场景的串联。而在就业领域，过往几年的电商大发展已为多个产业带来千万级就业，并细化了零售服务分工，创造了如淘女郎、网店装修师、网店代运营等新兴岗位，以

[1] 国家统计局. 2019年社会消费品零售总额增长8.0%［EB/OL］. 2020-01-17. http://www.stats.gov.cn/tjsj/zxfb/202001/t20200117_1723391.html.

“淘宝村”为代表的农村电商为广大偏远农村闲置劳动力提供了创富消贫的机会。基于安全以及精准的要求，新零售行业的配送服务带动了大批人员就业，如外卖员、快递员。中国外卖市场规模每年保持两位数的扩张速度，2018年外卖市场规模突破2400亿元大关，2019年全年整体市场规模超2800亿元。另外，新零售模式对于技术的高要求也会带动平台开发、技术支持等高素质人才就业。到目前为止，新零售布局最深、合作最广泛的是阿里巴巴和腾讯，两者分别在生活的各个领域进行了布局，常见的方式有控股、入股、战略合作和自营平台等方式（表4-5、表4-6）。

表4-5 阿里巴巴新零售布局

领域	典型布局企业或业态
电商平台	淘宝网、天猫、一淘、闲鱼、聚划算、农村淘宝
零售百货	百联集团、新华都、三江购物、中央商场、大润发优鲜
综合零售	苏宁小店、苏宁易购
家居	居然之家
生鲜O2O	易果生鲜、盒马鲜生
外卖餐饮	口碑、饿了么
体验馆	Home Times 家时代、In junior
物流	菜鸟网络
其他	蚂蚁金服、阿里云、闪电购

资料来源：阿里巴巴官网。

表4-6 腾讯智慧零售布局

合作公司	合作领域或业态
京东	京东之家、无人超市、7 fresh、京东到家、无人货架
永辉超市	超级物种、永辉生活、红旗连锁、中百集团、邻里生鲜
家乐福	扫码购
美团	掌鱼生鲜
唯品会	特卖电商平台
每日优鲜	每日优鲜便利购
万达	数字化购物中心
步步高	鲜食演义
其他公司	海澜之家、麦当劳、顺丰
腾讯	腾讯云、腾讯视频、微信

资料来源：腾讯官网。

新零售作为新就业模式下的代表行业更多体现了新就业模式的平台化以及灵活化。电商平台的兴起带动大批人员就业，不仅包括平台线上的工作人员，还有大批由平台带动的线下配送人员。与此同时，灵活的工作时间给了就业者身兼多职的工作选择。新零售的崛起一方面减少了线下零售行业的雇佣需求，另一方面为与新零售挂钩的线下配送服务创造了大量就业机会，同时新零售也增加了店铺线上运营相关职位的需求。整体而言，新零售领域的就业补偿机制带来的就业机会远大于就业替代。“淘宝村”的发展便是新零售崛起的典型例子。从2009年到2019年，中国的“淘宝村”发展走过了波澜壮阔的十年。从2009年首次出现的3个“淘宝村”，到2019年全国25个省（自治区、直辖市）存在的4310个“淘宝村”，覆盖2.5亿人口，无论是在数量上还是在分布广度上都发生了质的飞跃。2019年，淘宝启动了“村播”计划，助力打造农村“网红”主播。仅三个月时间，“村播”项目就覆盖了全国270个县，开了近5万场直播，超过2亿人次观看。2019年全国“淘宝村”和“淘宝镇”网店年销售额合计超过7000亿元，在全国农村网络零售额中占比接近50%，带动就业机会超过683万个。“淘宝村”十年蓬勃发展的经验是：“草根创业、平台赋能与政府有为相结合”。2018年，淘宝、天猫等平台支撑“淘宝村”完成超过25.9亿笔交易。下一个十年，全国“淘宝村”将超过2万个，带动超过2000万的就业机会；“淘宝村”的价值创造将更多从商业创新向社会创新发展。

2. 泛娱乐

基于互联网与移动互联网的多领域共生，打造明星IP粉丝经济的泛娱乐，其核心是IP，可以是一个故事、一个角色或者其他任何大量用户喜爱的事物。数据显示，2018年，我国泛娱乐核心产业规模已达到7028.87亿元，同比增长17.45%；同年，我国互联网泛娱乐市场规模亦增长至4642.6亿元，同比增长19%，占泛娱乐核心产业规模的66.05%（图4－8）。而在这个过程中，以IP为核心，涵盖游戏、动漫、文学、影视、电竞和视频等多元数字内容打造的共融共生的互联网新文创内容已经成为数字娱乐企业的主要经营方向。

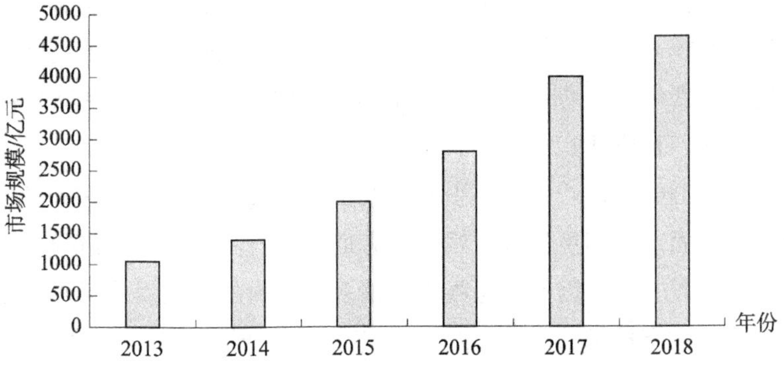

图 4－8　2013—2018 年我国互联网泛娱乐市场规模及增长情况

资料来源：根据中国传媒协会数据整理。

斗鱼作为国内最早的直播平台，在直播龙头之争中一直保持数据领先，这也是因为斗鱼在不断丰富直播内容，进行整体布局，不断探索新型市场的前沿发展模式，落实“直播＋”战略，发展泛娱乐，除了紧抓游戏、电竞等重点内容外，还将户外、体育、汽车、科技、教育、公益等板块引入直播圈，不断向用户提供多次元的直播体验，并以常年第一的直播各项核心数据向投资商展示自身价值和发展潜力。从直播各项核心数据上来看，斗鱼一直保持在行业第一的位置（表 4－7）。从盈利能力来看，作为最早宣布盈利的弹幕式游戏直播平台，斗鱼的营收一直非常可观。斗鱼直播平台在 2018 年的年收入突破了 40 亿元。

表 4－7　2019 年各大 App12 月使用次数总体概览

序号	App	使用次数（万次）
1	斗鱼直播	415228. 36
2	虎牙直播	202263. 88
3	企鹅电竞	113125. 41
4	触手直播	27928. 03
5	熊猫直播	20845. 98
6	战旗直播	1988. 87

资料来源：根据各公司营收报告资料整理。

泛娱乐领域的发展使得就业更加灵活，吸引了大量人员在娱乐行业就业。首先，平台催生新兴的灵活就业机会，打破了职业与兴趣、创作者与消费者的界限。数字时代，创作、分享文娱内容的门槛越来越低，由访问流量变现为经济价值的商业模式运作更加成熟，社会对新就业的认同程度逐渐提升，而新时代数字娱乐消费者对原创内容的消费需求也更旺盛。在上述趋势的共同影响下，网络主播、自媒体运营者、网络小说家、视频原创作者、大V红人等一系列新兴职业群体快速产生，并引起了极大的社会反响。由于这一灵活化的新就业模式相比固定雇佣更符合文娱创作者们喜好自由、不拘一格的个性，并可能为之带来可观收入，因此也正吸引着诸多体制内的文化娱乐工作者投身线上创作。另外，数字技术的渗透释放无谓劳动，创造了高技术含量的新兴岗位。例如，运用大数据，影视制作人能够精准、实时地了解和预测在特定场景下的客户需求，其工作效率和产出质量极大提升，基于此，他们可以将更多精力和关注点放在现有技术仍无法覆盖，需要凭人的认知、经验、协调、管理才能胜任的领域，如维护、拓展与各利益相关方的关系；但同时，企业需要引入构建大数据基础模型的人才。而VR动画、计算机视觉、VR游戏美术、CG艺术家、交互工程师等高技术含量岗位也将迎来旺盛需求。对泛娱乐领域而言，更多体现出数字经济对就业的补偿效果，新兴职业凭借其灵活、趣味、个性的特征吸引了大量待业及转业人员投身其中。在泛娱乐领域，从业者不仅凭一技之长创造收入，也最大限度地契合了自身的发展兴趣以及需求。

3. 新金融

在互联网和信息技术革命推动下，金融业架构中的“底层物质”正在发生深刻变化。移动化、云计算、大数据等大趋势引发金融业“基因突变”。这种变化使得传统金融业版图日益模糊，促使传统金融业务与互联网技术融合，通过优化资源配置与技术创新，产生出新的金融生态、金融服务模式与金融产品。反映在金融市场上具体表现为：金融要素的市场化、金融主体的多元化、金融产品的快速迭代过程正在发生，我们称之为“新金融”。新金融的基本特征就是“多元化”。首先是参与业态的多元化，区别于传统的金融行业，一些电商、社交、服务、媒体等新的业态加入了新金融的领域（表4-8）。其次是业务模式的多元化，支付、众筹、网络借贷、大数据征信，在新金融领域得到了凸显。最后是服务对象的多元化，传统金融业服务不到或者说服务不好的对象，比如中小企业、投资理财、各行业的消费者等，在新金融环境里面得到了兼顾。同时，像汽车金融、旅游金融、电商金融等，这些金融场景得到了不断丰富和提升。新金融继承了互联网“平等、开放、共享”的思维，颠覆了传统金融当中的一些壁垒、等级和观念，思想的转变是促成新金融发展的重要因素。对传统金融机构而言，风控管理、产品设计是其优势能力，数字基础设施、新兴渠道、场景布局是其短板；而对具有互联网基因的金融新军来说，则拥有较好的数字平台基础、链接互联网用户的流量入口以及在场景与金融工具深度融合方面的实践经验。双方的就业机会将互相渗透，将共同扩大新金融行业整体对“金融 + 数字化”复合型就业人才的需求：新金融与场景的结合程度更深，将会带动金融产品设计类就业机会的大幅增加，以满足更加细化的客户和场景需求。

表 4－8　新金融主要业态

新金融主要形式	业　态
传统金融信息化	网上银行、电子银行、手机银行
第三方支付	微信、支付宝、百度钱包、银联在线、财付通
网络众筹	淘宝众筹、京东众筹、苏宁众筹、平安众筹
大数据金融	阿里小额贷、苏宁金融、众起财富

资料来源：根据公开资料整理。

借助数字技术，新金融降低了信息不对称性，使客户需求更显性化，同时提升了金融服务方的内部运营效率。尤其是与电子商务、消费支付场景结合后，在解决中小企业融资难等传统痛点方面，新金融发挥着日益重要的作用。新金融行业在一定程度上助推了普惠金融的发展，在便利金融交易、满足多元化投融资需求、提升金融服务质量、提高资源配置效率等方面发挥着不可取代的积极作用。《新金融企业社会责任报告 2019》显示，2019 年金融业增加值为 7.7 万亿元，约占 GDP 的 7.8%，这一比重相比上年回升 0.3 个百分点。2019 年金融业增加值增速为 7.2%，其增速仅次于信息传输、软件和信息技术服务业及租赁和商务服务业，高于其他行业，金融业增加值增速相对较高。2019 年新金融企业继续在助推金融科技创新、贡献税收、改善民生、稳定就业、保护生态、扶贫济困、支持公益等多方面持续发力，积极履行着社会责任，并取得了显著成效。在履行经济责任方面，新金融企业在运营平台的资产总额、营业收入、利润额稳步增长，在稳定经济发展、吸纳就业、贡献税收等方面贡献了不小的力量。据不完全统计，2019 年新金融行业带动就业人数达到 1520.5 万人，一定程度上缓解了社会就业压力。对于新金融领域而言，数字技术催生的网上金融服务平台替代了大量实体金融行业低技能职位需求，而且金融行业上层职位的知识技能不易掌握，难以短时间实现门槛跨越，因此会出现就业缩减。长远来看，新金融参与业态多元化的特征使得新金融行业更加开放包容，可以吸纳各行业人员融入新金融行业，创造大量就业机会。

新金融以建立在新技术应用基础上的新功能为鲜明特征。2019 年 7 月 11 日，基于“新一代”核心系统，借助金融科技战略，融合 5G、物联网、人工智能等新技术，建设银行首批三家“5G + 智能银行”落户北京，这是银行服务的又一次重大变革。“5G + 智能银行”是建设银行在金融服务上解锁的新形态，将金融、社交、生活等场景相连接，让大众触及“未来服务”。5G 技术支持了金融业务远程服务，扩大了客户自助业务范围，目前“5G + 智能银行”可以提供 300 余种常见快捷的金融服务。智慧柜员机、金融太空舱、智能家居、共享空间、客户成长互动、安防监控等新的应用场景，均通过 5G 实现了远程交互传输。“5G + 智能银行”不仅是服务渠道的变革，更是服务理念的转变、服务内涵的扩展、服务能级的提升。随着 5G、物联网、人工智能这些技术的日渐成熟及广泛应用，必将与银行擦出新的火花，深刻改变银行的定义，让新金融、新服务成为新时代的主旋律，甚至重塑金融体系的生态系统。

4. 新制造

随着云计算、大数据、感应器等前沿技术的创新发展，中国制造业正面临一场剧变，变化的绝不仅仅是硬件层面，而是软件、观念、商业模式的系统性变化。新制造将会重新定义制造业，重新定义供应链、商业服务、运营等，这是一场思想革命和技术革命。在新制造领域中，人工智能与终端设备将发挥出“1 + 1 > 2”的作用。数字技术的发展为中国制造带来了向新制造转型的契机，作为推动制造业与互联网融合发展的重要抓手，工业互联网平台的理念和重要性逐渐被产业界认知，全球各类企业都在抓紧布局。在政策和技术的支持下，中国已经出现一批工业互联网平台（表 4 – 9）。

表 4 – 9　中国工业互联网平台

企业名称	平　台
富士康	BEACON 平台
海尔	COSMOPlat 平台
三一集团	根云平台

续表

企业名称	平　台
中国通讯多媒体集团	XREA 平台
航天云网	INDICS 平台
用友	精智平台
东方国信	Cloudiip 平台

资料来源：根据公开资料整理。

新制造能够借助大数据与算法成功实现供给与消费的精准对接，从而实现定制化制造与柔性生产。比如，中华老字号“朱府铜艺”通过对消费端数据分析，制造出更适合年轻人偏好的生活化铜雕制品，让传承了五代人的老品牌获得新生。通过大数据和云计算分析，可以把线上消费端和线下生产端数据打通，运用消费端的大数据逆向优化生产端的产品制造，为制造业转型升级提供新路径。事实上，数字技术不仅能从外部打通生产与消费，更能从内部改变生产自身的运行方式。比如说，阿里云的工业大脑借助机器学习等技术对数据进行建模，并传授给机器，让机器来帮助解决日常生产环境当中的问题。有这样一个直观的案例：一家太阳能电池片生产企业，把上千个参数传入“工业大脑”，通过人工智能算法，对所有关联参数进行深度学习计算，在生产过程中实时监测和调控变量，最终将最优参数在大规模生产中精准落地，大幅提升了生产的良品率。在光伏、橡胶、能源、通信、钢铁、石化、水泥等传统行业，通过大数据和云计算，可以在只动数据、不碰生产线的情况下优化生产效率。

新制造将对就业产生以下影响：首先，以工人为代表的就业升级与部分替代。从体力向脑力、从常规向应变、从简单操作向解决多样化问题和应用简易数字化技术转型。智能工厂的变革将首先影响低技术门槛的基础操作工的就业机会。值得关注的是，机器智能化并不能完全取代人，而是部分取代并提升效率。同时不可避免的是，未被机器取代的就业机会将更新其技能要求——在智能机器和数字技术尚无法发挥的领域产生价值，如高技术性、灵活处理和解决问题。其次，催生制造企业内的新兴技术岗位。以制造+数字化为核心。伴随着工人就业的相对减少，一些高精尖的技术型就业将产生集中于IT、硬件、软件、数据科学、工程学、人机交互领域。受益于新制造中的智能机器将应用于每个制造子行业，智能机械制造业本身将迎来繁荣，并带来规模化就业。同时，智能家居产业也将在硬件、超级应用、云平台、数据领域催生就业；最后，协同生产关系及机器取代体力劳动带来的就业范围扩张，将为更广泛的人群带来无差别的就业机会。此外，由于机器对重体力劳动的替代，身体条件将不再是制约工人获取就业机会的要素，而更重要的是，他们是否能快速习得数字化的新技能。

4.2.2 数字经济下新就业模式的主要区域分布

1. 数字经济就业增速与占比稳步提升，但区域分布加速分化

2018 年全国各省数字经济就业增速稳步提升。贵州省连续四年数字经济就业增速位居全国第一，2018 年达到 18.10%。这与贵州省以“拥抱大数据时代，大力发展数字经济，聚焦引领性、应用性、支撑性项目和抓手，探索创新数字经济业态、商业模式、发展路径，向大数据要新的生产力”为行动指南密不可分。作为国内首个大数据综合试验区的贵州省，数字经济就业颇有后发赶超的态势。东部沿海地区的代表省份福建和江苏的数字经济吸纳就业增速发展紧随其后，分别达到 13.80%，13.00%。其余省份如天津、上海、广东、山东、江西等省份的就业岗位都保持着较快的速度增长，均超过 10%。但我国西部地区和东北地区的数字经济吸纳就业增速相对缓慢，青海、内蒙古、黑龙江、甘肃列居后四位，仅为 2.50%，2.20%，1.40%，1.10%（图 4 -9、图4 -10）。总体来看，数字经济吸纳就业增速稳中有升，但区域分化较明显，我国东部地区和中部地区增速较快，西部地区和东北地区增速则缓慢。

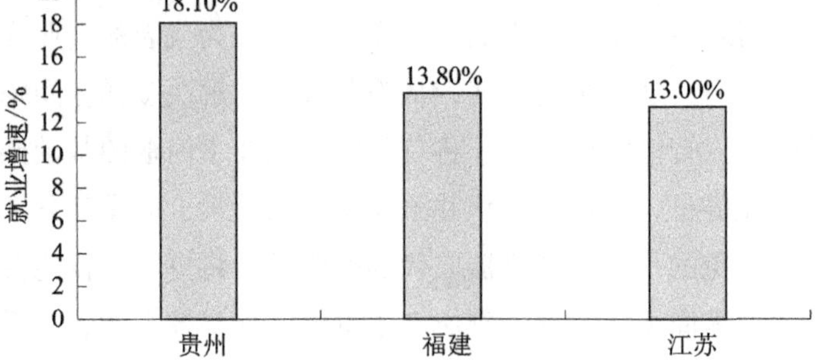

图 4 -9 2018 年数字经济就业增速前三名

资料来源：根据中国信通院报告整理。

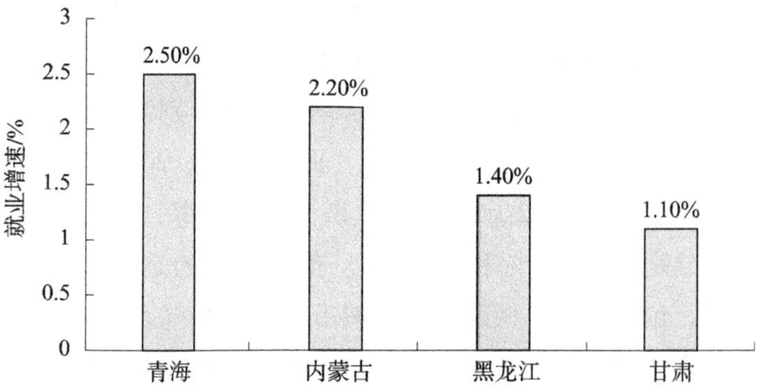

图 4－10　2018 年数字经济就业增速末位四名

资料来源：根据中国信通院报告整理。

从数字经济就业占总就业比重来看，除甘肃省以外，2018 年全国各省市数字经济就业占比均在 20% 以上。甘肃省以 19. 1% 的数字经济就业占比位列全国末位，这与甘肃省数字基础设施发展落后，数字经济相关人才匮乏等原因有一定关系。而北京、上海的数字经济就业占比则因为数字经济发展领先位居全国前两名，分别达 47. 2%、44. 1%。我国东部地区的大部分省份数字经济就业占比均超过 30%，如天津、福建、浙江、广东和山东。而我国中部地区数字经济就业占比集中分布在 25% 左右。数字经济就业占比区域分化明显，东部地区数字经济就业占比最高，中部逊于东部地区，西部地区数字经济就业占比最低。

2. 就业岗位集中分布东部三大经济区域，中西部区域逐步崭露头角

数字经济就业岗位集中分布在京津冀、长三角和粤港澳三个经济区域中。从分布城市来看，数字经济的就业岗位主要集中在北、沪、深、杭等城市，北京居于首位，而上海、深圳、杭州、广州、成都五个城市发展也较为全面均衡，上述城市在城市服务、城市治理、产业融合等领域的综合发展优势明显，数字经济的人才需求较大，薪资水平相对较高，人才虹吸能力强，已经打造了一个相对健康的、成熟的就业环境。此外，武汉、重庆等科技与人才重地也分布着较多的数字经济就业岗位。西安、长沙、贵阳、郑州等中西部城市也在数字经济领域崭露头角，释放出越来越强的人才吸引力。随着社会经济和技术的发展，不少城市都开始在数字经济领域发力，城市之间的差距逐渐缩小，在招才引智方面各显神通。

从不同经济区数字经济相关职位同比增长情况来看，随着京津冀、长三角和粤港澳数字经济产业逐步建设，相关职位需求量持续上升。2018 年三个经济区域数字经济工作岗位增长均超 50%，增长比例分别为 53.05%、62.7% 和 63.33%。根据猎聘大数据研究院的报告（图 4 - 11），2019 年北京数字经济职位分布最为密集，占比为 22.06%。其次是深圳和上海，这两个城市数字经济职位分布比例分别为 14.53% 和 14.28%。值得注意的是，杭州数字经济职位占比超过广州，位居第四，领跑新一线城市，占比为 6.53%。对比全国城市，还可以发现，京津冀、长三角和粤港澳三个经济区域的城市群数字经济职位分布比较密集。

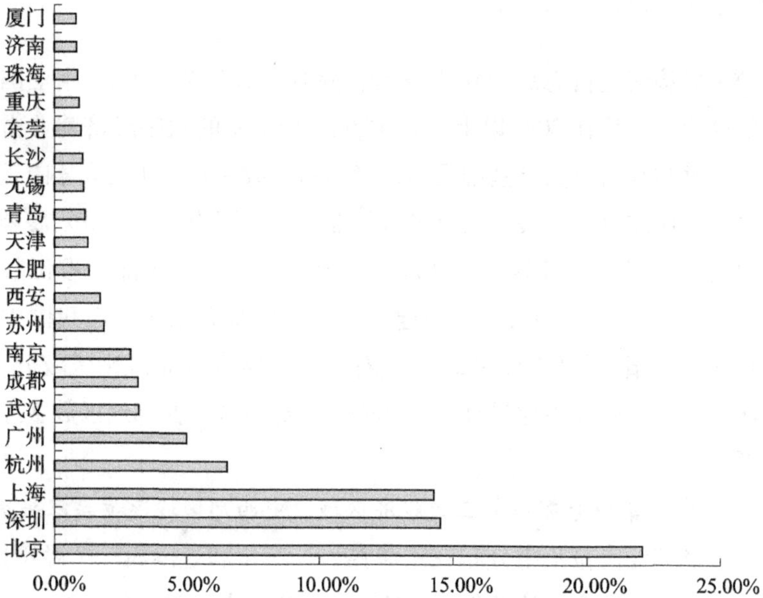

图 4 - 11　2019 年全国数字经济职位城市分布

资料来源：根据猎聘大数据研究院整理。

3. 重点城市数字经济就业现状

（1）杭州市依托新零售领域，就业平台化、灵活化特征突出。杭州市是浙江省数字经济就业的典型代表城市。数字经济是杭州市发展的“柱”和“梁”，杭州的数字经济就业主要依赖数字平台化得以实现，就业平台化模式突出。杭州市就业平台化主要体现在大小两个平台对就业的助推作用上。大平台既吸纳了阿里巴巴、海康威视和网易等一批高端数字企业（表 4 - 10），又建立了之江实验室、阿里达摩院、香港浙江科学技术研究院等一批高端研发机构，创造了一批研发岗位，吸引高端数字化人才就业。小平台激发创业就业活力，借助阿里巴巴、网易等传统的电商平台发展起直播电商、淘女郎、快递员、“机器人饲养员”、无人车“保姆”、外卖骑手等数字经济新兴职业。杭州市是新零售领域发展的先驱城市之一，盒马鲜生、口碑、饿了么等企业均为新零售发展的代表性企业。杭州市新零售对就业的带动主要从线上和线下两个过程实现，线上主要通过平台化就业模式增加就业机会，依靠平台吸引商家入驻，借助创业方式解决就业问题。线下则主要依赖共享化及灵活化的就业模式推动就业，例如共享物流配送员工，从业者可自由选择工作时间、雇佣期限等条件。线下就业灵活化和共享化模式具有代表性。

表4－10　杭州市吸纳就业的重点数字经济代表企业

行业分类	代表企业
新零售	淘宝、天猫、盒马鲜生、口碑、饿了么
泛娱乐	触手直播、网易互娱
新金融	支付宝、阿里小额贷
新制造	吉利汽车、海康威视、宇视科技

资料来源：根据公开数据整理。

（2）北京市以泛娱乐领域为代表的平台化、灵活化就业，优势明显。北京市作为全国政治文化中心、科技创新和国际交往中心，有良好的数字基础设施建设，为数字经济的发展提供了良好的条件，也为数字经济就业提供了便利。北京集聚了大量的互联网巨头，吸纳了近百家上市企业（表4－11），数字先导产业和数字支柱产业均遥遥领先，为高端技术和运营人才提供了就业岗位。除了体量巨大的互联网巨头，北京还培育了一大批中小型创业公司和小微企业，如天使投资、VC、PE、互联网媒体等，同样为数字经济相关人才提供了就业机会。值得注意的是，近年来北京市泛娱乐发展迅速，以游戏、影视、动漫、阅读和综艺节目等为核心的泛娱乐正在迎来属于它的黄金发展期，从而吸引了大量的娱乐从业人员，加之数字经济的进一步催化，网络主播、自媒体运营者、网络小说家、视频原创作者、大V红人等一系列新兴职业群体快速产生，并引起了极大的社会反响。这些新兴就业群体通过互联网平台提供相关商品及服务，实现自身的劳动价值，其中平台化就业模式功不可没。与此同时，泛娱乐从业者大多可自由选择工作时间，工作内容及工作方式，利用网络组织突破空间界限提供服务，传统雇佣关系弱化，灵活化就业模式和去空间化就业模式表现突出。

表4－11　北京市吸纳就业的重点数字经济企业代表

行业分类	代表企业
新零售	京东、7fresh、美团外卖、小米有品
泛娱乐	快手、抖音、完美世界
新金融	百度钱包、京东众筹、人人贷、有利网
新制造	航天科工、京东方、三一重工

资料来源：根据公开数据整理。

（3）深圳市助力新制造和新金融发展平台化、共享化就业。深圳市数字经济就业情况对于研究广东省数字经济就业的发展具有重要意义。深圳作为我国数字经济发展的前沿沃土，数字经济已成为引领深圳经济发展的重要推动力。深圳市数字经济产业领域涵盖云计算、大数据、电子商务、金融科技、共享经济、人工智能共性技术研发及产业化等多种领域（表4－12）。深圳市新制造领域发展独树一帜，深圳市通过新制造所催生的新就业模式主要体现在两个方面：一是通过工业互联网平台所催生的工业互联网软件开发工程师、工业互联网架构师、工业互联网系统工程师、工业网关技术支持工程师等新增就业岗位。这些新增就业岗位一方面来自传统工业岗位自身的迭代，另一方面则来自互联网公司（技术产品）对传统工业的改造，具体玩家包括云计算厂商、传统工业软件厂商。新制造领域平台化就业模式特色显著。二是，由于新制造企业生产涉及供应链多个环节，新制造职位要求人才具备设计、开发、制造、服务等多种必备技能，但深圳市跨界融合型人才结构短缺，致使许多企业缺乏精通信息化与生产制造的复合型人才，这严重阻碍了深圳市数字经济就业的顺利推进。在此情况下，共享员工应运而生，企业间人才共享，共同攻克产业发展难题，就业共享化模式亮眼。

表4－12　深圳市吸纳就业的重点数字经济企业代表

行业分类	代表企业
新零售	顺丰、鲜食演义

续表

行业分类	代表企业
泛娱乐	企鹅电竞、腾讯视频、腾讯音乐
新金融	微信、财付通、微众银行
新制造	工业富联、比亚迪、大疆科技、深天马

资料来源：根据公开数据整理。

除了新制造领域发展向好，深圳市新金融领域同样也表现不俗。深圳市高标准规划建设前海国际金融城、香蜜湖国际金融街、红岭路新兴金融产业带三大金融集聚区，打造“一城、一街、一带”金融格局。其中红岭路新兴金融产业带的金融科技创新创业区依托毗邻八卦岭高新技术服务基地和清水河人工智能小镇的区位优势，快速联系东莞、惠州的交通优势，服务广深科技走廊，打造以风险投资、保险科技、互联网金融为主的金融科技及产业孵化园区，促进新金融产业的优质发展。数字金融的迅猛发展为传统金融人才的就业开辟新途径，为金融专业人才提供新去向。由于传统金融专业人才可通过互联网平台采用多元化的参与形态为多元化的服务对象提供多元化的业务模式，使金融专业人才能借助互联网平台实现自身价值，这深刻体现了深圳市新就业具有平台化的特色。

4.3　代表性国家保障新就业模式的税收治理举措

各个国家和地区为保障数字经济下新就业模式，均从各自实际情况出发，针对新就业模式引起的税收问题形成了各具特色的税收征管体系。本小节主要总结分析美国、欧盟、澳大利亚、印度等国家和地区关于数字经济新就业模式的税收政策主张及具体的税收征管实践，为完善我国数字经济新就业模式的税收征管体系建设提供经验借鉴。

4.3.1　美国

1. 平台经济模式税收征管路径

对平台经济这一劳动力市场新就业模式，美国历来重视与之匹配的税收政策建设，在不同的发展阶段提出不同的税制方向和征管方式（表4－13），以推动保障劳动力就业。一是平台经济模式发展初期，即电子商务平台阶段，确立税收中性和透明原则，成立电子商务工作组和经济分析局收集相关征税信息，对网上交易采取免税政策，为劳动力就业提供保障。如发布了《全球电子商务选择性税收政策》《互联网免税法案》《互联网税收不歧视法案》等政策文件。二是平台经济模式快速发展时期，针对跨境电商平台带来税基侵蚀和税收管辖权不清等问题，美国颁布了《市场公平法案》，对进行商品或服务的在线交易征收消费税，并给予一定的税收优惠。三是平台经济模式的数字化发展阶段，实行网上交易与实体零售同等税收待遇，消费税体系正式全线覆盖平台经济参与主体。目前在数字化发展阶段下，美国通过扩大征税范围——消费税体系已全线覆盖平台经济参与主体，最大化发挥了税收对经济的促进作用，最大限度避免了新就业模式下劳动力市场潜在税收问题。

表4－13　美国电子商务税收政策梳理

年份	出台的政策	主要措施及内容	相应机构
1998	通过了《互联网免税法案》	连续三年免税，避免多重某水或税收歧视，属地征税等原则会	美国国会
2000	再次通过了《互联网免税法案》	延长免税期	美国电子商务咨询委员会
2001	再次延长《互联网免税法案》	禁止美国各州对互联网贸易征收销售税，保持互联网的免税贸易	美国总统
2004	通过了《互联网税收不歧视法案》	再次延长免税法案，扩大了免互联网接入服务税范围，但网络电话不能免税	美国国会
2013	通过了《市场公平法案》	简化各州征税法规前提下，对电商企业征收地方销售税美国参议院	美国参议院
2016	开辟“共享经济税收中心”网页专栏	应用于共享经济参与者报税	美国联邦税务局

资料来源：根据公开数据整理。

2. 新就业模式下共享经济平台税收征管实践

在共享经济这一新就业模式中，提供服务的个人和企业都可以从中获得收入。无论是个体工商户，还是小生意业主，只要获得收入，不管是何种方式，都要向美国税务部门申报缴税。但在交易过程中发生的部分或全部业务费用在遵守正常的税收限制和规则时，可以视情况相应扣除。美国主要是通过设立联邦税号制度，提前预估税款使纳税人避免因税款缴纳不足带来罚款，以及规定折旧与费用扣除办法的方式进行税收征管，有效保障了劳动力市场充分税收。

（1）联邦税号制度。美国的企业和个人都有联邦税号。美国企业采用雇主识别号（EIN）制度，由美国税务机关颁发，企业通过该税号来完成税收申报与缴纳等工作。而对于美国公民来说，他们一出生就有一个纳税识别号，通过该号码，税务机关可以知道每位公民进行的所有经济往来，方便税收征管。

（2）提前预估税款。在美国共享经济税款征收的过程中，最重要的一个环节就是预估税款。在还没有被扣税的时候，共享经济纳税人需要提前预估自己应缴纳的税款，以避免被罚款。美国税务机关在每个季度都规定了预估截止日，也就是说，纳税人必须在这个日子之前支付足够的税款，否则可能会面临处罚。美国税务机关还在网站上设置了小工具“扣缴计算器”来帮助纳税人更快更便捷地预估税款，这使得参与共享经济的企业和个人的税收申报和税收缴纳更加方便，也使得他们可以提前避免因税款缴纳不足的罚款。

（3）折旧与费用扣除办法。美国平台经济相关税收法律规定，提供平台经济相关服务的从业者应当将个人或家庭消费行为和商业行为分开，允许其在商业收入中扣除因商业行为而产生的经营成本或折旧费用。例如，私家车进行商业营运时，司机必须如实记录商业里程数，根据实际情况扣除汽车停车费和通行费等经营成本。美国国内收入局规定，如果房屋全部用于租赁，房屋不动产税、维修费、公用事业费等可在征税时进行扣除；如果房屋兼具自住和出租两种用途，通常按照使用天数来划分收益并进行税收减免。

3. 新就业模式下对个人所得的税收征管实践

美国新就业模式个人所得的税收征管具有以下两个特点：第一，第三方平台对在平台上超过最低服务限制的从业人员具有代扣代缴义务，具体从业个人不负有纳税申报义务。换句话说，平台上的从业人员没有纳税申报义务，而平台的代扣代缴义务（含报告义务）也仅限于对高频次、高交易量以及高收入从业者进行报告，对偶然交易一次或者交易金额较小的从业者不负有纳税申报义务。以来福车（Lyft）和边斗车（Sidecar）为例，如果网约车司机提供超过200次搭乘服务或当年该业务获得超过2万美元的收入，那么网约车平台则需要为网约车司机进行代扣代缴的纳税申报。第二，针对优步（Uber）、爱彼迎（Airbnb）等新就业模式，美国平台经济在不同领域有不同的税收扣除项目。美国税务机关对于共享经济行业中的财产问题有明确的规定，如果在使用过程中，财产因磨损、损坏而产生的费用和折旧是可以扣除的。共享经济纳税人可以折旧的房产类型包括机械、设备、建筑物、车辆和家具。共享经济纳税人不能就为个人目的而持有的财产申请折旧。如果共享经济纳税人出于商业或投资以及个人目的使用汽车等财产，则只能依据该财产的业务使用的比例进行折旧。

同时，共享经济从业过程中的经营成本也是可以扣除的，一般来说不能扣除用于个人家庭或生活的开支，但是提供网约车服务中的油费、通行费等都是可以扣除的。房屋租赁也是如此，共享经济纳税人可以扣除某些费用，例如，房地产税、折旧费等，这些费用一定程度上减少了应纳税的租金收入，但有时会适用于特殊规则和限制。例如，共享经济纳税人在一年的前6个月仅将私人汽车用于个人用途。在一年的最后6个月中，他驾驶汽车行驶共计15000英里，其中12000英里是通过一家公司提供运输服务，该公司通过向其App提出请求来开展此类业务。这样共享经济纳税人在此期间的业务使用百分比即为80%（12000/15000），当年的业务使用率为40%（80%×6/12）。但如果共享经济纳税人是运输公司的员工，那可扣除的部分就会有一个上限。

4.3.2 欧盟

1. 平台经济模式税收征管实践

在对平台经济这一新就业模式的征税实践上，欧盟提倡不断完善税法体系，采取网络交易增值税制度，大力推行平台代收代缴税款，对平台商业模式征税强度和范围逐步增强，多策并施，在数字经济条件下协调并维护更加和谐的劳动关系，促进新就业模式成长壮大。一是提出不开征新税和附加税，完善现行税特别是增值税以适应劳动力市场新就业模式发展。如发布新的电子商务增值税法案，将通过互联网提供软件、音乐、录像等数字产品视为提供服务而不是销售商品，和目前的服务行业一样征收增值税。二是逐步扩大增值税征税制度的覆盖范围，从之前欧盟成员国之间的电子商务，扩大到非欧盟成员国通过网络销往欧盟成员国的交易。如2017年12月，欧盟通过增值税（VAT）改革提案，提出非欧盟成员国销售方只需在一个欧盟成员国注册，填写一份增值税纳税申报表，就可以一次性申报缴纳在所有欧盟成员国需要缴纳的增值税税款，无须分别在有销售行为的欧盟成员国单独注册和申报。三是提出一站式征税（One Stop Shop）、平台代扣代缴等税收制度，以确保销售商在最终消费者所在的国家缴纳增值税，促进欧盟成员国之间的税收分配更公平。如欧盟计划扩大增值税“一站式注册制度”在平台经济中的应用，并颁布《增值税迷你一站式服务指南》以鼓励税务机关与平台企业加强合作。目前在一些欧盟成员国，税务机关已与分享经济平台达成协议，由平台支付相关税款或利用平台中提供商信息的可追溯性，对个人提供商征收税款。对于非居民企业的税收管理，如果企业在国内没有任何法人实体，税务机关要求非居民企业在该国国内指定一名税务代表来提交公司税申报表。

2. 法国新就业模式下共享经济与数字服务税收征管实践

在法国，共享经济是一种新型商业模式，法国税务机关认为现有政策已经不再符合共享经济商业模式，不能很好地解决数字经济下劳动力市场税收问题，因此颁布了一些新的政策来更好地顺应劳动力市场新就业模式的发展，例如，法国国会2017年3月发布的《法国共享经济税收法案》（以下简称《法案》）。第一，建立平台从业者纳税申报制度。《法案》将平台经济从业者纳入自由职业者范畴，要求其在网上申报平台经济个人所得。法国税务机关认为，第三方支付平台借助共享经济所获取的全部利益也同样应当通过填报纳税申报表来进行申报。第二，设置平台经济从业者优惠制度。法国税务机关认为，可以给予共享经济平台一些税收优惠，并制定了5000欧元的补贴标准，这5000欧元相当于税收抵免额，任何参与共享经济平台的企业和个人在缴税的时候可以先扣除5000欧元，再将剩下的金额作为应纳税额，这在很大程度上能够促进共享经济的发展。除此之外，还有一些例外情况，如交易者是怀着环保的心态，为了循环利用资源而在共享经济平台出售物品或租房，则不需要缴纳所得税。同时他们认为，必须鼓励那些参与共享经济的个人主动纳税，在全社会营造主动承担纳税义务的氛围，因此对于积极主动交税的共享经济参与者可以给予一定的奖励或优惠，如减免税款等。

另外，法国政府一直致力于推动在欧盟范围内对大型互联网企业开征数字服务税的计划。2017年以来，法国曾向欧盟委员会提出建立数字常设机构和实施数字服务税两项建议，但由于该税种本身争议较大，部分欧盟成员国坚决反对，因此这两项建议都没有继续推进。尔后，法国决定先在本土范围内推行数字服务税，于2019年7月正式公布《数字服务税法案》，该税种主要针对网站服务提供者的数字广告以及跨境数据流动的交易行为征税。根据该法案，法国政府将对在法国境内经营数字业务、营业收入超过2500万欧元且全球数字业务的营业收入超过7.5亿欧元的大型互联网企业，按其在法国实现的营业收入的3%征收数字服务税，生效日期回溯到2019年1月1日。

数字经济的发展，为交易模式及传统货物和劳务的供应方式提供了新的路径；与此同时，交易中流动性增加以及边界日益模糊化，对传统的国际税收规则构成了新的冲击与挑战。以上两项法案的出台，是法国政府在面临平台经济和数字服务等新就业模式下衍生的国际税收规则重构问题，以恢复税收公正、增加财政收入为主要目的采取的政策举措。法国作为欧盟的重要成员国，率先在本国开征数字服务税，在此示范效应之下，其立法模式或将被其他国家仿效复制，并在国际社会形成主流做法。

4.3.3 澳大利亚

在数字经济发展的态势蔓延到全球的形势下，澳大利亚共享经济的发展也非常迅速。澳大利亚税务机关主要是通过鼓励共享经济纳税人注册商号，自主在网站上申报，以及通过设计费用记录工具、采用方式使纳税人避免税务债务进行税务征管，有效预防新就业模式下潜在税收问题。

1. 税收申报

为了方便纳税申报，澳大利亚税务机关规定从事共享经济这一新就业模式的企业和个人都要注册一个澳洲商号，并且这些企业和个人都要记录下自己的营业收入。如果这些企业和个人提供的服务或者商品需要缴纳增值税，他们则还需要提供税收发票，并在表格上填写收入，以方便更好地计算出新就业模式下劳动力所需缴纳税款的金额。如果从事不同的共享经济活动，那么报税方式也会有所区别。

2. 费用记录工具

同加拿大与美国一样，当纳税人通过共享经济网站或应用程序共享房屋时，纳税人需要保留所有收入的记录，并在他的所得税申报表中申报需要记录可以扣除的费用以及不需要支付住宅租金的税款。这意味着，共享经济纳税人必须在纳税申报表中申报收入并可以申请扣除相关费用。如果共享经济纳税人只出租房屋的一部分，如单个房间，他只能申请与出租房屋部分相关的费用。但与上述两国不同的是，澳大利亚税务机关为纳税人设计了费用记录工具。当纳税人通过共享经济网站或应用程序进行共享活动时，共享经济纳税人可以使用 My Dedutions 小工具记录所有费用和收入可分摊的费用，包括会员费以及汽车的一些费用等。同时，澳大利亚国税局也推荐使用日志方法来确定汽车开支业务的使用百分比。例如，将商务旅行的距离除以总距离，乘以 100 来得到百分比，确定收入年度的总费用，包括折旧费。将总费用乘以百分比，即得到共享经济纳税人可以抵免的总金额。在汽车租赁方面，国税局也与共享经济平台合作，平台可提供一些信息，作为汽车所有者的汽车行驶的公里数的证据，如里程表的年初数和年末数。如果汽车所有者驾驶汽车用于其他收入生产目的，还需要将该旅行添加到汽车共享旅行中，以计算总公里数。这样使得国税局能有效地掌握共享经济纳税人真实的可抵扣成本，保障税款计算的准确性。

3. 避免税收债务

与美国税务局做法类似，澳大利亚为了给新就业模式纳税人减轻税收负担同时避免税收债务，采用预付款和分期付款的方式。预付款是预先为预期的税单预付的自愿付款。共享经济纳税人可以随时根据需要进行预付款，以便更轻松地管理税款。并且共享经济纳税人的税款到期之前支付的任何款项将保留在他的账户中，都可以被用来抵消纳税人现有的税收债务。另外，如果共享经济纳税人通过出租房间或整个房屋或单元每年赚取（或期望赚取）超过 4000 美元，他可以考虑自愿进入分期付款（PAYGI）系统，这将避免共享经济纳税人在年底一次性支付大额税单。纳税人可以每三个月（每季度）支付一笔款项，来支付可能需要为共享经济收入支付的所得税。如果在这一年中支付的税款超过本来应支付的税款，在年底可以得到返还；如果这一年支付的少于本来应支付的税款，则需要补交。

4.3.4　印度

与发达国家有所不同，作为率先对电子商务征税的国家之一，印度主张对平台经济等数字经济新就业模式实行完全征税，通过拓宽税制、加强税收征管的方式，从而保护民族产业和维护国家税收权益。首先，对平台模式经济实行完全征税，坚决否定美国、欧盟等免税主张，最大化保障数字经济下劳动力市场税收。其次，在税种的选择上采取拓宽税制的方式，将数字经济纳入征税范围，但不开征新税。2017 年 7 月，印度实施商品和服务税（GST）新税制，在基本保障邦政府征税权和财政收入的前提下，通过实行变通的“双轨制”来取代烦琐且混乱的邦州地方税。所谓“双轨 GST”，是指对邦内提供的货物和劳务，由中央政府和邦政府分别征收中央货物与劳务税（CGST）和邦货物与劳务税（SGST），并放宽跨境贸易，促进电子商务交易的规范发展。最后，强化对跨境电子商务交易的商品和服务的税收征管，落实平台代扣代缴部分税收的责任和义务。纳税人可以在任何时间任何地点通过印度所得税局官网的 e - Filing 系统进行所得税的网上税务登记。GST 新税制规定，包括电商平台、打车平台、外卖平台在内的所有互联网平台，有责任帮助在平台上交易的商家征收源头代征税（TCS）。在平台向商家付款的时候，需要代扣代缴该部分税收。

4.3.5 各国经验借鉴

通过对代表性国家关于新就业模式下税收政策的整理，我们可以发现，在数字经济的发展不断衍生出新就业模式的背景下，各国的税收制度也在不断更新变化以适应时代的发展和在新环境下进行税收征管的需要。这为我国保障数字经济下劳动力市场的新就业模式的税收治理提供了以下经验借鉴。

1. 借助新型技术，逐步完善税制，支持多渠道灵活新就业

从上述国家的税收征管实践中可以看到，很多国家都通过让共享经济纳税人在网上注册商号以及自主记录下收入和费用的形式来加强税收监管。加拿大、美国和澳大利亚都鼓励共享经济纳税人注册商号，在网站上自主申报，通过填写不同的表格来申报不同的税种。就我国而言，伴随着共享经济等新兴经济业态的不断涌现，税制或税收政策也在采取“跟进式”调整，以实现税制对经济环境变迁的适应性。当然，如果新兴经济模式发生跳跃式变迁，则税制极有可能无法及时做出调整。技术革新带来经济社会的快速裂变，导致税制“跟进式”调整的难度不断加大，税制的滞后性更为明显，进而导致税制的适用性减弱。为解决这一问题，需要跳出“跟进式”调整的思路，转而采取宽泛的税收规则以兼容各类共享经济商业模式及交易活动，凸显税制对经济变革的适应性。2019 年 1 月 1 日，我国的个人所得税 App 开始投入使用。借鉴欧美国家纳税人鼓励共享纳税人注册商号这种体系，为了进行高效全面的税务登记，我国的个人所得税 App 需要不断地更新扩展功能直至囊括进我国所有的

个人所得税纳税人。同时在该 App 推广的过程中，应该建立一个大数据库，将共享经济纳税人的性质、银行账户信息、家庭地址做详细记录与登记，并要求纳税人进行及时的更新，以便税务部门更好地掌握相关情况。在 2020 年新型冠状肺炎病毒全球大流行下，国务院办公厅印发《国务院办公厅关于应对新冠肺炎疫情影响强化稳就业举措的实施意见》，通过五大举措强化稳就业。一方面要支持劳动者依托平台就业，另一方面要引导平台企业放宽入驻条件、降低管理服务费，与平台就业人员就劳动报酬、工作时间、劳动保护等建立制度化、常态化沟通协调机制，尽可能确保支持多渠道灵活就业。

2. 聚焦新业态特点，精准减税降费，加大就业扶持力度

从国外的共享经济税收发展的经验我们得知，不论是房屋租赁还是骑乘共享，提供资源的一方即房主或车主通过各种方式将自己发生的商业费用详细记录下来，在纳税时可以抵扣一定的成本与费用。这样不仅可以更加精确计算应纳税额，也可以减轻纳税人的负担。考虑到我国经济已由高速增长阶段转向高质量发展阶段，在这种形势下，我国要想实现长期高就业型增长必须有强有力的政策手段来支撑。其中税费收入规模变动是政府调控经济运行的基本政策工具。2019 年“减税降费”具有明显的就业增长刺激倾向。尽管从国际比较角度看，中国的企业税费综合负担率并非高水平。这种情况下的减税降费，实质上是向全社会乃至全世界表明中国政府优化营商环境的决心和确保经济可持续发展的信心。面对经济社会发展任务重、挑战多、要求高的难题，通过给企业减税降费，加大就业扶持力度，深层次效应是力促中国经济爬坡过坎。中国人民无限的创新创造潜能将更充分释放出来，中国高质量发展也一定会有更广阔的空间。

3. 利用税收优惠制度，鼓励立足新业态的创新创业

国外政府对于共享经济这种新商业模式大都抱着大力支持的心态，一些国家为了促进其发展，设定了税收优惠政策。例如设定一定的金额，在利用共享经济所获得的收入未达到该金额时可以免征。由于共享经济蕴藏着巨大的税源潜力，采取低税率政策符合“宽税基、低税率”的税收征管改革要求。我国目前平台经济还处于初期阶段，而且采用共享经济模式的企业多为初创公司，它们不但面临着传统行业竞争对手的打压，其本身也需要大范围补贴培养消费者的消费习惯。因此，制定合理的规则，明确发展的方向与框架，公平与传统经济模式的税负，能够促进共享经济健康有序发展，提升社会整体福利。我国

可以借鉴并设立专门针对共享经济的税收优惠政策，政府对新业态、新技术、新模式应采取鼓励态度，可以采取普惠的低税率政策以促进其初创阶段的发展，激励社会各界开展创新创业，激发出市场主体的创新动力，以创新力量驱动经济持续增长。

4.4 数字经济下我国劳动力市场面临的机遇与挑战

4.4.1 数字经济下我国劳动力市场面临的机遇

1. 数字经济催生灵活就业模式

改革开放以来，灵活就业一直是我国就业的重要补充，在稳定和促进我国就业中扮演了重要角色。但其规模和范围有限、竞争力较低，是一种传统的灵活就业形式。随着数字经济的蓬勃发展，我国灵活化的新就业快速发展壮大，在就业中的比重快速增加，成为我国就业日益重要的正式组成力量。互联网技术赋予劳动者更多选择权和自由度，可以根据自己的技能优势和时间状况，选择多样和灵活的就业岗位。劳动者和网络平台间是合作关系，平台为劳动者提供就业基础设施，劳动者可以在多个平台选择就业。

以餐饮外卖行业为例，平台带动了餐饮外卖业务的持续高速增长。2019年全年外卖行业交易额将达到6035亿元，相比2018年增长30.8%。餐饮外卖业务的发展，一方面创造了外卖送餐员的就业岗位；另一方面，餐饮业商家随着业务量的增长，也增加了用工的需求，为餐饮服务业创造了更多的就业机会。与此同时，网约车的发展也带动了大批就业。2018年，滴滴平台在国内共带动1826万个就业机会，其中包括网约车、代驾等直接就业机会1194.3万个，还间接带动了汽车生产、销售、加油及维保等就业机会631.7万个。除了带动国内就业机会，滴滴平台积极响应国家“一带一路”倡议，在“一带一路”沿线国家创造了超过93万个海外直接就业机会。总体来看，数字经济推动我国灵活型就业实现了四大转变。

（1）规模爆发式增长，实现从边缘补充到重要组成的转变。随着我国经济转型的深入推进，传统灵活就业人数日渐减少，在总就业人数中的占比日益降低。如今随着网络购物、共享经济等数字经济新模式新业态的发展，灵活就业人数快速增加，已逐渐成长为一股重要的就业力量。以阿里巴巴平台为例，其淘宝上的卖家以及淘女郎、代运营、IT 服务等衍生的服务型工作岗位是典型的灵活就业，其总数超过 1200 万个。

（2）范围快速扩张，从少数领域到多样化领域就业的转变。传统灵活就业主要分布在商贸流通领域，以各类批发市场、夫妻零售店的店主为代表。如今灵活就业除分布在商贸流通领域外，还广泛分布在快递、物流、直播、共享经济等多样化领域。

（3）质量快速提升，从低层次就业到高层次就业的转变。传统灵活就业是低技能就业者的蓄水池和缓冲器，许多就业者只有初中、小学学历。如今更多拥有高学历、高人力资本的人开始参与灵活就业，尤其是在知识分享等领域，灵活就业者的受教育水平大幅提升。

（4）竞争力大幅跃迁，从被动选择到主动参与的转变。在传统灵活就业中，灵活就业者只能依靠个人力量，竞争力较低，在本地、边缘领域获得就业，是一种迫不得已的选择。如今依托技术和平台的赋能，灵活就业者可以在很多领域展开竞争，并因为更小更灵活可以在专业化领域更好地满足日益个性化多样化的需求，成为就业者的主动选择。

2. 创造了大量就业机会

数字经济是继农业经济、工业经济之后，伴随科学技术的发展形成的一种新型经济形态。在数字经济发展过程中，以数字技术为支撑，逐步融合实体经济、虚拟经济等经济形态，演变衍生一些新领域、新产业、新业态和新模式，不断创造出更多的用工需求，提供大量新增就业岗位，从而弥补了传统经济形态因产能过剩、结构调整、生产智能化等原因腾挪出的就业岗位和就业容量。数字经济就业市场需求量大，就业面广。

目前，与数字经济息息相关的新兴行业，是我国就业市场需求量急剧增长的领域。2018 年我国数字经济领域就业人数达 1.91 亿，占当年总就业岗位的 24.6%，同比增长 11.5%，显著高于同期全国总就业规模增速。数字经济拓展“双创”空间。当前，以数字技术为标志的新生产力大大促进了现代经济的发展。与传统经济形态相比，数字经济社会参与度高，投入机制灵活，是我国“双创”的重要实现方式。据中国电子商务研究中心研究得出，2018 年年底，我国国内网络零售用户规模达 5.7 亿，国内网络零售交易规模达 8.56 万亿元，占社会消费品零售总额的 22.5%。可见，以电子商务业态为代表的数字经济群众参与度高，进入门槛较低，从业机制灵活，为我国“大众创业、万众创新”开拓了新空间。数字经济具有广阔就业前景。据波士顿咨询公司预测，2035年，我国整体数字经济规模将接近16万亿美元，数字经济渗透率达到48%，总就业容量预计4.15亿人。届时，数字经济将成为全社会就业的重要方向（图4－12）。

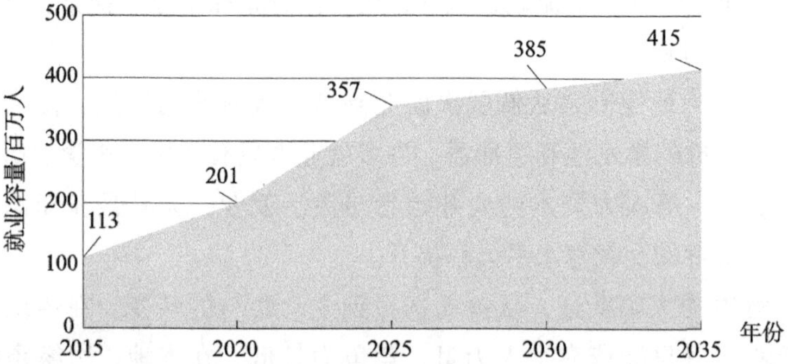

图4－12　就业总容量预测

资料来源：根据波士顿咨询公司数据整理。

3. 调整优化就业结构，提高就业质量

随着数字经济的发展，我国就业结构持续优化。由2014年至2018年全国就业人员产业构成情况可以看出，第一产业、第二产业就业人数呈现下降趋势，第三产业就业人员呈现上升趋势（图4－13）。2018年全国就业人员中，第一产业就业人员占26.1%；第二产业就业人员占27.6%；第三产业就业人员占46.3%。第一产业领域就业比例持续下降。得益于信息技术的深入应用，以及机器人等新一代人工智能的广泛普及，农业的规模化、集约化、智能化水平显著增强，农业自动化技术解放了大批农业劳动力，农业劳动生产率得以提高。第二产业领域，传统制造业就业规模持续降低。由于智能化设备在生产中的不断普及，传统生产类岗位正逐渐被机器替换，就业机会不断减少；同时，传统制造向智能制造的进一步过渡将带动人机交互方式的再次升级，使得工业机器人与生产工人之间的协作更趋灵活高效，制造业生产率由此大幅提升。第三产业领域，就业规模显著增加。数字技术在生产性服务业的全面渗透，推动了智慧医疗、智慧养老、智慧旅游、教育培训等高端生活性服务业的蓬勃兴起，服务需求的大量增加拉动了就业需求的不断上升，第三产业对就业的吸纳作用持续增强。

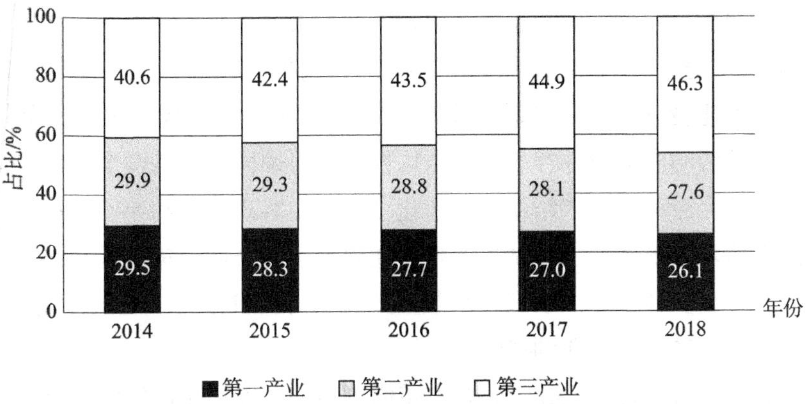

图4-13　2014—2018年全国就业人员产业构成情况

资料来源：根据中华人民共和国人力资源和社会保障部数据整理。

4. 为失业人员再就业提供新的工作机会

中国处于经济新旧动能接续转换阶段，传统产业淘汰过剩产能、去库存所带来的严峻的就业压力，可以靠发展数字经济来缓解。自中央加大供给侧结构性改革以来，我国钢铁和煤炭产业通过压缩产能将造成180万职工下岗。如何实现这些职工顺利再就业不仅是经济问题，更是社会问题。相比传统就业方式，共享经济等灵活就业平台的就业包容性更强，平台上既有专业能力极强的高收入者，也有大量技能不多、勤奋努力的就业困难群体和脱贫攻坚者。如在滴滴平台上，有51.5%是农民工，12%是退役军人，6.7%是建档立卡贫困人员，他们都是国家重点关注的就业群体。数字经济可以帮助传统产业的劳动者获得新工作机会，有力地抵消了淘汰过剩产能所减少的就业机会。以阿里巴巴、滴滴出行、京东、小米、百度、腾讯等为代表的数字经济企业，通过创业式就业吸引了大量来自工业领域的职工，显现出创造就业机会的巨大能量。滴滴出行年度报告显示，2016年6月至2017年6月，共有2108万人（含专车、快车、顺风车车主及代驾司机）在滴滴平台获得收入。其中，393万是去产能行业职工，超过178万是复员、转业军人，还有133万失业人员和137万零就业家庭在平台上实现了新就业。

4.4.2　数字经济下我国劳动力市场面临的挑战

1. 结构性失业风险持续存在

在经济学范畴中，失业是指一个人愿意并有能力为获取报酬而工作但尚未找到工作的情况。常见的失业类型包括摩擦性失业、周期性失业、结构性失业等。其中，结构性失业是指由于经济结构（包括产业结构、产品结构、地区结构等）发生变化，导致劳动力市场供需之间不匹配引起的失业，其特点是职位空缺和劳动者失业并存。产生结构性失业必须同时具备两个条件，一是经济变动使社会劳动力需求结构发生变化，二是主客观条件约束使劳动力供给结构无法迅速对需求结构变化做出调整。随着数字经济的快速发展，数字技术被广泛应用于经济社会各个领域，企业生产效率、组织分工、产业结构发生较大变化，加剧了结构性失业的风险。

在数字经济条件下，技术进步在不断创造新就业岗位的同时，也会导致结构性失业问题。技术进步将替代技能水平低的劳动力。在产业生态中，处于产业链中低端的工作岗位具有标准化及重复性的特点，就业者只需要具备较低技能即可，被人工智能机器替代的可能性极大，一旦被人工智能机器大规模替代，将造成巨大就业压力。同时，生产效率的提升会加重失业风险。技术的发展进步，会促使传统行业专业化分工日趋精细化、精准化，产业分工、产品分工、模块分工日趋深化，进而会大幅降低生产成本，提高生产效率，缩短生产时间，精简生产人员，导致大量传统行业工作岗位的消失，加重失业风险。

数字经济的蓬勃发展，催生了新商业模式和新业态，打破了原有的产业格局，对原有产业造成了失业威胁，造成结构性失业问题。例如，阿里巴巴、拼多多、京东等电子商务企业的蓬勃发展，导致大量实体门店关闭，成千上万零售人员失业；数字媒体的发展，如今日头条、新浪微博等数字新闻媒体及社交媒体的兴起，导致大量传统纸媒和电视媒体人员失业；在生产制造领域，机器人投入使用，将导致大量流水线工人失业。数字经济推动我国经济社会产业结构优化调整，数字经济为我国的第一、第二、第三产业打上了数字化的烙印，服务业逐步成为我国的主导产业，但我国人才供给结构的调整滞后于产业结构的变化。随着数字经济的不断发展，无论是信息传输、计算机服务和软件业等新兴行业还是制造业、房地产业、租赁和商务服务业、批发和零售业等传统行业，它们的数字化革命进程显著，这些行业对数字化人才需求量巨大，劳动力市场供不应求，进而会引发结构性失业的问题。

2. 就业人才的数字素养有待提升

在数字经济浪潮下，从事不同领域工作的劳动者和一般消费者均需具备一定的数字素养，这是数字时代人们的基本权利，是与听说读写同等重要的一种认知交流技能。数字素养不仅包括对数字科技、数字产业、数字经济的认知、理解和应用，更包括数字生活，以及数字化思想文化体系的熏染和重建，是人类文明“操作系统”的重装与升级。但目前我国就业人才的数字素养有待提升，尤其在西部地区，由于数字经济发展水平落后，数字教育体系不完善，导致西部地区的就业人才数字技能欠缺，造成东西部区域和人群之间存在短时期内难以完全消除的知识屏障。

3. 数字基础设施发展不均衡，数字鸿沟加深

数字技术的广泛渗透和应用，将不断扩大“数字鸿沟”问题。数字鸿沟表现在多个层面，主要体现在数字基础设施方面。数字基础设施建设涵盖生活的方方面面，如物联网建设和云服务等。以网络接入层面为例，截至 2017 年年底，全球仍有 39 亿人口不能连入互联网。中国尽管互联网普及率于 2018 年达到了 59.6%，网民数量达 8.29 亿，并提出“2020 年 90% 以上贫困村实现宽带网络覆盖”的目标，但目前城乡之间、东西部之间、各阶层之间的数字鸿沟仍有扩大趋势。要扩大数字领域就业，最迫切的是解决城乡、区域之间的数字基础设施发展不平衡的问题，消除数字鸿沟，培育壮大数字经济市场，更好地发挥数字经济对就业的支撑带动作用。要缩小“数字鸿沟”，重要的是确保人们能够平等地享用现代通信和网络等数字基础设施。

4. 监管政策及法律体系不完善，制约了数字经济的发展

就业管理制度仍处于传统经济状态，制约了数字经济发展。当前，中国社会管理和经济管理制度强调层级管理、区域和条块分割，过多的就业管理制度和产业政策指示方向不明，反而制约了数字经济的发展。现行条块分割的就业管理体制难以适应去中心化、跨区域和跨行业发展的数字经济发展。新就业模式属于新的生产力方式，作为生产关系代表的监管政策也需要根据生产力的发展变化而进行适应性的优化。数字技术驱动新就业模式蓬勃发展，技术和商业模式创新加快，对传统的监管模式带来极大挑战。总体上看，目前监管政策仍无法较好适应新就业的健康发展需求，存在以旧监管方式治理新业态、各地监管标准不统一等问题，挤压了新就业模式的生存空间。其中，受到冲击最大的往往是那些渴望通过勤劳工作获取收入改变生活境遇的弱势群体。

此外，现有税收制度都是基于区域行政的管理模式，大多数平台型企业是跨地域的，地方对跨区域平台易产生排挤心理，不利于数字型企业整合资源。不仅如此，社会保险制度在一定程度上也不适应灵活就业的需求。现行的社会

保险体系主要是根据传统雇佣关系的特点设计的，许多方面不适合新就业形态人员的需要。灵活就业人员普遍“无单位”，有的只能以个人身份参保，没有单位为其缴费，因而个人承担了更高的缴费比例，灵活就业人员社会保障体系不健全。现有的政府就业统计体系低估了数字经济对就业的贡献亟须调整。数字经济环境下，大量灵活就业涌现。由于“众包”快速发展，出现了大量的兼职从业者；由于电子商务蓬勃发展，出现了大量自我雇佣者；由于互联网平台的发展，大量记者、咨询师、作家等自由职业者涌现。而现有的政府统计体系并未将灵活就业纳入国家正规就业统计体系，从而使政府低估了数字经济对经济和社会的贡献。另外，在法律体系层面，与数字经济就业相关的法规政策有待改进。数字经济具有自由灵活的就业特征，而现行相关法律、法规、政策还不能适应这种灵活就业形式的需要，对灵活自由就业人员难以提供有效的法律保护。如《中华人民共和国劳动法》《中华人民共和国劳动合同法》《中华人民共和国社会保险费征缴暂行条例》等法规条例适用于标准工时制，注重一般职工权益保护，而对于灵活就业人员的劳动基本权益和自身利益没有专门的法律条文进行保障。

5. 企业面临管理新风险

在数字经济新时代背景下，企业面临以下管理新风险：其一，传统的绩效考核方式难以适应数字经济就业新变化。数字经济的发展挑战了企业人力资源管理工作中的绩效考核方式，由于灵活就业的兴起，员工置身于互联网，依靠平台突破时空限制为企业提供相关服务，无须在企业固定办公环境中进行工作。但传统的企业绩效考核多是通过管理人员根据员工在企业固定办公环境中的现实工作表现打分的方式进行评估，若按照传统的绩效考核方式，企业难以评估通过互联网平台提供服务的员工工作表现，因此绩效考核方式亟须调整，落后的绩效考核方式难以调动员工的工作积极性，进而阻碍了企业发展。其二，企业文化强调理念的和而同一，必须在共享价值观的基础上构建起“共识共担、共创共享”的利益分配机制。所谓共识就是共享愿景与目标，所谓共担就是共担风险与共治责任，共创就是发挥个体优势，团队协同共创价值并依据价值贡献共同分享收益。但在数字经济背景下，灵活和多元的就业方式和雇佣模式使员工难以为一家企业提供长时间服务，员工流动性高。员工更加注重个体身份和利益而忽略团体身份和利益，难以担负起共识、共担、共创、共享的责任，这导致员工对企业文化的认同感和归属感不深，企业与员工的黏性不高，进而造成员工工作效率低下，难以为企业尽心尽力提供服务。其三，数字经济下，全球数据爆发增长、海量集聚，使越来越多依赖数据的企业面临传统的信息安全问题。尤其高频率的人员流动致使企业处于高风险状态，掌握关键数据信息的企业管理人员跳槽会给原企业带来不可估量的风险，使企业机密难以得到有效保障。根据安全情报供应商（RBS）的报告，2019 年超过 5000 多起数据泄露事件攻击了企业或者机构，比过去四年增加了 50%，甚至更多。

6. 数字经济下平台创业存在融资难、税收高和门槛高的难题

其一，互联网平台上某些行业的数字型创业企业，被要求完全按照线下经营实体资格条件取得相应牌照和资质，提高了创业者门槛。其二，互联网平台上小微企业发展和创业者的核心问题是融资难——大银行不愿意服务小微企业和创业者；小银行要求强担保、强抵押，门槛高、流程长。互联网平台大多数小微企业主和创业者在建立事业过程中都存在用钱急、额度低、周期短的问题，但又缺少可抵押资产和担保资源，导致企业规模无法做大，严重时甚至导致事业失败，阻碍了平台创业。其三，平台创业过程中存在税负高的难题，政府未对互联网平台上的小微企业者和创业者区分对待，未实施有效的税收保护措施，致使税收负担过高，阻碍平台创业的发展。

4.4.3　数字经济下我国劳动力市场新局势的应对

为更好地利用数字经济带来的劳动力市场发展机遇以及从容应对劳动力市场挑战，本小节结合前面的内容提出以下对策思考。

第一，发展平台经济，促进社会灵活就业，减轻结构性失业负担。新就业模式下的平台型灵活就业是在技术创新中孕育而生的，不仅为各类劳动群体提供了更多就业选择，而且也成为社会就业转换的润滑剂。建议着力发展平台经济，秉持鼓励创新、包容审慎的灵活就业政策原则，广泛支持经济社会各领域的灵活就业，使其加快发展。建立健全平台经济社会信用体系和信用评价制度，降低企业信用认证成本。创新平台型组织的管理模式，积极采用和推广"政府管平台，平台管企业"的模式。制定平台企业统计分类和标准，开展平台经济统计监测。推动金融、住房、技能、生产等领域分享经济的发展，鼓励分享经济平台企业吸纳灵活就业。

第二，培训数字化工作技能，提升就业人才的数字素养，鼓励创业带动就业。满足数字经济创业者经营发展需求，加大政策优惠力度。在税费减免、社会保障、经营用地、设施建设等方面给予更大优惠、更多便利，鼓励专业服务机构提供多样化、专业化的优质服务。出台减免利息税费等优惠政策，鼓励金融机构、融资平台、社会资本提供资金支持，以满足数字经济创业者融资需求。完善养老、医疗、失业等社会保障制度，以减少创业者的后顾之忧。加快制定电子商务税费优惠政策，促进电子商务行业做大做强。针对农村劳动力、困难群体、过剩产能领域职工等数字素养欠缺的人群，需提供新思维、新技能和新技术等方面的数字技能培训。试点推广“慕课”等“互联网+”创业培训新模式，大规模开展开放式在线培训。加大校企合作力度，加强云计算、大数据、人工智能等相关学科建设，推动职业院校和企业共建实训基地，为推动数字经济发展做好人才储备提供有针对性的新技能培训，提高数字素养欠缺人群适应数字经济的就业能力。创新职业培训方式，实行国家基本职业培训制度，增强职业培训的针对性和有效性。创新培训补助方式，由政府安排培训转为由受众提出培训需求，再申请补贴的方式，提高培训补助的效果。

第三，完善劳动保护和社会保障相关政策体系，做好促进数字经济就业的服务工作。数字经济催生的新就业模式，与传统雇佣关系下的劳动保护和社会保障制度不相适应。从法律层面看，数字经济下的非雇佣就业，从业人员既无法获得劳动法规定的劳动时间、休息休假、最低工资保障等劳动保护，也没有用人单位为这些从业人员缴纳社会保险费用。因此，一旦出现特殊情形，比如，2020 年的新冠肺炎疫情期间，非雇佣从业人员比较传统雇佣下的劳动者，经历则会更加困难。因此，面对新就业下的非雇佣从业人员，适时修改劳动法、社会保险法等法律法规，把非雇佣从业人员纳入劳动保护和社会保障制度中，维护其合法权益。

政府应出台统一的数字经济就业管理政策体系，避免因行政区域的不同所导致的就业管理体制分割的现象，以适应数字经济去中心化、跨区域和跨行业的特征。首先，政府应加快建立灵活的税收政策，确保纳税人能够依法按时足额缴税，避免重复征税，探索实行按小时核计的社会保险缴纳办法，以满足数字经济灵活就业者社会保障的需要。适应数字经济业态运行模式，大力调整财税政策，规范产品服务交易行为，保障交易双方合法权益，提高数字经济相关政策灵活性。其次，完善就业统计指标体系，切实将数字经济就业创业统计监测指标纳入其中，进一步完善统计口径和调查方法，准确、客观、全面地反映社会就业创业状况，奠定政府引导调控数字经济促进就业创业的扎实基础。最后，做好服务工作。服务工作不仅包括提升政府的政务服务能力，而且包括完善适应数字经济领域就业要求的法律制度框架，形成适应数字经济发展的就业政策体系，提升数字化公共就业创业服务能力，提高人力资源市场配置效率。全方位地提升数字化、网络化、智能化就业创业服务能力。工欲善其事必先利其器。解决数字经济时代的就业问题，政府首先要提升自身的数字水平，提升数字经济条件下的服务水平。

第四，引导企业建立与数字经济就业模式新变化相适应的管理体系。在数字经济的环境下，企业应对传统的管理体系做出及时的调整，以适应数字经济时代就业模式新变化。其一，创新绩效考核方案。未来的工作将会具有很大的灵活性，员工对工作时间的管理具有更大的自主性，企业的工作场所也趋于非标准化。因此，员工在工作时很可能置身于一个跨越时间空间的网络化系统中。基于这种情况，对员工的绩效考核应引入大数据等技术手段，同时注重客户反馈与评价，强化对员工的信用考核与评级。其二，完善企业激励机制。就业的灵活性与多元化使得未来就业人员对企业的归属感与企业文化的认同感较弱，因而若依靠其对企业的忠诚度而形成自我激励恐怕会影响工作的积极性。企业应建立灵活的奖励机制，比如采用累计制来决定员工的福利。其三，建立风险共担机制。未来企业将会面对更频繁的人员流动，因此企业必须寻求合理的方式，在保障劳动者权益的同时控制风险。

第五，针对重点省市数字经济就业模式特色，要坚持转化优势、创造优势因地制宜地推动重点省市数字经济新就业模式发展。善于转化和创造优势是发展经济拉动就业的重要途径。每一个数字经济发展快速的省市都有自己的比较优势和特色，但优势只是发展的外部条件，不会自然而然变为价值，关键要发挥主观能动性做好转化文章，把独特的产业发展模式、数字经济基础、区位条件等转变为拉动就业的原动力。以新零售领域为代表，平台化就业模式较为突出的省份（如杭州），应着力加快创新平台建设，重点发挥互联网、大数据等新兴技术优势，在新零售领域发力，挖掘“双创”带动就业的巨大潜力，强力促进稳就业。泛娱乐领域发展突出的省份（如北京），应该在做好娱乐监管的同时出台一些鼓励泛娱乐发展的措施，积极推进泛娱乐领域的重构，为泛娱乐发展注入源源不断的动力。同时兼具新制造与新金融领域优势的省份（如深圳），则应建立产业间的联系，推动两者协同发展。依托工业互联网和人工智能技术促进传统制造业转型为新制造产业。新金融的主业依然是支持制造业获得资金，从而进一步推动制造业的发展。二者协同发展可重塑创新链、重构产业链，进而开辟更多就业新空间。

4.5　本章小结

数字经济是创新与技术进步在当代全球化背景下的最新体现，是日趋关键的中国经济和世界经济增长的新动能。数字经济带来的快速技术变革正从劳动力市场的角度引发劳动者工作性质和所需技能的重大转变。面对数字经济的冲击，劳动力市场的各方主体随之调整策略选择。本章认为，数字经济新就业模式即在数字经济背景下，颠覆传统就业模式，借助互联网数字化技术和智能化技术所孕育的平台化、共享化、灵活化及去空间化的新型就业模式。数字经济下我国劳动力市场新就业模式呈现出新特征，即数字素养成为劳动者就业必备技能，组织方式平台化，就业方式灵活化，就业空间无界化等。从重点领域分布上看，新零售、泛娱乐、新金融、新制造四大领域受数字经济影响变革大，未来发展前景广阔。从主要区域分布上看，我国数字经济就业增速与占比稳步提升，但区域分布加速分化，就业岗位集中分布于东部三大经济区域，中西部区域崭露头角。另外，本章从美国、欧盟、澳大利亚、印度等代表性国家及组织保障新就业模式的税收治理举措出发，归纳了各国举措对我国的经验借鉴。最后指出数字经济为我国劳动力市场带来诸如催生灵活就业模式、创造大量就业机会、调整优化就业结构等机遇的同时，也使我国劳动力市场面临结构性失业风险持续存在、就业人才的数字素养不高、数字鸿沟加深、监管政策及法律体系不完善等诸多风险；并提出对我国抢抓数字经济带来的劳动力市场发展机遇以及应对发展挑战的初步思考。

第5章　开放视角下我国数字经济发展的就业效应研究

5.1　开放视角下我国数字经济发展与就业变迁

5.1.1　开放视角下的数字经济

随着互联网和信息技术的广泛应用，数字经济作为一种新经济形态，正成为国民经济快速发展和就业稳定的新动能。早在20世纪90年代，数字经济这一概念就被提出来，2008年金融危机之后，数字经济发展更为迅猛，成为推动全球经济深度调整和结构优化的重要力量。作为最早发展数字经济的国家，美国从20世纪90年代开始就先后提出《国家信息基础设施计划》、“信息高速公路”计划、“数字国家”概念、“数字经济的定义和衡量”等，成为数字经济发展的领头羊。英国也不甘落后，积极推动数字经济发展，提出《数字英国》《数字英国实施计划》《2015—2018年数字经济战略》《英国数字战略》等战略，成为数字经济发展的新的增长极。另外，日本一直以来也高度关注数字发展问题，提出并推动一系列战略的实施，并上升到国家战略级别。OECD成员也相继提出数字经济战略，将其作为经济发展的主线，不断推动数字经济基础设施建设、实体经济融合创新、制造业转型升级等。从全球范围来看，数字经济已成为各国竞争的领域，成为全球经济发展的新动能，成为产生新就业模式的重要来源。

数字经济具有的高增长性、高覆盖性、高渗透性以及智能共享、跨境交易、开放等特点，对形成以国内大循环为主体、国内国际双循环相互促进的发展格局具有重要作用。借助于新一代信息技术的应用，数字经济可以将国内和国际两个市场更密切地联系在一起，助力打通国际国内两个市场。数字经济背景下的开放是一次全方位的开放，不仅包括制造业，也包括服务业（张其仔，2019）。在开放视角下，制造领域、人工智能等新信息技术的应用，使相关企业的资源配置更加自动化、智能化、可视化，增强了制造业的国际竞争力，保证了传统就业。服务领域，以跨境电商为主要代表的数字贸易，既是传统外贸在数字时代下的延伸和新业态，也是电子商务在国际贸易领域的深耕，成为打造对外开放新格局的重要平台。根据中宏产业研究院的数据，跨境电子商务交易规模占我国进出口贸易总额的比例连续三年超过20%（图5－1）。跨境电商规模的不断扩大，将会带来大量就业岗位和需求。

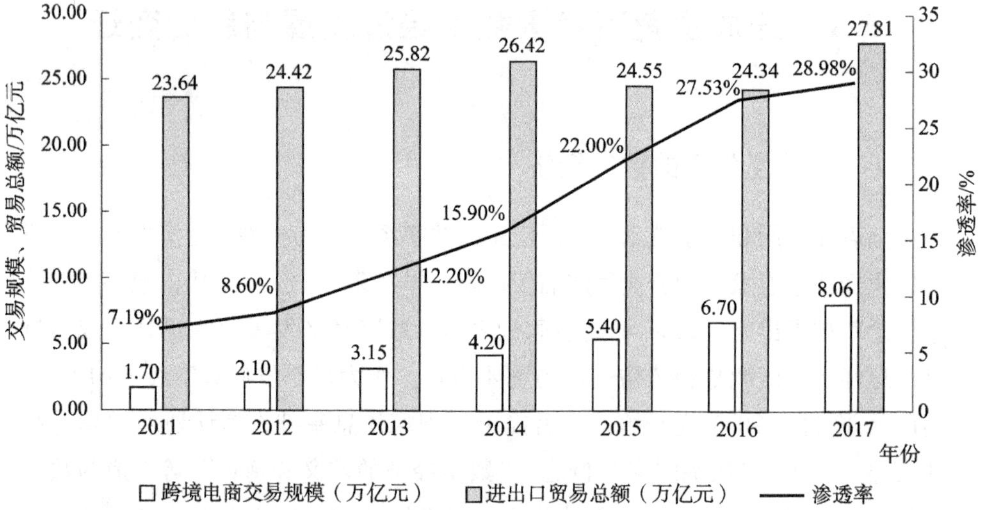

图5－1　2011—2017年中国跨境电商交易规模

资料来源：中宏产业研究院。

5.1.2　数字经济发展下的就业变迁

数字经济的发展对各行业均产生了深刻影响，如使得制造业的生产方式和商业模式以及服务贸易等发生较大改变并引领其发展轨迹。随着互联网、大数据、云计算、区块链和人工智能等新技术的不断兴起，大数据已成为一种新的生产要素，其溢出效应日益突出，促使产业结构优化升级，模式创新不断加快，深刻影响着我国制造业的出口竞争力以及数字贸易领域的就业状况。数字经济对就业的吸纳作用日益显现，据中国信息通信研究院、中商产业研究院公布的相关数据，2014—2018 年数字经济吸纳就业的人数逐年上升，并且在总就业中的比重逐步提升。

数字经济在传统产业的融合应用所带来的就业岗位更多，是我国稳定就业的重要渠道。但受限于行业属性，数字经济在三大产业的融合应用所带来的就业人数存在明显差异。据中国信息通信研究院、中商产业研究院公布的相关数据，2018 年数字经济在第三产业的数字化应用所带来的就业岗位最多（约 13426 万个），第二产业的岗位其次（约 5221 万个），第一产业的岗位最少（约 1928 万个）。

为深入研究开放视角下数字经济对就业的影响，本章主要从制造业和服务业两大领域切入，首先从整体探讨数字经济发展是否影响我国制造业出口竞争力以及影响机制；然后再以跨境电商为例探讨数字贸易带来的就业效应。目前针对制造领域的研究，很少将数字经济与我国制造业出口竞争力从理论上结合起来，对二者进行实证分析的研究更是少之又少，相关研究还处于不成熟不完备的阶段，没有形成统一框架。已有的涉及跨境电子商务就业效应的文献主要是从课程改革的角度出发，研究如何创新人才培养模式来适应跨境电商时代下的需要，直接研究跨境电商发展与就业关系的文献几乎空白。

因此，本章在已有研究基础上探讨数字经济发展影响劳动密集型制造业出口竞争力的四大机制，即生产要素数字化路径、产业结构升级路径、制造业价值链重塑路径、技术创新路径，探讨以跨境电子商务为代表的数字贸易就业规模效应和就业结构效应的机制，丰富和拓展数字经济领域的劳动经济学相关理论研究，为开放视角下如何利用数字经济提高我国劳动密集型制造业出口竞争力、发挥以跨电子商务为代表的数字贸易的就业效应提供理论支撑。

5.2　数字经济影响我国劳动密集型行业出口竞争力的实证研究

随着数字时代加速，世界制造业版图出现较大变化，全球制造业发展格局呈现两个显著趋势：一是以美国、德国等为代表的发达国家的市场份额迅速下降，以中国、印度为代表的发展中国家的市场份额迅速上升；二是从制造业内部来看，电子通信设备业、医药制造业、化学纤维制造业等中间产品的份额提升，与最终消费品密切相关的制造业市场份额下降，并且承载大数据、互联网、人工智能等高新技术的产品份额越来越多，数字化程度越来越高，为传统制造业提供了海量的数据，大数据技术的发展为挖掘海量数据提升商业价值提供了可能。数字经济将催生一系列新产品和新业态，在制造业转型方面发挥更大的价值。我国作为世界工业大国，拥有良好的工业基础，在此基础上大力发展数字经济，可极大提高生产效率，降低生产成本，加快培育新型的制造业生产模式。

因此，制造业是数字经济发展的主战场，要积极促使传统制造业投入“互联网+”的怀抱，推动制造业高质量发展。另外，探索数字经济发展对我国劳动密集型制造业出口竞争力的影响机制，以及如何推动数字经济与制造业融合发展，借助数字经济提升制造业出口竞争力，是我国传统制造业在数字经济背景下有待思考的问题。

5.2.1 理论机制分析

1. 数字经济影响制造业出口竞争力的相关研究综述

从整体上看，已有关于制造业出口竞争力的相关研究中，国外学者对出口竞争力的研究起步较早，并且从理论和实证方面均进行了详细的研究与分析，主要集中在出口竞争力测算、影响出口竞争力的因素两个方面。一是围绕出口竞争力测算，国外学者使用出口数量、国际销售以及国际竞争力等要素来衡量，研究较为完善。Kim 和 Rang（1997）使用韩国和日本的横截面数据研究国际直接投资对出口的影响。研究发现，对外直接投资既不促进也不抑制出口的增长。韩国的对外直接投资更多是一种成本导向型，而日本的对外直接投资则更多是一种市场导向型。Minetti 等（2011）使用来自意大利制造公司的详细调查数据，研究发现出口信贷抑制了国内销售，但其对国外销售的影响更明显，特别是对于从事高科技行业和严重依赖外部融资的行业公司而言。Borsatto 和 Amui（2019）利用世界 500 强中 186 家制造业公司的数据，采用结构方程模型分析了环境法规的严格程度如何影响国际竞争力，其研究结果认为，环境规制对国际竞争力的影响是不确定的，影响方向根据外部环境的不同或正或负。Hayakawa 和 Mukunokia（2019）通过采用中国公司层面的微观出口数据，考察了服务业外国直接投资对公司出口竞争力的影响，研究发现外国直接投资有助于出口竞争力的提升。二是在出口竞争力影响因素方面，主要集中在环境规制、金融发展、劳动力成本、国际直接投资等方面，基于不同的研究方法和数据得出相应的结论。Kaleka（2002）认为，生产成本是影响制造业企业实现出口竞争优势的重要因素。Larson 和 Bruce（2002）以非欧盟地中海地区（北非、中东、土耳其、塞浦路斯）为例，研究了环境规制对出口的影响，评估了环境法规潜在变化对每个国家关键部门出口产品的影响。Babike 和 Abdullah（2010）认为，政府进行出口补贴是积极的激励措施，能够提升产品的国际竞争力。Arunima Haldar（2016）在研究公司治理对国际竞争力的影响过程中，认为研发强度、市场营销强度、公司规模等均会对国际竞争力产生影响。Azar 和 Ciabuschi（2017）利用来自瑞典 218 家出口企业的数据，通过结构方程模型对组织创新和技术创新与企业出口绩效之间关系的假设进行检验，结果表明，组织创新通过维持技术创新直接或间接地提高了出口绩效。

国内关于制造业出口竞争力的相关研究虽然起步较晚，但对于出口竞争力的测算和影响因素的研究也有了大量成果。在出口竞争力测算方面，国内研究学者多采用我国行业数据，利用相关模型进行实证分析，得出相应结论。如段柯（2005）介绍绿色贸易壁垒的形成原因及其主要表现形式，分析了突破绿色贸易壁垒对中国出口产生的负面影响，并提出了中国政府应采取的一些相应措施。赵新泉（2015）利用 2002—2012 年我国 30 个省份的面板数据，对外商直接投资对我国企业出口效应的影响进行了研究。研究表明，外商直接投资对中国内资企业的出口既有负向的竞争效应，又有正向的示范效应。刘树林等（2017）利用空间杜宾模型检验了金融效率不同维度对中国东部、中部、西部地区出口贸易结构的影响。结果表明，金融效率的三个维度均可对东部地区出口贸易结构起到优化作用。刘根霞（2017）在研究工资上涨对我国制造业出口竞争力的影响方面，利用 2000—2014 年我国 28 个行业的面板数据进行实证分析。研究结果认为，工资上涨对制造业的国际竞争力有抑制作用，但抑制作用在逐年减弱。在出口竞争力影响因素方面，与国外学者研究相似，大部分学者认为影响出口竞争力的主要因素为对外直接投资、金融发展、劳动力成本、环境规制等。邱立成和刘文栋（2014）分析了对外直接投资与金融发展对我国出口竞争力的作用机制，研究认为对外直接投资和金融发展能够推动产业结构升级，促进技术创新，对我国出口竞争力均产生促进作用，同时在这个过程中，对外直接投资与金融发展之间也存在着一定的相互替代与补充关系。余翔

(2015) 采用宏观层面的季度时间序列数据，实证检验了2004年以来劳动力成本上升对我国出口竞争力的影响。结果表明，劳动力成本上升对出口竞争力产生了显著的负面影响。杨荷（2017）利用我国1985—2014年的面板数据，分析研究对我国服务业竞争力的影响因素，研究结果认为服务业外资参与度、产业结构高级化、产业结构合理化以及服务业全要素生产率的提高增强了服务业的出口竞争力。李迎旭和雷海东（2020）运用2010—2017年数据考察国际环境规制、技术创新在出口竞争力提升中的作用，发现环境规制越严格，出口竞争力越低，同时技术创新对竞争力具有正向促进效应。

关于数字经济影响制造业出口竞争力的研究，国内外都相对较少，国内学者更是很少将数字经济与我国制造业出口竞争力两方面结合起来进行研究。

国外有关研究更多集中在数字经济发展以及数字经济与制造业相融合方面。针对数字经济发展，国外学者主要对数字经济的含义、发展趋势、发展路径等进行了研究分析。Junmo Kim（2004）研究认为，尽管存在着不同的数字经济概念，但是数字经济发展有一个共同的基础就是基础设施建设，其利用韩国银行的数据来分析1989—2000年韩国数字经济基础设施的供需侧发展模式，试图解释带来数字经济增长的动力。Pradeep Amladi（2016）认为，数字经济在人才管理方面发挥了重大的作用，人力资源团队正在拥抱数字转型，借助数字技术、物联网等帮助公司保持盈利能力和市场领导地位。Moreno等（2018）等通过多案例研究的方法，探讨了数字智能和再分配制造推动商业模式循环创新的潜力。研究发现，数字智能、分布式生产和消费模型可以促进企业商业模式实现循环创新。Diana等（2019）认为数字经济能够整合资源、优化利用、改进物流，以实现局部化的生产和再循环。另外，数字经济可以促进消费者观点的转变，改变需求，从而促进工业生产。在数字经济与制造业融合方面多关注于数字经济技术产生的影响。Koch和Windsperger（2017）认为，将数字技术整合到产品、服务和运营中，对企业如何获得和维持竞争优势具有重大影响。数字化从根本上改变了产品的本质和价值创造的过程，有助于企业获得持续的竞争优势。Watanabe等（2018）认为数字技术改变了经济地理，并且平台作为当代数字经济的重要组成部分，它正在改变市场空间。David Holford（2019）认为不久的将来组织战略都将把重点放在机器人和人工智能上，数字化工作提高剩余工人的工作效率，人工智能提供更可靠和生产性更高的高端专业工作。Vladimir等（2019）在揭示俄罗斯数字经济发展的基础上，阐述了产业数字化转型对创新发展的重要作用，以及数字经济的优缺点和未来的发展风险。

国内有关数字经济影响制造业出口竞争力的已有相关理论分析不足。在数字经济发展方面，对于我国数字经济发展的特征、趋势以及规制等方面研究较多，但大多停留在理论层面，实证研究较少。李晓华（2019）认为数字经济带来了颠覆性的创新，不断涌现的平台经济与超速成长、网络效应与“赢家通吃”、“蒲公英效应”[1] 与生态竞争等新特征，蕴含着数字经济新动能的形成和发展机制。王伟玲和王晶（2019）认为，数字经济竞争要素将由用户流量向数据转变，数字经济推动企业由批量供给向按需生产转变，受到的监管将不断增加。李忠民等（2014）认为，数字贸易发展迅速，发展前景广阔，依托互联网与传统制造业融合，促进产业结构升级，并且随着新技术的不断涌现，数字贸易形式不断增加。胡鞍钢和王蔚（2016）认为，数字经济为我国经济发展提供了新机遇，是经济增长的强劲动力，因此，我们要有效发展数字经济、最大限度地收获数字红利。张建文和贾章范（2018）指出，在数据保护方面，应在防范核心数据资源泄露的同时，鼓励非核心数据的自由流通，形成数据本地化存储制度和关键基础设施保护制度，增强大数据领域的国际影响力和竞争力。袁胜（2019）认为，目前各行各业都在进行数字化转型，流动的数据为信息社会提供着营养，成为驱动社会经济发展的新动能。

关于数字经济发展对我国制造业出口竞争力影响方面的研究，目前多从数字化角度切入，从理论上分析数字化对制造业企业带来的有利影响。如江彦（2008）研究分析了数字发展在产业创新中的作用，阐述了信息化的应用对制造业数字化创新的影响，分析了其内部的发展规律。通过进一步研究发现，数字发展对企业创新的贡献度最高，网络化和信息化等技术的应用，推动了全球经济的发展。赵西三（2017）提出，数字经济通过破解创新链瓶颈、提升制造链质量、优化供应链效率、拓展服务链空间，破解中国制造转型升级中的“痛点”问题，助推中国制造平台化、生态化、软件化、共享化、去核化发展，并加快向全球价值链中高端迈进。闫德利和周子祺（2017）认为，数字经济是一种新的经济形态，在经济发展中发挥着越来越重要的作用，把握好数

[1] 蒲公英效应，Dandelion benefit 最早来源于美国硅谷的一个创业家形容信息像被吹开的蒲公英向不同的方向进行扩散，最后信息会去适应用户再需求，落到最合适的土地上。

字经济发展的先机，必须要将制造业放在主战场的地位，促进制造业转型升级，推动经济快速发展，实现“弯道超车”。李馥伊（2018）认为，我国制造业依靠低劳动力成本产生的国际竞争优势已经发生改变，必须借助数字经济发展改变我国依靠低附加值进行生产的现状。并进一步发现，数字化投入改变我国制造业在全球价值链上的位置，推动我国制造业向全球价值链高端跃升。肖苏阳（2019）分析了现阶段数字经济和制造业的发展趋势，认为数字经济驱动中国制造业转型升级，同时依托数字技术推动制造业从规模效益向质量效益进行转变，为未来数字经济与制造业融合提供了发展方向。张伟东（2019）认为，数字经济时代，信息通信技术的普及为制造业和服务业融合创造了新条件，打下了新基础。

综上，虽然已有研究多从理论层面分析数字经济与制造业的关系，而对于数字经济发展影响制造业出口竞争力的实证研究较少，缺乏理论与实证分析相结合的研究。但国内外学者对于制造业出口竞争力和数字经济的研究，为本节研究提供了重要的参考。因此，本节首先从理论层面，在数字经济发展与制造业出口竞争力之间搭建起桥梁，从生产要素数字化、产业结构升级、制造业价值链重塑、技术创新等四个路径探索数字经济对制造业出口竞争力的影响机制。其次通过构建评价数字经济的指标，测算数字经济的发展水平，并利用我国制造业2012—2018年的面板数据建立模型，进行实证分析，深度探讨数字经济发展对我国制造业出口竞争力的影响。

2. 数字经济影响制造业出口竞争力的理论机制

（1）生产要素数字化路径。

在理论层面，生产要素指进行物质生产所必需的一切要素及其环境条件。从传统经济起，生产要素的发展大致经历了三个阶段：第一阶段传统经济的生产要素主要是劳动力、资本、土地；第二阶段的生产要素主要是知识、技术、管理，而现在数据已发展成为一种新的生产要素，即第三阶段。随着数字经济蓬勃发展，信息和数据已成为新型生产要素，推动传统制造业优化结构转型升级，提升出口竞争力。一方面，区别于传统生产要素，数据这一生产要素具有高流动性、可复制性以及易存储性，因此日益成为经济活动的基本生产要素，推动数字经济快速发展。数据本身的特点决定了其在使用方面具有边际效益递增的优点，即数据分享和应用的范围越大，创造的价值就越高。数据作为信息的载体，随着开放共享甚至是交易流通，发挥了乘数效应，重构商业生态实现了精准营销和智能进化。另一方面，数据作为新的生产要素产生的“红利”开始喷发。传统经济时代，巨额实物资产投资，大量人力、物力和财力集中于钢筋混凝土等基础设施建设，资金周转不灵的现象时有出现。而在数字经济时代，在技术创新、技术升级和技术革命之上进行的基础设施建设，投入与产出更加合理、更加协调。随着近些年的大量投入和快速发展，数字经济进入产出阶段，经济“红利”将全面释放，并且释放作用会更全面。

在现实层面，随着数据的大量收集和利用，智能商业时代随之开启，数以万计的网商平台或商业生态实现了精准营销和智能化运作。数据被广泛收集和应用，成为新的生产要素。值得注意的是，数据是否具有价值，关键在于“活”而不是“多”，只有数据被活用，才能证明数据发挥了价值，否则，数据只是一个毫无用处的冷冰冰的数字。因此，让数据产生最大化价值，开放与共享是最佳的途径。以淘宝为例，淘宝的本质是一家“信息公司”，系统实时记录每秒数以万计的交易数据，从用户的交易记录中获得其交易习惯，分析用户的消费偏好，依靠强大的数据挖掘能力，将信息与商品进行匹配。并且通过大数据分析，尝试定位客户和获取客户反馈，进行精准推荐，还能够通过历史数据来预测用户未来的需求（图 5－2）。“买过 X 商品的人，也同时买过 Y 商品”，利用这一功能深入地了解了每个用户的喜好信息，为用户推荐适合的产品。淘宝商家利用平台提供的用户数据，优化自己的产品，更好地满足消费者的需求。而且，淘宝商家根据数据分析客户需求，信息也会实时传递给厂家，厂家可以及时调整生产。由此可见，“活”数据的关键不仅仅在于收集，更在于在线处理。

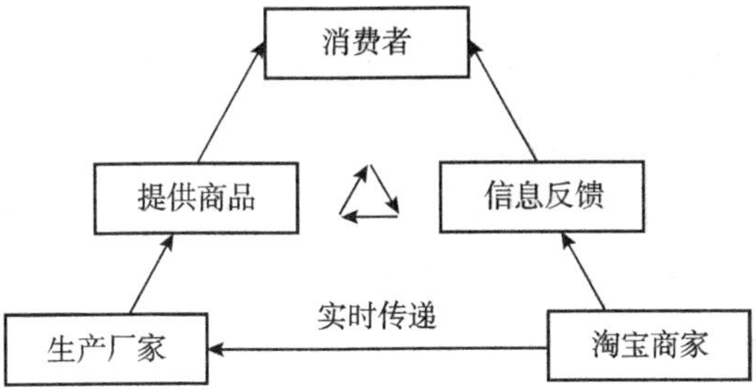

图 5－2　淘宝数据反馈路程

（2）产业结构升级路径。

从理论上说，数字经济为产业结构化升级提供强大动力，数字经济从改造传统制造业、催生新兴产业、重塑需求端三个路径促进我国产业结构优化。首先，数字技术促进产业创新，推动产业结构优化升级。一方面，利用数字技术升级传统产业的业务，能够提升生产数量和效率。数字技术的快速发展，大数据、云计算、物联网、人工智能等迅速应用到传统制造业，改善产品生产线，降低各个环节的生产成本，节约优化生产资源，提升生产线的效率，实现整条生产线的数字化管控。另一方面，数字技术可以分析企业生产过程中生成的数据，并将程序化业务移交给计算机进行处理，从而降低操作错误率。同时，通过数据分析，企业可以全面、系统地监控业务流程，及时发现业务流程中的异常和隐患，大大降低风险。其次，数字经济发展催生新兴产业，带动产业结构优化升级，数字经济催生出一系列新业态、新模式、新体系。一方面，数字技术整合现有资源，将供给和需求进行高效匹配，优化现有的生产服务模式，从而推动新业态、新模式的产生，比如网上订餐和外卖服务。另一方面，数字技术深入传统服务业当中，充分利用大数据、云计算、物联网等技术，创造服务业新体系。最后，数字经济重塑需求端，拉动产业结构优化升级。在数字经济推动下，我国消费结构发生了深刻变化。在供给方，数字经济可以降低信息获取成本、资源匹配成本、制度性交易成本等各种成本，帮助公司快速准确地从消费者端收集和处理数据，从而更好地了解消费者的需求以指导生产，并大大减少由于产品策略错误而导致失败的可能性。另外，数字经济深化专业分工，改变企业生产管理营销模式，提供更有效的产品和服务。在需求方，依靠数字经济发展形成的在线支付、新零售、平台经济等促使消费方式多样化，加快产业结构升级。更重要的是，数字经济可以降低消费者搜寻成本，快速满足其多样化需求，进一步扩大消费者剩余。

在现实中，随着数字经济时代的到来，传统制造业纷纷投入“互联网+”的怀抱，大数据应用融入企业生产过程中，提高企业生产效率成为必然趋势。格力建立大数据平台，将大数据技术融入其空调产品中，重视对生产、销售、安装、调试、维护、运行等一系列数据的积累，通过采集和分析生产过程和使用过程的数据，使产品质量在每一环节都受到控制，实现对产品的全方位监控管理，进行产品的差异化竞争，提升用户对于格力空调的使用体验。格力工业大数据平台主要包含三个过程：数据采集、数据处理和数据应用（图5-3）。通过大数据管理客户端，利用相关技术对客户购买的设备进行实时监控，若产品出现故障问题，则第一时间传回到大数据处理平台，进行及时处理与分析。

通过搭建工业大数据平台，格力电器实现了空调安装过程的全程跟踪、使用过程的实施监控和售后服务的精准维护，既大幅度地节省了安装调试成本，也提升了客户对产品的满意度。与此同时，也为格力电器进一步突破产品的同质化竞争找到了新突破口。

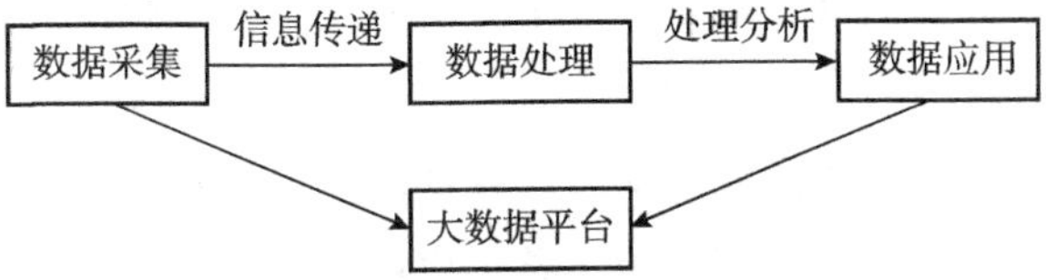

图 5－3　格力大数据平台简易运作流程

（3）制造业价值链重塑路径。

理论上，数字经济的迅猛发展有利于重塑我国制造业价值链。数字经济促使企业从内部开始变革，由内向外渗透，改变制造业整体的发展方式，促使数字技术应用融合，重塑传统产业形成的价值链。我国传统的价值链呈现“微笑曲线”形式，生产环节在中部，研发和营销环节分别处在“微笑曲线”的两端。根据“微笑曲线”图，处在曲线底部的产品生产附加值较低，处在“微笑曲线”两边的产品生产附加值较高。随着我国数字经济的快速发展，优化整合资源，实现人力、物力、财力的高效整合，数字经济为传统制造业带来深刻变革，改变处在“微笑曲线”上的各个环节的产品附加值。首先，伴随云计算、大数据、物联网、人工智能等数字技术的快速发展，企业的生产模式发生改变，由传统的产品制造转变为智能化生产。简单的流水线式加工被赋予数字化新动能，利用智能化设备代替传统劳动力进行标准化生产，降低生产成本，提高生产效率，实现规模经济和范围经济。因此，数字经济提高了价值链上生产环节的附加值。另外，除工厂标准化生产之外，数字经济还为个性化定制提供了可能，大数据的收集能够支撑企业更好地了解消费者的偏好，进行专门定制，这个过程将会创造更大的价值。其次，在研发环节，数字经济的发展带来的网络协同化降低了研发设计的门槛，增加了企业参与高附加值环节的可能性。同时，在销售环节，网商平台蓬勃发展，消费者可以在线选购，直接与厂商交流，免去经营上的销售费用，从而降低了销售环节的成本。

在实际经济活动中，从微观层面来说，在数字经济背景下，往往不再是单一生产链上的商家参与到产品制造当中，而是产品生产环节的所有参与者均可以加入产品价值的创造过程中。过去单一的线性生产关系发生改变，独立连接的部分开始相互交叉，各参与方之间的商业关系比以往更加密切和复杂，这就导致原本单一的价值链转变为复杂价值网（图5－4）。传统的企业价值链由原料提供商、研发部门、生产部门、销售部门以及消费者构成，各部分分工明确，且只与上下游企业紧密联系。数字经济时代，数字技术广泛应用，企业价值链上的各个部分不再是单一的流向关系，而是跨部门交流和合作。销售部门可以直接和研发部门沟通交流，根据销售部门的销售报告了解消费者的消费需求，从而更好地设计生产产品，消费者也可以直接和生产者对话，参与产品的价值创造过程。另外，在企业价值链上，更多的企业和部门会加入价值链的生产过程中来，比如生产部门生产的产品可以部分外包或者全部外包出去，这时会有分包商加入企业价值链中；供应商不仅仅提供原料，还参与到研发部门的设计中去。销售环节也更加多元化，网商平台的加入改变了消费者的消费方式。最重要的是，消费者不再是被动接受产品，而是通过提出自己的需求，参与到产品研发过程中。

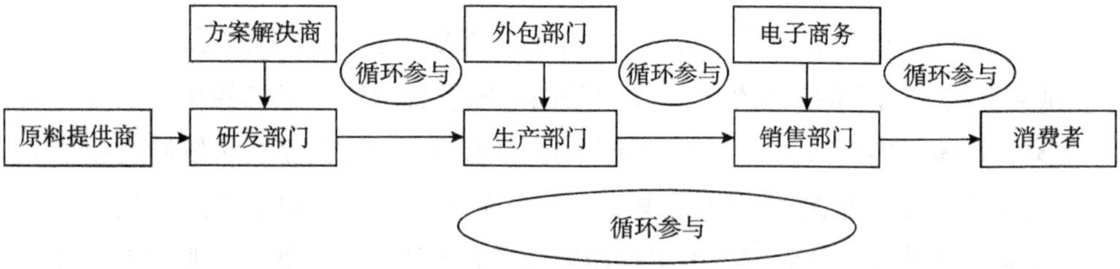

图5－4　数字经济促使单一价值链转变为复杂价值网

（4）技术创新路径。

熊彼特在《经济发展理论》中将创新定义为“一种新的生产函数”，即当新的生产要素出现，就会引起生产函数的变动，创新也就随之而来。数字经济将数据这一新的生产要素引入生产体系当中，形成新的业态或模式，改变传统制造业的结构，推动数字技术的广泛应用，促进经济社会发展。熊彼特的“创造性破坏理论”认为，经济创新过程是改变经济结构的“创造性破坏过程”，即当经济不景气的时候，会淘汰掉没有创新能力的企业，而具有创新能力的企业会依靠“创新”继续生存。当这一“创新”被随之普及之后，会迎来经济的繁荣，此时新的竞争者的进入会冲淡这一“创新”带来的利润，接下来又是一轮经济下调的时期。随着数字经济的蓬勃发展，数字技术也随之进步，互联网被赋予强大的能量，加速传统产业转型升级，提高产品的附加价值，带来深刻的产业变革。也就是说，数字经济带来的技术创新可以扩大企业规模，实现规模经济和范围经济，增强自身的国际竞争优势。随着此类型企业的普及和市场范围的扩大，将会淘汰掉未进行数字技术创新的企业。由此可见，数字经济的发展会加快“创造性破坏”的进程。

按照熊彼特的“创造性破坏理论”，数字经济的发展会加快“创造性破坏”的进程。柯达公司和富士公司的数字化道路就证明了这一点。20 世纪，柯达作为世界上最大的胶卷公司，市场份额达到 63%，而此时的富士公司所占市场份额远不及此。从 21 世纪开始，相机市场呈现井喷式爆发性增长，柯达公司独领风骚的格局被改写，佳能、三星、索尼、尼康等数码企业纷纷进入相机领域，促使市场成为一级多元的发展态势。这对传统胶片行业构成致命威胁。随着数码技术的兴起，柯达和富士同时遭遇了新兴数码影像技术带来的巨大挑战，结果就是柯达公司破产，富士公司发展成为一个多元化公司。究其原因，柯达公司因实施错误战略错过了数字技术的兴起；富士公司抓住机遇，在数字业务转型方面心无旁骛，迅速采取行动进行大规模改革，通过创新和外部增长改变业务构成，形成大规模多元化经营模式，富士公司通过大规模重组和多样化战略成功渡过了风暴。在胶片这一行业，经济创新会改变经济结构。当经济发展不景气的时候，柯达利用创新快速发展。随着创新的普及，胶片行业蓬勃发展，富士、索尼、佳能、三星、尼康等加入这一产业，冲淡了创新所带来的利润，柯达公司的市场份额速度开始出现缓慢下降。到了下一轮经济下调时期，数字经济异军突起，富士公司依托数字技术的发展进行产业变革，创新发展。此时会淘汰掉没有创新能力的公司，柯达公司也随之退出历史舞台（图 5－5）。

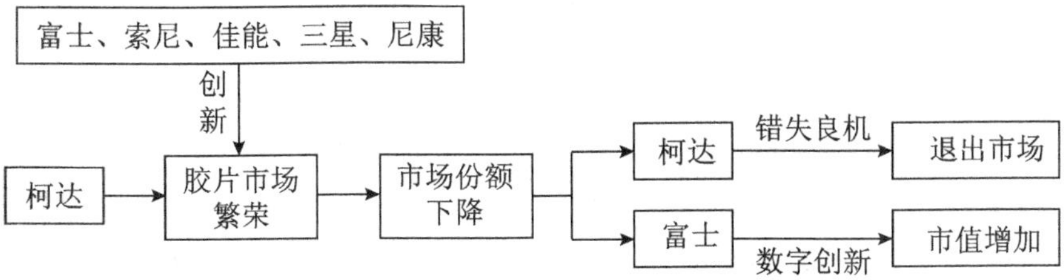

图 5－5　柯达与富士数字创新之争

5.2.2 模型构建及变量描述

1. 我国制造业细分行业出口竞争力测算

显性比较优势指数（Revealed Comparative Advantage，RCA）能够呈现数据的动态变化趋势，较好地反映出地区显性比较优势的调整与变迁，是国际贸易研究中被广泛应用的衡量出口竞争力的指标，能够更加全面地衡量制造业的国际竞争力。因此，本节选取 RCA 来分析我国制造业出口竞争力的发展现状。数据来源为《中国工业统计年鉴》以及 UN Comtrade 数据库，测算结果如图5－6所示。整体来看，我国制造业的 RCA 指数在 1～1.5 之间，证明我国制造业具有一定的国际竞争优势。从趋势走向来看，我国制造业 RCA 指数在 2000 年到 2013 年趋势较为平稳，在 2013 年到 2018 年略有下降，但下降幅度不大。

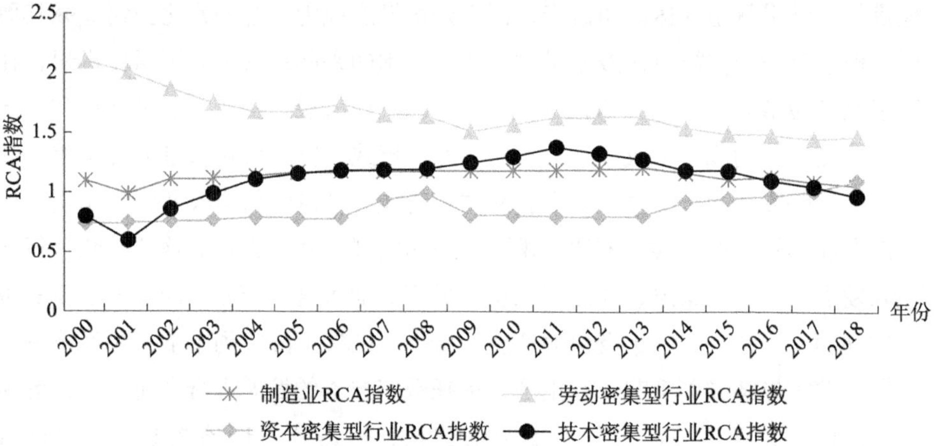

图 5－6 2000—2018 年制造业 RCA 指数

资料来源：根据《中国工业统计年鉴》和 UN Comtrade 数据库计算并绘制。

从分行业来看，我国劳动密集型行业的 RCA 指数最高，基本保持在 1.5 以上，证明我国劳动密集型制造业具有一定的比较优势，出口竞争力较强。但从整体来看，RCA 指数呈现下降趋势。究其原因，近些年我国劳动力成本上升，企业生产成本提高，导致劳动密集型制造业的竞争优势呈现下降趋势。技术密集型制造业的 RCA 指数和制造业整体基本保持在相同水平，但呈现波动趋势，在 0.5 到 1.5 区间波动。从 2000 年到 2011 年呈现上升趋势，一度出现 RCA 指数大于 1 的情况，表明我国技术密集型制造业的出口竞争力呈现上升趋势，国际竞争力逐渐增强。资本密集型制造业的 RCA 指数处于三个分行业中较低水平，指数均小于 1，不具备比较优势，整体出口竞争力较弱。但是，近些年由于我国资本市场逐渐开放，资本实力逐渐雄厚，资本密集型行业的 RCA 指数正在不断增长，从 2013 年开始稳步增长，到 2018 年 RCA 指数已经超过 1，这表明资本密集型制造业的出口竞争力具有长远的增长动力。

（1）劳动密集型制造业[1]细分行业出口竞争力分析。

根据《中国工业统计年鉴》，劳动密集型制造业包括 12 个细分行业——为方便计算，农副产品加工业和食品制造业统一为食品加工和制造业。RCA 指数测算结果如图 5－8 所示。

整体来看，绝大部分劳动密集型制造业细分行业的 RCA 指数都大于 1，可以看出劳动密集型制造业的出口竞争力优势较大。从发展趋势来看，部分行业的 RCA 指数呈现下降趋势，证明劳动密集型制造业的国际竞争优势有所减弱，这与上文的整体分析吻合。

分行业来看，皮革、毛皮、羽毛及其制品和制鞋业，纺织服装、服饰业，文教、工美、体育和娱乐用品制造业，纺织业，家具制造业等 RCA 指数较高，均大于 2，出口竞争力优势明显，但整体呈现下降趋势，这与近年来劳动力成本上升密切相关。其中纺织服装、服饰业的出口竞争力最高，但整体呈现下降趋势，并且下降幅度较大。木料加工及木、竹、藤、棕、草制品业，橡胶和塑料制品业的 RCA 指数大于 1，具备出口竞争力优势。食品加工与制造业，印刷和记录媒介复制业，酒、饮料制造业，烟草制品业，造纸及纸制品业的 RCA 指数均小于 1，表明这些行业在国际竞争中处于竞争劣势。

（2）资本密集型制造业。[2]

根据《中国工业统计年鉴》，资本密集型制造业包括 7 个细分行业。接下来我们将用 RCA 指数来衡量资本密集型制造业的出口竞争力变动情况，测算

[1] 劳动密集型制造业：食品加工制造业；酒、饮料制造业；烟草制品业；纺织业；纺织服装、服饰业；皮革、毛皮、羽毛及其制品和制鞋业；木材加工及木、竹、藤、棕、草制品业；家具制造业；造纸及纸制品业；印刷和记录媒介复制业；文教、工美、体育和娱乐用品制造业；橡胶和塑料制品业。

[2] 资本密集型制造业：石油加工、炼焦及核燃料加工业；非金属矿物制品业；黑色金属冶炼及压延加工业；有色金属冶炼及压延加工业；金属制品业；通用设备制造业；专用设备制造业。

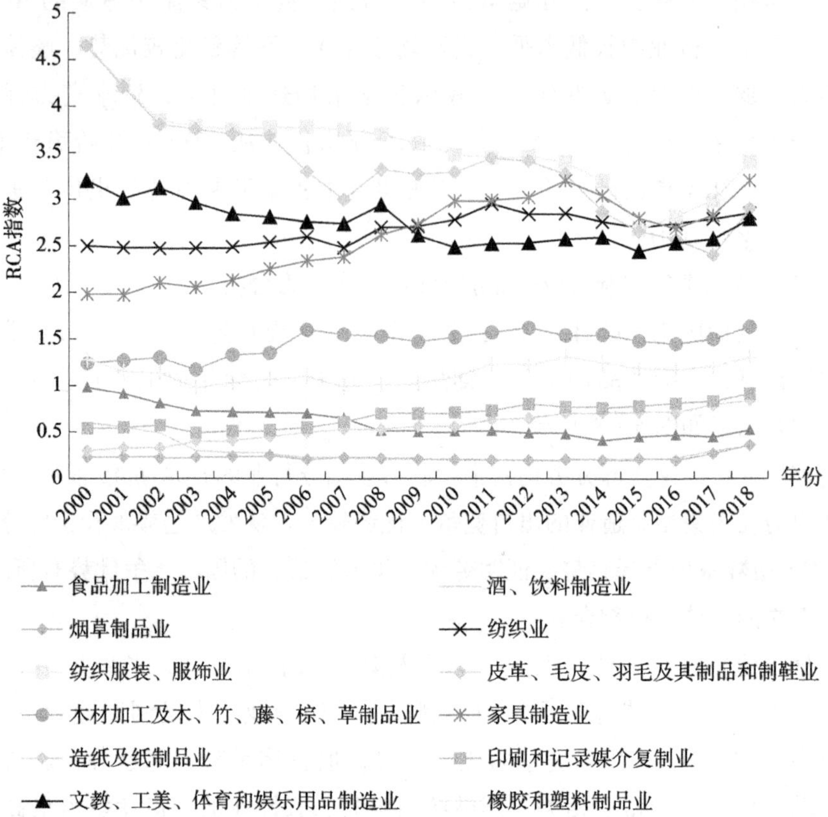

图 5-7　2000—2018 年劳动密集型制造业 RCA 指数

资料来源：根据《中国工业统计年鉴》UN Comtrade 数据库计算并绘制。

结果如图 5-8 所示。

整体来看，资本密集型行业整体国际竞争优势较小，出口竞争力较弱。金属制品业的 RCA 指数一直维持在 1.2 以上，其余各细分行业的 RCA 指数基本处于 1.2 以下，可以看出绝大部分资本密集型制造业不具备或者具备轻微的比较优势。从发展趋势来看，近些年来资本密集型制造业 RCA 指数呈现上升趋势，证明我国资本密集型制造业的出口竞争力在缓慢提升。

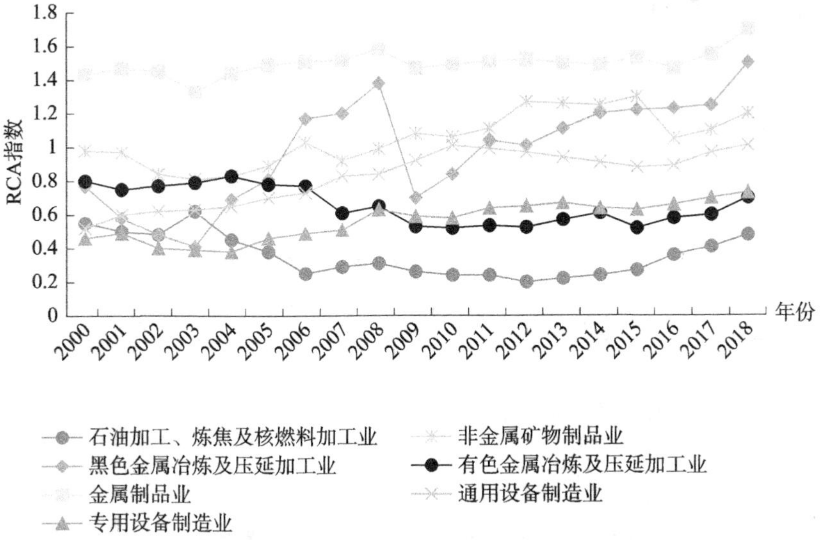

图 5－8　2000—2018 年资本密集型制造业 RCA 指数

资料来源：根据《中国工业统计年鉴》UN Comtrade 数据库计算并绘制。

分行业来看，金属制品业的 RCA 指数最高，在 1.4 上下波动，出口竞争力相对较强。黑色金属冶炼及压延加工业的 RCA 指数波动较为明显，2000—2008 年呈现上升趋势，受 2008 年金融危机的影响，2008 年出现阶段性下降，2011—2018 年的 RCA 指数均大于 1，整体呈现上升趋势，证明其出口竞争力逐步提升。其余各细分行业的 RCA 指数虽然在 1 之下，但 RCA 指数随着时间稳步增长，证明其国际竞争优势在稳步增加。

（3）技术密集型制造业。[1]

根据《中国工业统计年鉴》，技术密集型制造业包括 7 个细分行业。接下来我们将用 RCA 指数来衡量技术密集型制造业的出口竞争力变动情况，测算结果如图 5－9 所示。

整体来看，技术密集型的各细分行业 RCA 指数差别较大，但整体发展趋势处于平稳状态。RCA 指数处于 1 之上的共有三类，其余各行业均处于 1 之下，证明我国的技术密集型制造业除个别行业之外整体出口竞争力较弱，国际

[1] 技术密集型制造业：化学原料及化学制品制造业；医药制造业；化学纤维制造业；交通运输设备制造业；电气机械及器材制造业；计算机、通信及其他电子设备制造业；仪器仪表及文化、办公用品制造业。

竞争优势有待提高。

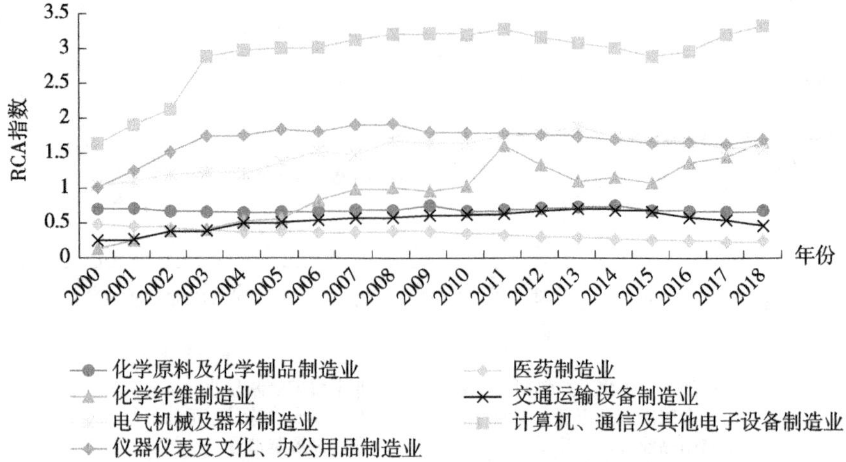

图 5-9　2000—2018 年资本密集型制造业 RCA

资料来源：根据《中国工业统计年鉴》UN Comtrade 数据库计算并绘制。

分行业来看，在技术密集型行业各细分行业中，计算机、通信及其他电子设备制造业的 RCA 指数最高，从 2000 到 2018 年整体上升幅度较大，并处在 2.5 之上，证明其具有较强的出口竞争优势，符合近些年我国通信行业快速发展的现状。仪器、仪表及文化办公用品制造业，电气机械及器材制造业的 RCA 指数处于 1 到 2 之间，表明其具有一定的国际竞争优势，但优势不大，其余各行业的国际竞争力较低，是我国未来发展可提升的方向。

2. 我国制造业细分行业数字经济发展水平测算

本节借鉴国际电信联盟对 ICT 产业发展水平评价指标的构建思路、OECD 数字经济发展程度的衡量指标体系以及上海科学院全球数字经济竞争力指数指标体系，采用综合评价法，设立相关指标，并利用 SPSS 软件进行因子分析，赋予指标权重，衡量我国数字经济发展水平，并细化到制造业细分行业，以衡量制造业细分行业的数字经济发展水平。在确定评价指标体系的过程中，要将数字经济的发展特性考虑在内。数字经济的经济形态较为特殊，数字基础设施是发展的基础，产业竞争能力和创新能力是发展的核心，数字渗透和应用是发挥作用的必经之路。因此，本小节设置了 4 个一级指标和 12 个二级指标，综合我国数字经济发展特征以及发展现状确立了数字经济产业衡量指标体系，见表 5-1。

表 5-1　数字经济衡量指标体系

一级指标	二级指标	计算方法
数字基础设施竞争力	互联网宽带接入用户	互联网宽带接入用户
	移动互联网用户	移动互联网用户
	电话普及率	每百人拥有话机数
数字产业竞争力	企业数量	电子信息产业企业数量
	固定资产投资	电子信息产业固定资产投资
	利润总额	电子信息产业利润总额
数字创新竞争力	研发强度	高技术产业 R&D 支出/GDP
	技术专利	电子和通信设备制造业专利数量
	新产品开发数目	新产品开发项目数量
数字渗透和应用竞争力	技术盈利水平	信息技术服务收入
	互联网发展水平	互联网普及率
	数字化发展水平	电子商务销售额

根据指标体系搜集原始数据之后，对相关数据进行标准化处理并赋予权重。由于不同指标之间的单位不同，直接使用数据会使结果产生波动，影响结果的准确性。为消除量纲不同带来的数据分析结果的波动，本书对原始数据进行数据标准化处理，使各指标处于同一数量级。标准化处理为：

$$Z = \frac{X - \min(X)}{\max(X) - \min(X)} \tag{5-1}$$

其中，X 表示指标的原始观测值；Z 表示标准化后的指标数值。

综合评价法的重点和核心是科学合理确定指标权重。本节利用 SPSS 软件确定指标权重，主要通过因子分析法，将指标信息重叠、关系复杂的变量归结为少数几个不相关的综合因子，确定指标权重。首先进行 KMO 检验和 Bartlett 球形度检验，使用 SPSS 软件得出 KMO 值为 0.754，接近于 1，表明数据适合做因子分析。同时，Bartlett 球形度检验结果显著性水平小于 0.05，即拒绝原假设，说明变量存在相关关系。

因子分析利用 SPSS 软件进行，选取我国 31 个省份的 12 个二级指标的数据进行实验，结果见表 5-2。根据累计贡献率大于 85% 的原则提取因子，前 2 项因子（F_1，F_2）主成分特征值较大，累计方差贡献率达到 86.441%，故选择前两项因子替代原指标。

表 5－2 方差贡献率

成分	初始特征值			提取载荷平方和			旋转载荷平方和		
	总计	方差百分比/%	累积/%	总计	方差百分比/%	累积/%	总计	方差百分比/%	累积/%
1	8.002	66.685	66.685	8.002	66.685	66.685	5.867	48.894	48.894
2	2.371	19.756	86.441	2.371	19.756	86.441	4.506	37.547	86.441
3	0.551	4.591	91.032						
4	0.447	3.728	94.759						
5	0.229	1.909	96.668						
6	0.167	1.388	98.056						
7	0.131	1.093	99.149						
8	0.048	0.398	99.547						
9	0.030	0.254	99.801						
10	0.016	0.132	99.934						
11	0.006	0.050	99.984						
12	0.002	0.016	100.00						

因子（F_1，F_2）确定后，利用每一列因子除以相对应特征值的开方，求出主成分系数，乘以标准化的原始数据得到各因子得分系数（表 5－3）。

表 5－3 因子得分系数

指标	F_1	F_2
互联网宽带接入用户	0.215	－0.122
移动互联网用户	0.193	－0.080
电话普及率	－0.149	0.299
企业数量	0.149	0.002
固定资产投资	0.211	－0.136
利润总额	0.156	－0.014
研发强度	－0.029	0.203
技术专利	0.090	0.060
新产品开发数目	0.127	0.034
技术应用水平	0.003	0.177
互联网发展水平	－0.124	0.281
数字化发展水平	0.019	0.155

接着，利用加权求和法计算指标的得分系数。计算公式为：

$$W_i = \frac{(48.894f_{1i} + 37.547f_{2i})}{86.441} \tag{5-2}$$

其中，W_i为第 i 个指标的权重；f_{1i}、f_{2i}分别为表 5－3 中各指标在因子 F_1、F_2下的得分系数。最终各级指标权重见表 5－4。

表 5－4　指标权重

	一级指标	二级指标
数字经济发展水平	数字基础设施竞争力（0.1886）	互联网宽带接入用户（0.0686）
		移动互联网用户（0.0744）
		电话普及率（0.0456）
	数字产业竞争力（0.2276）	企业数量（0.0851）
		固定资产投资（0.0604）
		利润总额（0.0822）
	数字创新竞争力（0.2353）	研发强度（0.0718）
		技术专利（0.0770）
		新产品开发数目（0.0866）
	数字渗透和应用竞争力（0.2086）	技术应用水平（0.0786）
		互联网发展水平（0.0519）
		数字化发展水平（0.0781）

在测算出各个省份的数字经济水平之后，采用线性加权法得到我国数字经济产业发展水平，计算方法为公式（5－3），式中 CDE_j代表我国第 j 年数字经济发展水平；Z_{ij}为我国第 j 年第 i 项标准化指标值；W_i为指标权重；n 为我国 31 个省份。

$$CDE_j = \sum_{n=1}^{31}\sum_{i=1}^{12} W_i Z_{ij} \tag{5-3}$$

通过上述计算过程，得到我国数字经济产业发展水平的最终结果，见表 5－5。

表 5－5　我国各地区数字经济发展水平

省（市、区）	2012 年	2013 年	2014 年	2015 年	2016 年	2017 年	2018 年	综合排名
广东	0.5978	0.6044	0.6288	0.7234	0.6985	0.7983	0.8642	1
江苏	0.4511	0.4995	0.5206	0.5694	0.5942	0.6753	0.6396	2
北京	0.4033	0.4328	0.5146	0.5081	0.5469	0.5537	0.5694	3

续表

省（市、区）	2012 年	2013 年	2014 年	2015 年	2016 年	2017 年	2018 年	综合排名
上海	0. 3051	0. 3373	0. 4066	0. 4672	0. 5386	0. 5943	0. 6792	4
浙江	0. 2538	0. 2897	0. 3485	0. 3599	0. 4376	0. 5013	0. 6438	5
新疆	0. 0264	0. 0377	0. 4059	0. 4752	0. 5284	0. 5540	0. 5591	6
辽宁	0. 1864	0. 2075	0. 2759	0. 3281	0. 3978	0. 4762	0. 5739	7
江西	0. 0590	0. 0638	0. 0718	0. 0746	0. 8062	0. 9357	0. 1254	8
贵州	0. 0106	0. 0163	0. 2185	0. 1543	0. 2863	0. 3963	0. 6380	9
山东	0. 1396	0. 1482	0. 1648	0. 1702	0. 2051	0. 2340	0. 5534	10
福建	0. 1482	0. 1538	0. 1843	0. 1895	0. 2388	0. 2471	0. 3542	11
甘肃	0. 0157	0. 0274	0. 0371	0. 0392	0. 4033	0. 4082	0. 5206	12
天津	0. 1655	0. 1726	0. 1839	0. 1792	0. 1768	0. 1866	0. 1953	13
四川	0. 1274	0. 1377	0. 1472	0. 1548	0. 1644	0. 2341	0. 2062	14
安徽	0. 0501	0. 0598	0. 6753	0. 0749	0. 0827	0. 0981	0. 1284	15
湖北	0. 0864	0. 0935	0. 1274	0. 1379	0. 1501	0. 1640	0. 1896	16
重庆	0. 0784	0. 0849	0. 1033	0. 1264	0. 1374	0. 1649	0. 1737	17
陕西	0. 0749	0. 0851	0. 1052	0. 1228	0. 1439	0. 1538	0. 1720	18
黑龙江	0. 0236	0. 0375	0. 0398	0. 4537	0. 0528	0. 0673	0. 0719	19
河南	0. 0694	0. 0748	0. 0869	0. 0955	0. 1037	0. 1274	0. 1329	20
湖南	0. 0539	0. 0648	0. 0813	0. 0921	0. 0844	0. 0942	0. 1385	21
西藏	0. 0231	0. 0252	0. 0301	0. 0327	0. 0352	0. 0394	0. 4086	22
河北	0. 0452	0. 0537	0. 0648	0. 0736	0. 0849	0. 0891	0. 0967	23
吉林	0. 0451	0. 0499	0. 0598	0. 0617	0. 0764	0. 0842	0. 0923	24
云南	0. 0162	0. 0204	0. 0432	0. 0396	0. 0855	0. 0961	0. 1285	25
山西	0. 0398	0. 0481	0. 0586	0. 0592	0. 0613	0. 0702	0. 0799	26
海南	0. 0386	0. 0419	0. 0427	0. 0510	0. 0529	0. 0627	0. 0694	27
广西	0. 0266	0. 0352	0. 0473	0. 0529	0. 0554	0. 0602	0. 0673	28
内蒙古	0. 0229	0. 0286	0. 0347	0. 0469	0. 0537	0. 0618	0. 0752	29
青海	0. 0244	0. 0372	0. 0469	0. 0421	0. 0465	0. 0491	0. 0502	30
宁夏	0. 0187	0. 0201	0. 0249	0. 0322	0. 0372	0. 0428	0. 0539	31
全国	3. 6272	3. 9894	5. 7807	5. 9883	7. 3669	8. 3204	9. 2513	

为方便后续模型的计量测量，利用公式（5 - 4）计算我国制造业数字经济水平。

$$DE_j = \frac{IOV_j}{MOV_j} \times CDE_j \qquad (5-4)$$

其中，IOV_j代表第j年制造业分行业总产值；MOV_j代表第j年制造业总产值；CDE_j代表我国第j年数字经济发展水平；DE_j代表第j年我国制造业细分行业数字经济发展水平。计算结果见表 5－6。

表 5－6　我国制造业细分行业数字经济发展水平

	细分行业	2012 年	2013 年	2014 年	2015 年	2016 年	2017 年	2018 年
劳动密集型制造业	食品加工制造业	0.2937	0.3256	0.4902	0.5195	0.6353	0.7376	0.8205
	酒、饮料制造业	0.0581	0.0786	0.0966	0.1013	0.1246	0.1482	0.0898
	烟草制品业	0.0371	0.0381	0.0579	0.0583	0.0694	0.0809	0.0786
	纺织业	0.1809	0.1827	0.2319	0.2371	0.2868	0.3313	0.3577
	纺织服装、服饰业	0.0782	0.0758	0.1255	0.1296	0.1602	0.1876	0.2101
	皮革、毛皮、羽毛及其制品和制鞋业	0.0501	0.0500	0.0813	0.0838	0.1054	0.1236	0.1349
	木材加工及木、竹、藤、棕、草制品业	0.0469	0.0504	0.0750	0.0806	0.1026	0.1188	0.1343
	家具制造业	0.0280	0.0285	0.0412	0.0443	0.0559	0.0671	0.0784
	造纸及纸制品业	0.0662	0.0676	0.0916	0.0868	0.1048	0.1196	0.1317
	印刷和记录媒介复制业	0.0226	0.0216	0.0331	0.0405	0.0524	0.0630	0.0726
	文教、工美、体育和娱乐用品制造业	0.0199	0.0180	0.0735	0.0849	0.1123	0.1332	0.1500
	橡胶和塑料制品业	0.0375	0.0410	0.1773	0.1848	0.2292	0.2644	0.2910
资本密集型制造业	石油加工、炼焦及核燃料加工业	0.1855	0.2065	0.2847	0.2686	0.3104	0.2885	0.3026
	非金属矿物制品业	0.2034	0.2249	0.3222	0.3495	0.4431	0.5045	0.5599
	黑色金属冶炼及压延加工业	0.3289	0.3586	0.4974	0.4828	0.5403	0.5152	0.5358
	有色金属冶炼及压延加工业	0.1784	0.2010	0.2740	0.2854	0.3511	0.3909	0.4340
	金属制品业	0.0129	0.1307	0.2114	0.2221	0.2785	0.3168	0.3493
	通用设备制造业	0.2229	0.2294	0.2759	0.2897	0.3587	0.3967	0.4292
	专用设备制造业	0.1368	0.1463	0.2074	0.2171	0.2666	0.3043	0.3345

续表

	细分行业	2012 年	2013 年	2014 年	2015 年	2016 年	2017 年	2018 年
技术密集型制造业	仪器仪表及文化、办公用品制造业	0.0406	0.0427	0.0063	0.0503	0.0630	0.0736	0.0838
	化学原料及化学制品制造业	0.3041	0.3404	0.4847	0.5067	0.6265	0.7002	0.7707
	医药制造业	0.0745	0.0836	0.1236	0.1346	0.1765	0.2165	0.2523
	化学纤维制造业	0.0314	0.0374	0.0483	0.0466	0.0545	0.0616	0.0700
	交通运输设备制造业	0.3519	0.3540	0.1181	0.1125	0.1419	0.1677	0.1802
	电气机械及器材制造业	0.2750	0.2878	0.3954	0.4109	0.5091	0.5850	0.6586
	计算机、通信及其他电子设备制造业	0.3488	0.3570	0.5070	0.5238	0.6487	0.7685	0.8743

整体来看，近些年我国数字经济发展水平呈现上升趋势，不同行业发展差异较大。总体上劳动密集型制造业的数字经济发展水平较低，技术密集型制造业的数字经济发展水平较高。结合图 5 – 10 至 5 – 12，分行业来看，绝大多数劳动密集型制造业的数字经济水平小于 0.1，食品加工制造业的数字经济水平最高，其次是纺织业，烟草制品业、印刷和记录媒介复制业的数字经济水平最低。资本密集型制造业的数字经济水平处于中间水平，数字经济发展指数处在 0.1 之上，且上升趋势非常明显，黑色金属冶炼及压延制造业的数字经济指数最高。技术密集型制造业的数字经济发展水平处于领先地位，其中数字经济发展程度尤为明显的是计算机、通信及其他电子设备制造业，2018 年发展指数达到 0.874，化学原料及化学制品制造业的数字经济发展水平位列第二，两者均表现出强劲的发展动力，发展状况较好。

由上文分析可知，技术密集型制造业的数字经济发展水平最高，劳动密集型制造业的数字经济发展水平较低。究其背后原因，食品加工等劳动密集型制造业对数字化投入的需求相对较小，更多的通信技术投入或信息服务业投入更加倾向于投入技术密集型制造业以及资本密集型制造业当中，在两种制造业中发挥更大的经济效应，因此劳动密集型制造业的数字经济发展水平低于资本密集型和技术密集型制造业的数字经济发展水平。计算机、通信及其他电子设备，交通运输设备等技术密集型制造业，数字化生产要素的投入会大量降低其生产成本，促进结构升级，加深全球价值链参与度，其数字经济发展水平也会更高。

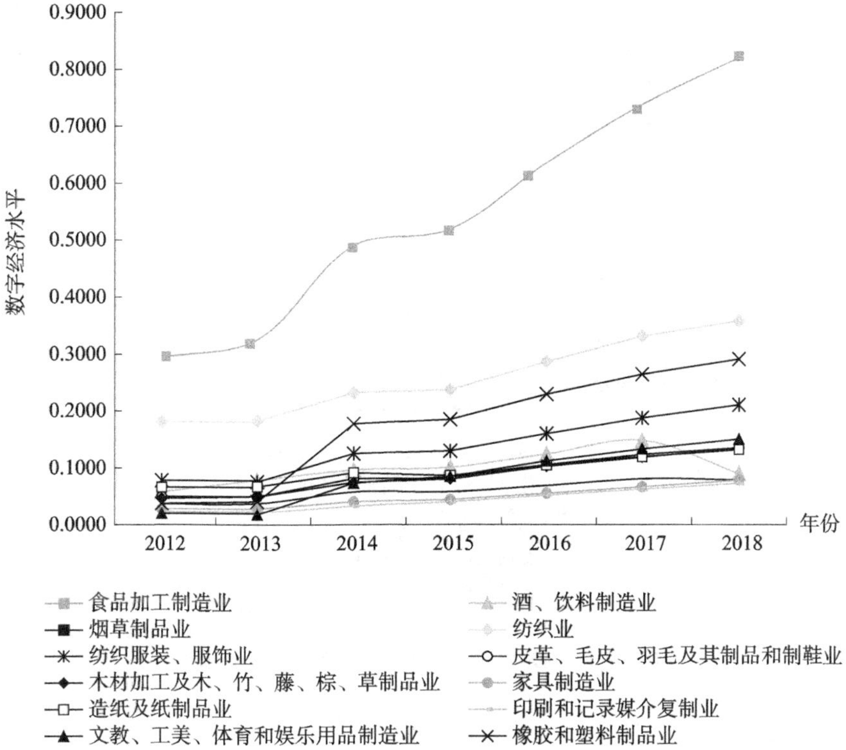

图 5－10　劳动密集型制造业数字经济发展水平

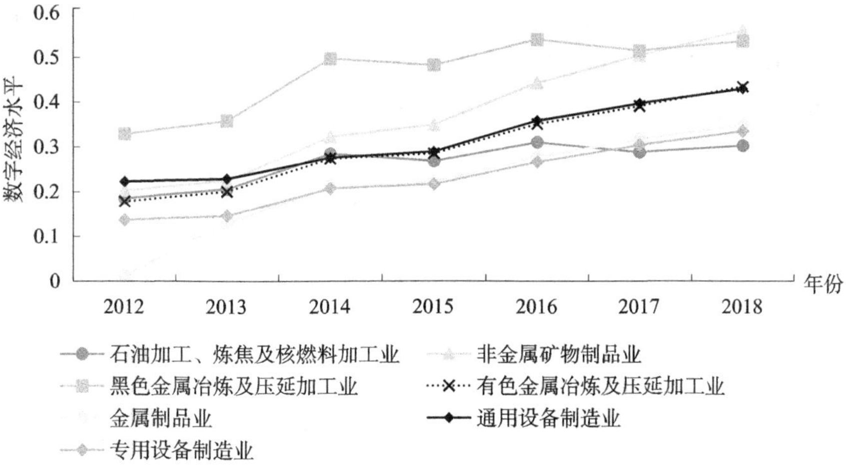

图 5－11　资本密集型制造业数字经济发展水平

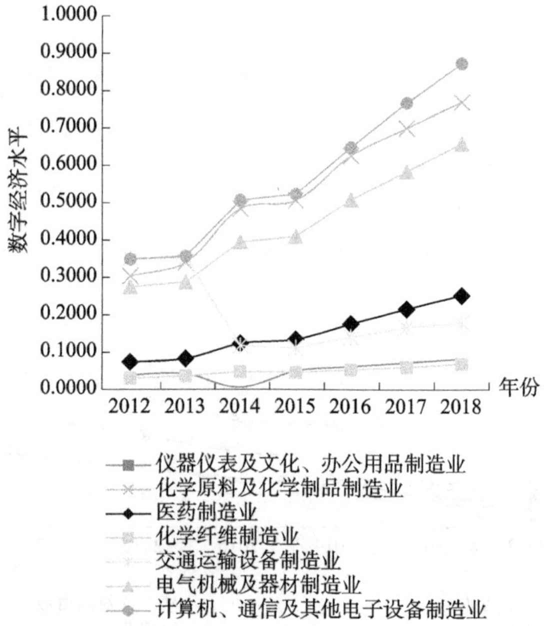

图 5－12　技术密集型制造业数字经济发展水平

3. 模型建立

研究数字经济对制造业出口竞争力的影响，设立相关模型。因为变量数据是绝对量，所以进行对数处理，减小其波动幅度设定。其中，*RCA* 为被解释变量，*de* 为核心解释变量，*out*、*fdi*、*lp*、*comp* 四个变量为控制变量。如模型（5－5）所示，其中 i 表示行业，t 表示时间，ε 是误差项，ln 表示取对数。

$$\ln RCA_{it} = \beta_0 + \beta_1 \ln de_{it} + \beta_2 \ln out_{it} + \beta_3 \ln fdi_{it} + \beta_4 \ln lp_{it} + \beta_5 \ln comp_{it} + \varepsilon_{it} \tag{5-5}$$

综合考虑国内外学者的研究，变量含义及计算方法见表 5－7。

表 5－7　变量含义及计算方法

符号	名称	计算方法
RCA	显性比较优势	前文计算已得
de	数字经济发展水平	前文计算已得
out	行业规模	规模以上工业企业的工业总产值
fdi	外商直接投资	各行业外商直接投资总额
lp	劳动生产率	各行业的工业总产值除以平均从业人数
comp	行业内竞争程度	各行业规模以上工业企业单位总数

关于行业规模（*out*）。市场时刻处于不断变化之中，企业生存发展的直观反映就是行业规模的扩大，行业规模的扩大也意味着其竞争力的提高，影响路径如图 5－13 所示。谢建国和张丽（2011）认为行业规模越大越容易产生规模经济，一方面形成集群效应，提高行业生产率，增加出口竞争力优势；一方面获得更多资源，增加进入国际市场的筹码。任志成和戴翔（2012）认为，产业聚集通过降低企业的生产和交易成本、加强企业的竞争与合作、提高企业的创新能力以提升出口竞争力。也有学者持相反观点，朱刚体（1994）认为，小规模企业在出口方面具有更多的积极性，在国内规模较大企业占据垄断地位的同时，小规模企业更愿意抓住机会拓展海外市场。

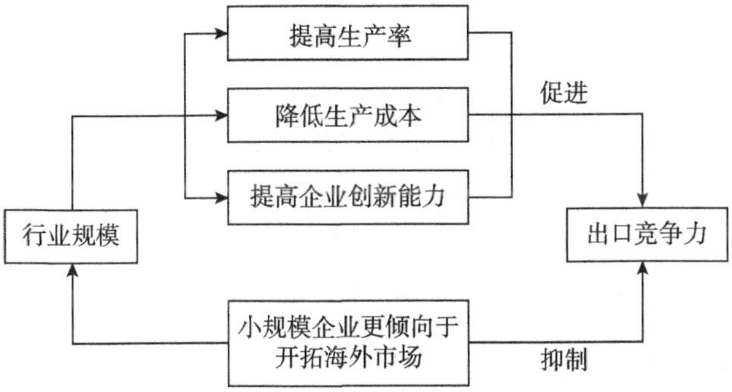

图 5－13　行业规模对制造业出口竞争力的影响路径

本节行业规模用规模以上工业企业的工业总产值代表。因 2013 年以后，《中国工业统计年鉴》不再报告细分行业的工业总产值，而规模以上工业企业的工业销售产值与工业总产值相差不大，因此 2014 年以后选用规模以上工业销售产值代替工业总产值，数据来源于《中国工业统计年鉴》。

关于外商直接投资（*fdi*）。现有研究在外商直接投资对制造业出口竞争力方面出现不同的研究结论。外商直接投资通过增加产业资本和技术溢出等路径提升制造业出口竞争力，如图 5－14 所示。方初（2014）认为外商直接投资一方面通过引进先进的生产技术提高企业的生产效率，另一方面通过增加资本促使企业扩大规模，从而获得规模经济，提升国际竞争力。邱立成（2014）认为，外商直接投资通过技术转让、人才流动、经济往来等产生技术溢出效应来提升产业生产水平，提高核心竞争力，增加国际市场竞争优势。Amighini 和 Sanfilippo（2014）认为，外国直接投资促进了关键的低技术产业的多样化，提高了制造业出口产品的出口竞争力。另外，也有学者认为外商直接投资对提升制造业出口竞争力作用不明显。宋延武（2007）认为，外商直接投资会产生挤出效应，一定程度上会挤出国内投资。常博凯（2018）认为跨国企业的核心技术保护不但不会帮助我国技术能力的提升，一定程度上促使企业养成依赖的心理，不利于企业开发创新，提升国际核心竞争力。

本节外商直接投资总额用实收资本代表。各行业实收资本由港澳台资本以及外商资本加和得到，数据来源于《中国工业统计年鉴》。

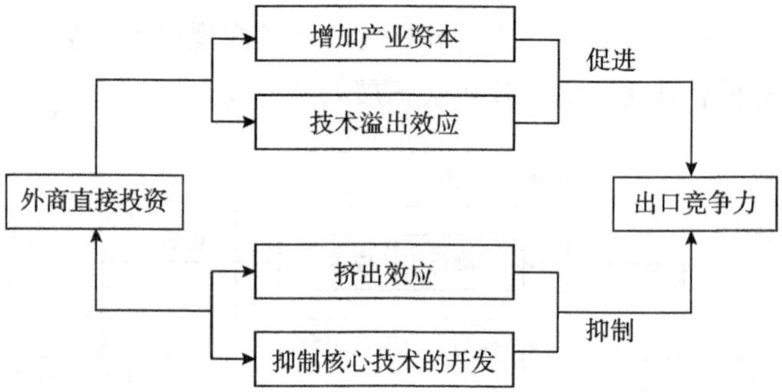

图 5-14　FDI 对制造业出口竞争力影响路径

关于劳动生产率（*lp*）。大多数学者研究认为，劳动生产率对我国制造业出口竞争力的促进效应非常明显，是影响制造业出口竞争力的重要因素，如图 5-15 所示。Selwaness 和 Zaki（2019）认为，劳动生产率提高，能够降低企业成本，提升企业生产效率，提升产品的国际竞争优势。Falciola 等（2019）在定义和衡量竞争力方面提出企业竞争力的多维框架，认为劳动生产率的提升与企业竞争力具有显著的正向相关性。另外也有少量学者认为劳动生产率对制造业出口竞争力有抑制作用。刘海云和田敏（2013）利用不同类型企业的劳动生产率与其出口竞争力的关系进行研究，研究结果表明，外资企业研发投入对出口竞争力的促进作用明显大于内资企业，对于国有企业而言，研发作用对生产率的提升作用并不能提高出口竞争力水平。Clément Malgouyres 和 Thierry Mayer（2018）认为劳动力成本的降低与出口竞争力的关系并不明显。

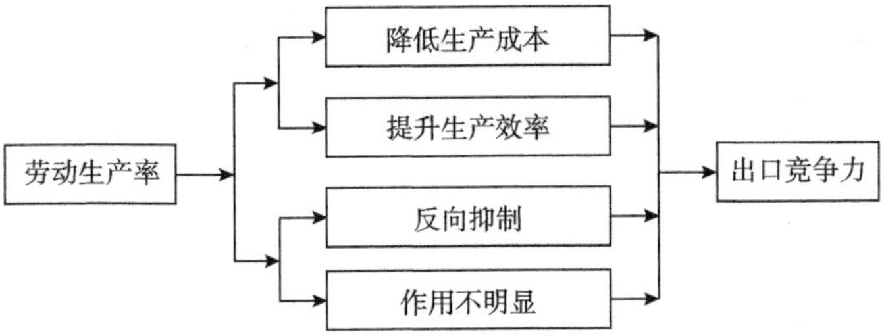

图 5－15　劳动生产率对出口竞争力的影响路径

本节劳动生产率计算方法为行业总产值除以平均从业人数。行业总产值为规模以上企业工业总产值。数据来源于《中国劳动统计年鉴》以及《中国工业统计年鉴》。

关于行业间的竞争（*comp*）。行业间竞争对出口竞争力的影响分为正反两个方面，如图 5－16 所示。一方面，行业竞争可以激发企业的创新能力，避免“鲇鱼效应”，促进形成“竞争—创新—竞争”的良性循环，形成普遍创新的良好氛围。另一方面，行业内竞争也容易导致恶性竞争，例如生产企业众多、进入门槛较低、行业集中度不强的行业，可能会出现使用非商业不正当手段获取市场份额的现象。

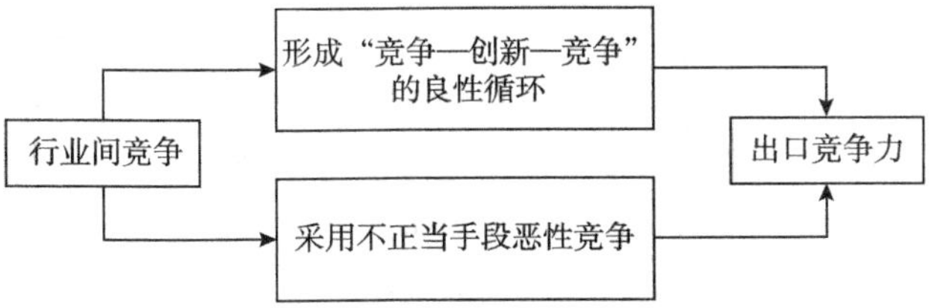

图 5－16　行业间竞争对出口竞争力的影响路径

行业内竞争程度用分行业规模以上工业企业单位总数衡量，数据来源于《中国工业统计年鉴》。

4. 变量描述性统计

在样本检验期间，样本数量不变、样本个体不变且数据没有缺失，因此数据为平衡面板数据。26 个细分行业原始数据描述性统计，见表 5－8。

表5-8 变量的描述性统计

变量	均值	最大值	最小值	标准差	样本量
lnRCA	0.0197	1.2413	-1.6195	0.8160	182
lnde	-1.8721	-0.1343	-5.0723	0.9585	182
lnout	10.0551	11.5202	8.0505	0.8853	182
lnfdi	6.7039	9.0818	4.6444	0.9291	182
lnlp	2.6893	4.0769	0.5009	0.6979	182
lncomp	9.1155	10.5891	4.8520	1.1642	182

由表5-8的描述性统计分析可知，大多数变量的标准差都小于1，证明样本围绕平均数的波动情况较小，相对稳定。行业间竞争变量的标准差相对较大，证明数据有轻微波动，但影响不大。此外，分行业数据的描述性统计见表5-9。

表5-9 分行业变量的描述性统计

分行业	变量	均值	最大值	最小值	标准差	样本数
劳动密集型制造业	*lnRCA*	0.4109	1.2413	-1.6195	0.9439	84
	lnde	-2.3072	-0.1978	-4.0187	0.8211	84
	lnout	9.5756	11.4339	8.0503	0.7572	84
	lnfdi	6.3158	9.0818	4.6444	0.8481	84
	lnlp	2.5174	3.8198	0.5009	0.7166	84
	lncomp	8.6818	10.4647	4.8520	1.3504	84
资本密集型制造业	*lnRCA*	-0.2028	0.5306	-1.6094	0.5440	49
	lnde	-1.2814	-0.5799	-4.3495	0.5769	49
	lnout	10.6095	11.1872	9.9102	0.3028	49
	lnfdi	6.8177	7.5500	5.4136	0.5776	49
	lnlp	3.0036	4.0769	0.8277	0.6959	49
	lncomp	9.7981	10.5891	8.8161	0.5697	49
技术密集型制造业	*lnRCA*	0.0344	1.2030	-1.4697	0.7733	49
	lnde	-1.7168	-0.1343	-5.0723	1.1067	49
	lnout	10.3228	11.5202	8.5079	1.0407	49
	lnfdi	7.2555	8.8158	5.7287	1.0442	49
	lnlp	2.6697	3.5699	0.8629	0.5582	49
	lncomp	9.1765	10.2923	7.4674	0.9080	49

从表 5 - 9 的描述性统计分析可以看出，资本密集型制造业整体标准差较小，数据较平稳，技术密集型制造业和劳动密集型制造业数据平稳性相对较弱。分行业来看，工业总产值的相对变化整体较平稳，劳动密集型制造业的外商投资变化最大，技术密集型制造业的劳动生产率变化率最小，资本密集型制造业的行业竞争变化较大。

5.2.3　实证结果分析及讨论

本节选取 2012—2018 年我国制造业及细分行业的面板数据对数字经济发展对我国劳动密集型制造业出口竞争力的影响进行实证研究。首先进行 Hausman 检验，Hausman 检验结果得到的 P 值为 0.008，小于 0.05，则检验结果拒绝原假设，因此选取固定效应模型进行分析。制造业整体及其劳动密集型行业面板数据模型回归结果见表 5 - 10。

表 5 - 10　显性比较优势回归结果

被解释变量 *lnRCA*	制造业整体	劳动密集型
lnde	0.4147** (2.0900)	0.3294* (1.8996)
lnout	-0.8332** (-3.4715)	-0.1340 (-0.4153)
lnfdi	0.4387*** (3.2495)	-0.3441** (-2.9792)
lnlp	-0.4663*** (-3.7892)	-0.4489*** (-2.9792)
lncomp	0.0829* (0.9901)	0.3018*** (4.3098)
常数 C	5.6803 (2.3309)	2.4536 (0.5298)
N	182	84
R^2	0.9343	0.9175
Prob（*F - statistic*）	0.0000	0.0000

注：括号里数值为 T 值；***、**、* 分别表示 1%，5%，10% 的显著性水平。

通过对制造业整体和劳动密集型制造业细分行业 2012—2018 年的数据进

行面板固定效应模型的回归分析发现，从整体上来看数字经济发展对我国制造业出口竞争力有显著的促进作用。这意味着数字要素投入越多，生产成本越低，生产效率越高，制造业出口竞争力相应就越高。

但对劳动密集型制造业来说，数字经济对其出口竞争力影响低于制造业整体。究其原因，劳动密集型制造业依靠其廉价的劳动力，降低了生产成本，在国际竞争中拥有低成本的优势。同时，劳动密集型制造业对于数字化的需求相对较小，计算机、通信设备等的加入在提高了生产成本的同时，还会冲抵劳动力带来的竞争优势。因此，数字化投入对劳动密集型制造业来说，促进作用较小。

控制变量上，行业规模对于我国制造业整体的出口竞争力具有显著的抑制作用，且对劳动密集型制造业的抑制作用更为明显。对于制造业整体来说，行业规模较大时，企业之间的竞争程度越高，单个企业对于市场价格的话语权就越低。市场价格掌握在垄断公司手中，此时大部分的企业利润较小，竞争力较低。劳动密集型行业尤为显著，劳动密集型制造业数量众多，单个企业的规模较小，国际竞争力较弱。外商直接投资对我国制造业的出口竞争力具有正向促进作用，对劳动密集型制造业呈现负向的抑制作用。主要原因在于，我国最早吸引外商直接投资的是廉价的劳动力成本，随着我国劳动力成本的提高，外商直接投资对劳动密集型制造业的影响明显减弱，因此在一定程度上对出口竞争力的提升产生了负向影响。劳动生产率对于制造业的出口竞争力具有显著的抑制作用，对劳动密集型制造业的抑制作用较为明显。主要原因是，劳动密集型制造业对于劳动力的需求相对较大，随着我国劳动红利的消失，劳动力成本呈现上升趋势，劳动密集型制造业对劳动力的需求减少，开始依靠资本投入拉动增长，因此劳动生产率的边际递增效应减少，甚至变为边际效应递减，一定程度上呈现抑制作用。行业内竞争对我国制造业的出口竞争力具有促进作用，但促进作用不明显。对制造业整体而言，行业内竞争会推动企业创新，促使企业采取新技术，开发新产品，形成“竞争—创新—竞争”的良性循环，企业在竞争中成长，一定程度上提高国际竞争力。

5.2.4 基于资本和技术密集型行业的拓展分析

为进一步了解制造业其他行业的情况，本节拓展分析了资本密集型行业和技术密集型行业，结果见表5－11。

表 5－11　显性比较优势拓展分析回归结果

被解释变量 lnRCA	制造业整体	劳动密集型	资本密集型	技术密集型
lnde	0.4147 ** (2.0900)	0.3294 * (1.8996)	0.4077 ** (2.3992)	0.5893 *** (2.9725)
lnout	－0.8332 ** (－3.4715)	－0.1340 (－0.4153)	0.5829 * (1.4216)	1.3335 ** (2.5824)
lnfdi	0.4387 *** (3.2495)	－0.3441 ** (－2.9792)	1.1085 ** (7.4643)	1.8934 *** (3.9966)
lnlp	－0.4663 *** (－3.7892)	－0.4489 *** (－2.9792)	－0.0114 (－0.0729)	－0.6554 ** (－2.0340)
lncomp	0.0829 * (0.9901)	0.3018 *** (4.3098)	－0.5787 *** (－4.4019)	－2.4217 *** (－4.6980)
常数 C	5.6803 (2.3309)	2.4536 (0.5298)	－9.3549 (－1.8423)	10.4604 (3.0658)
N	182	84	49	49
R^2	0.9343	0.9175	0.9471	0.9582
Prob（*F－statistic*）	0.0000	0.0000	0.0000	0.0000

注：括号里数值为 T 值；***、**、* 分别表示 1%，5%，10% 的显著性水平。

数字经济对技术密集型制造业出口竞争力的促进作用最为明显，显著性水平达到 1%；其次是资本密集型制造业，显著性水平达到 5%；最后是劳动密集型制造业。对于技术密集型制造业来说，数字经济可以优化其生产方式，利用数据获得相关信息，促使技术密集型制造业的生产方式更加信息化、智能化，更容易实现规模经济和范围经济，从而增强其出口竞争力。在技术密集型制造业中，数字经济对计算机、通信和其他电子设备制造业的影响作用最为明显，二者呈现互相促进、共同发展的关系。一方面，数字经济的发展离不开计算机、通信等基础设施的迅速应用和广泛普及；另一方面，随着数字经济的快速发展和全面渗透，计算机、通信等相应需求增多，相关技术密集型制造业蓬勃发展。对资本密集型制造业来说，技术密集度较低，数字经济对其促进作用相对于技术密集型制造业来说相对较小。传统的资本密集型产业需要大量的设备和资金，而在数字经济时代，数据成为新的生产要素，在交易中形成了数据流动、数据资源、数据财富，构成了数据资产。数据资产在资本密集型制造业中发挥出一定的优势和作用，加快资本密集型制造业转型升级，促使生产要素向资本密集型制造业集中，提高其国际优势，增强其出口竞争力。

控制变量上看，行业规模对资本密集型和技术密集型制造业具有正向的促进作用。对于资本密集型制造业和技术密集型制造业来说，行业规模越大，越容易形成集群效应，获得较多的市场资源，从而提高国际市场竞争力。另外，行业规模越大，越容易通过内部交易成本来降低企业的生产和交易成本，提高企业生产效率，从而提高制造业的出口竞争力。外商直接投资对于我国制造业的出口竞争力具有正向促进作用。与负向影响劳动密集型制造业不同，外商直接投资能够显著正向影响技术密集型制造业和资本密集型制造业，原因在于，外商直接投资带来大量的资金、技术和设备，带动技术进步和产业升级，具有示范效应和扩散效应，对于技术密集型和资本密集型制造业这种需要大量资金周转的行业来说，外商直接投资的正向影响最为显著。劳动生产率对技术密集型制造业和资本密集型制造业的影响方向基本一致，都是负向的，原因在于，劳动生产率的提高会在一定程度上显得资本和技术价格相对高昂，企业会过于追求劳动生产率，减少技术的投资，从而对技术密集型制造业的出口竞争力产生抑制作用。劳动生产率对于资本密集型制造业的影响不明显，可能原因是，资本密集型制造业的重点在于资金和设备，对于劳动力的容纳量较小，因此劳动率的提升对于资本密集型制造业的影响相对不明显。

行业内竞争程度对资本密集型和技术密集型制造业的影响，与对劳动密集型制造业影响方向截然相反，具有明显的抑制作用，主要原因是，大量企业进行单独、重复性的工作，力量分散且进度缓慢，导致资源的浪费，对出口竞争力产生一定程度的抑制作用。

5.3 数字经济下我国跨境电子商务发展影响就业的实证研究

数字经济下，作为全球传统贸易数字化转型的重要载体，跨境电子商务的劳动经济学效应日渐显现。由于跨境电子商务是涉及多个行业的综合性产业，因此对各个产业都能产生关联带动作用，其巨大生命力可能对总体就业规模和就业结构产生明显的影响。跨境电子商务的发展不仅能够创造许多全新的工作岗位，使得跨境电子商务从业人员规模迅速扩大，还能带动物流、通信等相关支撑产业的迅猛成长，产生新的就业需求。但是与此同时，跨境电商的持续发展无疑使得传统国际贸易中一些低技术、重复性劳动力被替代，造成一些国际贸易从业者的失业，这必然又会造成就业数量的减少。因此，我国跨境电子商务发展带来的就业效应这一主题值得被深入研究。

5.3.1　跨境电子商务就业效应的理论分析与研究假设

1. 跨境电子商务发展影响就业的文献综述

已有研究主要从国际贸易领域电子商务对就业的影响和电子商务发展产生的就业效应入手，如 Mann（2001）发现电子商务既能直接或间接地创造部分就业，也能直接或间接地破坏一些就业，此外他还发现电子商务对不同地区、产业和技能劳动力会产生不同影响，因此可能引起就业结构的改变。Nuray Terzi 认为电子商务会在信息技术和服务领域创造新的就业，并且通过提高消费需求和企业生产力间接促进就业，而被电子商务替代了的领域必然会出现失业，最终净就业收益和损失将取决于对某些特定技能的需求。咨询公司 Databank Consulting（1998）估算了电子商务对法国、德国、意大利和英国就业的乘数效应。利用投入产出框架和方法得出三种经济效应——电子商务产业产生的直接影响、产业间联系产生的间接影响，以及由于基本的凯恩斯“收入—消费”闭环产生的次要影响。结果显示，除德国外的其他国家就业需求的间接和次要影响足以抵消就业机会的直接损失，证实了电子商务在未来创造就业机会的潜力。Federico Biagi 和 Martin Falck（2019）通过对 2002—2010 年十个欧洲国家的数据进行实证分析，研究了信息通信技术和电子商务活动对欧洲就业的影响，认为长时间内电子商务对就业不会形成明显的正向或负向效应。

国内学者中，郝倩倩（2007）在技术革命的视角下阐述了电子商务对产业结构和就业结构造成的影响，认为可以有效利用电子商务对就业的正效应来解决我国目前在就业方面存在的一些问题。由松平（2015）使用信息化指标代替电子商务发展指标，对我国 31 个省 2005—2012 年的面板数据实证分析，结果表明我国电子商务发展提升了就业率并且促进了第三产业就业，还得出就业效应具有空间自相关性的结论。田志林（2016）从电子商务发展水平和电子商务发展效率两个层面衡量电子商务的发展，从发展水平和发展效率两个维度研究了电子商务对我国 2002—2014 年就业规模与失业率的影响，得出发展电子商务能够促进就业的结论。

涉及跨境电子商务就业效应的研究相对较少，Nuray Terzia（2011）在深入分析了电子商务对传统贸易和就业的影响的基础上，认为电子商务会提高国际贸易的规模并且对就业兼具直接和间接的负效应和正效应，从长期来看跨境电商能够对发展中国家产生更大益处。陶涛和郭宇宸（2016）也认为在如今的经济形势下，我国发展跨境电子商务有利于增加就业和发挥创业促进作用。

另外，还有一些学者从人才需求和培养的角度阐述了跨境电商带来的就业效应。如赵志田和杨坚争（2014）在对我国企业跨境电子商务应用情况的研究中发现，当前企业发展存在缺少兼具经济与管理、国际商务与贸易、计算机技术等多个领域知识的复合型人才的问题。赵秀等（2016）认为与客户沟通是电子商务活动中的重要环节，跨境电子商务的发展将需要大量英语及小语种专业的毕业生，进而提出了外语专业人才培养的新方向。刘亚玲和陆焰（2016）认为跨境电商会对跨境电商商务类和技术类两大岗位产生较大需求并提出了相关人才的培养要求。姜雯（2017）分析了跨境电子商务兴起背景下对人力资本要求的新特征，并给出新形势下专业人才课程与教学改革的建议。李慧和王川坡（2019）、施春龙（2017）分析了跨境电商背景下商务英语专业人才就业的变化和特征。

2. 跨境电子商务影响就业规模的假设提出

跨境电子商务对就业规模的影响主要表现在两个方面，一是就业创造效应，二是就业抑制效应。

就业创造效应。跨境电子商务作为国际贸易的一种新形式，与传统贸易相比在形式上拓宽了国际贸易的边界，在内容上带来了国际贸易更大程度的开放。根据交易成本理论，跨境电子商务一方面通过减少部分贸易环节，缩短贸易流程和时间，大大节约了原有国际贸易中的由于地理距离造成的场地、设备、沟通、采购、销售、库存等成本。另一方面，利用互联网解决了信息不对称问题，降低了各个环节的信息获取成本（Estrella Gomez - Herrera，2014；田文，2018）。跨境电子商务通过降低国际贸易中买方和卖方的交易成本使企业获得了更大的利润，扩大了企业的投资需求。而跨境进口零售电商可以使消费者通过网络直接购买到国外的商品，通过给消费者带来更好的购物体验刺激了我国居民的消费需求。跨境电子商务的发展能够通过刺激政府和企业的投资需求以及增加居民消费需求两种途径提高我国社会实际总的有效需求水平，创造新的就业岗位。此外，跨境电子商务还创造了一些全新岗位，例如跨境电商平台的设计、研发和运营人员以及跨境电商相关课程的培训老师等。此外，跨境电子商务还会拉动信息通信、交通运输、仓储物流等相关支撑行业的发展，为这些行业新增就业岗位。

就业抑制效应。跨境电子商务的诞生与发展可以看作第三产业中贸易行业技术进步的体现。信息技术的水平达到一定的程度是发展跨境电子商务的前提。因此，跨境电子商务的蓬勃成长需要信息产业提供支撑作用。根据国家统计局 2018 年最新公布的行业分类标准，电子商务属于高技术服务业，因此，跨境电商也属于信息产业中的高技术服务业。近年来，跨境电子商务平台借助大数据、云计算、机器学习等新型信息科学技术使得跨境电子商务变得更加科技化与智能，也给用户提供了更好的使用体验。然而，这些计算机技术的广泛应用会对大部分体力工作以及具有重复性的脑力工作产生替代作用。按照安西莫格鲁对技术进步的划分，跨境电子商务的产生和不断取得的新发展属于技术偏向型技术进步。技术偏向型技术进步会导致企业内部劳动生产率的提高（Daron Acemoglu 2002；Balleer Almut，2013）。这时企业若不进一步扩大生产规模就会减少用工数量，造成劳动力失业。因此，技术的进步在一定的时间范围内会造成企业和劳动力难以跟上技术进步的步伐、部门间转移的劳动力被市场所抛弃等问题，从而使众多传统岗位减少甚至消失。

普华永道在其发布的《人工智能和相关技术对中国就业的净影响》报告中指出，未来 20 年人工智能及相关技术将在较长的一段时间通过技术替代效应取代我国当前工业、农业、建筑业和服务业约 26% 的工作岗位。Brynjolfsson 和 McAfee（2015）认为，信息产业的技术进步会对劳动力就业造成显著的负面影响，与几十年前第二产业的技术进步造成大量蓝领员工失业一样，人工智能和机器学习技术的应用会造成白领员工的失业。随着社会信息化程度逐渐提高，全社会就业总量会减少。跨境电子商务的发展会对员工的素质和技能水平提出更高的要求，无法吸纳大量的一般劳动力。同时，电子服务平台的使用有利于提高劳动生产率，减少传统国际贸易众多环节中基础重复性的人力劳动（李俊杰，2017）。

综上，虽然跨境电商能够通过刺激我国的有效需求增加一部分就业，但是通过进一步分析跨境电子商务的技术偏向型技术进步的属性和业务模式本身的特点，本节认为跨境电子商务发展带来的就业挤出作用超过了其产生的就业创造作用，并最终呈现对就业规模的抑制作用。因此，提出第一个假设：

假设1：我国跨境电子商务发展水平的提高对总体就业规模的扩大表现为负向抑制作用。

此外，跨境电子商务是一个技术和知识密集型的综合性产业，也是对原有第三产业中贸易部门的创新。从这个角度上看，跨境电子商务与三大产业中的第三产业的关联度最强。因此本节将继续分析跨境电子商务对于第三产业就业总量的影响。程大中（2008）曾发现第三产业劳动生产率的提高会导致该产业就业规模减少，这从侧面说明第三产业的技术进步对第三产业就业产生了挤出作用（朱轶，2009）。国际贸易活动涉及许多交易环节，每个环节都需要大量的服务人员。近年来，我国跨境电子商务活动的蓬勃发展态势使得跨境电商服务业作为第三产业中的新兴部门迅速崛起。跨境电子商务综合服务平台能够集交易前的营销，交易中的报关、通关，交易后的收汇、结汇、售后等多个环节的功能于一体。贸易双方可以通过互联网在任何时刻，不经过第三方中介，实现一对一的直接交流。因此，跨境电子商务提高了我国贸易企业的劳动生产率，电子商务平台对传统国际贸易中从事营销、物流、广告、金融等各个环节的服务人员起到了极强的替代作用，可能引起第三产业中一些传统劳动增强型岗位失业。从这个意义上讲，跨境电子商务通过信息技术的应用提高了贸易企业内部的劳动生产率，也引起了整个第三产业就业规模的减少。据此，本节进一步提出第二个研究假设：

假设2：我国跨境电子商务发展水平的提高对第三产业就业规模有挤出效应。

3. 跨境电子商务影响就业结构的假设提出

配第－克拉克定律反映了产业结构与就业结构之间的基本关系。1940年克拉克在配第研究的基础上发现随着经济发展和人均国民收入水平的提高，劳动力会呈现在三次产业之间向上转移的趋势。此后，钱纳里（1970）、库兹涅茨（1971）、赛斯奎因（1989）通过对不同国家的实证研究，都证实了为了满足产业发展的需要，劳动力会由劳动力需求减少的产业向劳动力需求增加的产业转移，从而引起就业结构的变化。跨境电子商务的发展水平在一定程度上代表了第三产业的发展水平，跨境电子商务的持续壮大可能引起产业结构的调整与升级，产业结构的变化会带动就业结构的变化。因此，从长期来看，跨境电子商务的崛起可能会引起第一产业与第二产业的劳动力向第三产业转移，促成产业间就业结构的优化升级。因此，本节提出第三个假设：

假设3：跨境电子商务对产业间就业结构的升级有促进作用。

信息技术在驱动全社会各个行业不断向智能化演进的过程中会造成一些技术性差、附加值低的企业被淘汰或兼并重组，从长期来看，这种变化会使我国一些劳动密集型的产业逐渐衰退，驱动经济和产业结构不断优化。随着数字经济时代的到来，人工智能技术的应用使得企业对于低技能、低质量劳动者需求大大减少的同时，对知识型、技术型劳动力的需求日益扩大，从而引起就业结构的转型升级（赖德胜，2018）。跨境电子商务是知识密集型的高技术产业，其与信息产业的关系极为密切，计算机设备的生产制造、跨境电商平台服务以及信息传输所依赖的通信邮电业都属于信息产业的范畴。信息产业既是跨境电子商务发展的基础支撑，同时跨境电商的发展也能够带动信息产业的成长，使其吸纳更多劳动力。因此，本节提出第四个假设：

假设4：跨境电子商务的发展能够提高总就业人员中信息产业就业人员的比重。

综上所述，跨境电子商务影响就业的机制如图5－17所示。

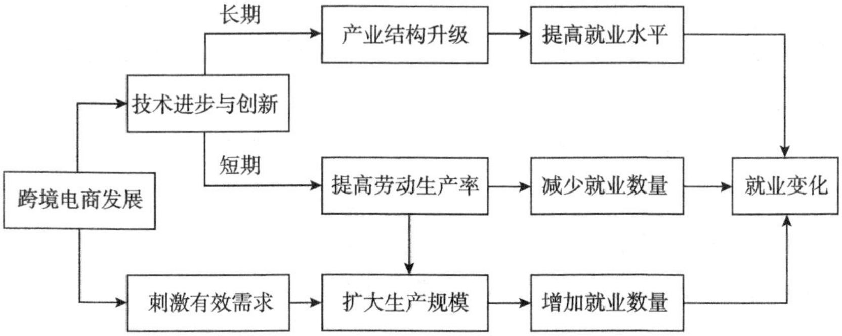

图5－17 跨境电子商务的就业效应机制

5.3.2 跨境电子商务发展水平的指标构建及测算

1. 指标选取

用单一指标作为评价指标不能准确全面地体现目标的真实情况。为较为完备、客观地度量各省跨境电子商务发展的现状和潜力，本节决定构建多指标体系来综合衡量我国各地跨境电子商务发展的真实水平。

跨境电子商务的发展水平一方面依赖于信息技术和贸易物流的基础设施，另一方面与一个地区电子商务和进出口贸易的实际情况密切相关。此外，一个地区的宏观发展潜力也是决定一个地区跨境电子商务发展水平的关键因素。上述三个方面可概括为跨境电商基础设施、跨境电商服务能力与跨境电商发展潜力。在重点参考和借鉴苏为华（2017）、熊励（2016）等人的研究方法的基础上，本节从基础设施、发展潜力、服务能力3个维度，选择12个指标来衡量各个地区跨境电子商务的发展水平，具体参见表5－12。

2. 数据来源与处理

由于跨境电子商务真正开始出现和发展的时间不久，且2017年或2018年的数据大多数省市统计局均未公布，因此，为了准确地反映各地跨境电商发展的真实水平、保证研究结果的可靠性，本节确定样本数据的年份为2012—2016年，即选择我国31个省、市、自治区2012—2016年五年共155条样本数据进行因子分析与后续的实证研究。

表5－12中12个二级指标的数据来源与处理如下：互联网宽带接入用户（指标1）、网民人数（指标2）、互联网普及率（指标8）的数据来自国研网数据库；邮政营业网点（指标3）、农村每周平均投递次数（指标5）、城区每日平均投递次数（指标6）、邮政业务总量（指标11）、人均快递件数（指标12）的数据来源于EPS数据平台中区域经济数据库；信息传输、计算机服务和软件业的固定投资占比（指标7）由信息传输、计算机服务和软件业的固定投资除以全社会固定资产投资总额计算得出，数据取自塔塔数据库；自贸区或综合保税区数目（指标4）、当年出台的跨境电子商务政策文件数（指标9）、跨境电子商务试点城市或综合实验区数量（指标10），三个指标是笔者通过查找各地区政府官网以及互联网资料整理统计而得。

表5－12　跨境电子商务发展水平综合评价指标体系

一级指标	序号	二级指标
跨境电商基础设施	1	互联网宽带接入用户（万户）
	2	网民人数（万人）
	3	邮政营业网点（处）
	4	自贸区或综合保税区数量（个）
跨境电商发展潜力	5	农村每周平均投递次数（次）
	6	城区每日平均投递次数（次）
	7	信息传输、计算机服务和软件业固定资产投资占比（%）
	8	互联网普及率（%）

续表

一级指标	序号	二级指标
跨境电商服务能力	9	当年出台的跨境电子商务的政策文件数（个）
	10	跨境电子商务试点城市或综合实验区数量（个）
	11	邮政业务总量（亿元）
	12	人均快递件数（件/人）

3. 跨境电子商务发展水平因子分析

为得到全国 31 个省市自治区的跨境电子商务发展水平得分，使用主成分因子分析法将众多指标集中为若干个主成分，然后加权求和得到综合评价指数。因子分析适用性的检验结果见表 5－13，从中可以看出 KMO 检验和巴特利特球形检验的结果符合要求，可以继续进行因子分析。

表 5－13　KMO 检验和巴特利特特球形检验

KMO 检验		0.767
巴特利特球形检验	近似卡方	1943.411
	自由度	0.66
	显著性	0.000

提取主成分的结果见表 5－14，前三个主成分的特征值大于 1，累积方差贡献率达到 74.521%，说明提取三个主成分可以将原始变量中 70% 以上的信息总结出来，由此可见利用因子分析法可以较好地分析跨境电商发展水平。如图 5－18 所示的碎石图更加直观地展示出了各个主成分的重要程度，再一次说明提取前三个主成分较为合理。

表 5－14　总方差解释

成分	初始特征值			提取载荷平方和			旋转载荷平方和		
	总计	方差百分比/%	累积/%	总计	方差百分比/%	累积/%	总计	方差百分比/%	累积/%
1	5.604	46.698	46.698	5.604	46.698	46.698	3.618	30.147	30.147
2	2.069	17.243	63.941	2.069	17.243	63.941	2.687	22.395	52.541
3	1.270	10.580	74.521	1.270	10.580	74.521	2.638	21.979	74.521
4	0.867	7.227	81.748						
5	0.633	5.279	87.026						
6	0.493	4.104	91.130						

续表

成分	初始特征值			提取载荷平方和			旋转载荷平方和		
	总计	方差百分比/%	累积/ %	总计	方差百分比/%	累积/ %	总计	方差百分比/%	累积/ %
7	0.334	2.787	93.918						
8	0.283	2.358	96.276						
9	0.229	1.907	98.183						
10	0.107	0.894	99.076						
11	0.083	0.693	99.770						
12	0.028	0.230	100.000						

为更好地分析与解释三个主成分，本节利用凯撒正态化最大方差法对初始的成分矩阵进行旋转，旋转后的成分矩阵见表 5－15。从旋转成分矩阵上来看，互联网宽带接入用户、网民人数、邮政营业网点、自贸区或综合保税区数量在第一个主成分上的载荷系数最高，这 4 个指标都与跨境电子商务的信息技术和贸易物流基础设施情况有关，因此将 *F*1 命名为跨境电商基础设施因子。农村每周平均投递次数，城区每日平均投递次数，信息传输、计算机服务和软件业固定资产投资占比，互联网普及率 4 个指标在第二个主成分上的载荷系数最高，从宏观角度反映了跨境电子商务潜力，所以将 *F*2 命名为跨境电商发展潜力因子。当年出台的有关跨境电子商务的政策文件数、跨境电子商务试点城市或综合实验区数量、邮政业务总量、人均快递件数在第三个主成分上的载荷系数最高，这 4 个指标体现了跨境电子商务的义务规模和综合服务能力，故将 *F*3 命名为跨境电商服务能力因子。

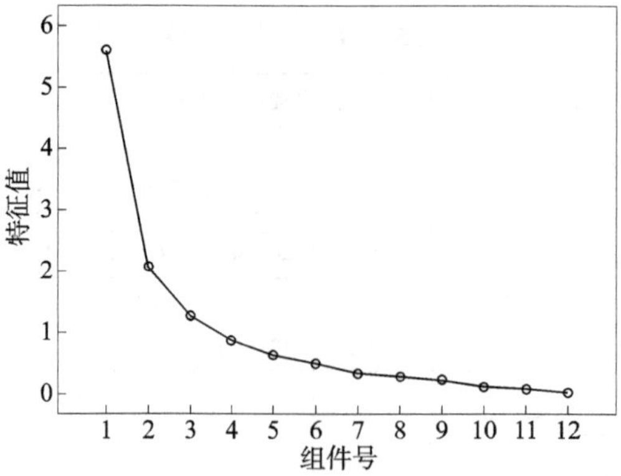

图 5－18　碎石图

表 5－15　旋转后的成分矩阵

	成分		
	1	2	3
互联网宽带接入用户（万户）	0.940	0.064	0.256
网民人数（万人）	0.928	0.083	0.171
邮政营业网点（处）	0.851	0.112	0.353
自贸区或综合保税区数量（个）	0.625	0.122	-0.034
农村每周平均投递次数（次）	0.338	0.781	0.157
城区每日平均投递次数（次）	0.191	0.732	-0.239
信息传输、计算机服务和软件业固定资产投资占比（%）	-0.195	0.718	0.282
互联网普及率（%）	0.124	0.718	0.464
当年出台的有关跨境电子商务的政策文件数（个）	0.071	0.033	0.813
跨境电子商务试点城市或综合实验区数量（个）	0.333	0.167	0.747
邮政业务总量（亿元）	0.620	0.269	0.643
人均快递件数（件/人）	0.228	0.609	0.638

利用 SPSS 自动测算出样本中每个指标在 3 个主成分上的得分，构成如表 5－16 所示的成分得分系数矩阵。表中最后一列（*F* 综）为各个指标按照每个主成分方差占累积方差的比例即方差贡献率进行加权得到的系数。*F* 综的实际意义在于反映了各个指标在指标体系中的权重，表 5－16 中的指标为按照 *F* 综大小降序排列的结果。可以看出各个指标对于最终结果的权重系数为 0.03～0.09，对于跨境电子商务发展水平均起到正向的促进作用，其中邮政业务总量、互联网宽带接入用户、邮政营业网点、网民人数几个指标在指标体系中权重较高。

表 5－16　成分得分系数矩阵

	成分			*F* 综
	1	2	3	
邮政业务总量（亿元）	0.093	-0.032	0.204	0.08853
互联网宽带接入用户（万户）	0.298	-0.069	-0.044	0.08689
邮政营业网点（处）	0.244	-0.061	0.021	0.08641
网民人数（万人）	0.309	-0.042	-0.095	0.08425
农村每周平均投递次数（次）	0.055	0.331	-0.131	0.08320

续表

	成分			F综
	1	2	3	
人均快递件数（件/人）	-0.070	0.156	0.208	0.07997
互联网普及率（%）	-0.081	0.249	0.104	0.07283
跨境电子商务试点城市或综合实验区数量（个）	-0.029	-0.088	0.342	0.06291
自贸区或综合保税区数量（个）	0.234	0.034	-0.166	0.05592
城区每日平均投递次数（次）	0.080	0.395	-0.326	0.05477
信息传输、计算机服务和软件业固定资产投资所占比（%）	-0.164	0.303	0.058	0.04164
当年出台的有关跨境电子商务的政策文件数（个）	-0.132	-0.153	0.459	0.03588

4. 跨境电子商务发展水平测算结果分析

利用线性加权方法可以计算出所有样本的跨境电子商务发展水平指数，具体计算为：

$$F综 = (0.30147 \times F1 + 0.22395 \times F2 + 0.21979 \times F3)/0.74521 \tag{5-6}$$

表5-17为计算结果，最后一行为各地区历年跨境电商发展水平指数的平均值，各地区历年跨境电商发展水平指有正有负，数值越大表示跨境电商发展水平越高。

表5-17　2012—2016年我国各省（市、自治区）跨境电商发展水平指数

	2012年	2013年	2014年	2015年	2016年
广东	0.938036	1.143968	1.504224	2.035753	2.738977
浙江	0.401599	0.560372	0.804796	1.328589	1.948564
江苏	0.449024	0.660649	0.786934	1.111675	1.620318
上海	0.619953	0.812857	0.844654	1.147055	1.403912
山东	0.091083	0.189155	0.287369	0.497979	0.883963
北京	0.414107	0.538796	0.601581	0.632747	0.839892
福建	-0.114310	0.017468	0.046298	0.483983	0.679645
河南	-0.145015	-0.015043	0.172174	0.211392	0.581370
四川	-0.174931	-0.083796	0.026783	0.288288	0.497415
湖北	-0.166079	-0.154703	-0.037605	0.098625	0.315519
辽宁	-0.198537	-0.164940	-0.083153	0.134350	0.304732

续表

	2012 年	2013 年	2014 年	2015 年	2016 年
安徽	-0.351509	-0.254701	-0.189741	-0.038384	0.299888
河北	-0.351509	-0.025286	0.041528	0.140176	0.261891
天津	-0.351509	-0.207796	-0.161362	0.064142	0.261696
重庆	-0.351509	-0.154703	-0.141937	-0.190906	0.139411
湖南	-0.457232	-0.237524	-0.147982	-0.086576	0.079153
黑龙江	-0.453782	-0.408022	-0.263570	-0.208592	0.007635
山西	-0.325720	-0.240475	-0.201720	-0.138309	-0.001775
江西	-0.516378	-0.414874	-0.326033	-0.263297	-0.049399
陕西	-0.297543	-0.347470	-0.239471	-0.159475	-0.067226
广西	-0.345912	-0.292333	-0.252237	-0.220201	-0.102487
吉林	-0.445028	-0.405237	-0.305619	-0.317927	-0.123616
新疆	-0.517752	-0.452735	-0.297912	-0.246943	-0.131868
海南	-0.397789	-0.407912	-0.374619	-0.111350	-0.138566
云南	-0.542245	-0.484108	-0.457381	-0.344369	-0.250485
贵州	-0.645454	-0.543437	-0.437648	-0.331502	-0.269228
宁夏	-0.538848	-0.497117	-0.443822	-0.368936	-0.295946
内蒙古	-0.532831	-0.475106	-0.326873	-0.451964	-0.338912
甘肃	-0.539294	-0.488872	-0.386218	-0.440567	-0.361417
青海	-0.680417	-0.625752	-0.543854	-0.561741	-0.512126
西藏	-0.701040	-0.766381	-0.913844	-0.904129	-0.746737
平均值	-0.233173	-0.136292	-0.045686	0.089987	0.305619

从时间维度上看，2012—2016 年每年跨境电商发展指数的平均值呈增长趋势，表明我国整体跨境电子商务发展水平不断提高。从区域维度上看，31 个省（市、自治区）之间跨境电子商务发展水平存在明显的区位差异，大致呈现三层阶梯的水平结构。广东、浙江、江苏、上海、北京、山东、福建几个省市优势明显，组成了第一梯队，属于我国跨境电子商务发展的领先省份。第一梯队的省市主要位于东南、沿海地区，江浙沪等地有着成熟的电子商务基础。北京市作为我国的首都在各方面有着极佳的资源条件，而山东拥有青岛、烟台等众多港口城市。第一梯队的这些省市凭借着良好的宏观经济基础、较高的电子商务水平以及发达的贸易环节等优势资源在发展跨境电子商务方面具有

明显的优势。河南、河北、四川、湖北、重庆、天津、辽宁始终占据排行榜的前半部，属于我国跨境电子商务发展处于第二梯队的省市，这些省市虽然没有第一梯队省市那样高的贸易开放度和信息化程度，但是却凭借独特的优势始终保持领先水平。河南、河北、四川、湖北、重庆等省市拥有大量人口基数和交通枢纽，能够在跨境电子商务物流和相关服务中起到重要支撑作用，天津和辽宁也凭借临海的区位优势始终承担着我国对外贸易的重任。这些省市已经逐渐成为我国跨境电子商务发展的基地。2016 年我国年在河南、重庆、天津、辽宁等地设立了第二批跨境电子商务综合试验区，由此可见国家越来越重视这些省市的贸易与跨境电商产业。

其余的省份可以划分为跨境电子商务发展相对比较落后的第三梯队。但是，值得注意的是，黑龙江、宁夏、湖南几个省区的跨境电商发展指数增长速度较快且仍有较大发展空间。随着中西部正在积极同“一带一路”国家之间开展贸易往来，我国政府不断鼓励和支持中西部、西北和东北部地区发展跨境电子商务，未来第三梯队的省区在跨境电子商务方面有着广阔的前景。

为更直观地对比各省份的跨境电商发展趋势，本节直接列出如表 5 - 18 所示的排名表。表中的综合排名与各地实际情况以及诸如电子商务研究中心、敦煌网、阿里研究院、艾媒咨询等权威网站和研究机构公布的数据较为一致，再一次印证了本节所构建的指标体系的合理性。

表 5 - 18　2012—2016 年各省份跨境电商发展水平指数排名

排名	2012 年	2013 年	2014 年	2015 年	2016 年
1	广东	广东	广东	广东	广东
2	上海	上海	上海	浙江	浙江
3	江苏	江苏	浙江	上海	江苏
4	北京	浙江	江苏	江苏	上海
5	浙江	北京	北京	北京	山东
6	山东	山东	山东	山东	北京
7	河北	福建	河南	福建	福建
8	福建	河南	福建	四川	河南
9	河南	河北	河北	河南	四川
10	湖北	四川	四川	河北	湖北

续表

排名	2012年	2013年	2014年	2015年	2016年
11	四川	湖北	湖北	辽宁	辽宁
12	辽宁	重庆	辽宁	湖北	安徽
13	重庆	辽宁	重庆	天津	河北
14	天津	天津	湖南	安徽	天津
15	陕西	湖南	天津	湖南	重庆
16	山西	山西	安徽	海南	湖南
17	广西	安徽	山西	山西	黑龙江
18	安徽	广西	陕西	陕西	山西
19	海南	陕西	广西	重庆	江西
20	吉林	吉林	黑龙江	黑龙江	陕西
21	黑龙江	海南	新疆	广西	广西
22	湖南	黑龙江	吉林	新疆	吉林
23	江西	江西	江西	江西	新疆
24	新疆	新疆	内蒙古	吉林	海南
25	内蒙古	内蒙古	海南	贵州	云南
26	宁夏	云南	甘肃	云南	贵州
27	甘肃	甘肃	贵州	宁夏	宁夏
28	云南	宁夏	宁夏	甘肃	内蒙古
29	贵州	贵州	云南	内蒙古	甘肃
30	青海	青海	青海	青海	青海
31	西藏	西藏	西藏	西藏	西藏

5.3.3 计量模型构建及统计性描述

1. 模型构建

本节的研究主题是我国跨境电子商务发展的就业效应，拟重点从跨境电商的就业规模效应、就业结构效应分别进行探讨。在参考李宏兵（2015）、胡安荣（2015）、由松平（2015）等构建的模型的基础上，结合自身研究内容的特点，构建了如下计量模型：

$$\ln L_{it} = \beta_0 + \beta_1 \ln KJDS_{it} + \beta_2 \ln Y_{it} + \beta_3 \ln WAGE_{it} + \beta_4 \ln(K/Y)_{it} + \beta_5 \ln CZH_{it} + \varepsilon \quad (5-7)$$

$$\ln L3_{it} = \beta_0 + \beta_1 \ln KJDS_{it} + \beta_2 \ln Y_{it} + \beta_3 \ln WAGE_{it} + \beta_4 \ln(K/Y)_{it} + \beta_5 \ln CZH_{it} + \varepsilon \quad (5-8)$$

$$\ln Ls_{it} = \beta_0 + \beta_1 \ln KJDS_{it} + \beta_2 \ln Y_{it} + \beta_3 \ln WAGE_{it} + \beta_4 \ln(K/Y)_{it} + \beta_5 \ln CZH_{it} + \varepsilon \quad (5-9)$$

$$\ln Ls2_{it} = \beta_0 + \beta_1 \ln KJDS_{it} + \beta_2 \ln Y_{it} + \beta_3 \ln WAGE_{it} + \beta_4 \ln(K/Y)_{it} + \beta_5 \ln CZH_{it} + \varepsilon \quad (5-10)$$

其中，i 代表省份，t 代表年份，被解释变量 L_{it} 代表 i 省 t 年的劳动力水平，$L3$ 为第三产业就业人数，Ls 为产业间就业结构，$Ls2$ 为 IT 从业者比例，$WAGE$ 代表工资水平，Y 代表经济发展水平，K/Y 代表资本投入水平，CZH 表示城镇水平，为随机误差项，包括不同时间、省市和其他影响因素带来的影响。β_0 为常数项，β_1 至β_5 为各变量的系数。

模型（5－7）研究跨境电子商务发展对全国就业总量的影响，分析跨境电商对就业规模的效应。模型（5－8）研究跨境电子商务发展对与其关系最密切的第三产业就业量的影响。模型（5－9）与模型（5－10）研究研究跨境电子商务发展水平对就业结构的影响。其中，模型（5－9）选择第三产业就业人数与第二产业就业人数的比值作为因变量，研究跨境电子商务对产业间就业结构升级的影响。模型（5－10）以信息服务业从业者占总体就业的比例作为研究对象，进一步探讨跨境电商对就业结构的影响。

2. 变量选择与数据来源

本节实证研究的时间跨度为 2012—2016 年。表 5－19 列示了变量的具体含义和测量方法。其中各省（市、自治区）历年就业人员总数（L），第二产业就业人员数（$L2$）及第三就业人员数（$L3$），信息传输、计算机服务和软件业城镇单位就业人员数（$Ls2$）三个指标的数据来自塔塔数据库。地区生产总值（GDP）、全社会固定资产投资（K）、平均货币工资（$WAGE$））、城镇化率（CZH）的数据取自 EPS 数据平台。数据库中的原始数据来自各地区统计局及统计年鉴。

表5-19　跨境电子商务就业效应实证分析变量定义表

	名称	符号	含义
被解释变量	就业总量	L	就业人员总数，单位：万人
	产业间就业结构	Ls	第三产业与第二产业就业人员之比
	第三产业就业人数	$L3$	第三产业就业人员，单位：万人
	IT从业者比例	$Ls2$	信息传输、计算机服务和软件业城镇单位就业人员占总就业人员数之比
解释变量	跨境电商发展水平	$KJDS$	跨境电商发展水平指数
控制变量	经济发展水平	Y	地区生产总值，单位：亿元
	资本投入水平	K/Y	全社会固定资产投资额占地区生产总值的比重，单位：亿元
	工资水平	$WAGE$	平均货币工资，单位：元
	城镇化水平	CZH	城镇人口所占比重，城镇总人口/总人口，单位:%

具体来说，解释变量——跨境电子商务发展水平是根据本节构建的指标体系测算得出。被解释变量有四个，分别是就业总量、产业间就业结构、第三产业就业人数和IT行业从业者比例，分别对应模型（5-7）至模型（5-10）的被解释变量。对于控制变量的选取，主要关注对就业起到影响作用的因素。通过理论与文献研究发现，劳动就业主要受经济发展水平、技术以及投资的影响并与代表劳动报酬的工资水平密切相关。宏观经济方面，选择地区生产总值来衡量地区的经济发展水平，跨境电子商务的发展水平能够体现技术水平，因此不再单独加入。在投资方面，用全社会固定资产投资额占地区生产总值的比重作为变量表示资本投入水平。劳动力报酬方面，选择平均货币工资来表示工资水平。此外，加入能反映当地现代化水平的城镇化率作为变量来衡量区的城镇化水平。

3. 变量描述性分析

数据的描述性统计见表5-20。核心解释变量跨境电商发展指数的标准差为0.582027，最小值为-0.9138428，最大值为2.738977，表明各省（市、自治区）之间的发展水平存在差异。

表5-20　跨境电子商务就业效应实证分析主要变量的描述性统计

变量	样本数	平均值	标准差	最小值	最大值
L	155	7.567402	0.8679083	5.308565	8.813794

续表

变量	样本数	平均值	标准差	最小值	最大值
L3	155	6.613417	0.8187336	4.398884	7.770949
Ls	155	0.4597004	0.4197748	-0.3784825	1.622315
Ls2	124	-5.768724	0.7340825	-6.89944	-2.869398
Y	155	9.642786	0.9651457	6.552551	11.30041
WAGE	155	10.9015	0.2466959	10.50194	11.69471
K/Y	155	-0.2468989	0.3691997	-1.428151	0.3265446
CZH	155	3.989333	0.2428521	3.124565	4.495355
KJDS	155	-1.18e-07	0.582027	-0.9138438	2.738977

4. 相关性检验

为保证回归分析的有效性，本节先对数据进行了皮尔逊相关性检验。由表5-21相关系数矩阵可知，全部自变量之间的相关系数绝对值均小于0.8的可接受阈值，表明自变量之间不存在严重的多重共线性。并且核心解释变量*KJDS*与各个因变量之间的相关性系数较大，说明跨境电商发展水平与就业规模和就业结构之间存在一定的相关性，为后文验证它们之间的准确关系奠定了基础。

表5-21 相关性检验

	L	*L3*	*Ls*	*Ls2*	*Y*	*WAGE*	*K/Y*	*CZH*	*KJDS*
L	1.000								
L3	0.960	1.000							
Ls	-0.674	-0.577	1.000						
Ls2	-0.130	0.080	0.285	1.000					
Y	0.899	0.954	-0.609	0.233	1.000				
WAGE	-0.268	-0.094	0.286	0.689	0.025	1.000			
K/Y	-0.237	-0.397	0.075	-0.685	-0.491	-0.418	1.000		
CZH	0.175	0.363	-0.107	0.712	0.544	0.477	-0.691	1.000	
KJDS	0.498	0.603	-0.413	0.506	0.703	0.480	-0.664	0.619	1.000

5.3.4 跨境电子商务就业效应的实证结果及分析

为选择最佳的面板回归数据模型，本节首先利用我国31个省、市、自治区2012—2016年的面板数据对模型（5－7）至模型（5－10）分别进行Hausman检验，结果发现4个模型原假设成立的概率都接近于0，因此，采用固定效应模型进行稳健估计。

回归结果见表5－22。结果表明，模型（5－7）中跨境电子商务发展水平的系数显著为负，跨境电子商务发展水平指数每提高1%会使就业总量减少0.06444%，这证实了本小节的研究假设1，说明现阶段我国跨境电子商务的发展对就业总量起到不利影响。尽管跨境电商的发展带来了许多新兴岗位的产生，但跨境电商造成的就业损失效应超过了就业增加效应，使得跨境电商对就业总规模表现为负向抑制效应。

表5－22　跨境电子商务就业效应的回归结果

变量	模型（5－7）	模型（5－8）	模型（5－9）	模型（5－10）
Y	0.18292 （1.48）	0.06056 （0.72）	－0.301547** （－2.30）	1.0090** （2.45）
WAGE	0.29268*** （3.02）	0.5317*** （5.25）	0.80113*** （6.60）	－0.02860 （－0.06）
K/Y	0.08804** （2.15）	0.14998*** （4.98）	0.11245** （2.72）	－0.17117 （－1.07）
CZH	－0.80691** （－2.06）	－0.56258** （－2.04）	－1.45354*** （－3.88）	－1.18720 （－1.17）
KJDS	－0.06444** （－2.19）	－0.03926** （－2.35）	0.03874 （1.17）	0.16538** （2.23）
常数项	5.85364 （6.60）	2.5148 （4.35）	0.46033 （0.53）	－10.4822 （－5.10）
观测值	155	155	155	124
R^2	0.1411	0.7597	0.5813	0.3112
*F*值	3.63	34.58	17.03	14.35

注：*、**、***分别表示在10%、5%、1%的水平上显著；括号里表示*t*统计量（标准差）。

模型（5－8）的结果表明，跨境电子商务发展水平指数每提高1%会引起第三产业就业总量减少0.03926%，跨境电子商务发展对第三产业就业有一定的抑制作用，研究假设2得到支持。尽管跨境电子商务为第三产业创造了一些全新的岗位和就业机会，但跨境电商平台提高了贸易服务人员的劳动生产率，使得一些传统国际贸易环节中从事营销、支付、通关、收结汇和售后环节中的服务人员被电子计算机所取代，造成从事中介贸易的第三产业就业人员大量失业。此外，许多从事跨境电商的网店店主与客服人员属于不在当地人社机构统计范围内的非正式就业人员，这一数据层面的问题在一定程度上放大了跨境电商对第三产业就业的抑制作用。

模型（5-9）反映了跨境电子商务对就业结构的影响，跨境电子商务发展水平的系数为正但未通过显著性检验。也就是说，目前跨境电子商务的发展对产业就业结构改进和升级的影响作用尚未显现，假设3未得到支持。这可能是由我国产业结构与就业结构的升级并非完全协调同步造成的。这一研究结论与蒲艳萍（2005）、黄洪琳（2008）、段敏芳（2011）、张抗私（2014）等学者的研究基本保持一致，即我国产业结构升级对就业结构优化有正向的促进作用，但就业结构的变革在时间上是滞后于产业结构变化的。

模型（5-10）中跨境电子商务发展水平指数为正并且通过了5%的显著性检，即跨境电子商务对信息技术服务业就业人员比重有显著的正向影响，证实我国跨境电子商务的发展明显带动了信息技术服务业的就业，提高了我国IT行业从业者的比例。假设4得到验证。近年来，国内用户对进口商品的巨大需求以及我国良好的电子商务基础使得网易考拉海购、小红书、蜜芽、洋码头等一批定位于进口商品的电商平台迅速崛起。同样，面向企业的跨境进出口平台如阿里巴巴国际站，1688跨境专供、敦煌网等网络平台也在稳步发展。跨境电商广阔的发展前景也使得传统的电子商务平台竞相开拓展国际业务，阿里巴巴、京东、拼多多等以电子商务为核心业务的互联网巨头正在积极开拓与耕耘跨境电商领域。毋庸置疑，这些互联网跨境电商平台型企业的迅猛发展创造了许多新型岗位，吸收了大量高素质人才。从回归结果中可以看出，发展跨境电子商务对IT行业的就业具有促进作用，为人才创造了更大的就业空间。

5.4 本章小结

开放性是数字经济相对突出的特点，在开放视角下探讨数字经济的就业效应具有重要的现实和理论意义。因此，本章基于开放视角，从制造业和服务业切入，详细分析数字经济的就业效应。

在制造业领域，重点探究了数字经济发展影响我国制造业细分行业出口竞争力的四大机制（生产要素数字化路径、产业结构升级路径、制造业价值链重塑路径、技术创新路径），并利用 2012—2018 年的数据建立固定效应模型，实证分析发现，数字经济发展对制造业出口竞争力具有正向促进作用；分行业来看，数字经济发展对技术密集型行业的促进作用最为明显，对资本密集型行业的促进作用次之，对劳动密集型行业的影响最小。技术密集型和资本密集型制造业受数字化、信息化程度影响较大，可以利用数据获得相关信息，提高生产效率，增强其出口竞争力。而劳动密集型制造业方面，智能制造促使小规模、小批量定制生产成为主流，原本建立的大规模生产体系的重要性降低，冲抵了其原本优势，数字经济带来的促进作用被弱化。

在服务业领域，重点研究了以跨境电子商务为代表的数字贸易的就业规模效应和就业结构效应的机制。在测算我国 31 个省、市、自治区跨境电子商务发展水平的基础上，构建了我国 31 省市 2012—2016 年的面板数据，证实：我国跨境电子商务发展水平的提高对总体就业规模的扩大具有负向抑制作用，尽管跨境电商的发展带来了许多新兴岗位的产生，但其造成的就业挤出效应超过了就业创造效应，使得跨境电商对就业总规模表现为负向抑制效应；我国跨境电子商务发展水平的提高对第三产业就业规模的扩大具有负向抑制作用，但对产业间就业结构改进和优化有一定帮助；同时，跨境电子商务促进了 IT 行业的劳动力就业，使得信息服务业从业者的比例明显提高，带动了我国劳动就业人员由劳动密集型部门向知识密集型部门转移。

第6章　我国农村数字经济发展影响劳动力市场收入分配的实证研究

党的十九大以来，在打赢脱贫攻坚战和实施乡村振兴的战略指引下，农民人均可支配收入持续较快增长，城乡收入差距显著缩小。但囿于国际经济形势恶化和经济下行压力持续增大，农民增收急需新的动力，数字经济成为未来增加农民收入的重要来源。数字经济作为一种新经济业态对增加农民新就业岗位和促进农民增收发挥着正向作用。而电子商务作为数字经济最活跃、最集中的表现形式之一，能够充分利用数字经济优势，培育并且发展壮大“互联网+农业”，可以更好、更直接地服务于农业、农村和农民。国务院《全国农业现代化规划（2016—2020年）》明确指出，要在2020年年底农村互联网普及率达到52%，这说明国家对于农村电子商务环境建设的整体重视程度相对较高，有利于保障农村电子商务的有条不紊发展。电子商务在优化与完善农村产业结构、促进农村产业改革等方面发挥着至关重要的作用。目前，发展电子商务是实现农村精准扶贫的重要方式之一，是打赢脱贫攻坚战、帮助农村人民增产增收、共同走向小康社会的重要保障。本章将以农村电子商务的发展为切入点，从理论和实证的角度探讨农村数字经济的发展对劳动力市场收入分配的影响。

电子商务作为近年来兴起的新商业模式，被视为农民突破原有市场分割实现脱贫增收的新动能。尤其是，农村电子商务通过对商业流和信息流的创新，打破了农产品的地域限制，更新了农民固有的就业方式，日渐成为农民稳定现有增收渠道、拓宽增收途径的重要实践，并受到政府决策层的高度关注。2020年中央一号文件明确强调扩大电子商务进农村的覆盖面，持续推进农民增收。事实上，近年来随着农村互联网发展和系列惠农政策落地，我国农村电子商务持续高速增长，2019年全国2083个县域网络零售额达30，961.6亿元，同比增长23.5%，高于同期全国16.5%的平均增速；同时，农村居民人均可支配收入为16，021元，实际增长6.2%。[1] 尤其是，近年来以“淘宝村”为代表的农村电子商务集群迅速发展，自2009年的3个发展为2019年的4310个，成为带动农民就业和收入增长的新动能。那么如何理解农村电子商务发展与农民收入增长的同步变化趋势？如果二者间存在内在关联，农村电子商务发展如何影响农民增收，其影响效应如何？对于上述问题的回答，不仅有利于从理论上厘清以农村电子商务发展为代表的农村数字经济发展的收入分配效应以及揭示影响劳动力市场收入分配的机制，也为当前基于农村电子商务发展推进数字乡村战略和打赢脱贫攻坚战提供经验支持。

6.1　文献综述与理论假说

6.1.1　文献综述

1. 农村电子商务与农民增收研究现状

由于互联网时代起步稍晚，农村电子商务的国内研究始于2010年左右，却发展迅猛。随着第一批淘宝村的出现，以《中国企业家》《销售与市场》为先的一批期刊开始介绍这一新的经济现象。随后，以案例分析为主，大多研究者通过总结（省、市、村和地区）农村电子商务的减贫经验，并针对本地区目前农村电子商务发展过程中存在的问题，尝试提出解决方案。汪向东（2013）以“沙集模式”为典型案例，提出农村电子商务扶贫的“农户+网络+公司”的创新思路，并在此后对“沙集模式”进行跟踪研究，指出沙集网上群体存在“多、小、散、弱”的形态，虽在几年间扩大了集群规模、实现了增产增收、促进了经济的增长，但也存在着天然的发展瓶颈。

此外，更多学者则以具体城市或区县为研究对象，得到更多针对农村电子商务扶贫模式的精细化研究成果。易义斌等（2015）以广东省揭阳市军埔村为例，认为农村电子商务扶贫应立足本土，因地制宜，培育特色主导品牌产业、加强农民培训、尊重农民主体地位、激发农村发展活力。张岩和王小志（2016）对河北承德进行实地调研并结合资料分析，将当地农村电子商务扶贫

---

[1] 资料来源：农业农村部信息中心《2020全国县域数字农业农村电子商务发展报告》。

总结归纳为4种主要模式，包括个体经营模式、合作社运营模式、农村企业带动模式和公共机构主导模式，并认为应通过完善基础设施建设、加强人才培养、加强政府扶持力度，进一步推动农村地区电商产业的健康发展以助力经济增长。刘园（2017）立足供给侧改革视角，同样按照主体划分的形式，将寻乌县农村电子商务扶贫模式总结为三点，即电子产业园带动模式、大型电商平台主导模式以及个体经营模式，指出当地电商扶贫产业具有明显的地域特色，在借助互联网平台降低流通环节成本，以市场为导向不断发展的同时，还需要延伸产业链、构建寻乌电商生态圈、建立考核评价体系和人才培养体系。

已有关于农村电子商务影响农民增收的研究，首先从农村信息技术和互联网发展的收入增长效应切入。较多基于发达国家的经验研究，认为手机和互联网的普及对增加农产品市场销量、提高农产品售价和改善农民福利具有显著的积极作用（Burga 和 Barreto，2014；Shimamoto 等，2015）。Yang 等（2007）认为，农民的获益主要来自信息不对称的减少以及信息增益，即在“平台经济”模式下，农民能够通过电子商务掌握生产需求和价格信息，并获得传统销售模式下流通环节所产生的利润。Ferguson 等（2010）认为，对于企业，电子商务的成功采纳有助于提升生产效率和经营绩效。但也有部分学者并没有发现信息沟通技术的改善促进了农民增收（Molony，2008；Futch 和 McIntosh，2009；Fafchamps 和 Minten，2012）。

来自中国农村的经验研究，则大多证实了农村电子商务发展对农民增收的促进作用。李海舰等（2014）通过分析论证得出，个人也在这种参与中实现收入提高或价值分享。鲁钊阳等（2016）指出，电子商务具有区域创业效应。郭美荣等（2017）则从交易成本的视角出发，认为电子商务实现了生产者、消费者及中间商等主体的产销对接，提高了交易效率，从而有助于增加农民收入。张磊等（2017）运用 SYS – GMM 模型实证了电子商务发展对农民收入增长的促进作用。刘晓倩和韩青（2018）基于微观调研数据发现，与未使用互联网的居民相比，使用互联网的农村居民年收入提高了3912元；杨柠泽和周静（2019）也得出与之类似的结论。曾亿武等（2018）利用花木农户的问卷调查数据，发现电子商务通过利润率和销量的提升对农业收入产生显著的促进作用。李琪等（2019）基于浙江省11个地市的面板数据，在证实上述结论的同时，也发现电子商务发展及其空间溢出对农民收入增长具有显著的正向影响，并且政府支持力度越大其作用越强。同时，欠发达地区可以利用电子商务带来的“后发优势”有效提高农民收入水平。柳思维（2019）基于2007—2016年我国285个地级市面板数据，采用层次回归法实证检验电子商务与减贫效应之间的关系。实证结果表明，电子商务与减贫正相关，这表示电子商务发展水平越高，其减贫效果越好，并且这一关系受城市金融发展水平影响。当金融发展水平较低时，金融发展水平的提高会抑制电子商务对减贫效应的正向作用；但当金融发展水平突破调节效应临界点后，金融发展水平的提高会反过来增强电子商务对减贫效应的正向作用。王瑜（2019）基于清华大学中国农村研究院2017年6242户调研数据，也发现电商参与对样本农户经济获得感，具有显著的提升效应。

2. 农村电子商务与城乡收入差距研究现状

相关文献在探讨农村电子商务与农民增收关系的基础上，进一步拓展研究农村电子商务发展对城乡收入差距的影响，即农村电子商务的收入分配效应研究。Britz和Blignaut（2001）较早的研究指出，随着互联网的发展，信息沟通技术主要对受教育程度和收入水平较高的富裕阶层有利，并会拉大高、低收入人群间的收入差距；DiMaggio和Hargittai（2004）的研究也证实了这一点。尤其是，电子商务的“平台效应”会加剧利益和价值向少部分人集中，并进一步拉大城乡和不同群体间的收入差距（Nakayama，2009；Schwab等，2016）。但与此同时，部分学者也进一步指出影响收入差距的因素特别复杂，电子商务并不是影响收入差距扩大的唯一因素，通过与其他因素的相互作用可能会产生相反效果。如Bauer（2018）研究发现，互联网普及并不是影响收入差距的唯一原因，与其他的经济、政治因素相互交织会对收入差距产生不同影响。

而基于中国农村电子商务影响城乡收入差距的研究也明显形成两类观点，一类认为农村电子商务的应用会拉大城乡收入差距（邱泽奇等，2016；韩雷和张磊，2016；贺娅萍和徐康宁，2019），另一类则认为农村电子商务发展在缩小城乡收入差距上有着巨大潜力（李雅楠、谢倩芸，2017；韩长根和张力，2019；张奕芳，2019），两类观点并未形成一致意见。具体来说，在农村电子商务的应用会拉大城乡收入差距方面，邱泽奇等（2016）指出，从互联网红利中受益更多的地区主要集中在东南沿海等经济发达地区。韩雷和张磊（2016）的研究发现，尽管电子商务同时增加了城镇和农村居民收入，但城镇居民收入增加得更为明显，即会扩大城乡收入差距。贺娅萍和徐康宁（2019）基于工作搜寻理论分析了互联网对城乡收入差距的影响机制，研究结果支持了上述结论。邱泽奇等（2016）、韩雷和张磊（2016）的观点基本相同。但仍有部分学者的研究结论与上述研究观点不一致，他们并不否认农村电子商务发展在缩小城乡收入差距上的潜力，认识到互联网等信息技术在促进城乡间公共服务公平性和缩小城乡信息不对称性方面发挥着重要作用，认为ICT的快速发展为解决城乡鸿沟带来机遇（张晓燕，2016；宋晓玲，2017）。如李雅楠、谢倩芸（2017）基于2004—2011年中国健康与营养调查数据的研究发现，互联网普及显著地降低了整体工资收入差距。也有一些学者如韩长根和张力（2019）从互联网改善资源错配的角度出发，证实互联网对于资源错配的影响存在门槛效应，即在互联网普及率达到25.135%和15.685%时，对资本和劳动力的错配有明显改善，从侧面支持了互联网通过改善资源错配而缩小收入差距的观点。张奕芳（2019）则通过构建异质性贸易理论分析框架，明确指出互联网贸易有助于缩小地区内收入差距和城乡收入差距。

3. 文献述评

上述研究为我们从不同视角理解农村电子商务发展的收入分配效应提供了有益的借鉴和研究基础。但是已有文献要么聚焦于抽样方法下的电商发展高水平地区（李琪等，2019）或特定产品领域，要么集中于部分电商集聚的“淘宝村”的案例和模式（曾亿武等，2018），对于更具一般意义、更大范围的农民收入分配的关注不够。尤其是，相较于农村电子商务扶贫不断升温的舆论热度，有关农村电子商务发展的收入分配效应的理论与实证研究并不多见。基于此，本章将2009—2017年阿里巴巴“淘宝村”统计数据与中国县级层面的经济指标相匹配，在分析相关理论机制的基础上，利用中介效应模型和PSM方法系统检验了农村电子商务发展的收入分配效应。需要说明的是，根据国家农业农村部统计，2018年农村电子商务五大电商平台中，天猫和淘宝的市场份额占比约为75%，其发展规模在全国具有代表性，已有研究也多采用上述数据衡量电子商务发展水平（孙浦阳等，2017；李琪等，2019）。

因此，本章的主要贡献在于：一是系统分析了农村电子商务发展影响农民增收和收入差距的理论机制，并探讨了二者呈倒“U”形关系的形成机制。二是将大样本的“淘宝村”数据与中国2239个县的相关统计指标相结合，更为全面细致地检验了不同地区、不同市场化水平和不同政府财政支持力度等视角下的影响差异。三是综合利用双向固定效应、中介效应和PSM模型，不仅检验了电子商务对农民增收的影响，还进一步实证分析了农村电子商务发展对城乡收入差距的倒“U”形影响。

6.1.2　理论假说

根据产业空洞理论，传统经济运行模式使得农业被分割成三部分：产前环节（生产资料供给）被划分为工业，产后环节（农产品加工、运输和销售）被划分为商业，农民仅占有中间环节（农产品生产），而农民对农业产业占有的不完整形成产业空洞。产业空洞在使农民失去分享第二、第三产业利润机会的同时，也加大了农民收入对农产品供求形势的依赖程度，当农产品供求失衡和价格走低时，农民收入增速放缓以至减少就不可避免。农村电子商务的“去中介化”特点改变了传统经济模式下农民主体对接市场必经的“中间商”，直接与消费者交流、交易使农民能够参与产后环节，从而部分弥补了第三产业利润空洞。

农村电子商务也部分解决了“信息不对称”的问题。互联网时代开启之前，农民的生产经营决策具有局部性、滞缓性、粗略性的特点，需求信息从消费者出发，经过层层过滤后往往难以真正及时有效地反馈给农户，导致农户的生产决策存在明显的信息滞后和失真问题。农村电子商务利用互联网优势，使信息的流动变得方便和容易（罗珉和李亮宇，2015），农民可以根据市场需求开展农业生产，甚至“以销定产”，这尤其保障了易腐农产品的销量和价格。此外，李英东（2017）认为，交易能力的劣势是阻碍我国农民收入持续增长的重要因素，主要体现在以下两点：农民人力资源存量不足和作为独立、分散的市场经营主体，在市场竞争中处于不利地位。农村电子商务就业创业门槛相对很多行业并不严苛，在第一批“村里能人”获得成功后，熟人社会中独有的“喝茶吹牛会”等交流形式会使开店和运营心得迅速传播，形成一种乡村性的互联网“长尾效应”和“认知盈余”。这个过程会使更多村民主动学习、主动开店致富，从而促进农村电子商务集群发展，进而会全面提升整个村集体长期增收的能力。基于以上分析，本章提出：

假设 1：在其他条件一定的情境下，农村电子商务能够有效促进农民增收。

对于农村电子商务如何促进农民增收，部分研究认为农村电子商务不仅实现了农村剩余劳动力的安置，还促进了农民返乡就业。随着我国农业现代化的发展，大量农村劳动力从土地生产剥离，进城务工者增多但收入明显少于城镇居民，是我国农民收入增长缓慢的重要原因。根据人口学上的雷文斯坦“推拉理论”，如果获得更多的经济收入从而改善生活条件是农民进城务工的原因，那么流入地（城市）有利于改善农民工生活条件就是拉力，流出地（农村）不利的生活条件就是推力。农村电子商务出现之前，拉力和推力的双重影响决定了农民大量涌入城市。农村电子商务通过对当地第二、第三产业的拉动，可以吸纳数量可观的劳动力，加之农村电子商务创业可观的经济效益，会极大提升农民生活条件。农村作为流入地，对农民工返乡开始形成拉力。此外，我国的二元劳动市场下，外出务工农民一直面对医疗、养老和失业社会保障缺失的困境，在城市的生活压力日益增大。城市作为流出地，务工农民生活条件改善程度小于期望值，形成推力。拉力和推力的再次作用，会促使劳动力返乡就业创业。劳动力回流不仅会直接促进回流农民增收，也会激发当地经济活力，间接促进农民群体整体增收。基于以上分析，本章提出：

假设2：农村电子商务通过促进农民返乡就业机制，实现农民增收。

现有研究表明，作为新经济的代表，电子商务发展对农村和城镇居民都有明显的增收作用，但这种增收作用并不是一致的（韩雷和张磊，2016）。一方面，我国长期以来的城乡二元结构决定了城镇和农村居民在资金、劳动力素质、公共产品利用上的差别，加之大部分地区的城乡“数字鸿沟”依然存在，农村和城镇居民禀赋的差异也决定了二者从中分享的红利不可能是同质、等量的，因此电子商务发展的城乡不均衡分配便可能导致城乡收入差距的扩大。另一方面，农村电子商务也会打通城乡信息流通渠道、改善城乡资源配置、提高农产品市场价格、优化农户生产决策和促进劳动力自由流动，并对改善城乡收入差距产生积极影响。尤其是，随着电子商务的规模扩张和发展模式的不断成熟，当市场出现新的技术手段，使农村居民从中分享红利的能力得到提升，城乡收入差距便会出现缩小的态势（曾亿武等，2019）。基于以上分析，本章提出：

假设3：农村电子商务发展对城乡收入差距的影响可能呈倒“U”形趋势，即农村电子商务发展在初期会扩大城乡收入差距，发展到一定程度后会缩小城乡收入差距。

6.2 模型构建与变量描述

6.2.1 模型构建

根据曾亿武等（2018）、李琪等（2019）的研究，本章使用双向固定效应模型考察了农村电子商务对农民收入的影响。具体模型如下：

$$Incomenong_{it} = \alpha_0 + \alpha_1 cun_{it} + \alpha_2 x_{it} + \mu_i + \lambda_t + \varepsilon_{it} \quad (6-1)$$

其中，$Incomenong_{it}$是因变量，表示 i 县在 t 期的农村居民人均可支配收入；α_0是常数项；cun_{it}是核心解释变量，表示 i 县在 t 期的“淘宝村”数量；x_{it}表示控制变量，分别为县域常住人口密度（$density_{it}$）、实际利用外资占比（fdi_{it}）、本外币贷款总额（$loan_{it}$）和普通中学生数量（$middle_{it}$）；μ_i表示县级层面的固定效应；λ_t表示时间固定效应；ε_{it}表示误差项。本章以县聚类的稳健标准误。α_1是我们关心的效应系数。在使用双向固定效应模型前，对数据进行了修正的 Hausman 统计量检验。

为识别农村电子商务在促进农民增收的效果上是否存在异质性，对地区分组变量（*quyu*）和市场化水平分组变量（*market*）进行分组回归，对于连续变量引起的收入分配影响差异在模型（6－1）的基础上构建模型如下：

$$Incomenong_{it} = \alpha_0 + \alpha_1 cun_{it} + \omega_1 z_{it} + \omega_2 cun_{it} * z_{it} + \alpha_2 x_{it} + \mu_i + \lambda_t + \varepsilon_{it} \quad (6-2)$$

其中，z_{it}是调节变量，分别表示政府财政支持程度（gov_{it}）和经济发展水平（$perGDP_{it}$）。为了保证交互项和主效应的可比性，对核心解释变量（*cun*）和调节变量（*z*）进行中心化处理。

6.2.2 数据来源和变量描述

1. 数据来源

本章使用 2009—2017 年我国除港澳台外 31 个省、市、自治区共 2239 个县级单位的面板数据。其中，主要变量来自《中国县域统计年鉴》；GDP、实际利用外资额、城乡居民储蓄存款余额、本外币贷款总额来自司尔亚司数据信息有限公司（CEIC）中国统计数据库。部分缺失数据通过如下数据进行补全：

国务院发展研究中心信息网（教育版）区域经济数据库，国家信息中心国信房地产信息网区县年度库，各省、市及区县统计公报和统计年鉴。“淘宝村”“淘宝镇”数据来自阿里研究院2013—2017年度《中国淘宝村研究报告》；省级市场化指数来自王小鲁等的《中国分省份市场化指数报告》。

2. 变量描述

（1）关键变量。

选取剔除了价格影响因素的县级农村居民人均可支配收入（*Incomenong*）衡量农民收入。由于国家统计局2014年之后农民人均纯收入为农民人均可支配收入，参照程名望和张家平（2019）的研究，2009—2013年的农民人均可支配收入由历年农民人均纯收入增长率间接算出。选取县级行政单位的“淘宝村”数量（*cun*）作为核心解释变量。

根据阿里研究院定义，“淘宝村”是大量网商聚集在某个村落，以“淘宝”为主要交易平台，以淘宝电商生态系统为依托，形成规模和协同效应的网络商业群聚现象。“淘宝村”的认定标准主要包括以下三条原则：经营场所在农村地区，以行政村为单元；电子商务年交易额达1000万元以上；本村活跃网店数量100家以上或活跃网店数量达到当地家庭户数的10%以上。同时，一个镇、乡或街道出现的“淘宝村”大于等于3个，即为“淘宝镇”。在随后阿里研究院的官方定义拓展中，一个乡镇一年电商销售额超过3000万元且活跃网店超过300个，也可以成为淘宝镇，不局限于是否有“淘宝村”。

2013—2017年我国全国范围和分东、中、西三个区域农村电子商务发展及其趋势见表6－1。2009年，中国首次出现3个“淘宝村”，2013年的《中国淘宝村研究报告》中共有20个“淘宝村”进入统计视野。2014年，阿里研究院在全国共发现19个“淘宝镇”。截至2017年，全国共有“淘宝村”2118个，涵盖全国24个省市区，且西部六个省市区“淘宝村”实现“零突破”。从地理分布上看，大部分“淘宝村”集中在东部沿海地区，浙江、广东和江苏三省“淘宝村”合计占比超过68%。值得一提的是，2017年中西部地区的“淘宝村”数量增长迅速，从2016年的25个增长到68个，增长172%。

表6-1　2013—2017年我国农村电子商务发展情况　　单位：个

年份	"淘宝村"				"淘宝镇"			
	东部	中部	西部	全国	东部	中部	西部	全国
2013	19	1	0	20	19	0	0	19
2014	207	2	2	211	71	0	0	71
2015	763	12	5	780	134	0	1	135
2016	1285	21	5	1311	240	1	1	242
2017	2048	60	10	2118	464	1	2	467

2014年，商务部推出"电子商务进农村"的示范计划，决定3年内创造一批有典型带动作用的示范县。同年，国务院总理李克强造访义乌青刘岩村，表现出国家对农村电子商务的前景期待颇高。在阿里巴巴以"千县万村"计划为主题的农村战略下，截至2017年，全国共2118个"淘宝村"、242个"淘宝县"，涵盖全国24个省市区，在西部六个省市区，"淘宝村"实现"零的突破"。从地理分布上看，大部分"淘宝村"集中在东部沿海地区，浙江、广东、江苏三省"淘宝村"合计占比超过68%，浙江以779个"淘宝村"遥遥领先，广东（411个）、江苏（262个）紧随其后。值得一提的是，2017年，中西部地区的"淘宝村"数量增长迅速，从前两年的25个增长到本年度的68个，同比增长172%（表6-2）。

表6-2　2009—2017年"淘宝村"在各省市、自治区分布情况　　单位：个

省份	2009年	2013年	2014年	2015年	2016年	2017年
浙江	1	6	62	280	506	779
广东		2	54	157	262	411
江苏	1	3	25	127	201	262
山东		4	13	63	108	243
河北	1	2	25	59	91	146
福建		2	28	71	107	187
河南			1	4	13	34
湖北			1	1	1	4
江西		1		3	4	8
天津			1	3	5	9
安徽					1	6

续表

省份	2009 年	2013 年	2014 年	2015 年	2016 年	2017 年
北京				1	1	3
辽宁				1	4	7
湖南				3	1	3
四川			2	2	3	4
吉林				1	1	3
广西						1
重庆						1
贵州						1
山西				1	1	2
陕西						1
新疆						1
云南				2	1	1
宁夏						1
合计	3	20	212	779	1311	2118

农业农村部信息中心数据显示，2018 年，在农村电子商务五大电商平台中，天猫和淘宝的市场份额总占比约为 75%，发展规模在国内具有代表性；并且已有研究也较多采用阿里巴巴数据衡量电子商务发展水平（孙浦阳等，2017；李琪等，2019；陈维涛等，2019）。所以，本章选取全国 2239 个县级单位拥有的“淘宝村”数量来衡量其农村电子商务发展水平。

（2）控制变量。

除了农村电子商务，影响地区农民人均可支配收入的因素是十分复杂的，本章根据已有文献选取如下控制变量：县域常住人口密度（*density*）控制地区经济集聚程度，用县域常住人口数量除以行政区域土地面积加以衡量（张俊，2017）；市级实际利用外资占比（*fdi*）控制地区经济开放水平，实际利用外资原始数据单位为美元，利用国家统计局公布的汇率进行相应换算后除以市级 GDP 总额加以衡量（刘瑞明和赵仁杰，2015）；县级本外币贷款总额（*loan*）控制地区融资能力（黄志平，2018），本外币贷款总额原始数据单位为美元，利用国家统计局公布的汇率进行相应换算；县级普通中学生数量（*middle*）控制地区教育水平（郭峰和熊瑞祥，2017）。

（3）其他变量。

本章涉及其他变量如下：选取县级城镇居民人均可支配收入（*incomecity*）衡量城镇居民收入；县级城镇居民人均可支配收入和农村居民人均可支配收入的比值（*gap*）衡量城乡收入差距，该比值越大，城乡收入差距越大；县级第一、第二、第三产业增加值（*zeng*01、*zeng*02、*zeng*03）衡量地区产业结构；县级政府一般财政预算支出总额（*gov*）衡量政府财政支持力度；县级人均 GDP（*perGDP*）衡量经济发展水平；县级城乡居民储蓄存款余额（*save*）衡量居民储蓄对经济的影响；县级乡村从业人员数（*worker*）衡量农村从业人员数量；根据省级市场化水平（*market*），将样本高于和低于均值的县级单位分为两组；用县域内“淘宝镇”数量（*zhen*）和“淘宝镇”数量占镇级单位数量的比例（*per*）衡量“淘宝村”的聚集程度。

表 6－3 为 2009—2017 年全国及东、中、西三大区域农村居民人均可支配收入和城乡居民收入差距的情况。无论从全国层面看还是分区域看，农民收入及其占城镇居民人均可支配收入的比例都在稳步上升。2020 年中央农村工作会议提出，农民增收是全面小康的基本要求。自 2003 年以来，中央通过农业税减免、粮食补贴等多渠道，确保农民收入稳定增长，持续缩小城乡差距。从绝对数值看，农民收入及其占城镇居民收入的比例从东到西逐渐递减。其中，西部农民人均可支配收入低于全国水平，中部和西部农民收入占城镇收入比例低于全国水平。但增长率呈现从东到西逐渐增长的趋势，其中，农村居民可支配收入年平均增长率从东到西分别为 11.471%、12.362% 和 13.189%，全国为 12.211%；农民收入占城镇收入比例年平均增长率从东到西分别为 1.466%、1.551% 和 1.801%，全国为 1.593%。

表 6－3　2009—2017 年全国及东、中、西三大区域农村居民人均可支配收入和城乡居民收入差距的情况

年份	农村居民可支配收入/元				城乡收入差距/%			
	全国	东部	中部	西部	全国	东部	中部	西部
2009	5362.223	6941.695	5027.808	4138.352	40.085	45.042	41.943	33.558
2010	6161.947	7885.563	5808.841	4815.400	41.193	46.043	43.236	34.586
2011	7292.982	9215.553	6953.651	5740.355	42.570	47.248	44.848	35.911
2012	8387.487	10578.550	7867.352	6741.943	43.168	48.221	44.889	36.663
2013	9433.513	11649.640	8929.343	7748.792	43.711	48.151	45.480	37.755

续表

年份	农村居民可支配收入/元				城乡收入差距/%			
	全国	东部	中部	西部	全国	东部	中部	西部
2014	10481.340	12881.840	9934.215	8657.391	44.811	49.900	46.227	38.554
2015	11388.030	13902.490	10849.450	9445.443	45.061	49.838	46.772	38.830
2016	12377.040	15158.800	11745.010	10261.560	45.261	50.218	47.087	38.750
2017	13478.150	16548.000	12774.430	11149.380	45.489	50.602	47.439	38.709
年增长率	12.211	11.471	12.362	13.189	1.593	1.466	1.551	1.801

（4）统计性描述。

表6－4为主要变量的描述性统计，从县级层面看，城乡人均收入存在明显差距。图6－1展示了2009—2017年扣除价格因素后农村居民人均可支配收入情况，无论从全国层面看还是分区域看，农民可支配收入均在稳步上升；但农民收入自东向西逐步递减，东部地区农民收入高于全国水平。从增长速度看，九年间全国农村居民人均可支配收入增长了104.3%，年平均增长率呈现从东到西逐渐增长的趋势。图6－2描述了县级层面农村电子商务规模与农村居民人均可支配收入的散点图及相关关系。统计显示，农村电子商务数量与农村居民人均可支配收入存在明显的正相关关系，即随着农村电子商务数量的增加，农村居民人均可支配收入呈现增加的态势。当然更为详细的结论仍需下文严谨的实证研究得出。

表6－4　主要变量的统计性描述

变量	单位	观察值	平均值	标准差	最小值	最大值
incomenong	元	19966	8159.550	4002.785	1078.746	30095.290
incomecity	元	19966	18513.690	5877.078	3906.849	58422.980
density	百人/平方千米	19966	4.737	19.161	0.001	1761.832
middle	万人	19966	2.445	2.116	0.018	30.000
loan	百亿元	19966	1.376	3.507	0.000	87.911
fdi	%	19966	2.656	8.510	0.000	89.768
gov	亿元	19966	25.142	26.454	0.054	666.445
save	百亿元	19966	1.968	37.008	0.000	2321.054
perGDP	万元	19966	3.492	2.955	0.252	36.367
worker	万人	14251	21.280	17.209	0.071	132.060

续表

变量	单位	观察值	平均值	标准差	最小值	最大值
*zeng*01	亿元	19410	21.072	18.043	0.054	150.968
*zeng*02	亿元	19409	84.392	153.141	0.001	8805.992
*zeng*03	亿元	19392	67.757	163.457	0.011	5311.580

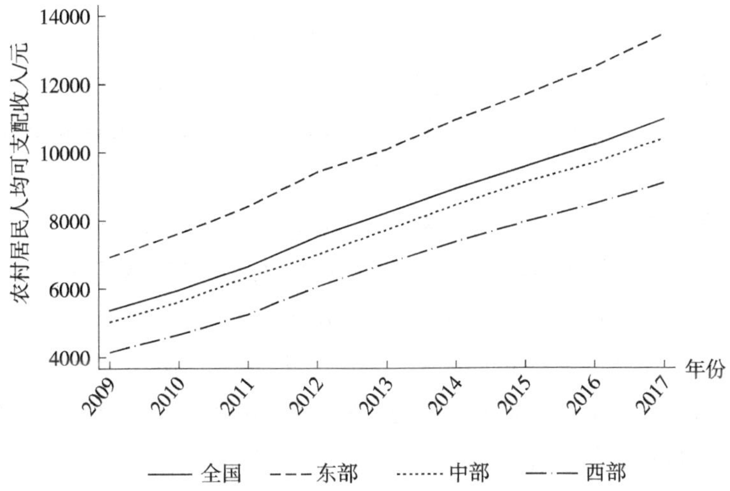

图6-1　2009—2017年全国及东、中、西部农村居民人均可支配收入情况

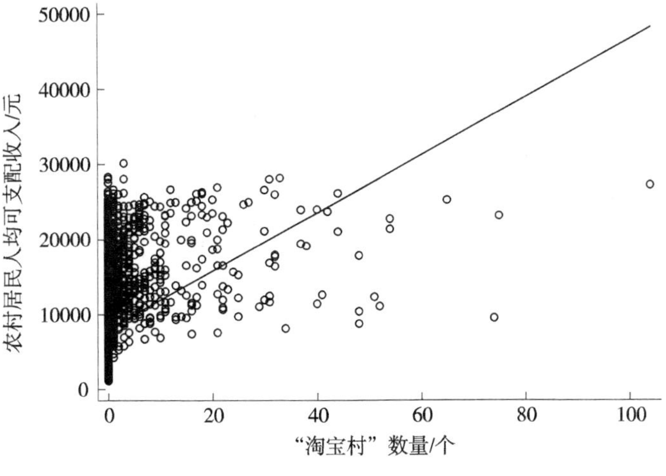

图6-2　县级层面农村电子商务规模与农村居民收入关系散点图

6.3 实证结果分析

6.3.1 基准回归

表6－5呈现了模型（6－1）的基准回归结果，列（2）和列（3）在列（1）的基础上分别控制了个体固定效应和时间固定效应，结果的拟合优度得到提升，体现了双向固定效应的合理性。结果显示，核心解释变量（*cun*）的系数在1%水平上显著为正，表明农村电子商务规模与农民收入增长正向相关，在其他控制变量保持不变的情况下，农村电子商务每增加一个单位，能够使农村居民人均可支配收入增加45.69个单位，验证了假设1。对此本章认为，产生该结果的原因如下：第一，农村电子商务线上线下市场同步的交易模式拉近了市场距离，使市场趋于扁平化，生产地越来越能够脱离消费地的束缚，农民进而有机会获得更大的市场范围和份额；第二，电商平台高效的信息传播与反馈价值，提高了交易效率，增大了交易频率，使市场得到纵向的拓深；第三，消费者通过运用电商平台降低搜寻成本、加大搜寻效率，对我国商品零售价格有稳定作用（孙浦阳等，2017），电子商务平台有效稳定物价、防止通货膨胀的作用可以促进产生一个更加稳定有效的市场，有利于农民持续增收。

表6－5　基准回归结果

变量	被解释变量：*incomenong*		
	(1)	(2)	(3)
cun	87.88***	72.23***	45.69***
	(6.924)	(26.81)	(11.90)
density	-0.0935	-0.613	-1.013***
	(0.821)	(0.882)	(0.365)
middle	-624.5***	-963.3***	24.61
	(18.83)	(110.7)	(21.39)
loan	750.9***	774.5***	249.6***
	(9.575)	(138.0)	(50.79)

续表

变量	被解释变量：*incomenong*		
	(1)	(2)	(3)
fdi	-48.04 ***	-51.67 ***	8.432 *
	(3.447)	(5.372)	(4.409)
Constant	8763 ***	9，573 ***	5，117 ***
	(78.24)	(363.7)	(69.43)
时间效应	否	否	是
个体效应	否	是	是
样本量	19966	19966	19966
R^2		0.320	0.834

注：括号中汇报稳健标准误；***、**、* 分别表示在1%、5%和10%的水平上显著。

从控制变量看，常住人口密度（*density*）在1%水平上呈显著的负向关系，说明经济过度集聚不利于农民增收。一般认为，城市人口同时具有聚集正效应和拥挤负效应，二者相互共存，但人口的过度集中，会造成人均资源减少、拥挤加剧等经济负效应。社会学家雅各布斯（1961）观察发现，城市人口的聚集正效应和拥挤负效应是相互共存的，区域的人口密度与经济水平并不明显相关。庞春（2019）受此启迪，通过研究表明地区经济发展与交易效率有关。交易效率的改进可以提升地区专业化效率，人口在分工网络中的聚集能够创造更多的产品，减轻因人口稠密所造成的诸如人均资源减少、拥挤加剧的负效应，提高在人均土地面积上交易量占产出量的比重，促进从人口聚集到交易聚集的变迁，实现人均收入递增。本章接下来的分组回归结果也证实了这一说法，在市场化水平高的地区，人口密度对农民收入有显著的正向作用；在市场化水平低的地区，人口密度对农民收入有负向作用。普通中学生数量（*middle*）系数虽然为正但不显著，说明长期来看，提升教育水平有利于农民增收，但目前的教育水平仍然有待提升。本外币贷款总额（*loan*）系数在1%水平上显著为正，说明金融发展水平提高，尤其是普惠金融的发展，可以促进农民增收，通过直接效应和间接效应加以实现。直接效应指普惠金融通过完善金融基础设施，农村电子商务创业者的金融服务可获得性提高，创业资金得到保障，收入增加。间接效应通过经济增长这一中介机制产生，普惠金融推动经济增长，使农村电子商务创业和就业在经济社会中位于更高的均衡点，更好的创业和就业的经济环境最终会惠及农民。市级实际利用外资占比（*fdi*）在10%水平上显著为正，表明提高经济开放水平有利于农民增收。一方面，外商直接投资流入可以补充地区经济发展过程中产生的资金缺口，增加资本存量，创造就业机会，扩大社会就业，促进经济增长，通过“涓滴”红利惠及农民；另一方面，外商直接投资对地区的经济刺激会创造巨大的劳动力缺口，可以促进以低技能劳动力为主体的农村劳动力进行非农转移，非农就业不仅可以直接增长农民收入，也可以让农民在新的工作中学习新的技能，有利于农民人力资本存量的增加，提高获得更高收入的能力。更重要的是，外商直接投资可以通过技术溢出和示范效应提升地区的整体技术水平和创新能力。在数字经济时代，地区整体技术水平提高和数字使用氛围会对农民接触互联网、进行农村电子商务创业产生有利熏陶。

6.3.2 异质性分析与调节效应检验

1. 区域异质性

如表6-6列（1）和列（2）结果所示，核心解释变量（*cun*）系数均为1%水平上正向显著，但是中西部地区系数大幅高于东部地区，农村电子商务每增加一个单位，中西部地区农村居民可支配收入增加403.1个单位，东部地区农村居民仅增加28.93个单位。说明农村电子商务发展能在全国范围内显著促进农民增收，但对中西部地区农民增收效果更明显。

对此，本章认为原因可能有如下两点：第一，东部地区的地理位置、制度环境、人力资本积累方面和市场经济完善程度，相较中西部地区都有大幅度优势，在要素配置合理化上处于较高水平，因此农村电子商务发展带来的正向边际效应小于中西部；第二，中西部地区的农民收入起点低，相对东部农民，收入增长空间更大。从区域分布看，全国农村电子商务发展的东、中、西部不平衡性特点非常明显。2017年全国2118个“淘宝村”，中、西部仅有70个。经过多年发展，2020年中、西部地区“淘宝村”数量增加至341个，但相对全国5425的总数量还是明显过少，东部地区依然占据农村电子商务非常大的发展比例。考虑到农村电子商务对中、东部地区农民收入增长影响更大，进一步增加中西部发展农村电子商务显得十分必要。近些年我们可以看到，中国农村电子商务整个基础设施条件在持续完善。从技术条件上看，整个宽带覆盖率、4G网络覆盖率已经能够支撑农村电子商务下一步的发展，伴随5G的推广，更多的新场景、新模式会应用于农村电子商务的领域；从快递物流完善程度上看，村邮实现了普遍覆盖，快递覆盖率在乡镇达到 96.6%；在人力资本积累上，中、西部的科教资源优势比较突出，武汉、西安、成都等地高校聚集，有发展以互联网和数字技术为支撑的服务业的基础和动力。在客观基础条件允许的前提下，需要财政、土地、金融等政策对中西部地区给予一定的倾斜支持，提升中、西部发展农村电子商务的能力。

表 6－6　异质性回归结果

变量	区域分组		市场化水平分组		政府财政支持力度	经济发展水平
	东部	中西部	高水平组	低水平组		
	(1)	(2)	(3)	(4)	(5)	(6)
cun	28.93 ***	403.1 ***	36.42 ***	117.1	51.51 ***	21.57 **
	(10.05)	(145.6)	(8.515)	(71.34)	(12.40)	(10.17)
gov					14.88 ***	
					(4.084)	
cun × *gov*					−0.171 **	
					(0.0679)	
perGDP						214.0 ***
						(23.71)
cun × *perGDP*						6.455 *
						(3.499)
Constant	6592 ***	4262 ***	4722 ***	5275 ***	5308 ***	5488 ***
	(145.4)	(97.23)	(181.5)	(49.17)	(88.61)	(75.13)
控制变量	是	是	是	是	是	是
样本量	6746	13220	10180	9786	19966	19966
R^2	0.885	0.805	0.708	0.846	0.837	0.842

注：控制变量包括 *density*、*middle*、*loan*、*fdi* 及时间和个体固定效应；***、**、* 分别表示在 1%、5% 和 10% 的水平上显著。

2. 市场化水平异质性

如表 6－6 列（3）和列（4）所示，在高市场化水平地区，核心解释变量（*cun*）的系数在 1% 水平上正向显著，农村电子商务每增加一个单位，高市场化水平地区农村居民可支配收入增加 36.42 个单位；低市场化水平地区的核心解释变量（*cun*）的系数不显著。表明农村电子商务发展在高市场化水平地区可以显著促进农民增收，但低市场化水平地区这种作用不明显。首先，高的市场化水平有利于资源配置，可以提高要素生产率，增加农民收入。宏观上，市场化不足意味着农民市场选择受限，交易范围局限在简单的农业和日常生活中，数量不多且收益不高，无法获得在更大的范围内有效配置手中的资源；微观上，市场化不足意味着农民生产有限，无法实现规模经济，生产率无法提高。其次，市场化会催生新的产业，开辟新的经济机会和就业机会，为不同技能水平的劳动者提供就业机会。再次，市场化具有导向功能。市场化水平提高，农民可以依据市场需求有导向地生产，降低生产的盲目性。最后，市场化水平提高有助于矫正不合理的市场定价，建立农民与其他市场交易主体的对等关系，扩大农民交易获利的空间。总之，通常情况下要素配置市场化导向能够提升资源配置效率，从而优化经济结构、改善收入分配。但是要素市场的扭曲则会造成资源配置效率低下、经济运行受阻、技术进步受制约、经济发展质量提升缓慢，也会造成资源流动不公平，从而不利于农民增收。本章的回归结果恰好证实了市场化水平差异下的上述影响。

3. 政府财政支持力度的调节效应

如表6-6列（5）所示，政府一般预算支出（*gov*）的回归系数在1%水平上正向显著，说明政府财政支持力度越大，越有利于农民收入增长。但其与农村电子商务数量的交乘项（*cun*×*gov*）系数在5%水平上显著为负，存在负向调节效应，表明政府财政支持力度增大会削弱农村电子商务发展对农民增收的促进作用。之所以如此，一方面，根据已有研究，地方政府财政支出具有规模偏好和结构偏好（雷根强等，2012），由于农村地区投资溢出性不高，决定了政府对农村地区缺乏投资偏好，更偏向于市政建设和基础设施建设等绩效较明显的生产性领域，引发财政支出结构的扭曲。本章使用的“政府财政支持力度”指标未区分识别政府财政的支农支出和非支农支出，仅以整体政府支出作为调节变量。由此产生的一个结果，可能是由政府财政支出结构扭曲对农民收入产生的上述不利影响。另一方面，财政支农支出的分配结构和管理上的不合理，也会不利于农村电子商务对农民增收发挥积极作用。有研究指出，因为公共支出存在管理、运用效率低下问题，国家财政农村支出对农民增收作用在统计上并不十分显著（李永友和沈坤荣，2007）；刘耀森（2011）也在研究后得出结论，尽管支援农业基本建设和农村生产支出确实是促进农民增收的有利因素，但是农村救济费和农业科技三项费用支出并未产生预期效果。本章的结果也表明政府可以进一步合理化财政支出、优化支农支出结构和管理水平，也可以通过其他渠道，如改善地方营商、制度环境、加强基础设施建设和公共产品供给等，发挥积极作用。

4. 地区经济发展水平的调节效应

如表 6-6 列（6）所示，地区经济发展水平（*perGDP*）的回归系数在 1% 水平上正向显著，表明地区经济发展水平越高，越有利于促进农民收入增长。并且人均 GDP 与农村电子商务数量的交乘项（$cun \times perGDP$）系数在 10% 水平上正向显著，表明经济发展程度可以增强农村电子商务发展对农民增收的正向影响，即经济发展程度越高，农村电子商务发展对农民增收的正向影响越大。农村电子商务依赖相对较好的经济基础设施、更加完善的商务配套环境，经济发展水平较高的地区一般网络化、数字化水平较高；快递物流基础设施供给充足，交通运输、仓储、配送、快递等物流资源分布合理，农产品在保鲜、运输、后续处理上更为方便；人力资源储备丰富，技术人才密集，具有发展农村电子商务的良好硬件条件。地区较高的经济发展水平意味着较好的经济基础设施和较高的公共服务水平，高水平的公共服务提供可以减少私人支出，增加可支配收入（于井远和王金秀，2020）；此外，公共服务可以通过培训、最低工资保障等方式提高农民人力资本投资或引导其职业选择，以提高他们在初次分配上的能力，进而增加收入（胡志平，2019）。例如，地区较高的教育水平可以在降低教育方面支出的同时，享受良好的教育和培训服务，通过培训获得电商创业和就业能力，扩展获取更高收入的机会。该回归结果与已有研究保持一致，如骆永民等（2012）发现，随着人均 GDP 提高，农村人力资源积累对农民工资性、非工资性收入增加都有更强的促进作用；伍骏骞等（2016）通过对浙江省经济数据的分析研究，发现地区经济发展水平与农民收入正向相关，且经济集聚对农民收入有显著的直接提升作用。

6.3.3 中介机制检验

基于上述基准回归影响分析，本章接下来利用中介效应模型，进一步探讨农村电子商务影响农民增收的机制。根据温忠麟等（2014）的经典研究，中介变量（M）的中介效应积（ab）与总效应（c）、直接效应（c'）有如下关系：$c=c'+ab$。对于上式关系，作为中介机制检验最常用的方法，逐步回归法的基本思想是，若 $a\neq0\cap b\neq0$，则 $ab\neq0$。由于存在检验力较低的问题，即校验过程中容易发生系数乘积显著但得出不显著的结论，学界近年来积极寻找检验力更高、更为有效的替代方法。借鉴已有改良研究（温忠麟等，2014），本章采用优化的 Bootstrap 方法检验假设 2 的正确性。Bootstrap 法从样本中重复取样，对取样后的样本得到系数乘积（ab）的估计值，将它们从大到小排列，以第 2.5 百分位点和第 97.5 百分位点构成系数乘积（ab）95% 的置信区间，并直接针对假设"$ab=0$"进行检验。若置信区间系数乘积结果不包含 0，则回归结果显著。表 6－7 为 Bootstrap 法的检验结果。本章进行了 500 次有放回抽样。结果显示，直接效应置信区间为 119.77～280.14，间接效应置信区间为 9.33～19.55，总效应 214.44，等于直接效应 200 加上间接效应 14.44，说明农村电子商务发展通过促进农民返乡就业，带动了农民增收，因此假设 2 成立。

表 6－7　中介机制回归结果

变量	*worker*
	(1)
间接效应	14.44***
	(2.640)
直接效应	200.0***
	(42.62)
样本量	14092

注：同表 6－6。

以互联网为基础的数字经济，解决了部分信息不对称的问题，通过技术赋能，为农民提供了全新的上升通道。农民不用外出务工，通过互联网就可以连接全国统一大市场，在家里就可以完成创业就业。"淘宝村"逐渐集聚创业人才、电商服务、配套政策等，成为创业的热土。以超大型"淘宝村"集群为例，浙江义乌的小商品、山东曹县的演出服、浙江永康的健身器材、浙江温岭的鞋、江苏睢宁的家具、浙江慈溪的小家电、浙江乐清的电工电气产品等，电商年销售额达数十亿元甚至上百亿元，有力地促进企业发展和产业升级。2019 年，全国"淘宝村"和"淘宝镇"网店年销售额合计超过 7000 亿元，在全国农村网络零售额中占比接近 50%，活跃网店数达到 244 万个，带动就业机会超过683万个。阿里研究院预计，下一个十年，全国“淘宝村”将超过2万个，将带动超过2000万的就业机会，让更多的年轻人返乡创业就业。

6.3.4 稳健性检验

1. 基于倾向得分匹配的检验

为解决自选择偏误带来的内生性问题，采用倾向匹配得分（PSM）方法进行稳健性检验。具体操作为：首先利用区域（*quyu*）、省级市场化水平（*market*）、城镇居民人均可支配收入（*incomecity*）、政府一般财政预算支出（*gov*）、农村居民人均可支配收入（*incomenong*）、普通中学生数量（*middle*）、县域常住人口密度（*density*）、本外币贷款总额（*loan*）、城乡居民储蓄存款余额（*save*）、市级实际利用外资占比（*fdi*）和第一、第二、第三产业增加值（*zeng*01、*zeng*02、*zeng*03），预测每个县拥有农村电子商务即“淘宝村”的概率（进行Logit回归）；接着使用临近匹配、卡尺匹配及核匹配三种匹配方式，给拥有农村电子商务的县寻找对照组，筛选后的样本在发展农村电子商务前后，应尽可能没有显著差异。为最小化均方误差（MSE），本章采用Abadie等（2004）的研究，进行一对四匹配。在此基础上，依旧使用双向固定模型以识别农村电子商务发展对农民收入分配的影响，原则上，临近匹配、卡尺匹配和核匹配三种方法筛选后的样本，估计结果应相差不大。如表6-8列（1）、（3）、（5）所示，核心解释变量（*cun*）在不同匹配方法下的估计系数、显著性与基础回归基本一致，均为在1%水平上正向显著，说明匹配后的样本中农村电子商务对农民收入有正向影响；如表6-8列（2）、（4）、（6）所示，以城乡收入差距（*gap*）为因变量，核心解释变量一次项（*cun*）均在1%水平上正向显著，核心解释变量的平方项（*cun*2）均在5%水平上正向显著，回归曲线拐点分别出现在农村电子商务数量为64.49、64.47和64.84处，均在核心变量取值范围内，说明匹配后的样本中农村电子商务对城乡收入差距有先增后减的倒“U”形影响，核心解释变量（*cun*）在不同匹配方法下的估计系数、显著性与基础回归也基本一致。因此，本章对农村电子商务对农民收入分配影响的估计结果是稳健的。

表 6-8 稳健性检验回归结果（PSM）

	(1)	(2)	(3)	(4)	(5)	(6)
	临近匹配		卡尺匹配		核匹配	
变量	*incomenong*	*gap*	*incomenong*	*gap*	*incomenong*	*gap*
cun	31.89***	0.356***	21.01***	0.401***	25.74***	0.354***
	(9.386)	(0.125)	(7.791)	(0.140)	(8.193)	(0.128)
cun2		-0.00276**		-0.00311**		-0.00273**
		(0.00132)		(0.00143)		(0.00133)
Constant	8252***	238.0***	8078***	238.2***	8175***	237.8***
	(149.9)	(2.859)	(141.6)	(2.992)	(137.2)	(2.891)
样本量	6843	6843	6690	6690	6836	6836
R^2	0.776	0.148	0.787	0.151	0.782	0.149
县级数量	2007	2007	2006	2006	2007	2007

注：括号中汇报稳健标准误；***、**、*分别表示在1%、5%和10%的水平上显著。

2. 剔除县级区样本

本章样本中除了农业县，还包括位于城市的县级区。依托城市资源，县级区在基础设施上具有自然优势，而农业县电商面临的基础性制约依然明显，并且这种差距在短时间内难以弥合。县级区的就业创业机会更多，农民增收的途径相较农业县更加丰富，因此农村电子商务作为众多农民可选择的增收手段之一，对农民增收的影响小于农业县。因此，有必要剔除邻近城市资源这一影响因素，将县级区从总样本中剔除，仅对全国范围内农业县回归，回归结果见表6-9列（1）和列（2）。列（1）显示，与基础回归相比，核心解释变量（*cun*）回归系数显著性不变，系数少许变大，农村电子商务发展对农业县农民增收效果更明显；列（2）显示，城乡收入差距呈显著倒“U”形，曲线拐点与基础回归基本一致。再次证明了基础回归的稳健性。农村电子商务在农业县的作用正在逐步释放，阿里巴巴《农村电子商务报告2020》显示，“淘宝村”农产品销售加速上行，2020年，全国有80个“淘宝村”农产品销售额超过2000万元，有65个“淘宝村”销售额在1000万元~2000万元，有142个在500万元~1000万元，有153个在250万元~500万元。并且电子商务在中西部地区贫困县的脱贫减贫作用逐渐凸显，通过电子商务销售农副产品成为中西部地区脱贫减贫的新领域，真正体现了电子商务对农业农村的发展实效。湖南平江、云南勐海、湖北英山位居前列，平江县“淘宝村”的豆腐干单品交易额超过5000万元，勐海县淘宝村以销售普洱、滇红为主，安徽砀山县的水果罐头交易额排在前列。

3. 替换自变量

“淘宝镇”是在“淘宝村”的基础上发展起来的一种更高层级的农村电子商务生态现象。根据阿里研究院定义，“淘宝镇”的经济价值和社会价值与“淘宝村”有以下三点不同。第一，“淘宝镇”有更显著的规模效应，更强调“淘宝村”的集聚程度。镇一级的农村电子商务生态意味着当地已经形成中等规模的产业集群，乡镇从事工商业的人口更多，服务体系更为完善，分工更为细化，因此，更有利于区域内网销产业的壮大；第二，创业范围和产业辐射更强。“淘宝镇”能在一个更大的范围内形成浓厚的电子商务创业范围，对于农村创业和就业都能形成更强大的拉力，对当地传统产业的渗透和改造能力也会更强；第三，从政府的角度，淘宝镇的出现便于政府扶持。单个行政村受限于空间和土地政策，而乡镇级别大多有单独的工业用地，有利于产业园的孵化，同时也能更快推动政府出台扶持政策。根据阿里巴巴的最新数据，2020年国家级贫困县内产生了更多的“淘宝镇”，106个“淘宝镇”分布在12个省的75个国家级贫困县，比2019年增加35个，年电商交易额超过170亿元，平均每个镇销售额1.6亿元。“淘宝镇”成为中西部相对欠发达地区电商发展的重要载体。为验证相对于“淘宝村”不同的农村电子商务发展模式对农民收入分配的影响，分别以县域内的“淘宝镇”数量（*zhen*）、“淘宝镇”密度（“淘宝镇”数量比镇级单位总数）（*per*）为核心解释变量，对农民人均可支配收入（*incomenong*）和城乡收入差距（*gap*）进行双向固定效应回归检验，结果见表6-9列（3）至列（6）。“淘宝镇”数量（*zhen*）和密度（*per*）对农民收入的系数均在1%水平上正向显著，城乡收入差距呈显著倒“U”形，曲线拐点在“淘宝镇”数量及其密度取值范围内。再次证明基础回归的稳健性。

表6-9　稳健性检验回归结果（剔除县级区样本及替换自变量）

	(1)	(2)	(3)	(4)	(5)	(6)
	剔除县级区		替换自变量			
变量	*incomenong*	*gap*	*incomenong*	*gap*	*incomenong*	*gap*
cun	48.10***	0.495**				
	(16.14)	(0.223)				

续表

	(1)	(2)	(3)	(4)	(5)	(6)
	剔除县级区		替换自变量			
变量	*incomenong*	*gap*	*incomenong*	*gap*	*incomenong*	*gap*
cun2		-0.00555 **				
		(0.00273)				
zhen			310.6 ***	4.709 **		
			(89.16)	(1.960)		
zhen2				-0.722 *		
				(0.420)		
per					4，102 ***	40.70 **
					(709.5)	(19.19)
per2						-61.15 *
						(31.59)
Constant	4802 ***	294.5 ***	5114 ***	294.6 ***	5114 ***	294.8 ***
	(119.2)	(2.938)	(70.11)	(2.943)	(68.44)	(2.961)
样本量	17385	19966	19966	19966	19925	19925
R^2	0.828	0.236	0.833	0.236	0.834	0.237
县级数量	1948	2235	2235	2235	2235	2235

注：同表6-8。

6.4 基于城乡收入差距的实证分析

6.4.1 农村电子商务发展对城乡收入差距的倒“U”形影响

上述分析论证了农村电子商务发展对农民增收的积极作用，而除收入绝对增长外，更被关注的是电子商务发展进程中城乡收入差距的变化。为此，本章利用城镇居民人均可支配收入和农村居民人均可支配收入的比值（*gap*）衡量城乡收入差距，继续构建双向固定效应模型：

$$gap_{it} = \beta_0 + \beta_1 cun_{it} + \beta_2 cun_{it}^{\ 2} + \beta_3 x_{it} + \mu_i + \lambda_t + \varepsilon_{it} \qquad (6-3)$$

其中，gap_{it}是城乡收入差距；β_0表示常数项；cun_{it}是核心解释变量，表示

i 县在 t 期的“淘宝村”数量；x_{it}表示控制变量；μ_i表示县级层面的固定效应；λ_t表示时间固定效应；ε_{it}表示误差项；报告以县聚类的稳健标准误，β_1和β_2则是我们关心的效应系数。

表 6－10 列（1）和列（2）报告了模型（6－3）的估计结果，核心解释变量（*cun*）的一次项显著为正，二次项（*cun*2）显著为负。同时，图 6－3 是根据估计结果绘制的曲线图，回归结果拐点出现在农村电子商务数量 44～45，在核心解释变量取值范围［0，104］内，农村电子商务与城乡收入差距确实存在先升后降的倒“U”形关系，假设 3 得到验证。随着电子商务的发展，电商农户在新技术的辅助下，可以弥补自身在经验积累和资源禀赋上的差距，逐步缩小与城市居民的收入差距。曾亿武等（2019）以江苏沭阳为例的实证研究还发现，基于电子商务平台的大数据产品的使用能够缩小电商农户内部的收入差距。某些新技术因为掌握门槛低、更契合低收入群体，通过开发这些的新技术可以弥补低收入群体的资源禀赋劣势，从而帮助他们更为快速且更加充分地获取数字红利，实现收入增长，缩小城乡居民和电商农户内部两级数字鸿沟导致的收入差距。因此，促进农村电子商务高质量发展，不断融入大数据等新技术并广泛应用和深度服务于农村地区，是巩固农民增收成果、不断缩小城乡收入差距的必然选择。

从控制变量来看，常住人口密度（*density*）在 1% 水平上负向显著，表明经济集聚有利于缩小城乡收入差距，具体可以通过三条路径实现：增加非农就业、拉动农业技术进步和激励农民人力资本投资（张跃，2020）。经济集聚可以为农村剩余劳动力提供非农就业机会，增加工资性收入；经济集聚的技术外溢可以提高区域内部农业技术水平，而农业技术进步一方面可以提高农业生产效率，培育和形成农产品新的竞争优势，改变农民在市场竞争中的劣势地位；另一方面也可以促进产业结构调整，推动农业与第二、第三产业融合，产生农业新业态。此外，经济集聚会加速专业分工，对劳动者素质提出更高要求，要求进城务工农民提高知识、技能水平。普通中学生数量（*middle*）系数同样在 1% 水平上负向显著，表明教育水平提高有利于缩小城乡收入差距。教育可以通过增加人力资本积累提高劳动生产率是已有研究的共识。李昕和关会娟（2018）的研究将经济分为农业部门和非农业部门。研究发现，单位教育投入（单位受教育年限）使农业部门劳动生产率增速快于非农业部门，即单位教育投入对农业部门工资增长率的拉动效果更为显著，从而有利于缩小城乡居民收入差距，义务教育尤其是初中教育作用更加显著。本外币贷款总额（*loan*）系数显著为正，表明我国目前的总体情况是地区金融发展水平拉大了城乡收入差距。金融本应该是为经济实体输送资金，改善资本配置效率的有利要素，但由于金融排斥现象的普遍存在，农村居民相对更少地获得金融服务和金融产品，从而限制了收入水平的提高。虽然已有研究发现（李牧辰等，2020；肖端，2020），普惠金融的发展正逐步缩小城乡收入差距，但目前在农村的效果仍比较差。市级实际利用外资占GDP比重（*fdi*）显著为正，说明较高的经济开放水平会扩大城乡收入差距。这种影响可以通过三种途径实现（冷艳丽等，2017）。一是产业结构效应。我国对外商直接投资的利用主要集中在第二、第三产业，并且在第三产业内部，外资较多流向房地产业、租赁和商业服务业、批发和零售业等资本密集型产业，较少流向公共管理和社会组织、水利与环境和公共设施管理业、卫生与社会保障和社会福利业、教育、居民服务以及其他服务业等有助于缓解城乡居民收入差距的服务业，这种产业结构的选择扩大了城乡居民的收入差距。二是就业结构效应。由于农村非熟练技术劳动力供给较多，外资企业在对高技能劳动者支付较高工资的同时必然会拉大城乡居民的收入差距。三是区位选择效应。城镇地区交通、基础设施、市场容量、产业集聚、经济活动、人力资本水平的相对优势会吸引大量外商直接投资，这种外商直接投资在区域间分配的差异，也会加剧城乡收入不均等。

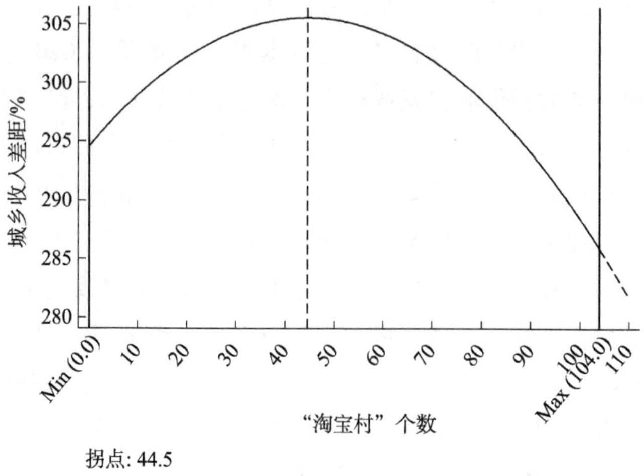

图6－3　农村电子商务数量与城乡收入差距的非线性关系

表6-10　城乡收入差距回归结果

变量	gap	gap	grad	gap
	(1)	(2)	(3)	(4)
cun	0.224*	0.495**	-0.101**	1.702
	(0.117)	(0.223)	(0.0494)	(1.859)
cun2		-0.00555**	0.00106*	-0.00563*
		(0.00273)	(0.000582)	(0.00322)
grad				0.254***
				(0.0934)
cun * *grad*				-0.00479
				(0.00787)
Constant	294.5***	294.5***	213.1***	242.3***
	(2.942)	(2.938)	(0.449)	(20.12)
控制变量	是	是	是	是
样本量	19966	19966	19381	19381
R^2	0.236	0.236	0.435	0.238

注：同表6-8。

6.4.2　考虑产业结构高级化的调节作用

为进一步验证农村电子商务发展是否通过促进地区产业结构升级，从而对城乡收入差距产生影响，本章构建地区产业结构层次系数（*grad*）衡量产业结构高级化程度。依据发展经济学基本理论，经济发展过程中产业结构的变动规律为：第一产业比重会不断下降，第二产业比重在上升到一定程度后会呈稳定下降态势，而第三产业比重会不断上升，即为产业结构高级化的过程。因此，本章首先对三次产业结构从高到低排序，分别为：第三产业、第二产业、第一产业；其次计算县级层面第一、第二、第三产业增加值占总增加值的比例，分别记为q_{i1}、q_{i2}和q_{i3}，县级产业结构层次系数为：

$$grad_i = q_{i1} + 2q_{i2} + 3q_{i3} \tag{6-4}$$

grad 越大，产业结构层次系数越大，则产业结构高级化水平越高。产业结构层次系数（*grad*）主要考察和比较不同地区之间在不同时间的产业结构变动水平，而不仅仅衡量某地区在一段时间内产业结构高级化的绝对水平。

随后采用杜运周等（2012）的研究方法，检验产业结构高级化的中介效应。一般分析框架中，调节路径分析方法包括两个回归方程：

$$M_{it} = \gamma_0 + \gamma_1 cun_{it} + \gamma_2 cun^2_{it} + \gamma_3 x_{it} + \mu_i + \lambda_t + \varepsilon_{it} \quad (6-5)$$

$$Y_{it} = \eta_0 + \eta_1 cun_{it} + \eta_2 cun^2_{it} + \eta_3 cun_{it} M_{it} + \eta_4 M_{it} + \eta_5 x_{it} + \mu_i + \lambda_t + \varepsilon_{it} \quad (6-6)$$

M_{it}代表中介变量（$grad_i$），Y_{it}为因变量，代表城乡收入差距（gap_{it}）。模型（6－5）用以检验中介变量（$grad_i$）与核心解释变量农村电子商务数量（cun_{it}）的非线性关系；模型（6－6）用以检验因变量城乡收入差距（gap_{it}）与核心解释变量（cun_{it}）之间的非线性关系以及中介变量（$grad_i$）的中介作用。回归结果见表6－10列（3）和列（4）。

表6－10列（3）显示核心解释变量一次项（*cun*）在5%水平上负向显著，二次项（*cun*2）在10%水平上正向显著，产业结构高级化程度与农村电子商务数量有显著的正“U”形关系。随着县域内农村电子商务数量的增多，产业结构层次系数会先减小再增大。这是由于农村电子商务对地区农业、制造业和服务业的发展都有推动作用，农村电子商务的发展首先通过提高农产品销量、提升农产品利润率、推动农民返乡就业创业，促进地区第一产业的兴旺。当地区农村电子商务的集聚达到一定规模，对物流、第三方服务、制造业的拉动显著高于农业时，第二、第三产业的比例上升，地区产业结构会趋向高级化。

表6－10列（4）的结果显示，产业结构层次系数（*grad*）在回归中的系数在1%水平上显著为正，其与农村电子商务数量的交乘项（*cun* * *grad*）的系数不显著，表明在农村电子商务发展与城乡收入差距间，产业结构高级化的中介作用不是缩小而是拉大，而且这种中介作用不受农村电子商务数量的影响。究其原因，若农村电子商务发展能够使城镇、农村劳动力在三次产业、不同行业间自由地流动，劳动力市场供需达到均衡，则农村和城镇居民劳动力的回报率也应该一致，工资水平差异趋于收敛，这种理想情况下产业结构优化会持续缩小城乡收入差距。而事实是，一方面，农村电子商务发展会带动当地制造业、物流业和生活服务业发展，这些行业对劳动力素质要求不严苛，对农村劳动力吸纳作用较强，促进了农民增收，降低了城乡收入差距；但另一方面，产业结构高级化的过程也表现为劳动生产率较高、技术和资本较为密集的生产性服务业在经济中占比的提升，生产性服务业平均薪酬更高、对劳动者综合素质要求也更高，农村居民在短期内无法达到岗位要求水平，此类岗位空缺主要由城镇居民填补，整个过程会加剧城乡收入差距不平等。与此同时，由于高端生

产性服务业中资本和技术往往会替代一部分劳动，就业吸纳能力本身不高，会进一步恶化劳动收入分配。

6.4.3　农村电子商务发展影响城乡收入差距的异质性分析

1. 区域异质性

表6-11列（1）核心解释变量（*cun*和*cun*2）的系数均不显著，列（2）核心解释变量一次项（*cun*）在1%水平上正向显著，二次项（*cun*2）在5%水平上负向显著，说明农村电子商务缩小城乡收入差距的作用在东部地区不明显，但能够使西部地区城乡收入差距呈显著的倒“U”形趋势，拐点出现在县域“淘宝村”数量3~4，这个拐点显著早于基础回归中农村电子商务数量44~45这一拐点，说明农村电子商务在中西部地区能更早地起到缩小城乡收入差距的作用。

表6-11　农村电子商务影响城乡收入差距异质性回归结果

	(1)	(2)	(3)	(4)	(5)	(6)
	区域分组		市场化水平分组		政府财政支持程度	经济发展水平
变量	东部	中西部	高水平组	低水平组		
cun	0.165	10.40***	0.342**	27.14*		
	(0.219)	(3.570)	(0.141)	(14.15)		
*cun*2	-0.00102	-1.645**	-0.00347**	-20.45		
	(0.00244)	(0.707)	(0.00149)	(13.10)		
ocun					0.740***	0.647***
					(0.250)	(0.243)
*ocun*2					-0.00522**	-0.00326
					(0.00265)	(0.00293)
ogov					0.0433	
					(0.0460)	
tgov					-0.00355***	
					(0.000918)	
operGDP						2.192***
						(0.365)
tperGDP						-0.00570
						(0.0403)

续表

	(1)	(2)	(3)	(4)	(5)	(6)
	区域分组		市场化水平分组		政府财政支持程度	经济发展水平
变量	东部	中西部	高水平组	低水平组		
osave						
tsave						
Constant	256.7***	317.6***	295.8***	288.0***	295.0***	294.4***
	(3.594)	(4.182)	(6.723)	(3.886)	(2.901)	(2.917)
样本量	6746	13220	10180	9786	19966	19966
R^2	0.274	0.240	0.272	0.178	0.237	0.236
县级数量	750	1485	2235	2232	2235	2235

注：同表6－8。

农村电子商务对城乡收入差距的收敛作用中西部地区明显、东部地区不明显的原因可以从两个角度解释。第一，根据前文已有回归结果，尽管农村电子商务在全国范围内都显著促进农民增收，但对中西部地区农民的增收效果更明显，是由于农村电子商务带来的正向边际效应东部小于中西部地区。第二，可以从公共服务角度考虑。公共服务分为社会性、经济性大类，不同区域、不同类别的公共服务差距对居民收入的影响存在差异。涵盖教育、医疗卫生、公共文化、社会保障等基本公共服务的社会性公共服务是社会居民发展的最根本的保障。公平的社会性公共服务分配会带来生产要素的自由流动以及资源的有效配置，但不公平不合理的社会性公共服务分配会形成居民间权利、能力、机会的顽固壁垒，拉大人与人之间发展的差距，成为收入差距产生的症结所在。基础设施、科学技术和环境保护等公共服务属于经济性公共服务，这些公共服务的提供和改变成本相对较小，并且能在较短的时间内改善区域整体的福利水平，缓解社会的不公正现象。张丽君等（2021）的研究发现，社会性、经济性公共服务差距均会拉大居民收入差距，社会性公共服务差距对收入不均等影响较大，经济性公共服务差距对收入的影响较小。经济性公共服务差距对收入差距的影响在农村地区间、民族地区与民族地区间、中部与西部区域间更明显。截至目前，农村电子商务带来的改变还仅限于经济性公共服务领域，因此在中西部地区的积极影响更为显著。

2. 市场化水平异质性

表6－11列（3）核心解释变量一次项（*cun*）的系数在5%水平上正向显

著、二次项（*cun2*）系数在5%水平上负向显著，列（4）一次项（*cun*）的系数在10%水平上正向显著、二次项（*cun2*）的系数不显著，说明农村电子商务在高市场化水平地区可以使城乡收入差距在经历一段时间上升后开始下降，拐点出现在农村电子商务数量49～50；但在低市场化水平地区无法改善城乡收入分配，城乡收入差距一直在扩大。本章的实证结果支持这种倒"U"形影响的结论，这与段军山和余点（2013）的研究结论一致，即市场化在初级水平会扩大城乡收入差距，高市场化水平会改善这一情况。对此本章做以下解释：在市场化水平较低时，市场体制不健全、市场发育不成熟、经济行为不规范等原因共同造成资源分配扭曲。城乡二元结构使市场的基本结构，经济对城镇化的追求远远优于农村市场化，城镇居民占有资本、金融、信息、商品、劳动力等市场的优势地位，农村居民的天然劣势没有改变，收入增长困难，城镇居民收入增幅远远高于农村居民，造成收入差距不断扩大。当市场化水平较高时，市场体制趋向健全，市场行为趋向规范，生产要素市场趋向完全。伴随产业结构升级的是农村剩余劳动力从第一产业向第二、第三产业转移，农民收入来源拓宽，农业劳动生产率提高也使农民原有收入增长率上升，农民总收入增长率超过城镇居民增长率，城乡收入差距相对缩小。综上所述，造成收入差距的不是市场化水平的高低，市场化进程的不均衡才是根源。因此，推进市场化进程均衡发展，改变城乡二元经济结构是优化城乡居民收入分配的重要内容。

3. 政府财政支持力度的调节效应

表6-11列（5）显示政府一般预算支出（*gov*）的回归系数为正，但不显著，说明政府财政支持力度本身对于城乡收入差距没有显著影响。但其与"淘宝村"数量的交乘项（*cun * gov*）的系数在1%水平上显著为负，即存在负向调节效应。结合上文，由于政府一般预算支出对于农民收入也存在负向调节效应，所以政府财政支持力度缩小城乡收入差距的调节效应是通过同时减少城镇、农村居民收入，且对城镇居民收入的减少更大来实现的。上文回归结果显示政府一般预算支出（*gov*）本身在对城镇、农村居民收入的回归中系数都显著为正，所以政府的积极作用会促进居民收入的增加，但其在农村电子商务发展过程中角色的不合理会导致城镇、农村居民收入的减少。

根据阿里研究院《2020淘宝村研究报告》，"淘宝村"在全国范围内有几点新趋势，地方政府可以合理把握，改变现有策略，有效利用新趋势，科学规划，利用好农村电子商务这一平台，促进居民增收，改善收入分配。第一，农村电子商务载体中心进一步上移。近几年“淘宝镇”数量激增，大大快于淘宝村的增速，其中中西部地区和东北地区的增长速度更快，2020 年全部“淘宝镇”中，“没有淘宝村的淘宝镇”占比 46%。地方政府可以重点关注小城镇在农村电子商务发展上的巨大潜力，在中西部和东北地区可以将城镇和县城作为主要载体重点打造“淘宝镇”。第二，直播电商将开辟“淘宝村”“淘宝镇”产生模式。相较原有电商，直播电商一定程度上流动性更强。随着产业互联网程度的不断加深，产品生产和销售的组织方式将更加灵活，人与空间的组合方式会更加多元。第三，农村电子商务数据化不断加强。与传统线下销售相比，线上销售渠道有助于收集和沉淀交易信息，形成大数据。以阿里巴巴为代表的电商平台通过开发数据产品实现数据赋能网商，辅助网商经营决策。靠直觉、凭经验的时代已经过去，善用数据成为网商升级的关键。政府在提供数据基础设施、提供数据培训上可以发挥积极作用。

4. 地区经济发展水平的调节效应

表6-11 列（6）显示人均 GDP（*perGDP*）的系数在 1% 水平上正向显著，与“淘宝村”数量的交乘项（*cun* * *perGDP*）系数负向不显著，结合上文回归结果中人均 GDP 对农民收入的正向调节作用，说明高的经济发展水平本身及其与农村电子商务的交互项都会促进农村居民和城镇居民增收，但并不会改善城乡收入差距。库兹涅茨（1955）的“倒 U 假说”认为，经济发展水平与社会收入分配不平等程度呈倒“U”形。本章的回归结果说明我国的大部分地区还没有到达收入差距减小的拐点。

王凯和庞震（2019）利用探索性空间分析法研究城乡收入差距的空间格分布特征，发现我国城乡收入差距发展不平衡的空间异质特征明显：经济发展相对落后地区城乡收入差距大，以京津冀和东南沿海地区为代表的经济发达地区城乡收入差距小。他们分析认为，我国区域经济发展不平衡是城乡收入差距不平衡的内在根源。一方面，我国在改革开放后实施均衡的发展战略，国家经济资源优先供应先富地区，京津冀和东部沿海率先实现高速发展，东部地区生产总值连续几十年占全国比重过半；另一方面，由于经济发达地区经济增长率和利润率较高，虹吸效应使得经济不发达地区的优质劳动力和生产要素自发流向发达地区。受不发达地区本身的地理、区位和人力资本等禀赋限制，农业占据主要地位的局势一直没有改变，第二和第三产业增长有限。加上我国的城乡二元经济结构和长期偏低的农民工工资，国家的整体城乡收入差距随着经济总量的增加也有扩大的趋势。除了经济发展不均衡导致的城乡收入差异，经济发展中对城镇化的偏好也导致城乡收入差距扩大。高文武等（2018）研究发现，安徽省人均 GDP 增长率的增加和城乡收入差距正相关。进一步分析认为，安徽省仍处于经济发展上升期，政府实施利用城镇经济带动全省的经济发展的经济战略，城镇的基础设施和社会保障先一步完善，城镇居民能够享受更好的基础设施和社会保障体系。而农村地区基础设施和社会保障体系仍然较为薄弱，政府对农村的资金和技术的投入远远小于城镇，这些都制约了农村居民收入的提高。因此这一阶段，随着省人均 GDP 增长率的增加，安徽城乡居民收入差距进一步扩大。

6.5　农村电子商务集聚影响居民收入的拓展分析

农村电子商务集聚指区域内电商企业、从业人员的集聚。农村电子商务的集聚对地区经济有正面影响，如由集聚搭建起的产业园、物流系统会吸引人员就业、发展当地特色产业、激发当地经济活力，因正的外部性促进地区经济增长，使居民增收；同时，过高的集聚程度代表网商之间的同质化竞争、行业平均利润减少，也会对经济产生负的外部性。上文讨论了农村电子商务发展具有促进农民增收，缩小城乡收入差距的经济影响，本章拟进一步考察研究农村电子商务过度聚集与居民收入增长的关系。

6.5.1　农村电子商务集聚对居民收入的倒“U”形影响

参考李琪（2019）的做法，以县级“淘宝村”数量除以县级行政区域土地面积（*cuns*）衡量地区农村电子商务聚集程度，以地区农村电子商务聚集程度（*cuns*）及其平方项（*cuns2*）为解释变量分别对城镇居民可支配收入（*incomecity*）和农村居民纯收入（*incomenong*）回归。除了土地面积，人口总量的差异意味着对农村电子商务发展带来的市场需求、劳动力和公共资源的差异，即区域对农村电子商务的承载能力还一定程度上体现在地域内人口总量上。因此，本书以县级“淘宝村”数量除以县级常住人口数量（*cunp*）及其平方项（*cunp2*）作为解释变量，做同样回归作为对照。

表 6－12 列（1）和列（2）核心解释变量的一次项（*cuns*）及其平方项

（*cuns*2）的系数都在1%水平上显著，且平方项（*cuns*2）的系数均为负，回归曲线的拐点均在核心解释变量取值范围内。作为对照，表6－12列（3）和列（4）数据显示结果基本一致。说明农村电子商务经济聚集对城镇和农村居民收入都呈显著的倒“U”形影响，即在发展初期促进居民收入，当经济聚集到一定程度后，行业边际利润不断减少甚至为负。

表6－12　农村电子商务集聚对居民收入影响回归结果

	(1)	(2)	(3)	(4)
	淘宝村数量/行政区域土地面积		淘宝村数量/常住人口	
变量	*incomenong*	*incomecity*	*incomenong*	*incomecity*
cuns	42084***	51096***		
	(11906)	(12573)		
*cuns*2	－79824***	－83931***		
	(21459)	(22812)		
cunp			10553***	8898***
			(1953)	(2455)
*cunp*2			－13549***	－7842*
			(4083)	(4463)
Constant	5131***	12894***	5123***	12884***
	(68.22)	(153.4)	(67.76)	(153.3)
样本量	19962	19962	19962	19962
R^2	0.834	0.906	0.835	0.906
县级数量	2235	2235	2235	2235

注：同表6－8。

王沛栋（2017）认为，农村电子商务聚集初期具有内部性经济机制和外部性经济机制，共同促进经济向好发展，有利于区域居民增收。内部性经济机制主要体现为产业价值链机制，区域范围内各个断续产业可以借助农村电子商务形成上下游关联，向上游可以延伸至供应和技术研发环节，向下游可以延伸至销售、服务环节。产业价值链一经形成，对整个经济体有以下三个方面的影响：第一，产业集群衍生效应。表现为降低产业链中个体企业的生产成本、优化资源配置、创造新的经济机会。产业链整合可以将与农村电子商务有关的企业融合，配置在其最有竞争优势的产业链位置，形成这个产业价值链整体的最优资源配置，同时不断降低产品在企业间生产、流通和销售的成本，使农村电子商务在市场竞争中具备成本优势。第二，创新效应。农村电子商务在产业价值链上位于具有竞争优势的环节，信息资源获取成本和交易成本极大降低，为技术和产品的联动创新提供了更大的可能。不但如此，同一环节同类企业间客观存在的竞争迫使农村电子商务必须主动创新，产业价值链的演进也要求生产性服务业进行技术和管理上的创新。第三，集群品牌效应。除了极少数有实力的农村电子商务通过巨额资金投入建立起外部认可的品牌，绝大多数农村电子商务没有享受过“品牌红利”，通过宣传“区位品牌”，集群品牌效应可以让每个人获利。外部性经济机制主要表现在规模经济、范围经济、劳动力市场共享、信息和技术传播的外部性经济四个方面。规模经济指土地、资本、劳动力等生产要素聚集的集中，农村电子商务在同一产量下平均成本下移；范围经济指农村电子商务几种产品的成本比生产单一产品的成本更少；劳动力市场共享指经济聚集形成吸引大量成熟劳动力在区域内集中，农村电子商务节约了劳动力使用时的搜索和培训成本；信息和技术传播的外部性经济使农村电子商务服务能以较低成本获取上游供应商、下游销售市场、同业竞争对手情况、产业和技术更新的重要信息。

农村电子商务聚集到一定程度，产业价值链的平衡会遭到破坏。目前我国更多的农村电子商务选择生产和网络销售环节，产业价值链对这一环节的仓储物流、技术研发和市场需求越来越无法满足，农村电子商务产业集群呈现“供多求少”的趋势，过度竞争难以避免；由于绝大多数农村电子商务创业人员不具备技术自我革新的能力，产品同质化问题严重，农村电子商务的投机性、短期化决策明显，抗市场风险能力较差。过度聚集的另一个问题是整个经济集群内电商发展所需无法及时、有效、低价供给，生产要素价格提高，环境恶化，政府公共供给资源有限，会加深个体农村电子商务面临市场不确定性时的生存风险。个体农村电子商务逐渐退出市场的结果不仅仅是他们本身收入的减少，由他们串联的产业价值链上从业人员的收入也会同步减少。为避免农村电子商务过度聚集引发的城乡居民收入减少，市场与政府要协同发力，予以干预。主要依靠市场力量，成立农村电子商务发展协会。协会代表应该覆盖区域内产业价值链的各个环节，打通与农村电子商务有关的企业、生产商、服务商、物流公司、金融和人力机构等主体间的联系，恢复产业价值量的平衡，向上投入人力财力进行技术研发，合理规划生产、销售环节规模和结构，下游保证仓储物流和服务，对外拓展市场规模，打造农村电子商务集群的研发、生产、服务和自我革新能力，摆脱“低端化”和“生命周期短期化”陷阱。政府在这个过程中要合理定位，提供公共物品供给及财政税收支持，弥补可能由市场不完全所引发的缺陷。

6.5.2 农村电子商务聚集对城乡居民收入的差异化影响

根据回归结果绘制曲线图，如图6－4所示，无论以“淘宝村”数量除以行政区域土地面积（*cuns*），还是以“淘宝村”数量除以常住人口（*cunp*），来衡量农村电子商务集聚水平，被解释变量城镇居民可支配收入（*incomecity*）曲线的拐点均晚于农村居民可支配收入（*incomenong*）。相对农村居民，城镇居民在农村电子商务带来的红利中，就业和创业更大程度上避免了同质化和低端竞争带来的问题，在收入上不仅收益更多且更稳定。原因可以从以下两点进行分析。

第一，城乡人力资源差异。农村电子商务集聚导致的劳动力退出具有明显的结构性特征，在低技能创业、从业群体中变现更加明显。第六次全国人口普查数据显示，我国接受高中教育的人口中，25～64岁农业户口劳动力占比9.9%，极大低于非农业户口58.2%的比重，意味着农村居民是我国低技能劳动力的构成主体。农村电子商务集聚造成的冲击会主要冲击农村居民，降低其收入水平和工作稳定性。第二，“二级数字鸿沟”推高收入不平等。如果“初级数字鸿沟”关注互联网使用机会和能力上的差异，那么“二级数字鸿沟”则关注利用互联网获取、处理和利用数据信息，用以辅助行为决策的能力差异。农村电子商务作为数字经济时代的衍生产物，信息获取能力是其一项基本技能，而该技能在城乡居民间的差异，则会形成“二级数字鸿沟”，尤其是农村居民本身教育水平有限，在对互联网信息的挖掘利用上整体劣势明显，面对市场风险利用数据挖掘辅助决策能力不足，会最先受到农村电子商务过于集聚不利影响的冲击。

因此，重视农村居民教育，提高农村居民人力资本积累水平是解决这一问题的根本之策。政府应持续加大农村地区教育投入，引导地方政府教育支出进一步向农村倾斜，完善随迁子女教育成本分担、教育机会等问题的解决机制，同时在农村居民中推广成人教育和专业培训，提高农村人力资本水平。

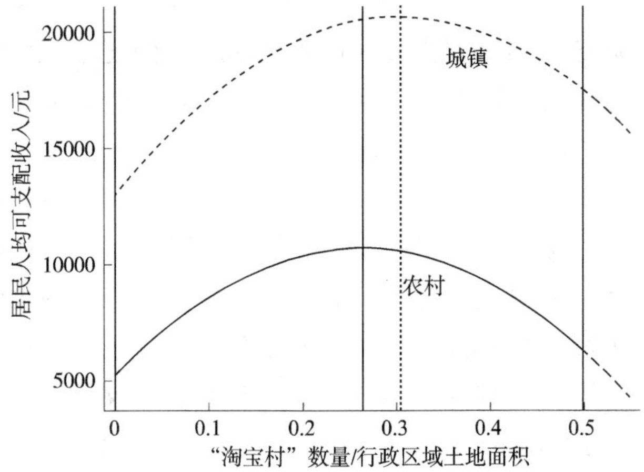

a）

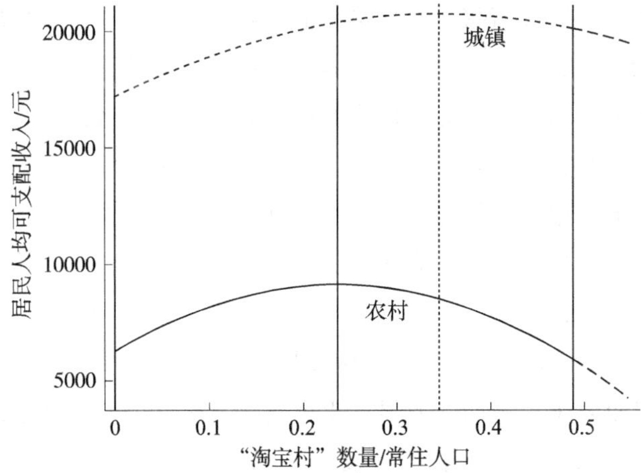

b）

图6－4　农村电子商务集聚对城乡居民收入的影响

6.6　本章小结

以“淘宝村”为代表，农村电子商务的兴起发展是我国农村经济新形态的一个典型表现，电商扶贫也被视为农民增收、脱贫的新抓手。基于此，本章利用2009—2017年阿里巴巴的“淘宝村”统计数据与我国相关县级指标匹配，在提出研究假设的基础上，运用双向固定效应模型、中介效应模型及倾向得分匹配 PSM 等多种实证方法，检验农村电子商务发展对农民增收、城乡收入差距的影响。经研究发现：①农村电子商务发展能显著促进农民增收，对城乡收入差距的影响呈现显著的倒“U”形趋势，多种稳健性检验均得出一致的结论；②分地区看，农村电子商务发展对农民增收的促进作用中西部优于东部、高市场化水平地区则优于低市场化水平的地区，对城乡收入差距的倒“U”形影响在中西部地区显著而在东部地区不显著、高市场化水平地区显著低市场化水平地区不显著；③从影响机制看，农村电子商务对农民增收地区经济发展水平有正向调节作用，政府财政支持力度则有负向调节作用，居民储蓄水平不存在调节作用；④从中介机制看，农村电子商务通过促进农民返乡就业促进农民增收，通过产业结构高级化影响城乡收入差距；⑤进一步研究发现，农村电子商务经济聚集对城镇和农村居民收入都呈显著的倒“U”形影响，农村电子商务集聚不利于城乡居民增收，并且这种消极影响更先作用于农村居民群体。

上述结论在脱贫攻坚的决胜阶段具有丰富的政策含义：第一，在新型基础设施建设背景下，农村电子商务作为促进农民增收的有效途径，应着重提升农村互联网接入率等数字基础设施建设，缩小城乡数字鸿沟，营造良好的农村电子商务发展环境；第二，地方政府尤其是县级政府，要在农村电子商务发展中更加积极作为，在“淘宝村”（镇）的建设、信贷税收、技能培训和创业孵化等方面给予政策扶持；第三，从农村居民自身看，要重视提升数字经济素养，通过行业技能培训和“淘宝村”的相关培训计划，增强农村居民的电子商务融入能力和增收效果；第四，要更加重视新一轮电子商务加速发展过程中可能带来的新的城乡收入不平等，积极发挥“淘宝村”等新型电商集群形式的收入分配作用，将农村电子商务带来的城乡收入差距控制在合理范围。

第7章 工业数字化影响我国省际劳动力市场就业和工资的实证研究

党的十九大以来，以数字经济和人工智能发展为代表的新一轮信息技术与经济社会的加速融合，为经济转型升级和劳动力市场变革带来新的动能。同时，在大数据、云计算、机器视觉等技术突飞猛进的基础上，数字技术逐渐融入生产制造领域，先进制造开始步入以新一代数字技术为核心的数字化、智能化制造阶段。然而，数字技术在带来自动化成本持续下降以及劳动生产率不断增加的同时，也引发了“机器替代人”的恐慌。新技术的扩散不仅会替代劳动者就业岗位，带来结构性失业、技能供需不匹配等问题，还会给劳动力市场带来深刻变革。但是，当前数字技术的就业替代效应尚不明确，对于不同国家、不同行业的影响及其替代程度也不尽相同。因此，理顺数字技术影响劳动力市场就业的理论机制，并检验其对就业和工资的异质性影响，对全球经济不确定性下的就业增长具有重要意义。尤其是，随着我国工业数字化的高速发展和就业结构的同步调整，明确工业数字化对就业及工资的影响，可以为疫情冲击下我国“保就业”决策提供理论支持。

现阶段我国正大力发展数字技术，明确数字技术对劳动力就业结构及收入分配的影响，将有助于促进其与我国经济社会发展融合，助推我国数字技术健康发展。因此，本章将在梳理工业数字化影响就业及工资理论机制的基础上，利用2001—2016年省份层面的数据，通过构建并测度出衡量工业数字化的指标，实证探索工业数字化通过产业结构升级对我国劳动力市场就业的影响。

7.1 文献综述

人工智能带来的自动化成本持续下降以及劳动生产率的不断增加，引发了“机器替代人”的恐慌。近年来，人工智能飞速发展，给劳动力市场带来深刻变革，尤其是对就业及工资的影响更是引起了广泛的关注和讨论。而对于工业数字化发展和劳动力市场中就业及工资的关系尚不明确，前沿文献中对两者之间影响及理论机制也缺乏新的思考。

7.1.1 工业数字化对就业市场影响的研究

针对人工智能及自动化等新技术与就业关系的早期研究，认为技术进步对劳动力市场就业的影响以直接破坏为主，导致出现所谓的“技术性失业”（Clower，1962；Malinvaud，1977；Fabien，2002；姚战琪和夏杰长，2005）。Frey 等（2017）以工作自动化可行性程度为依据对美国 702 个职业进行了分类，预测在未来 20 年内美国会有 47% 的职位被替代。孙文凯等（2018）基于以上研究发现，我国的常规性就业岗位与发达国家相比要高出许多，因此人工智能技术在岗位中的运用会对我国劳动力市场带来较大的冲击。但也有学者指出技术进步在直接破坏就业的同时，也通过各种途径间接促进就业增加，因而总体上促进就业增长（Clas Erikson，1997；Pianta 和 Vivarelli，2001；Bharat Trehan，2003；魏燕和龚新蜀，2012）。随着研究的进一步深入，现有的理论模型大多认为自动化或智能化主要通过两个渠道影响劳动力市场：替代效应和补偿效应（Aghion 和 Howitt，1994；Acemoglu 和 Restrepo，2018；Autor 和 Salomons，2018）。但以上两种效应的共同作用究竟会带来怎样的最终结果，学术界仍然未有定论。如 Greatz 等（2018）针对 17 个国家 1993—2007 年就业状况的研究，并未发现工业机器人对总就业有显著的影响。而 Dauth 等（2017）针对德国 1994—2014 年的研究则发现，机器人的应用虽然减少了制造业就业，但增加了服务业的就业，并未造成总体就业损失。

在人工智能应用影响就业结构方面，集中表现为两种观点：一种观点认为工业数字化在创造新任务的同时会衍生出新就业岗位，是一种包容性创新，并不会导致大规模失业。宋旭光和左马华青（2019）对我国各省份 2000—2017

年工业机器人投入数量研究发现，工业机器人的应用会提高劳动生产率，且与劳动力之间更多地是互补式替代效应；另一种观点认为工业数字化会使劳动力就业结构呈现“两极化”趋势，导致对高、低技能劳动力的需求增加，而减少对中等技能劳动力的需求（Goos 等，2009；Michaels 等，2014；Autor，2015；吕世斌和张世伟，2015）。Hemous 和 Olsen（2014）通过构建以自动化为导向的内生增长模型发现，自动化将会增加高等技能劳动力的需求和替代低等技能劳动力。孙早（2019）在纳入生活成本因素后，发现工业数字化的快速发展反而使得该地区的就业结构出现“单极极化”趋势。王文（2020）认为工业数字化水平的提升显著降低了制造业就业份额，但同时增加了服务业特别是知识和技术密集型的现代服务业就业份额，促进了行业就业结构高级化，有助于实现高质量就业。进一步地，陈晓（2020）发现工业数字化主要通过高、中等技能劳动力助力经济增长质量，具体体现在增加高等技能劳动力需求和替代中等技能劳动力，实现就业结构高级化，以提升经济增长质量。

不仅如此，随着人工智能与机器人技术在生产领域不断普及，物化于机器设备中的技术进步对低技能劳动力的就业与收入均产生了深刻影响。已有研究进一步指出，人工智能影响就业数量和岗位的变动必然会对工资收入产生影响，伴随着就业极化产生会发生工资极化的现象（Acemoglu 和 Autor，2011）。Lankisch 等（2017）基于内生经济增长模型，发现智能化应用降低了低技能工人的实际工资，从而提高了技能溢价和收入不平等。Berg 等（2016）也明确指出，目前工资收入不平等加剧主要出于两个原因：随着机器人技术更加成熟，每个人的产出将会增加，因此资本所占总收入的份额将会增大；此外，生产力和熟练劳动力的工资稳步增长，低技能的劳动力会受到损失，工资不平等也会进一步恶化。Kearney 等（2015）认为，技术进步的飞速发展促使在工资分配过程中的中间与底部群体之间的差距越来越大，且这一趋势会持续很长时间。Acemoglu 等（2017）研究表明，1990—2007 年美国工业机器人对劳动力市场的就业与工资产生明显冲击，低技能劳动力的实际工资下降约 20%（Lankisch 等，2017），产生了明显的工资极化现象。刘欢（2020）通过采用动态空间面板模型，基于 2001—2016 年中国省级面板数据与流动人口监测数据，评估了工业数字化对城乡收入差距的影响，结果表明工业数字化显著扩大了城乡收入差距。但遗憾的是，国内目前缺乏工业数字化对制造业内部工资差距这一细分领域的直接研究。

7.1.2 产业层面工业数字化对就业市场影响的研究

已有研究大多从理论上探究了工业数字化对产业结构的影响。Aghion 等（2017）发现自动化不仅能够产生资本对劳动的替代效应，还会改变自动化与非自动化部门的比重，当两部门产品的替代弹性较高时，自动化部门的占比反而提高。郭凯明（2019）发现工业机器人技术推动产业部门要素流动的决定因素包括人工智能产出弹性、人工智能与传统生产方式的替代弹性。Acemoglu 和 Restrepo（2017）发现工业机器人应用不仅能够提高制造业的劳动生产率，还能通过“规模－生产率”效应提升服务业的劳动生产率，且对劳动生产率的促进效应与应用范围成正比例关系。在同一产业链上下游，制造业的中间产品投入是由服务业提供的，工业机器人对制造业的效率提升效应通过推动服务业规模化生产、专业化经营和技术创新促进整个产业转型升级。

而现有文献对于工业数字化等新技术与劳动力市场的研究少有以产业结构升级作为中介来剖析其内在传导机制的。对于工业数字化等新技术所产生的技术进步与产业结构升级的关系，大部分学者研究认为技术进步使得不同生产部门间的生产效率出现差异（王林辉，2012），导致要素生产率的“马太效应”，形成生产要素跨部门的流动（黄茂兴，2009），促进产业结构的转型升级。杨丹萍（2016）将对外贸易纳入研究框架中，发现技术进步与产业结构之间呈现正相关关系，对外贸易通过技术外溢对产业结构产生正向推动作用。但也有部分学者研究发现技术进步偏向对产业结构升级的影响并不明显（Acemoglu，2001；Antonelli，2006；王定祥，2017）。而对于产业结构变化与就业的关系已有较为成熟的研究成果，大多数西方经济学家的研究结果比较统一，即大多数学者都认同配第－克拉克定理揭示的二者之间的相互关系，尤其是库兹涅茨的多国统计研究和钱纳里的多国模型的实证研究均证明了配第－克拉克定理的存在。从国际经验来看，产业结构变化必然导致就业结构的变化，而且二者变化的速率大致接近（魏燕和龚新蜀，2012）。杨公仆和夏大慰（2005）将产业结构的优化总结为产业结构高级化和合理化两个方面。此后，干春晖等（2011）、吴万宗等（2018）均在测度产业结构合理化和产业结构高级化的基础上，研究发现产业结构合理化、产业结构高级化对经济增长以及收入差距等问题的影响。以上研究分别研究了技术进步与产业升级、产业结构与就业变化两个方面的问题，但很少有研究将三者纳入同一研究框架，剖析以产业结构合理化和高级化两个角度作为传导中介时，工业数字化等新技术对于就业增长所起到的作用。

7.1.3　文献述评

上述研究为我们理解工业数字化如何影响我国劳动力市场的就业与工资，提供了较为清晰的思路，但对于工业数字化影响就业变动及工资分配在产业层面的理论机制缺乏应有的思考，没有对其影响机制给予足够的重视；且现有文献主要集中于分析工业数字化对产业结构的影响，鲜有以产业结构升级作为中介来剖析其内在传导机制的研究。但在实际中，工业数字化的应用会使不同生产部门间的生产效率出现差异，导致要素生产率的“马太效应”，进而形成生产要素跨部门的流动，促进产业结构的转型升级和就业变革。另外，大多数学者利用现实数据也已证实产业结构变化必然导致就业结构的变化，并且二者变化的速率大致接近。因此，将人工智能、产业结构和就业三者之间建立起有机联系，探究三者之间的关系机制变得更有意义。在已有研究基础上，本章将三者纳入同一研究框架，详细剖析以产业结构升级作为传导中介时，工业数字化等新技术对于就业变动所起到作用。具体而言，本章利用 2001—2016 年省份层面的数据，构建并测度出衡量工业数字化的指标，并分别通过理论分析及实证研究，探索工业数字化通过产业结构升级对我国劳动力市场就业效应的理论机制及影响研究。

7.2　理论机制与研究假设

7.2.1　理论机制

自内生增长理论提出以来，学者们将劳动力市场纳入研究框架，进一步探讨了人工智能或工业数字化等新技术的应用对就业增长、劳动力结构以及工资差距等的影响。在当前的研究中，研究人员主要根据工业数字化技术造成的就业替代效应和创造效应两方面来构建工业数字化作用于就业及工资的机制框架。在工业数字化对就业的替代影响方面，研究者们主要借鉴失业－增长模型、哈罗德－多马模型、Malinvand 模型等理论模型，以分析新技术产生的失业问题；在工业数字化对创造就业的影响方面，国外学者认为工业数字化主要表现为间接影响，工业数字化对就业的补偿主要是由使用成本、生产效率和产品创新等因素造成的（Autor，2015；Acemoglu 等，2018）。在国内研究中，鲜有关于构建工业数字化影响就业框架的研究。受限于我国缺乏相应的理论基础，工业数字化对就业的影响的路径模型大部分是基于国外经济理论模型的。在分析了工业数字化等技术进步对就业影响的经典理论及前沿文献的基础上，王君等（2017）使用经济学的理论和模型将工业数字化影响就业的机制从宏观和微观两个层面进行了划分。张红霞（2011）从经济的角度建立了技术进步与就业之间关系的系统框架，并通过两条途径（企业和产业）解释了新技术对就业的影响。基于以往学者的研究，本章构建了工业数字化对就业变动及工资变动的影响路径，如图 7－1 所示。

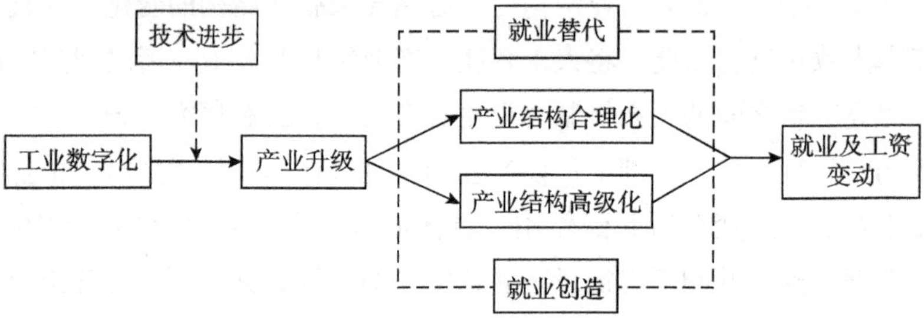

图 7－1　工业数字化对就业变动及工资变动的影响路径

1. 工业数字化影响就业的理论机制

工业数字化会影响就业总量和就业结构。现有的理论模型认为工业数字化从两个渠道影响就业总量，即破坏性的替代效应以及创造性的补偿效应。伴随数字技术的应用推广，智能资本要素（或数据要素）不仅会替代其他“非人工智能（或非 ICT）资本要素”，更能直接对劳动要素进行替代，从而带来部分劳动就业岗位的直接消失；或者通过技术进步使得劳动生产率提高，从而替代劳动力。这两种机制就是工业数字化对就业岗位的替代效应（Acemoglu 和 Restrepo，2018；Gregory 等，2019）。

总体上，工业数字化所促使的技术进步，一方面会直接提高劳动的边际生产力，提高对劳动力的需求，增加就业，从而具有就业创造效应。数字技术对就业的补偿效应是指在科技日新月异的时代背景下，数字技术的普遍运用会产生新的需求，随之会产生大量的新兴行业和新型部门，进而增加对新技能劳动者的需求，增加就业。其传导机制如下：①数字技术的普遍运用，会催生大量的以数字技术为核心的新兴行业和新兴部门，随之增加对新技能劳动者的需求。②数字技术的普遍运用，使得机器代替人力劳动，极大地提高劳动生产率。如果工人工资可以与劳动生产率同步增长，那么劳动者工资的提高将会刺激人们的购买力，消费需求增加，从而创造新的就业岗位。③数字技术的普遍运用，智能行业的发展前景向好，无疑会增加对于数字产业或人工智能相关行业的投资，带动资本品部门的相关需求，进而增加劳动者的就业机会。④数字技术的普遍运用，新产品和新服务的样式和种类增多，原先普通产品和服务的价格将会下降，如果人们的实际收入随着劳动生产率的提高而增加，那么整个社会的总消费量便会增加，从而创造出新的就业岗位。⑤数字技术的普遍运用，使用机器替代劳动将会大大提高劳动生产率，劳动时间减少，闲暇时间增多，人们将愿意花更多的时间享受服务，从而带动休闲娱乐性的服务行业和消费行业快速发展，创造更多的就业岗位。⑥数字技术的普遍运用，新兴高技能行业加大对劳动者技能水平的要求，使得劳动者更加重视对自身技能的教育和培训投入，与之相对地，会带动大量的教育和培训行业迅速发展，从而增加就业岗位。

另一方面，新技术产生的技术进步，首先会促使劳动生产率提高，某些工作岗位被替代，而后资本替代劳动，减少就业数量，从而具有就业替代效应。是指随着大量智能化、数字化设备的投入使用，机械化劳动被自动化和智能化机器替代，将会对就业市场中原有的劳动者产生不利影响，导致技术性失业或者结构性失业。其传导机制如下：①数字技术投入使用后，必然会投入大量的不变资本，机器取代人力劳动，减少对劳动力（可变资本）的需求，使得资本有机构成提高，从而出现大规模的相对过剩人口。②数字技术投入使用后，使用机器替代劳动将会大大提高劳动生产率，不仅如此，还可以提高产品的合格率，例如阿里巴巴菜鸟无人仓、上汽通用金桥工厂无人车间的出现。劳动生产率的提高，不仅会降低对劳动者的需求，而且也会降低劳动者必需品的价值，使劳动者维持生存所必需的物品的价值下降，相对工资趋于下降，进一步降低劳动者在就业市场上的议价能力。③数字技术投入使用后，自动化生产线取代传统生产线，智能化机器取代传统的机器，从劳动密集型向智能制造转变，制造流程将不再需要工人参与，传统机器制造领域的劳动者将面临严峻的失业问题。④数字技术投入使用后，将使整个社会的需求结构有所转变，使得原来需求比较旺盛的传统服务行业逐渐走向衰落，原来行业的就业者将面临失业的风险，如银行柜员、会计记账人员、零售行业服务员都将面临失业的风险。那么就业的替代效应与创造效应共同作用，便会影响对就业岗位需求。

同时，工业数字化也会影响劳动力市场的就业结构，已有研究主要从劳动力的技能、区域、所属行业等角度出发，认为数字技术会造成劳动力市场结构出现变化。

从劳动力的技能来看，Goos 等人（2009）发现，信息技术严重削弱了中层职位的数量，而低层及高层职位的数量不仅没有减少，反而有所增加。工业数字化作为先进制造技术，是计算机技术、信息技术、制造技术等软硬技术的深入融合，会对劳动力技能提出新的要求，劳动力体力要求越来越低，知识和技能的要求越来越高，尤其是拥有多学科知识的复合型人才最符合数字技术的需要。工业数字化进程对低技能劳动力产生就业替代的同时会增加高技能劳动力需求，且高技能劳动力工资水平高于低技能劳动力，劳动力会不断提高人力资本，进阶到高技能劳动力阶层，改善就业结构。数字化所带来的技术进步大多为技能偏向性的技术进步，这种技术进步一般会带来就业结构性矛盾。技能偏向型技术进步对劳动力的技能提出了更高的要求，增加了高技能就业者的岗位，减少了低技能者的就业岗位。由于被淘汰下来的低技能劳动力无法在短时间内提高自己的技能，就会出现高技能岗位空缺得不到满足、低技能岗位供不应求的结构性问题。当然，长期来看，被淘汰的劳动者会通过技能培训和再学习提高技能，从而使得这种结构性问题有所缓解。

从产业结构来看，目前我国正在朝着创新驱动，内涵式发展，协调发展和绿色发展的方向转变，要运用创新技术促进产业转型升级（师博，2019）。一方面数字技术创造新产品，刺激消费者购买力，引起消费者需求结构变化，进而使得产业结构调整；另一方面新技术的应用必然使新产品、新产业兴起，直接引起产业结构发生变化。目前来看，数字化对农业生产部门影响主要集中在农业生产方式转变、生产率提升、农民收益增加三个方面，对制造业领域影响较大，并且将开始逐步转移至服务业部门。产业结构发生变化，就业结构会发生相应变化，而原处于第一产业的大部分劳动力技能水平相对较低，大都从事第二产业技术含量低的工作或第三产业普通服务性质的工作，新兴产业的产生与发展，对劳动者拥有的技能水平提出更高标准，高技能劳动力开始涌向新兴产业，从而影响就业技能结构。数字技术不仅在制造业等传统行业中应用范围较广，在服务行业中也广泛应用于许多领域。一方面，数字技术将生产资料和技术的创新带入了与中国传统产业的融合过程中，可以有效提高生产效率，促进传统产业的优化和转型。另一方面，与数字技术相关的新兴产业继续出现在市场中，创造了新产业和新模式，促进了产业结构的转变和改善。

从区域经济增长来看，Autor 等（2003）认为，促进区域经济增长的技术通常需要满足三个条件：一是促进大规模使用，二是不断更新和升级，三是触发相应的创新活动。工业数字化也具有这三个条件。进一步地，通过对 1993—2007 年一些国家智能机器人的使用和经济绩效的分析，发现使用机器人会在一定程度上提高劳动生产效率，加快区域经济增长，并进一步使得经济增长速度攀升。陈德余等（2021）认为，城市特别是超大城市通过科学技术资源的强集聚效应，进一步提高了区域经济发展中数字化和智能化程度。同时，越来越多的资本替代劳动力促进使全要素生产率不断增长以及区域经济的高质量发展；国内区域经济的蓬勃发展对数字经济相关产业的向好发展提供了动力。

2. 工业数字化影响工资的理论机制

工业数字化对工资的影响表现为以下三个方面：第一，通过影响劳动力就业，工业数字化将对劳动力工资水平产生影响。若工业数字化与劳动力之间存在替代关系，工业数字化将对劳动力工资水平带来负面影响。Acemoglu 和 Restrepo（2018）认为，工业数字化对劳动力工资的影响取决于工业数字化会与哪一类劳动力形成竞争关系。例如，低技能劳动力的工作被自动化，则工业数字化将对低技能劳动力工资产生负面影响。如果工业数字化未对劳动力就业产生负面影响，则工业数字化可通过提高劳动力生产效率与边际产出水平，提高劳动力工资水平。由于工业数字化在抽象型、创造型领域与劳动者具有互补性，因此在此类领域工作的劳动力收入将会显著提高（Autor，2015）。长期来看，随着机器人使用密度的提高，全要素生产率与平均工资均会有所增长，但工业数字化对工资水平的正向影响会在长期内逐渐下降（Graetz 和 Michaels，2018），工业数字化对劳动力工资水平的提升作用呈倒“U”形。当经济发展状况处于较低水平时，数字技术的发展会大幅度提高生产率，增加就业者的收入，对工资水平的提升作用较为明显；随着经济水平的不断提升，工资水平处于一个较高水平，虽然数字技术不断促进经济增长，但本就处于较高水平的就业人员工资的上涨速度就会逐渐降低。

第二，工业数字化的发展产生资本对劳动力的分配优势，导致劳动收入份额发生变化。一方面，工业数字化将对就业带来负面影响，导致劳动收入份额下降。由于工业数字化相关机器设备将取代先前由人工执行的任务，导致机器替代劳动力，劳动力均衡工资水平下降，劳动在国民收入中的份额也随之下降。另一方面，工业数字化对劳动生产率的提升幅度超过了工资的提升幅度，导致劳动收入份额下降。数字化技术和机器人能够替代之前由工人从事的工作，产生替代效应，表明工业数字化在提升劳动生产率的同时并未提高对劳动力的需求，反而会降低劳动力工资与就业率，导致工人工资与其单位产出不相关，进而降低劳动在国民收入中的比重（Acemoglu 和 Restrepo，2018）。同时，工业数字化对劳动收入份额的影响存在行业异质性。数字服务或数字技术提高，都会促使生产要素在产业部门间流动，进而引起劳动收入份额变化。生产要素的流动方向取决于不同产业部门在工业数字化产出弹性和工业数字化与传统生产方式的替代弹性上的差别。在劳动密集型产业工业数字化的产出弹性更高且生产部门间产品替代弹性更低，或者资本密集型产业工业数字化的产出弹性更高且生产部门间产品替代弹性更高，或者劳动密集型产业工业数字化与传统生产方式的替代弹性更高时，工业数字化服务或资本密集型产业工业数字化扩展型技术提高后，资本密集型产业重将扩大，劳动收入份额将降低；如果前提条件相反，那么产业结构转型和劳动收入份额的变动方向也会相反（郭凯明，2019）。

第三，工业数字化时代存在高技能对低技能的分配优势，影响收入差距。工业数字化的就业“极化”效应导致收入“极化”。工业数字化推动的自动化过程中，会形成劳动力就业结构两极化趋势，这种趋势在劳动者群体内部则会转化为不同群体之间收入差距的扩大（蔡跃洲和陈楠，2019）。工业数字化和劳动力结构构成错配，以及劳动力整体受教育程度偏低，可能导致工业数字化在中短期内造成较为严重的结构性失业，扩大不同群体间的收入差距。一方面，在劳动就业市场的两极化趋势下，原本处于中层收入岗位的劳动者，或者失业或者向低端岗位下滑，从而扩大了劳动者内部的收入差距。另一方面，就业结构调整后，低技能岗位的就业人数增加，竞争更加激烈，工资下行压力持续加大，会导致高技能人群与低技能人群之间的工资差距不断扩大，最终表现为收入分配上对高学历、高技能劳动者群体的不断倾斜（Autor 和 Salomons，2017）。另外，工业数字化的发展也会继续拉大不同国家的发展差距。那些掌握核心技术，并且广泛使用工业数字化的先进国家可能会获得全球化生产和贸易的更多好处；而那些技术欠发达的落后国家可能被锁定在产业低端，处于发展更加不利的地位。

7.2.2　研究假设

上文提到，工业数字化对就业的影响绝不仅仅是简单的单向作用，它既有破坏作用，又有创造新产品、新行业的补偿作用，因此它直接或者间接地对就业产生着正向或负向的影响。从产业层面看，工业数字化等新技术所带来的技术进步可以使不同生产部门间的生产效率出现差异，形成生产要素跨部门的流动，促进产业转型和结构升级，影响产业层面的就业变动。杜传忠和许冰（2017）研究指出，由技术进步带来的产业生产规模扩大与新兴产业发展，将创造更多就业岗位，产生就业促进效应；但同时技术进步也导致部分产业衰退，引发大量劳动力失业，产生就业抑制效应。这两种就业效应共同影响产业层面的就业变动。作为影响产业转型升级的重要因素，工业数字化水平的差异将对产业层面的就业产生重要影响，沈赏（2020）通过两步系统 GMM 证实了人工智能对产业转型升级具有一定的促进作用。已有研究中，产业结构升级大多主要表现为产业结构合理化和高级化的过程（干春晖等，2011）。产业结构合理化作为衡量行业产值与就业人数的结构指标，使得劳动力可以在各产业间自由流动，影响各产业的就业。中国产业结构合理化自改革开放以来主要是通过放松对劳动力流动的管制，促进劳动力在城乡间、地区间和行业间自由流动来实现的（吴万宗等，2018）。而产业结构高级化表现为经济结构的服务化，产业结构高级化程度的提高就意味着经济在向服务化的方向推进，必然引起各产业就业人员数量发生变化。张浩然等（2011）利用空间面板对我国产业结构变动和就业增长关系进行了分析，发现产业结构快速调整对城市就业有显著的促进作用。吴振球等（2013）与田洪川等（2013）同样认为产业结构合理化和高级化会对就业产生促进效应。当前在我国经济新常态背景下，产业转型升级速度加快，就业结构性矛盾凸显。随着我国工业数字化程度的不断扩张，对总体就业的影响最终还是要以产业为最终载体呈现。因此，本章提出假设 1：

假设 1：工业数字化通过产业结构合理化和高级化，推动了我国就业增长。

对于工业数字化将如何影响劳动力市场的就业结构，已有研究主要从劳动力的技能、区域、所属行业等分类出发，认为人工智能等新技术会造成劳动力市场结构出现变化。从劳动力的技能来看，Autor 等（2003）概括了两大类难以被计算机化的任务，一类是抽象任务，通常为专业、技术或者管理职位，需要问题解决能力、直觉、创造力以及说服能力；另一类是手工任务，通常为服务和劳工性工作，需要环境适应性、视觉或者语言识别以及互动的能力，由于这两类工作一般分布在岗位技能的两端，因此产生了就业技能极化现象。从产业来看，由于当前人工智能等技术的发展突飞猛进，使得劳动力在产业间的流动由“递增式”转变为从“跳跃式”，即新技术所带来的技术进步会使得劳动力大幅度地直接流向第三产业，而第二产业的就业比例变化不大。从区域来看，中国工业数字化进程中伴随着地区间的不平衡发展，因此在工业数字化发展程度比较缓慢的地区，新技术创造就业岗位的势头更加迅猛，新兴产业对于劳动力需求的增长幅度会大于工业数字化发展程度较高的地区。基于上述分析，本章提出假设 2：

假设 2：工业数字化对就业结构具有异质性影响，不仅加剧了就业技能极化现象，也使得劳动力在产业间进行“跳跃式”流动，而且对中西部地区就业拉动作用更为明显。

除了对就业数量和结构的影响，工业数字化程度对现有劳动力工资水平的影响也是一个值得关注的问题。已有研究表明，工业机器人的使用可能促进我国制造业工资水平的提高。第一，当行业内原本低工资水平的中低技能劳动力被挤出后，剩余劳动力的实际工资水平将会呈现一定程度的上升趋势；第二，新技术的应用会提高生产力，降低要素价格，提高实际工资（闫雪凌等，2020）。劳动者在工作中运用的技能和所执行的具体工作任务在工资决定和工资增长中发挥着重要作用。虽然人工智能等新技术具有“常规任务偏向性”，通过取代大量常规任务导致劳动力向其他两个端点分流，造成就业极化与收入极化并存的“双极”现象（朱琪等，2020）。但相对工资的变动改变了劳动力技能供给的成本与收益，高等教育从精英型走向大众型降低了技能投资的成本，相对工资的上涨增加了技能供给的收益，因此，劳动力通过教育或培训使高技能劳动力供给增加，会在一定程度上减缓相对工资的上涨趋势、缩小收入不平等（郝楠，2017）。基于上述分析，本章提出假设 3：

假设 3：工业数字化可能对我国制造业工资水平存在促进作用，并降低制造业行业间的工资差距。

7.3　工业数字化进程中的劳动力市场变迁

7.3.1　我国工业数字化的发展现状

工业数字化驱动了新一轮的技术变革，会对就业结构产生很大的影响，驱动很多新技术的产生和新的就业机会。本章以人工智能的发展现状来描绘数字技术的发展。人工智能的关键技术包含了机器学习、强化学习、自然语言处理、虚拟现实、生物特征识别、计算机视觉等。其中，机器学习技术是人工智能的关键技术，它通过利用大量的样本数据，通过监督学习或非监督学习两种方式，经过系统的训练，可以使得机器具有人的预测能力。强化学习是通过不断的学习策略来获得问题的最大化收益，现在机器人博弈、对抗等场景比较常见，比如会下围棋的 AlphaGo。自然语言处理是通过大数据学习后使得机器可以理解人类的语言，能够理解语言的含义与其中的情绪等。虚拟现实技术通过仿真技术模拟目标环境的场景，使得人们有环境沉浸感，还可以与环境进行交互，比如可以将虚拟现实应用到教学中、影视娱乐中去。生物特征识别是指计算机可以扫描人体特征，比如指纹、眼睛和面容等，来验证目标的身份，现在的手机支持指纹识别，人脸识别都是利用了这种技术。计算机视觉是指通过让计算机学习大量的图形数据，学习出事物的特征，建立自己的分类模型，可以为人们去“看”这个世界，为人们完成一些视觉上的任务。

近年来，人工智能的发展十分迅猛，而基于人工智能技术的相关产品陆续出现，其中发展尤为突出的就是机器人。人工智能技术的创新使得机器人产业也走向了更高的水平，人工智能遍及了社会生活中的各个方面，互联网巨头已经进入无人驾驶、面部识别、智能搜索、智能教育、智能家居、智能城市和智能客户服务等领域，在各种情况下迅速实现了人工智能的商业应用，人工智能人才的竞争也越来越激烈。同时，人工智能技术推动了智能制造的迅速发展，加快了工业机器人在制造业行业中的应用，逐步实现工业数字化。工业机器人作为人工智能在工业领域的应用代表，在一定程度上反映了人工智能的发展状况。作为世界第二大经济体，我国人口数量与制造业规模，给人工智能新技术的发展提供了非常广阔的应用平台。政府及相关部门十分重视人工智能相关产业的发展及产业优化调整，将其上升为国家战略，人工智能相关产业得以迅猛发展。目前，我国智能制造设备产量增长较快，据国际机器人联合会报告，我国机器人密度的发展在全球最具活力，从2013年的25台增加到2017年的97台，增长了近3倍。机器人的产业规模不断扩大，2013—2017年年均增幅达到近30%。虽然服务机器人的份额增长最为明显，市场规模达到13.2亿美元且所占比重超过20%，但工业机器人的应用市场前景依旧广阔，市场规模将达到42.2亿美元且所占比重为67.2%。而且，与技术发达国家相比，我国还有巨大的上升空间（隆云滔，2020）（图7-2）。人工智能等新技术的广泛应用，也同样对我国经济社会发展与就业市场赋予了机遇与挑战。

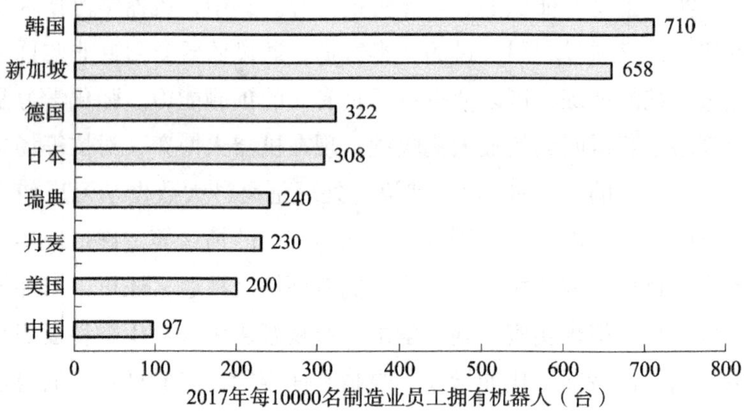

图7-2　部分国家2017年机器人分布密度

资料来源：国际机器人联合会（https：//www. ifr. Org）。

人工智能渗入我们生产与生活的方方面面，成为社会各界关注的新兴领域。因此，产业的统计制度需要进一步完善，监测手段需要进一步创新，让数据信息更能真实地反映现实情况。国家工业信息安全发展研究中心发布的《中国人工智能行业发展指数（2019）》，分析了我国31个省、市、自治区（不含港澳台）人工智能产业发展情况，发现我国人工智能产业高速增长，加速渗透众多应用场景，已经成为促进经济社会发展的重要驱动力。全国多地也结合自身条件，加快人工智能产业、数字产业发展布局，相关支持产业的政策陆续颁布，区域间初步形成了竞争的态势。

本章在参考孙早（2019）测度工业数字化指数方法的基础上，得到2001—2016年30个省、市、自治区共480个工业数字化指数观测值，经分析测算，其平均工业数字化水平处于 0.1014～0.3457，均值为 0.1981。可以看到，前五名为北京市（0.3457）、广东省（0.3393）、上海市（0.3339）、浙江省（0.3008）和福建省（0.2891），后五名分别为甘肃省（0.1219）、内蒙古自治区（0.1166）、山西省（0.1163）、青海省（0.1056）和宁夏回族自治区（0.1014）（图 7－1）。北京、广东及上海的工业数字化发展程度较高，主要得益于长期以来数字经济基础较为雄厚，产业环境较为成熟。根据《新一代人工智能产业区域发展竞争力评价指数》，京津冀、长三角和珠三角三大经济圈处于智能科技和产业发展前沿，北京、广东、浙江和上海的人工智能发展水平位于第一梯队。另外，从人工智能产业发展的政策层面看，目前北京、上海、广东三地也牢牢占据我国人工智能产业发展的第一梯队（刁建超和连慧，2018），与本章的测算结果基本吻合。

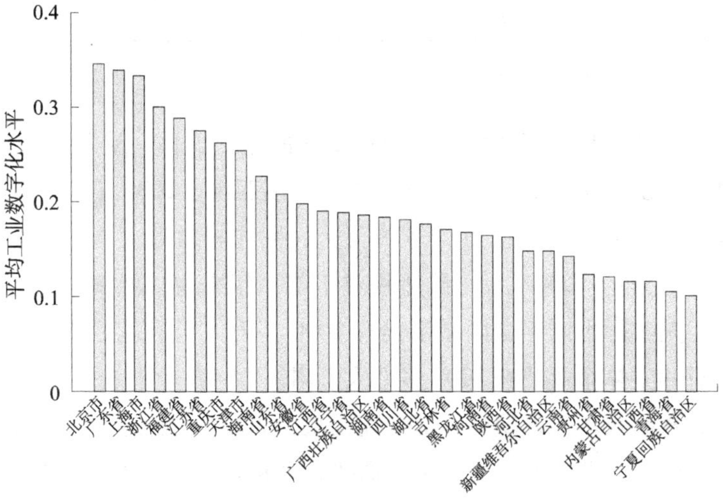

图 7－3　2001—2016 年各省市工业平均数字化水平

7.3.2　我国劳动力市场变迁概况

1. “十五”期间我国劳动力市场发展趋势及概况

“十五”期间，国家经济的稳步上升带来了更多的就业机会，让更多的人可以找到自己的工作。2004 年，相对于 2001 年来说，就业人数增加了 2175 万人，其中城镇就业人数增加得比较多，有 2536 万人，而乡村就业人数相较于 2001 年减少了 361 万人，全国就业人数有 7.52 亿人。根据不同产业分类来分析，第一产业前两年的就业人数是增加的，可是后两年的就业人数却是一直减少的。第二产业除2002年下降一些外，其他年份都是增加的。第三产业的就业人数持续上升。总的来说，第一产业就业人数有下降的趋势，第二、第三产业就业人数大体上都是上升的趋势（表7.1）。

表7－1　2000—2004年不同产业就业人数变动趋势

年份	第一产业		第二产业		第三产业	
	总数/万人	比上年增加/%	总数/万人	比上年增加/%	总数/万人	比上年增加/%
2000	36043	0.77	16219	－1.23	19823	3.22
2001	36513	1.3	16284	0.4	20228	2.04
2002	36870	0.98	15780	－3.1	21090	4.26
2003	36546	－0.88	16077	1.88	21809	3.41
2004	35269	－3.49	16920	5.24	23011	5.51

资料来源：《中国劳动统计年鉴》。

农村向城镇转移的劳动力和下岗再就业的这些群体，就业压力仍然很大，因为问题的根源是劳动力过剩，与就业机会不匹配。2004年，城镇就业人数占全国就业人数的一小半，为26 478万人，而农村就业人数占了全国就业人数的一大半，为48 724万人。虽然相对于前一年来说，城镇就业人数新增近千万人，但是实际上同年全国城镇仍有1000多万人没有就业机会，因为当年城镇、国有和集体企业共有1000多万人下岗。

同时，核心技术工人缺少，部分地区缺少农民工导致了结构性就业问题越来越明显。随着产业的变更与升级，需要越来越多的技术工人，尤其是高级技术工人的需求很大，技术工人的需求远远大于社会能够提供的技术工人的数量。2005年，劳动和社会保障部对全国所有城市的劳动力数据进行了调研与分析，数据表明，每个技术等级的工人的数量都不能满足市场的需求。初级工、中级工、高级工、技师、高级技师、工程师和高级工程师的需求与人数倍率都比较高，这些倍率基本在1.5～2.1。总的来看，技术工人的需求是要比技术员和工程师大的。其中，高级工人、高级技师和高级工程师的倍率相对较高。

总的来看，国民教育程度不高，是导致技术工人和高级工人等等缺少的主要原因。据《中国劳动统计年鉴2005》统计，全国就业人员中，没有上过学的占 6.2%，小学水平的占 27.4%，初中水平的占 45.8%，高中水平的占 13.4%，大专、本科和研究生占 7.23%，且比例越来越低，分别为 5%、2.1% 和 0.13%。换句话说，学历相对低的初中及以下人员占了就业人员的大部分。尽管在需要较多技术工人的制造业和建筑业，这个比例也是很高的，分别为 70.4% 和 81.4%。有 77% 的生产设备操作人员的学历为初中及以下。有一半的待就业群体的技术水平是比较低的。在农村，就业培训工作基本没有开展。大批的初中、高中毕业生就业前都没有经过专业的职业训练，没有任何的专业技术就开始就业。所以，虽然很多公司都缺少技术工人或者普通工人，但是很多学历比较低而且没有技术的工人却找不到工作，这就造成了用工与就业的不平衡。

从另一个角度看，有一部分地区从 2004 年初开始缺少技术含量比较低的劳动力资源，虽然农村流出了很多劳动力，但是这些企业提供的较低工资、恶劣条件让农村劳动力退却了。因为这些企业为了降低成本，将工厂建立在了福利条件比较差、社会保障不够，而且工资标准还低的地区，所以这些地区的企业招不到足够的工人。劳动和社会保障部 2004 年调查数据显示，经过了 12 年，珠三角地区最低工资标准仅仅提高了 60 多元，如果考虑到通货膨胀因素，实际上比 12 年前赚得还少，这会打击工人的积极性。另外据调查，工资标准在 700 元以下的企业，基本没人愿意去。工资在 700 ~ 1000 元的企业，可以招到一些工人，但是不是很多。工资在 1000 元之上的企业，招工会非常顺利。这些企业大多数是劳动密集型企业，通过降低招工成本，来提高自己的利润。由于招不到工人，有些企业不得不提高工资标准，来招聘更多的工人。

2. “十一五”期间我国劳动力市场发展趋势及概况

总体上来看，“十一五”期间相对于“九五”和“十五”期间急需创造就业机会的情况有所减轻，就业总量呈上涨趋势，逐步增加。2009 年全国就业人数总量增加 2170 万人，相对于“十五”末期，总量达到 77 995 万人，平均每年增加 540 万人左右。并且，就业质量好的城镇单位所在地区就业人数呈上升趋势，“十一五”期间，城镇单位就业人数相比 2005 年增加 1100 万人左右，平均每年增加 292 万人，总数达 12 572 万人，并且总体趋势呈上升状态，而不是“九五”“十五”期间的下降状况。同时，相比于之前的就业情况，就业的结构性问题得到了缓解，城镇失业人数下降，就业人数不断上升。“十一五”时期，城镇就业比例大于全国就业比例，城镇就业人数占总人数的比例呈上升趋势，2005—2009 年增加 3.9%，达 39.9%。

但是，“十一五”初期，可以参与劳动的人口仍然处于上升状态，就业形势不容乐观。就业机会小于就业需求的总量性问题仍然较为突出；结构性问题更加严重，劳动者掌握的技术水平达不到用人单位的要求；就业难和用人单位招不到合适的人的现象存在于不同的地方，短期内很难解决。据统计，“十一五”期间每年需就业的毕业生达 1000 万人以上，这些人都需要就业机会。2008 年金融危机的影响，农村劳动力的转移，使得我国的就业任务困难重重，就业形势仍然严峻。

“十一五”时期，信息化时代到来，但是工业化时代尚未结束，工业与信息化是一把双刃剑，既有利于经济快速增长发展，又让就业产生了新的矛盾。“十一五”时期，随着我国加入 WTO 和体制改革，就业的总量和结构又一次被冲击。如果 GDP 每年按照百分之七的增量上升，会新增就业需求 2000 万人次，但是每年能提供的就业机会只有 1600 万人，会有 400 万人找不到工作，5 年累计即达 2000 万人，再加上可能的失业人口再次就业，“十一五”时期面临重大的失业问题。尽管我国已经进入信息化时代，但是信息化对于经济有效促进作用还有待充分发挥，2000 年虽然信息化指数已经达到 38.46，GDP 的增长速度却没有明显上升。也就是说，信息化并不能够直接带动国民经济的发展，信息化产业还不是国民经济的支撑，当时的经济结构与以信息化为主导的高级社会经济形态有差距。

3. “十二五”期间我国劳动力市场发展趋势及概况

“十二五”时期以来，城乡就业人口不断上升，2010—2014 年增加 1148 万人，达 77 300 万人。其中，城镇就业人数每年平均增加 1156 万人，总数达 39 300 万人；前四年城镇每年都增加至少 1000 万人，累计达 0.5 亿人。城镇的失业率统计一直低于 5% 的控制目标值，只有 4.1%。城镇调查失业率也处于控制目标值 5% 左右的较低水平。2011—2014 年，农民工增加近 2000 万人，外出打工的农民工总数达 16 800 万人，全国的农民工总量为 27 400 万人。

从产业结构的统计来看，我国的产业结构发生变化，第一产业明显下降，下降约 7.5%；第二产业略微增长，约为 1.2%；第三产业明显上升，上升约 6.3%；第一产业的下降基本由第三产业的增长加以弥补，这表明我国的产业结构正在优化，我国在由农业与工业大国向着服务业大国发展，由传统产业向新兴产业快速迈进，具有里程碑意义。从所有制的结构来看，城镇个体户人员数快速增长，达 16 900 万人，由原来占所有城镇就业人数的 30% 达到 43%，这说明以公有制为主体，多种所有制经济共同发展在我国是适合的，可以取得很好的结果。从就业的结构来看，城镇就业人数稳步上升，就业比例 2010—2014 年增长 5.3%，达 51%，说明我国城镇化规模不断扩大，许多人都可以从农村转移到城镇中生活。从就业的形式来看，就业的方式更加多样，各种自由职业实体不断扩大。随着网络的发展，电子商业也越来越普及，增加了很多就业机会，不再局限于传统的就业形式，多元化的就业方式使得更多的人拥有就业的机会。有数据显示，到 2014 年底，网店为我国增加了至少千万的就业机会。

但是，“十二五”时期，我国劳动力成本增速位居世界前列，雇佣劳动者所需要的成本不断增加。在这种背景下，我国的制造业想要保持自己的核心竞争力，就需要通过技术革新来节约劳动力，节省一部分成本，提高经济上升的速度。从技术更新的角度来看，技术的更新直接替代了传统的劳动，而不是与传统的劳动互补，这种影响是不能忽略的。从经济发展的过程来看，技术的更新是历史的趋势，由于资本和劳动的相对价格不断变更，劳动替代性的技术发展很快。但是根据行业数据的统计，最初使用机器人来代替工人的行业或者企业，在一段时间后，会产生更加严重的就业问题。

7.3.3　我国工业数字化进程中的就业市场演进

早期研究对于工业数字化的定义及研究较为欠缺，大多数研究都从技术进步的角度讨论了工业数字化与就业的关系，主要分为正向影响、负向影响及无明显关系。随着相关话题研究的深入，学者们对于工业数字化等新技术对劳动力市场的影响多角度的扩展也更为全面，在实证研究中补足了不同情况下二者影响的程度。本章利用 2001—2016 年省份层面的数据，构建并测度出衡量工业数字化的指标，力求精准探索工业数字化通过产业结构升级对我国劳动力市场就业效应及工资效应的影响。在运用面板回归进行实证研究之前，为了初步观察工业数字化程度对于劳动力市场的影响，分别绘制了 2001—2016 年各地区工业数字化与就业率水平、工业数字化与制造业工资水平之间关系的散点图及线性拟合曲线（图 7 - 4）。从图 7 - 4 提供的信息来看，工业数字化与就业及工资之间存在显著的正相关关系，初步验证了假设 1 及假设 3 的部分内容，但具体的关系需要通过进一步实证予以分析。另外，在表 7 - 2 的相关系数矩阵中可以看出，工业数字化程度与就业水平呈正相关关系，表明二者确实存在着一定的需要进一步论证的关系。

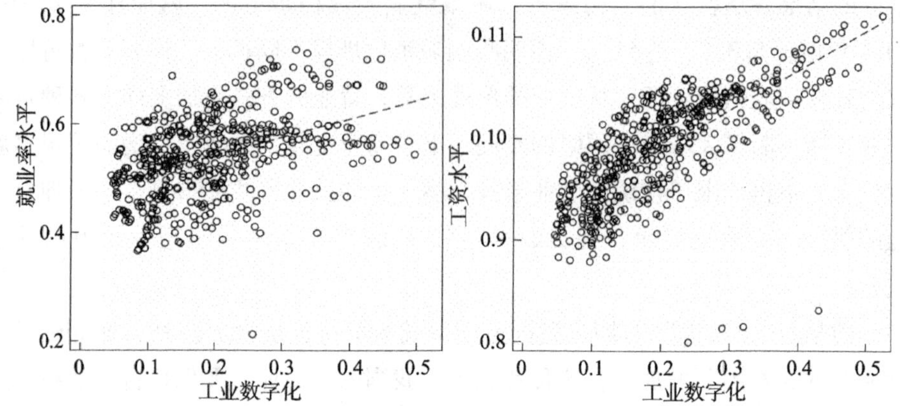

图 7－4　工业数字化与就业及工资的散点图及线性拟合曲线

表 7－2　相关系数矩阵

变量	*jy*	*int*	*tra*	*lngdp*	*ur*	*ch*	*hi*
jy	1.000						
int	0.439	1.000					
tra	0.003	0.555	1.000				
lngdp	0.473	0.685	0.305	1.000			
ur	0.022	0.729	0.745	0.444	1.000		
ch	－0.399	－0.451	－0.069	－0.477	－0.223	1.000	
hi	0.145	－0.028	0.159	0.095	－0.108	0.026	1.000

近年来，以人工智能为代表的数字技术在确保和创造就业方面显示出显著的优势和巨大的潜力，基于人工智能技术的新的就业体系正在加速形成。图 7－5刻画了工业数字化程度及就业率在 2001—2016 年的演变趋势，2006 年后工业数字化水平上升较快，发展势头迅猛。这同样符合数字经济的发展正在全面加速的背景，智能科技产品快速增长，远程办公、在线教育和在线咨询也在迅速扩展，无人零售和直播带货等新模式正在不断涌现。同时，可以看出工业数字化水平与就业岗位的变化趋势基本一致，就业率除个别年份（2002 年、2007 年及 2012 年）之外一直处于上升的状态，而中国工业数字化平均水平基本上也处于上升的状态，且攀升速度略高于就业率的变动。

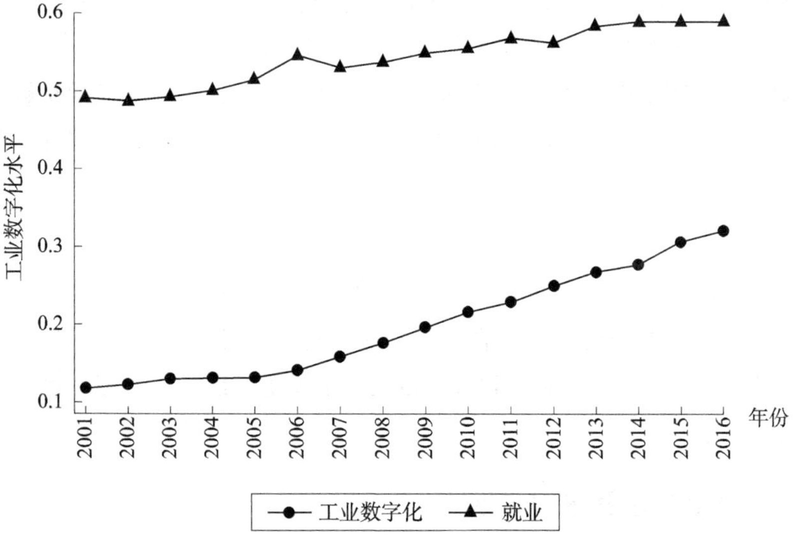

图 7－5　2001—2016 年中国工业数字化程度及就业变迁

7.4　模型构建与数据描述

7.4.1　计量模型的设定

本章在理论分析的基础上，进一步研究工业数字化对于就业及工资变动的影响程度。对此，根据 Hausman 检验的结果，选择了固定效应模型，所有模型均控制了个体和时间因素。我们将基本计量模型设定如下：

$$jy_{it} = \alpha_0 + \alpha_1 int_{it} + \sum_j \varphi_j X_{ijt} + \sigma i + \lambda t + \mu it \qquad (7-1)$$

$$gz_{it} = \alpha_0 + \alpha_1 int_{it} + \sum_j \varphi_j X_{ijt} + \sigma i + \lambda t + \mu it \qquad (7-2)$$

上述模型中，被解释变量jy_{it}表示省份 i 在第 t 年就业率，gz_{it}表示省份 i 在第 t 年制造业就业人员工资的平均水平；核心解释变量int_{it}表示省份 i 在第 t 年的工业数字化水平；α_1为影响系数。变量X_{ijt}为一系列的控制变量，φ_j为各控制变量的系数，σi、λt、μit 分别为个体因素、时间因素和误差项，α_0为常数项。

在完成工业数字化对就业及工资影响的计量模型设定后，为进一步研究工业数字化通过产业结构合理化和产业结构高级化对就业增长的间接影响，本章拟借助中介效应模型来进行检验。根据中介效应模型，如果将解释变量 X 对被解释变量 Y 的影响进行分解，不仅含有 X 对 Y 的直接影响，还包含通过中间变量 M 对 Y 产生的间接影响，那么 M 就是中介变量，即中介变量是解释变量对被解释变量发生间接作用的内部传导媒介。根据上述分析，构建如下计量检验模型：

$$T_{it} = \beta_0 + \beta_1 int_{it} + \sum_j \varphi_j X_{ijt} + \sigma i + \lambda t + \mu it \quad (7-3)$$

$$jy_{it} = \gamma_0 + \gamma_1 int_{it} + \gamma_2 T_{it} + \sum_j \varphi_j X_{ijt} + \sigma i + \lambda t + \mu it \quad (7-4)$$

其中，T_{it}为中介变量，包含 *tl*（产业结构合理化）和 *ts*（产业结构高级化）两个变量；β_1、γ_1、γ_2为相应变量的影响系数，β_0、γ_0为相应模型的常数项；其余设定与模型 7-1 和模型 7-2 一致。

7.4.2 变量描述及数据说明

1. 数据来源

本章实证研究所涉及的数据，主要来源于2001—2016年《中国电子信息产业统计年鉴》《中国统计年鉴》《中国科技统计年鉴》《中国劳动统计年鉴》和各地区统计年鉴。由于西藏自治区数据缺失严重，故将其剔除。在计算过程中的个别缺失数据，均通过平均增长率将其补齐。

2. 变量定义

被解释变量：就业率（*jy*）、就业量（*jys*）、制造业工资（*gz*）、工资差距（*gini*）。本章选取就业率为各省市就业人员占各省份当年年末常住人口总数的比重，就业量为就业人员总量，制造业工资为制造业各行业工资的平均水平，工资差距为制造业内部各行业工资差距水平，作为被解释变量。

解释变量：工业数字化（*int*）。借鉴孙早等（2019）测度地区工业数字化水平的方法，从基础建设、生产应用、竞争力和效益3个一级指标进行衡量测算，包含软件普及和应用情况、智能制造企业情况、工业企业创新能力等9个二级指标（表7-3）。综合9个二级指标，本章将数据逐年标准化后采用主成分分析方法进行指标权重的计算，从而测度出各省份工业数字化程度。此外，本章对二级指标进行了如下改进：①软件应用情况的测度指标为基础软件、应用软件、支撑软件、定制软件、信息安全软件和接受委托开发的嵌入式软件等产品收入与规模以上工业企业主营业务收入的占比。②本章将数据处理和存储能力及平台运营和维护合并为一个二级指标。信息系统集成及数据服务情况，这里采用的测度指标为信息系统集成服务、信息技术咨询服务、数据处理和运营服务、嵌入式系统软件、ICT 设计等收入占规模以上工业企业主营业务收入的比重。③本章中智能制造情况改用工业和信息化部自 2015 年来连续四年发布的智能制造试点企业名单。这里采用的测度指标为 2015—2018 年共 302 家智能制造试点企业在各省份分布的占比进行衡量。

表 7－3　地区工业数字化水平的指标测度

	一级指标	二级指标	指标含义
工业数字化	基础建设	软件普及和应用情况	基础软件、支撑软件和嵌入式应用软件等产品的收入占所有工业企业主营业务收入的比重
		智能化设备投入情况	计算机、电子元器件和仪器设备等的进口额占所有工业企业主营业务收入的比重
		信息资源采集能力	各省份的互联网发展水平，用互联网上网人数在 15～64 岁人口中的比重
		数据处理和存储能力	数据加工处理和存储服务收入占所有工业企业主营业务收入的比重
	生产应用	智能制造企业情况	各省份智能制造企业的主营业务收入占全国智能制造企业的主营业务收入的比重
		新产品生产情况	新产品销售收入占工业企业主营业务收入的比重
		平台运营和维护情况	各省份地区平台运营和维护服务收入占所有工业企业主营业务收入的比重
	竞争力和效益	创新能力	国家专利申请授权量与 R&D 人员全时当量的比值
		经济效益	各省份的总资产贡献率和成本费用利用率
		社会效益	各省份的单位 GDP 能源消耗情况衡量，包括电力和煤炭两种能源

中介变量：本章选取产业结构优化升级作为工业数字化影响就业的中介变量。产业结构优化升级通过产业结构合理化（tl）、产业结构高级化（ts）来体现，并借鉴干春晖等（2011）对于产业结构合理化和高级化的衡量方法。其中，产业结构合理化用泰尔指数进行度量，泰尔指数越大，就表示经济越偏离均衡状态，产业结构越不合理；同时采用泰尔指数的倒数来表示其与产业结构

合理度的正向关系。产业结构高级化主要指产业结构从低水准向高水准发展的动态过程，是对原有产业结构的扬弃，表现为第一产业的优势地位逐步被第二、第三产业取代。本章采用第三产业产值与第二产业产值之比作为产业结构高级化的度量。

控制变量：为控制其他因素对就业的影响，本章借鉴了孙早（2019）、赖德胜和高曼（2017）、吕世斌和张世伟（2015）、郝楠和江永红（2017）等人的做法，选取的控制变量包括：地区生产总值（*lngdp*）。一般来说，地区经济发展水平越高对于就业岗位的需求就越大，从而会引起就业及工资的变化。因此，本章将地区生产总值作为控制变量引入，用于控制地区经济发展水平对就业的影响。[1] 城镇化水平（*ur*）。由于城镇化进程中劳动力资源在产业间重新配置，会影响整体就业水平，因此本章引入各省份城镇人口占总人口的比重，用于控制地区城镇化进程对就业的影响。人力资本投资（*hi*）。一般来说，受教育程度越高，就业可能性越大，因此本章引入各地区国家财政性教育经费占地方财政一般预算支出的比重，用于控制人力资本对就业的影响。生活成本（*ch*）。生活成本的增加会促使劳动力进行地区间的流动，因此本章采用各省份城镇居民家庭人均消费支出（含居住支出）占可支配收入的比重，用于控制家庭消费对就业的影响。对外开放程度（*tra*）。对外贸易是影响中国就业技能极化的重要因素，因此本章以各省份的进出口总额占 GDP 的比重衡量，用于控制地区贸易开放程度对就业的影响。

3. 描述性统计

首先对本章所涉及的各个变量进行描述性统计分析，结果见表 7－4。统计分析发现，工业数字化指标的最小值为 0.0459，最大值为 0.5234，平均值为 0.1981，说明我国各省份工业数字化程度差异较大，发展水平较为不均。衡量就业水平的就业率最小值为 0.2148，最大值 0.7385，标准差为 0.0773；就业总量最小值是 5.4819，最大值是 8.8137，标准差是 0.8257。可以说明，我国各省份就业总量与工业数字化程度相比较为均衡。

[1] 本章计算以 2001 年为基年的 GDP 平减指数，并对各省份名义 GDP 进行平减处理。

表 7 -4　变量统计性描述

变量	样本数	均值	标准差	最小值	最大值
int	480	0. 1981	0. 0991	0. 0459	0. 5234
jy	480	0. 5428	0. 0773	0. 2148	0. 7385
jys	480	7. 5227	0. 8257	5. 4819	8. 8137
gz	480	10. 0364	0. 5526	8. 2588	12. 2640
tra	480	0. 3301	0. 4046	0. 0321	1. 8138
lngdp	480	8. 7311	1. 0246	5. 7042	10. 9838
ur	480	0. 5008	0. 1499	0. 2448	0. 8960
ch	480	0. 7282	0. 0548	0. 5896	0. 8795
hi	480	0. 1953	0. 0391	0. 1196	0. 4102
ls	480	0. 2900	0. 1318	0. 0260	0. 6855
ms	480	0. 5842	0. 0959	0. 2945	0. 7643
hs	480	0. 1183	0. 0852	0. 0196	0. 5587
*cy*1	480	0. 4033	0. 1548	0. 0328	0. 7615
*cy*2	480	0. 2444	0. 0953	0. 0882	0. 5096
*cy*3	480	0. 3523	0. 0993	0. 1187	0. 8012
zgz	480	9. 9018	0. 5272	8. 0116	11. 2219
*gz*1	480	9. 7649	0. 5871	7. 8858	11. 6357
*gz*2	480	9. 9592	0. 5236	7. 9441	11. 1998
*gz*3	480	9. 8979	0. 5471	8. 0383	11. 2944

7.5　实证结果分析

7.5.1　基准回归

表 7 -5 报告了工业数字化程度影响我国就业率及就业总量的基准回归结果，其中第（1）列和第（2）列是工业数字化水平对就业率的影响。结果显示，在控制时间固定效应和地区固定效应的情况下，核心解释变量工业数字化

水平的系数显著为正，工业数字化水平每增加1%，就业率将随之增加0.43%，表明工业数字化发展显著促进了地区就就业率提升。这是因为工业数字化发展所促进的技术进步通过提高劳动的边际生产力，增加对于新兴产业劳动力的需求并影响产业间劳动力的流动，进而促进就业率增长。第（3）和（4）列分别考察了工业数字化程度对就业总量的影响，在控制相关变量的基础上，工业数字化显著促进了就业总量提升。上述结论表明，无论是从就业率还是就业总量来看，地区工业数字化水平的提升均显著地带动地区就业增长。从控制变量来看，城市化水平回归系数显著为负，表明城市化发展并非总是增进就业，反映出近年来我国城市化主要表现为较为粗放的城市蔓延，各级地方政府为实现GDP快速增长，利用城市规模扩大契机推动工业发展，从而使大量从事农业的劳动力向工业及服务业进行转移，但城市中的产业并没有完全地吸纳转移至城市的劳动力（杜传忠和许冰，2017）。人力资本投资的系数显著为正，表明近年来我国教育投入人口的知识技能结构与劳动力社会需求结构相匹配，在一定程度上缓解了结构性失业问题。

表7-5　工业数字化影响我国就业率及就业总量的回归结果

变量	(1)	(2)	(3)	(4)
	就业率	就业率	就业总量	就业总量
Int	0.467***	0.432***	-0.201	1.126***
	(0.0649)	(0.0922)	(0.246)	(0.237)
Tra	-0.00589	0.00402	0.332***	0.169***
	(0.0174)	(0.0159)	(0.0670)	(0.0385)
lngdp	0.0190***	0.00817	0.781***	0.825***
	(0.00483)	(0.00515)	(0.0169)	(0.0127)
Ur	-0.199***	-0.251***	-3.745***	-3.475***
	(0.0464)	(0.0417)	(0.215)	(0.138)
Ch	-0.140***	0.0747	1.138***	-0.166
	(0.0519)	(0.0624)	(0.154)	(0.172)
hi	0.228**	0.451***	1.675***	0.783***
	(0.0894)	(0.0895)	(0.251)	(0.199)
常数项	0.406***	0.284***	1.402***	2.105***
	(0.0761)	(0.0709)	(0.285)	(0.183)

续表

变量	(1)	(2)	(3)	(4)
	就业率	就业率	就业总量	就业总量
地区固定效应	是	是	是	是
时间固定效应	否	是	否	是
观测值	480	480	480	480
可决系数	0.497	0.544	0.963	0.972

注：***、**、* 分别表示参数的估计值在 1%、5%、10% 的统计水平上显著；括号内显示为稳健标准差。下同。

7.5.2　异质性检验

1. 区域异质性的回归结果

中国渐进式改革的发展战略导致了区域发展不均衡，这种不均衡造成工业数字化的就业效应存在区域差异。因此，本章参照国家统计局的划分标准将全国样本划分为东部、中西部两个区域进行分组回归。[1] 如表 7－6 所示，总体来看，东部和中西部地区差异并不显著。在东部、中部及西部地区，工业数字化对就业均有促进效应且十分显著，但工业数字化程度每增加 1%，不同区域的就业率增长程度有所差别。这是因为我国数字化地理上呈现由东向西的“贪吃蛇”式推进特征，并且在地理上呈现一条南北贯穿的“数字化鸿沟”（彭继增等，2019），对于智能化基础较为薄弱的中西部地区，工业数字化的不断提升能够更为显著地促进产业结构升级，进而创造出更多的新型岗位，吸收大量的就业人员。据各案《中国统计年鉴》数据显示，中西部地区在全国的经济占比已经由 2008 年的 37.35%，提升至 2018 年的 41.18%，东中西部区域发展差距持续缩小。另外，由于中部崛起战略以及西部大开发使得中西部省份承接东部地区转移的工业，工业结构不断优化，中西部地区通过实施人才强区战略、加大教育培训力度、优化人才发展环境等综合措施，为中西部发展提供坚实的人才支撑。

---

[1] 东部地区包括北京、天津、河北、辽宁、上海、江苏、浙江、福建、山东、广东、海南等 11 个省（市）；中西部地区包括山西、吉林、黑龙江、安徽、江西、河南、湖北、湖南、内蒙古、广西、重庆、四川、贵州、云南、陕西、甘肃、青海、宁夏、新疆等 19 个省（市、自治区）。其中西藏因数据缺失不纳入统计范畴。

表 7-6 分地区和分技能的就业估计

变量	(1)	(2)	(3)	(4)	(5)
	东部	中西部	低技能	中技能	高技能
int	0.350**	0.779***	0.0310	-0.620***	0.550***
	(0.171)	(0.106)	(0.0728)	(0.131)	(0.0947)
lngdp	0.0163**	0.00463	-0.00738	0.0325***	-0.0252***
	(0.00662)	(0.00680)	(0.00508)	(0.00612)	(0.00352)
tra	0.0189	-0.549***	-0.0544***	0.0127	0.0459***
	(0.0182)	(0.0637)	(0.0122)	(0.0187)	(0.0115)
ur	-0.157**	-0.369***	-0.391***	0.193***	0.199***
	(0.0696)	(0.0645)	(0.0408)	(0.0583)	(0.0324)
ch	-0.346**	0.0704	0.237***	-0.200**	-0.0470
	(0.151)	(0.0607)	(0.0775)	(0.0922)	(0.0423)
Hi	0.961***	-0.0290	0.00765	0.0766	-0.0564
	(0.118)	(0.125)	(0.0924)	(0.107)	(0.0533)
常数项	0.416***	0.482***	0.375***	0.479***	0.153***
	(0.131)	(0.0815)	(0.0750)	(0.0932)	(0.0496)
地区固定效应	是	是	是	是	是
时间固定效应	是	是	是	是	是
观测值	176	304	480	480	480
可决系数	0.657	0.685	0.838	0.608	0.849

注：同表 7-5。

2. 技能异质性的回归结果

表 7-6 第（3）至（5）列分别报告了工业数字化对于低技能、中等技能和高技能劳动力就业水平的影响。本章参照 Graetz 等（2018）的研究，根据工人的受教育水平划分技术高低，包含研究生（含硕士研究生和博士研究生）、大学本科、大学专科、高中、初中、小学及以下 6 种受教育程度分类，将大学专科及以上占就业人员的比值视为高技能劳动力；高中和初中占就业人员的比值视为中等技能劳动力；小学及以下占就业人员的比值，定义为低技能劳动力。从实证结果可以看出，工业数字化减少了对高中和初中教育程度劳动力的就业需求，增加了对大学专科及以上和小学及以下劳动力的就业需求。在 1% 的显著性水平下，工业数字化程度增加 1% 将使得中等技能劳动力占比减

少0.62%，高等技能劳动力增加0.55%，这表明工业数字化的发展及应用，使得劳动力市场出现了技能极化的现象，由此印证了本书7.2.2中假设2的部分内容。工业数字化作为先进制造技术，是计算机技术、信息技术、制造技术等软硬技术的深入融合，会对劳动力技能提出新的要求，劳动力体力要求越来越低，知识和技能的要求越来越高，尤其是拥有多学科知识的复合型人才最符合智能制造技术的需要。工业数字化进程对低技能劳动力产生就业替代的同时增加高技能劳动力需求，且高技能劳动力工资水平高于低技能劳动力，劳动力会不断提高人力资本到高技能阶层，从而改善就业结构。随着中国工业数字化进程的不断推进，内含前沿技术的先进设备会逐步替代中等技能劳动力，同时提高对低技能和高技能劳动力的需求，导致中国劳动力就业结构呈现出“两极化”趋势。本章所得结论与国外已有研究基本一致（David H等，2013），自动化和智能化对劳动力就业需求的影响在中等技能劳动力处出现了逆转，降低了以高中和初中劳动力为代表的中等教育程度劳动力的就业需求。

3. 产业异质性的回归结果

表7－7报告了分产业的回归结果，结果显示工业数字化水平对于第一产业就业增长呈现显著的抑制作用，对于第二产业的影响并不明显，但显著地促进了第三产业的就业增长，使得劳动力在产业间出现“跳跃式”的流动，恰好部分证明了本书7.2.2中的假设2。这与张红霞（2012）的研究基本一致，即新技术的使用导致新的产业和产品的兴起，采用原有技术的产业、产品逐渐退出市场，进而产业结构发生变动。技术进步对第一产业的就业结构有负向影响，与第二产业就业结构之间不存在长期的均衡关系，技术进步对第三产业就业结构有正向影响，从而使产业结构不断优化升级。

表7－7　分产业的就业估计

变量	(1)	(2)	(3)
	第一产业	第二产业	第三产业
int	−0.493***	−0.00286	0.496***
	(0.0616)	(0.123)	(0.0982)
tra	0.00845	−0.0913***	0.0829***
	(0.0107)	(0.0141)	(0.0107)
lngdp	−0.00864*	0.0479***	−0.0392***
	(0.00465)	(0.00576)	(0.00429)

续表

变量	(1)	(2)	(3)
	第一产业	第二产业	第三产业
ur	-0.671***	0.341***	0.329***
	(0.0353)	(0.0429)	(0.0347)
ch	0.105*	-0.117*	0.0123
	(0.0630)	(0.0656)	(0.0532)
hi	-0.185***	0.0793	0.106*
	(0.0664)	(0.0766)	(0.0609)
常数项	0.886***	-0.281***	0.395***
	(0.0651)	(0.0771)	(0.0633)
地区固定效应	是	是	是
时间固定效应	是	是	是
观测值	480	480	480
可决系数	0.909	0.727	0.813

注：同表7-5。

4. 市场化交互分产业的回归结果

表7-8考察了在纳入市场化进程因素的情况下工业数字化对于就业率的影响，引入工业数字化和市场化的交互项对基准回归做了异质性检验，市场化指数来源于王小鲁和樊纲的《中国分省份市场化指数报告（2016）》。估计结果显示，市场化和工业数字化的交互项对第一产业和第三产业的就业影响分别显著为负和显著为正，意味着随着市场化程度进程的加快，工业数字化不断降低对第一产业劳动力的需求，推进第三产业劳动力的需求的持续增加。市场化程度的提高会通过扩大市场潜力对经济增长率产生正向影响（吕朝凤等，2016），在提高经济增长率的同时拉动就业增长。

表7-8　市场化交互的分产业就业估计

	(1)	(2)	(3)	(4)
	就业	第一产业	第二产业	第三产业
int2	0.209	-0.0498	-0.251	0.301*
	(0.198)	(0.167)	(0.183)	(0.155)
int2m	0.00826	-0.0353**	0.00459	0.0307*
	(0.0167)	(0.0154)	(0.0202)	(0.0173)

续表

	(1)	(2)	(3)	(4)
	就业	第一产业	第二产业	第三产业
m	0.0182***	-0.00945**	0.0268***	-0.0173***
	(0.00486)	(0.00438)	(0.00513)	(0.00445)
lngdp	-0.00467	0.000853	0.0296***	-0.0305***
	(0.00584)	(0.00470)	(0.00597)	(0.00488)
tra	0.00839	0.00365	-0.0855***	0.0819***
	(0.0158)	(0.0105)	(0.0133)	(0.0105)
ur	-0.306***	-0.637***	0.262***	0.376***
	(0.0447)	(0.0369)	(0.0406)	(0.0336)
ch	0.0748	0.102	-0.118*	0.0157
	(0.0632)	(0.0627)	(0.0648)	(0.0535)
hi	0.441***	-0.218***	0.0544	0.163**
	(0.0906)	(0.0751)	(0.0805)	(0.0651)
Constant	0.349***	0.818***	-0.193**	0.375***
	(0.0710)	(0.0669)	(0.0778)	(0.0661)
地区固定效应	是	是	是	是
时间固定效应	是	是	是	是
观测值	480	480	480	480
可决系数	0.564	0.913	0.752	0.819

注：同表7-5。

7.5.3　中介机制检验

前文证实了工业数字化对就业的促进作用，而对其如何发挥影响的理论机制仍需进一步检验。对此，本章利用中介效应模型，进一步探究工业数字化是否通过产业结构合理化及产业结构高级化影响就业水平。表7-9报告了工业数字化影响就业的中介机制回归结果，第（1）、第（2）列显示，工业数字化在1%的显著性水平下增加了产业结构合理化程度，在加入产业结构合理化变量后，核心解释变量系数值依旧在1%的水平上显著，且工业数字化系数绝对值有所降低。因此，产业结构合理化是工业数字化影响就业水平的部分中介因子，工业数字化通过提升产业结构合理化程度带动了就业增加。第（3）、第

(4) 也显示，产业结构高级化是工业数字化影响就业水平的部分中介因子，与吴振球等（2013）、田洪川和石美遐（2013）等的研究结论一致。由此可见，工业数字化通过技术进步促进不同产业的要素投入比例发生变化并衍生出具有高技术特点的新兴产业，会改变原有的产出和产业结构，进而推动产业结构调整升级（聂高辉和黄明清，2015）。即工业数字化通过产业结构合理化和高级化会对就业产生促进效应，本书 7.2.2 中的假设 1 得到证实。

表 7-9 工业数字化影响就业的机制检验

变量	(1)	(2)	(3)	(4)
	产业结构合理化	就业率	产业结构高级化	就业率
int	63.86***	0.379***	3.881***	0.401***
	(7.529)	(0.102)	(0.950)	(0.0929)
tra	6.092***	-0.00100	0.767***	-0.00196
	(1.275)	(0.0159)	(0.113)	(0.0172)
lngdp	-2.791***	0.0105*	-0.347***	0.0109**
	(0.315)	(0.00545)	(0.0399)	(0.00497)
ur	3.899	-0.254***	-0.659**	-0.246***
	(3.575)	(0.0417)	(0.289)	(0.0417)
ch	-7.417*	0.0809	-0.249	0.0767
	(4.205)	(0.0620)	(0.469)	(0.0623)
hi	-9.149	0.459***	1.924***	0.436***
	(7.986)	(0.0889)	(0.456)	(0.0924)
*tl*1		0.000825		
		(0.000843)		
ts				0.00780
				(0.0113)
常数项	23.67***	0.264***	3.331***	0.258***
	(4.449)	(0.0710)	(0.523)	(0.0686)
地区固定效应	是	是	是	是
时间固定效应	是	是	是	是
观测值	480	480	480	480
可决系数	0.741	0.546	0.557	0.545

注：同表 7-5。

7.5.4　稳健性检验

上述实证分析讨论了工业数字化对就业率的促进作用。表 7 - 10 报告了上述回归结果的稳健性检验，其中第（1）至第（3）列考察了样本区间变动是否会对估计结果产生影响。考虑到一些省区在经济上的特殊性可能对估计结果产生影响，本章分别剔除工业数字化程度前五名、后五名及同时剔除掉二者进行子样本回归。结果显示，工业数字化水平对就业率的影响与前文分析基本一致，均显著促进了就业增长，表明本章的结论比较稳健。接下来，为了考察同期其余政策的冲击，表 7 - 10 中第（4）列报告了考虑 2008 年金融危机冲击的回归。在加入 2008 年的哑变量后，结果显示工业数字化程度对于总体就业率的影响仍然十分显著且系数一致，表明考虑金融危机后并没有改变本章基准回归结果的稳健性，工业数字化对总体就业率起到了正向的促进作用。由于模型可能存在内生性问题，会导致有偏的估计结果，因此第（5）列尝试采用系统 GMM 方法（SYS - GMM）进行估计。具体的回归方程如下：

$$jy_{it} = \alpha_0 + \alpha_1 jy_{it-1} + \alpha_2 int_{it} + \sum_j \varphi_j X_{ijt} + \mu it \qquad (7-5)$$

式中，jy_{it-1} 是 jy_{it} 的滞后一期变量，其他变量的含义与（7 - 1）式相同。第（5）列的回归结果同样与基准回归结果基本相符，Sargan 统计量的 P 值为 1，拒绝了工具变量满足过度识别约束条件。同时，AR（1）和 AR（2）检验，也证实了回归结果的有效性。

表 7 - 10　稳健性检验

变量	（1）	（2）	（3）	（4）	（5）
	同时剔除	剔除后五名	剔除前五名	2008 年交互	SYS - GMM
int	0.432***	0.481***	0.400***	0.432***	0.1156**
	(0.114)	(0.0915)	(0.0986)	(0.0922)	(0.4912)
year08				0.0726***	
				(0.0250)	
lngdp	0.0428***	0.0204***	0.00838	0.00817	0.0281**
	(0.00677)	(0.00467)	(0.00666)	(0.00515)	(0.1185)
tra	0.0621***	0.0188	0.0308*	0.00402	0.0273***
	(0.0159)	(0.0136)	(0.0173)	(0.0159)	(0.0040)

续表

变量	(1)	(2)	(3)	(4)	(5)
	同时剔除	剔除后五名	剔除前五名	2008 年交互	SYS - GMM
ur	-0.366***	-0.276***	-0.404***	-0.251***	-0.2022**
	(0.0612)	(0.0515)	(0.0544)	(0.0417)	(0.0928)
ch	0.0777	0.0194	0.102	0.0747	-0.0524
	(0.0732)	(0.0739)	(0.0723)	(0.0624)	(0.0393)
hi	0.168	0.646***	-0.155	0.451***	-0.0671**
	(0.128)	(0.0848)	(0.120)	(0.0895)	(0.3056)
jy_{it-1}					0.5345***
					(0.3951)
常数项	0.110	0.191***	0.460***	0.284***	0.1322
	(0.0896)	(0.0726)	(0.0829)	(0.0709)	(0.0876)
地区固定效应	是	是	是	是	否
时间固定效应	是	是	是	是	否
观测值	320	400	400	480	480
可决系数	0.731	0.653	0.592	0.544	
AR1					0.0381
AR2					0.1000
Sargan P					1.0000

注：同表 7-5。

7.6 基于工资差距的拓展研究

在前文研究的基础上，本章继续探究了工业数字化对制造业中工资水平及工资差距的影响。[1] 行业劳动者报酬来源于历年《中国劳动统计年鉴》公布的城镇单位工业就业人员平均劳动报酬，同时，本章将其按消费价格指数进行平减（2001 年 =100）。此外，关于劳动密集型制造业、资本密集型制造业和技

[1] 行业劳动者报酬来源于历年《中国劳动统计年鉴》公布的城镇单位工业就业人员平均劳动报酬，本章中将其按消费价格指数进行平减（2001 年 =100）。

术密集型制造业的划分参照原嫄等（2015）的研究，依照生产要素在不同行业大类的密集程度的惯例进行分类。

7.6.1 基于制造业工资回归结果

表7－11报告了工业数字化对工资水平及分区域的回归结果，可以看出，工业数字化程度对于城镇在岗职工的平均工资影响并不显著，工业数字化作为新技术在工业小范围领域的应用，对于所有行业的工资水平影响较小。而在分区域的回归结果中，工业数字化显著地促进了东部地区的工资水平，对于中西部地区的工资水平影响并不显著。可能由于随着沿海地区经济的快速发展，沿海地区劳动力的工资水平也不断提高，出现产业向其他地区转移的趋势，但欠发达地区的劳动效率未能达到能够承接产业转移的水平。中西部地区平均工资水平相对较低，且劳动力市场发育还不够成熟，企业无法根据工资水平的变动对劳动力投入进行适时调整，导致就业对工资变动反应的敏感度较低（赖德胜，2011）。

表7－11报告了工业数字化对制造业工资及不同类型制造业工资水平的回归结果，从第（4）列可以看出，工业数字化程度对制造业平均工资水平的影响并不明显。这与闫雪凌（2020）的结论基本一致，当然可能是受限于制造业行业的平均工资，难以更为精确地捕捉到个体工资受到冲击后的影响。表7－11中的第（5）、第（6）及第（7）列分别考察了工业数字化程度对劳动密集型制造业、资本密集型制造业和技术密集型制造业工资水平的影响，可以从第（7）列看出，工业数字化水平显著促进了技术密集型制造业平均工资的增长。工业数字化作为新技术应用的代表，促使传统的劳动密集型行业和资本密集型行业向技术密集型行业不断转移。王家庭等（2019）认为支撑中国制造业保持稳定增长的动能正逐步由资本驱动转向技术驱动；中国制造业劳动生产率增长呈现“低水平双驱动—资本驱动—高水平双驱动—技术驱动”的动能转换过程。

表7－11 工资分地区及制造业分类的工资估计

	(1)	(2)	(3)	(4)	(5)	(6)	(7)
	总样本	东部	中西部	制造业平均工资	劳动密集型制造业	资本密集型制造业	技术密集型制造业
int2	−0.0366	0.889***	−0.817	0.247	0.435	0.407	2.331***
	(0.679)	(0.256)	(1.148)	(0.594)	(0.607)	(0.586)	(0.708)

续表

	(1)	(2)	(3)	(4)	(5)	(6)	(7)
	总样本	东部	中西部	制造业平均工资	劳动密集型制造业	资本密集型制造业	技术密集型制造业
lngdp	-0.0170	0.0145	-0.0801	-0.00317	0.0345*	0.0387*	-0.0325
	(0.0204)	(0.00921)	(0.0544)	(0.0190)	(0.0196)	(0.0199)	(0.0229)
tra	0.223***	0.155***	-0.148	0.179***	0.0975*	0.135**	0.353***
	(0.0612)	(0.0174)	(0.271)	(0.0528)	(0.0504)	(0.0559)	(0.0725)
ur	1.088***	1.216***	0.573	0.784***	0.901***	0.870***	-0.214
	(0.183)	(0.0938)	(0.420)	(0.157)	(0.154)	(0.148)	(0.269)
ch	0.140	-0.347**	0.528	0.638***	0.855**	0.167	-0.0226
	(0.232)	(0.169)	(0.323)	(0.237)	(0.428)	(0.258)	(0.367)
hi	1.070	0.648**	2.070	-0.170	0.459*	-0.106	0.475*
	(0.877)	(0.252)	(2.014)	(0.247)	(0.254)	(0.253)	(0.277)
Constant	8.402***	8.505***	8.717***	8.255***	7.351***	8.178***	9.226***
	(0.292)	(0.169)	(0.576)	(0.240)	(0.290)	(0.256)	(0.400)
地区固定效应	是	是	是	是	是	是	是
时间固定效应	是	是	是	是	是	是	是
观测值	480	176	304	480	480	480	480
可决系数	0.825	0.983	0.752	0.832	0.814	0.822	0.781

注：同表7-5。

7.6.2 制造业组内工资差距的回归结果

随着智能制造装备和核心软件在各行业利用率持续提高，工业数字化对工资差距的影响也会进一步加深。遗憾的是，国内目前对工业数字化的讨论多集中于理论综述（曹静和周亚林，2018），仅孙早和侯玉琳（2019）实证分析了工业数字化对劳动力就业结构的影响，缺乏工业数字化与工资差距关系的直接经验研究。

因此，在前文研究的基础上，本章继续探究了工业数字化对制造业中工资差距的影响。表7-12报告了工业数字化对制造业工资及制造业内部工资差距的回归结果，从第（1）列可以看出，工业数字化程度对制造业平均工资水平的影响并不明显。这与闫雪凌等（2020）的结论基本一致，可能是受限于制造业行业的平均工资，难以更为精确地捕捉到个体工资受到冲击后的影响(Dauth W 等，2017)。

表 7－12 第（2）至第（6）列，报告了工业数字化影响制造业组内工资差距的回归结果，研究显示工业数字化整体上会缩小制造业各行业的工资差距，再次支持了邓翔（2019）基于 Acemoglu 的任务模型和 2003—2016 年我国行业面板数据得出的结论，即人工智能对行业收入差距的影响具有缩小的趋势。但从不同工资差距来看，工业数字化会导致制造业内部各行业工资结构出现“极化”现象，即工业数字化水平逐渐缩小了中高收入者的工资差距，但扩大了中低收入者的工资差距，说明工业数字化并没有促进制造业内部的收入分配格局由金字塔型向橄榄型演进，中低收入者的工资差距在持续扩大。从控制变量看，贸易开放程度显著的扩大了制造业行业内部的工资差距，这与翟涛(2016)、杨春艳（2012）的结论一致，认为就制造业总体而言，贸易主要通过技术进步机制和劳动生产率机制来影响行业工资，造成行业间工资差距的扩大。

表 7－12　工业数字化对制造业工资及工资差距的估计

变量	(1)	(2)	(3)	(4)	(5)	(6)
	工资	工资差距（基尼系数）	工资差距（泰尔指数）	高低收入者差距（90－10）	中高收入者差距（90－50）	中低收入者差距（50－10）
int	0.247	－0.184***	－0.158***	－2.380***	－0.792**	0.397***
	(0.594)	(0.0512)	(0.0554)	(0.551)	(0.320)	(0.101)
lngdp	－0.00317	－0.0184***	－0.00898*	－0.300***	－0.119***	0.0403***
	(0.0190)	(0.00296)	(0.00495)	(0.0354)	(0.0204)	(0.00501)
tra	0.179***	0.0623***	0.0494***	0.745***	0.316***	－0.0974***
	(0.0528)	(0.00842)	(0.0126)	(0.108)	(0.0696)	(0.0126)
ur	0.784***	－0.0469*	－0.0278	－0.705*	－0.469**	0.0125
	(0.157)	(0.0260)	(0.0322)	(0.363)	(0.210)	(0.0599)
ch	0.638***	－0.0548	－0.0935*	－1.169*	－0.373	－0.0166
	(0.237)	(0.0414)	(0.0544)	(0.612)	(0.263)	(0.123)
hi	－0.170	0.0212	0.168***	－1.054**	－0.215	0.275***
	(0.247)	(0.0403)	(0.0634)	(0.490)	(0.258)	(0.0931)
常数项	8.255***	0.424***	0.214***	6.772***	3.497***	0.313***
	(0.240)	(0.0444)	(0.0712)	(0.535)	(0.285)	(0.0971)

续表

变量	(1) 工资	(2) 工资差距（基尼系数）	(3) 工资差距（泰尔指数）	(4) 高低收入者差距（90－10）	(5) 中高收入者差距（90－50）	(6) 中低收入者差距（50－10）
地区固定效应	是	是	是	是	是	是
时间固定效应	是	是	是	是	是	是
观测值	480	480	480	480	480	480
可决系数	0.832	0.522	0.382	0.551	0.499	0.479

注：同表7－5。

7.7 本章小结

近年来，以人工智能、工业互联网等为代表的工业数字化高速发展，深刻冲击着劳动力市场的就业和工资结构，并逐步改变了传统劳动力市场的运行机制。因此，对于工业数字化和劳动力就业及工资之间关系的研究，能够使工业数字化更好地服务于社会，进一步推动工业数字化等新技术的向好发展。基于此，本章在分析工业数字化影响就业和工资变动理论机制的基础上，利用2001—2016年中国省级面板数据和多种计量方案，实证检验了工业数字化对劳动力就业和工资的影响效应。本章研究发现：①总体来看，工业数字化水平显著促进了我国劳动力市场整体就业率的提升，无论是从就业率还是从就业总量来看，地区工业数字化水平的提升均显著地带动地区就业增长。同时，本章运用多种检验实证研究稳健性的方案，不仅考察了估计结果是否受到样本区间变动的影响，即分别剔除工业数字化程度前五名、后五名及同时剔除掉二者进行子样本回归，而且考察同期其余政策的冲击，加入2008年的哑变量，以上均得到一致性结论。考虑到可能存在内生性问题，会导致有偏差的估计结果，因此采用系统GMM方法（SYS－GMM）进一步证实了回归结果的有效性。②从异质性检验的结果来看，在分区域回归结果中，工业数字化对东部、中西部的就业总量均存在显著的正向影响，但对数字化基础更为薄弱的中西部地区影响更为强烈；在分技能的回归结果中，工业数字化程度的提高促进了高技能劳动力的增加，降低了中等技能劳动力，使得就业结构呈现单极极化的特征；在分产业的回归结果中，工业数字化水平对于第一产业就业增长呈现显著的抑制作用，对于第二产业的影响并不明显，但显著地促进了第三产业的就业增长，即工业数字化会使得劳动力在产业间进行“跳跃式”流动；在引入工业数字化和市场化的交互项的异质性检验中，市场化程度进程的加快使得工业数字化不断降低对第一产业劳动力的需求，推进第三产业劳动力需求的持续增加。③进一步从影响机制看，工业数字化通过产业结构合理化和产业结构高级化的中介机制促进了就业增长。在基准回归的基础上，分别加入产业结构合理化和产业结构高级化变量后，核心解释变量系数值依旧在 1% 的水平上显著，且工业数字化系数绝对值相对下降，因此证实了本章的假设 1，即产业结构合理化和产业结构高级化是工业数字化影响就业变动的部分中介因子。④从工资效应看，工业数字化进程并未对所有行业和制造业的平均工资造成显著的影响，但增加了技术密集型制造业的平均工资。在分区域的回归结果中，工业数字化显著地促进了东部地区的工资水平，而中西部地区的工资水平受到工业数字化程度的影响并不显著。在考察工业数字化对制造业内部的工资差距的影响时，发现制造业内部工资结构出现极化现象，即工业数字化总体上显著缩小了制造业工资差距，且缩小了中 - 高收入群体的工资差距，扩大了中 - 低收入群体的工资差距。

伴随着工业数字化对经济社会影响的不断加深，要充分释放其对就业和工资的积极效应，需要从产业升级、区域政策、社会保障及教育培训等多方面采取相关政策。一是适时加快工业数字化进程，培育具有良好就业前景的新兴产业和就业载体。加强对工业数字化发展的支持，助推就业增长质量提升。工业数字化的发展不仅需要营造良好的制度环境，也需要对相关配套基础设施建设进行完善。国家应积极把握新一轮工业革命机遇实现工业化转型，制定推进工业数字化发展的各项政策措施，为工业数字化发展营造良好的政策软环境，提供强有力的政策支持。同时，政府要加大对信息技术等新型基础设施的投资力度，补齐工业数字化发展的基础设施短板，提供强有力的硬件支持。在推进产业结构调整优化的同时，创造更多新岗位，引导工业数字化向着“保就业”的方向发展。

二是加快中西部地区产业转型升级速度，积极鼓励制造业智能化应用，充分发挥工业数字化对中西部地区就业人员的吸纳作用。物质和人力资本方面存在的区域性差异决定了我国东、中、西部地区不同的经济发展路径。在新一轮国际产业转移背景下，东部沿海地区应当积极融入国际产业链，加快实现价值链攀升和经济结构转型升级，以技术创新带动经济增长。物质和人力资本相对贫乏的内陆地区可以通过承接沿海地区的劳动密集型产业，在促进中西部经济增长的同时改善中低技能劳动力的就业和收入状况。另外，鼓励北上广深地区工业智能发展速度较快的区域建立产业集群式发展模式，重点培育先进企业成为全国乃至国际领先带头企业。而其他地区产业要根据企业自身发展情况和未来发展目标，适当引入和发展智能技术，避免智能技术的浪费。同时，需要重点关注中国劳动力市场的就业极化现象，政府要继续加大对中低技能劳动者的人力资本投入，防止中等技能劳动力就业状况进一步恶化。一方面，国家应继续加大高等教育和科研经费的投入力度，增加高等技能劳动力供给，从“质”和“量”两方面提升我国劳动力就业水平，满足工业数字化转型对智能制造人才队伍建设的需求；另一方面，应对中等技能劳动力的在岗、转岗技能培训给予支持，增加教育和培训投入，加强中等技能劳动力自身的技能储备，推动中等技能劳动力逐步向高等技能劳动力升级和转移。

三是加快完善劳动力市场，消除由技术进步与产业转型所导致的收入不平等现象，进一步通过职业教育、在职培训等各种途径改善制造业低收入人群的人力资本质量，以提升其收入水平，推动制造业的收入分配结构逐步向橄榄型演进。促进技术自主创新，缩小不同行业劳动力的收入差距。在技术引进和机器设备进口的背景下，资本体现式技术进步在提升高技能劳动力相对边际产出的同时，也成为扩大收入差距的主要因素。实现经济增长和经济赶超的关键在于自主创新，加大以自主创新和研发为特点的中性技术进步，既为经济增长提供了动力源泉，又可抑制技能溢价和收入差距的过分扩大。另外，要大力发展第三产业中的劳动密集型产业，使其成为吸纳劳动力的重要来源。加大产业发展与技术融合的力度，以技术创新与进步带动产业发展，无论是从促进经济增长还是从缩小收入差距的角度都具有积极意义。

第8章　城市工业数字化影响我国劳动力个体就业和工资的实证研究

全球暴发的新冠肺炎疫情凸显了工业数字化转型的重要性，通过数字化、智能化等可以把疫情带来的损失降到最低。工业既是实体经济的主战场，也是数字经济发展的主阵地。工业数字化、智能化在一国经济结构转型和产业升级过程中占有重要地位。随着我国城市工业数字化进程的不断加快，智能化、数字化的技术和工具在工业生产中的应用得到了飞速发展。尤其以工业机器人为代表的工业数字化、智能化的重要技术应用越来越多地在制造业生产中投入使用，对企业创新、产品质量、技能需求等经济活动产生重要影响。全球范围内的工业机器人使用规模快速增长，图8-1显示了1993—2018年中国、美国、德国以及亚洲其他国家工业机器人使用规模每年的增长情况，从图中可以看出，1993—2018年各个国家工业机器人每年的增长规模整体呈上升趋势，相较于美国和德国而言，中国与亚洲其他国家的工业机器人使用规模在2008年全球金融危机之后增长更加显著，并且两者呈现出极其相似的增长趋势。作为一个正处于经济结构转型关键期的制造业大国，中国工业机器人的使用近年来呈现爆发性增长的趋势（程虹等，2018；Cheng等，2019）。[1] 根据国际机器人联盟数据库（International Federation of Robotics，IFR）的记录，中国工业机器人的使用规模从1999年的550台快速增长到2018年的649，447台，20年间工业机器人使用规模平均每年增加3万余台，其中2017—2018年的增加最高，

[1] 中国工业机器人使用规模快速增长的原因可能与中国政府的政策支持相关。2006年中国政府首次将智能机器人列为先进制造技术，之后分别于2013年出台《关于推进工业机器人产业发展的指导意见》、2016年出台《机器人产业发展规划（2016—2020）》和《工业机器人行业规范条件》，并于2015年提出“加快工业机器人等在生产过程中的应用”。整体上形成了中央政策主导发展方向、地方政府优惠促进工业机器人使用的企业集聚发展的态势。

达到15.6余万台，中国工业机器人的使用规模自2016年以来连续多年位居世界首位。

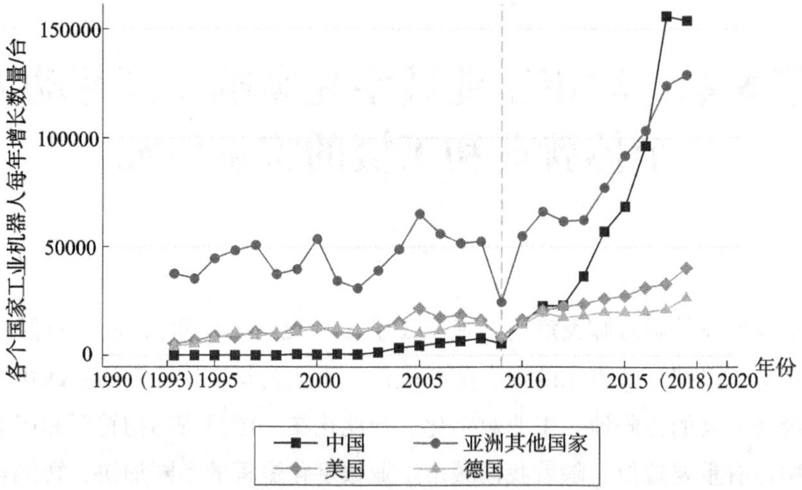

图8-1　1993—2018年部分国家工业机器人年增长情况

资料来源：国际机器人联盟数据库。

中国工业机器人在时间维度上呈现爆发性增长的同时，其在不同的城市之间也存在明显的差异化发展趋势。程虹等（2018）使用中国企业-劳动力匹配调查数据指出，广东、江苏两省的机器人使用在2008—2017年一直处于领先地位，两省使用机器人的企业比例在2017年分别较全国平均水平高出5%~6%。本书根据城市产业就业结构和全国范围的制造业行业机器人数据构建城市工业机器人使用程度的指标，以衡量工业机器人在不同城市的差异化发展状况。图8-2显示了2008—2018年不同分位点分布的城市工业机器人使用的增长情况，可以看出，中国不同城市的工业机器人使用在2008—2018年的11年间均经历了不同程度的增长，并且工业机器人在10分位点（25分位点）分布的城市与90分位点（75分位点）分布的城市之间的增长差异也随时间逐渐扩大，以2018年为例，工业机器人在后者的使用程度是前者的6.06倍和2.56倍。

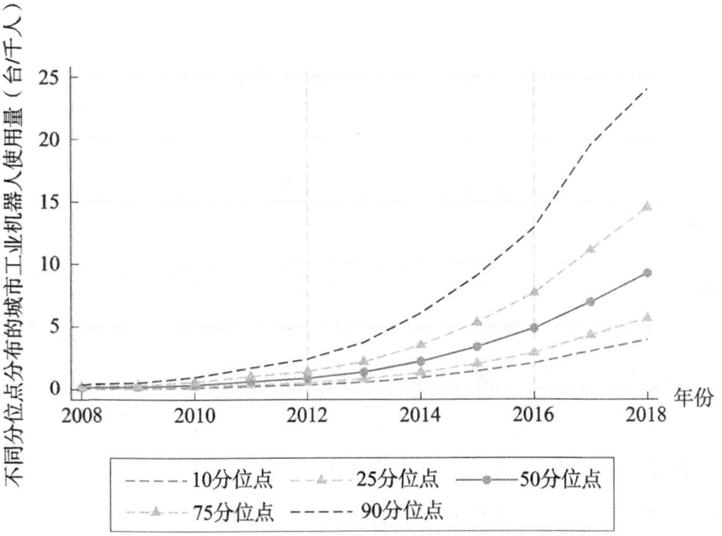

图 8－2　2008—2018 年不同分位点分布的城市工业机器人使用的增长情况

中国工业机器人使用在时间上的爆发性增长和空间上的差异化增长构成了中国过去十余年工业智能化发展的两个典型事实。与此同时，中国在经济结构转型和开放发展的过程中也从过去对劳动力数量的依赖转变为对更高劳动力质量的需求，劳动力就业结构和收入分配机制也在发生调整，主要表现为劳动力在不同部门之间进行重新配置以及劳动力因技能禀赋差异获得的报酬不同。正如现有文献所提到的，工业机器人的使用替代劳动力了吗？工业机器人对劳动力就业和工资造成了怎样的影响？面对工业机器人，劳动力如何做出调整？这些问题将构成本文的核心命题。

在此背景下，本章拟通过对城市工业机器人的使用、区域劳动力市场进行模型构建，探讨城市工业数字化对劳动力重新配置及劳动力工资的影响，并对产业发展及劳动力的分配提出建议。具体来说，本章基于区域劳动力市场的分析视角，计划利用 2012—2016 年中国工业机器人数据和中国劳动力动态调查数据，根据城市产业结构，构建城市工业机器人使用程度的指标以及基于亚洲其他国家工业机器人增加的“Bartik 工具变量”，尝试回答“工业机器人究竟替代劳动力了吗”这一问题，并验证工业机器人使用对当地劳动力在不同部门之间如何进行重新配置以及对收入分配的影响。

8.1 文献综述

工业数字化转型是利用物联网改进流程及运营并获得更好的结果，其特点在于信息技术（IT）和运营技术（OT）的融合。在工业数字化转型中，对基于传感器的数据以及由数据驱动的致动器的创新性使用，将会影响到人员、业务、运营及物理环境，并创造更好的商业成效。城市工业数字化的发展和应用对企业生产率以及劳动力需求的影响一直以来都是学者广泛关注的对象，如信息技术（Autor 等，1998；Brynjolfsson 和 Hitt，2000；Stiroh，2002；Bartel 等，2007）、机械自动化（Doms 等，1997；Acemoglu 等，2014）等。工业生产中企业对可编程的控制器、计算机自动化设计以及数控机器的应用对于劳动力的教育水平和职业组合提出新的要求，通过雇佣专业人员和精密技术工人对企业生产率产生影响。随着技术的进一步发展，工业机器人和人工智能等更智能化的技术应运而生，对产业升级和经济结构转型发挥了重要作用。现有文献从理论和实证方面对工业机器人使用如何影响劳动力需求进行了分析和研究。如 Hemous 和 Olsen（2013）构建了一个包含自动化技术和创新的内生的经济增长模型中，讨论了自动化技术对不同技能工人的工资的影响，研究指出自动化机器的应用会替代低技能劳动力以及抑制低技能工人的工资增长，进而提高技能溢价。Lankisch 等（2017）在一个资本积累的理论分析框架中得到了与 Hemous 和 Olsen（2013）类似的结果，研究指出机器人等自动化技术的应用提高了人均工资水平，不同技能水平工人的工资增长存在差异，自动化技术通过降低低技能工人的真实工资促进了技能工资溢价。Acemoglu 和 Restrepo（2020）在一个包含区域特性的一般均衡框架下，讨论了工业机器人在地区层面上的就业和工资效应，根据模型的均衡条件可以得到工业机器人使用的地区效应依赖于当地经济活动与工业机器人的使用程度，而后者则需要行业层面的机器人技术发展和地区的产业结构加以满足。他们的研究在理论上指出工业机器人使用程度较大的地区会降低劳动力就业和工资增长。

工业机器人替代劳动力了吗？城市工业数字化如何影响劳动力？现有文献从不同的视角对此进行了较为丰富的实证检验。Graetz 和 Michaels（2018）基于 1993—2007 年 17 个国家行业的样本数据研究发现，工业机器人的使用在劳动力生产率的提升过程中占有重要地位，并且促进了全要素生产率的提升，降低了产品价格。在劳动力需求方面，他们发现工业机器人的使用虽然减少了低技能工人的就业份额，但并没有减少总体就业人数。诸多研究从具体的国家内部获得了类似的证据，如 Dauth 等（2017）基于 1994—2014 年德国不同地区工业机器人的使用样本研究发现，与 Graetz 和 Michaels（2018）的结果类似，工业机器人的使用并没有对当地劳动力整体就业造成负面冲击，但改变了德国当地劳动力在不同部门之间的就业结构，工业机器人的使用造成了德国制造业部门减少了 27.5 万个工作岗位，约占同时期制造业部门总体就业岗位下降的 23%。值得注意的是，Dauth 等（2017）发现当地劳动力通过部门之间的重新配置，使得服务业部门的就业增加，几乎弥补了制造业部门的就业损失。Acemoglu 和 Restrep（2020）基于 1990—2007 年美国不同地区工业机器人的使用样本研究发现，就业人口比重在工业机器人使用程度较高的地区下降了约 0.39%，工业机器人的就业抑制效应在制造业部门和密集使用机器人的行业更加显著，美国的蓝领工人以及与装配职业相关的工人受到的冲击较大。此外，面对工业机器人的使用，劳动力的工资和收入份额也会相应地做出调整，工业机器人对劳动力工资的影响取决于劳动力自身的技能禀赋以及所在的就业部门，并且工业机器人的使用会通过影响劳动生产率和工资进而对劳动力收入份额产生影响（Dauth 等，2017；Graetz 和 Michaels，2018；Acemoglu 和 Restrep，2020）。

许多文献从行业层面、省份层面和微观企业层面对中国工业机器人的发展和应用进行了讨论和实证分析。闫雪凌等（2020）使用 2006—2017 年制造业数据样本，从行业层面研究发现机器人的使用对制造业就业岗位数量有显著的负面冲击，但对工资并无显著影响。韩民春和冯乐兰（2020）基于中国 2005—2017 年省级面板数据的分析得到了与闫雪凌等（2020）类似的结论，工业机器人对中国制造业就业市场产生负面影响，但对制造业生产率的提升有显著的促进作用。韩民春和乔刚（2020）进一步研究发现工业机器人使用制造业就业的抑制作用只存在于低技能劳动力的就业，并且高技术复杂度的机器人对就业的替代作用更加明显。此外，也有文献从微观企业层面对此进行了分析，如程虹等（2018）采用中国企业－劳动力匹配调查数据对机器人在中国的发展趋势及其对企业绩效的影响研究发现，工业机器人对中国劳动力市场存在替代效应并且对企业生产率和管理效应有显著的促进作用。程虹等（2020）基于相同的数据进一步研究发现，机器人对劳动力工资和劳动力质量有显著的提升效应，其中，劳动力质量的提升依赖于企业的内部培训和外部引进两个渠道。此外，他们还发现工业机器人的使用为企业带来了加工方式、生产流程和检测方法等工艺创新，进而改进了企业质量（程虹和袁璐雯，2020）。

整体而言，现有文献主要关注机器人对制造业部门劳动力的影响，基于中国区域劳动力市场劳动力跨部门重新配置以及技能工资溢价的研究还相对较少。现有文献的研究思想给了本章有益启示，但依然存在进一步研究的空间：第一，本章根据城市产业就业结构构建城市层面的工业机器人使用程度指标，从区域劳动力市场的维度进行分析，中国地区收入差异巨大、产业结构存在明显的地域性特征，这意味着区域劳动力市场这一维度的效应在中国也不容忽视。第二，不同于现有文献聚焦于制造业部门的研究，本章在制造业劳动力就业分析的基础上进一步考察城市工业机器人使用对劳动力跨部门的重新配置以及制造业和服务业部门劳动力的工资和技能溢价的影响，这意味着劳动力群体面对工业机器人的使用变化情况做出的应对调整。

因此，基于上述事实和文献研究，本章构建了中国城市工业机器人使用程度的指标，选取2012年、2014年和2016年中国劳动力动态调查数据，以劳动力的就业和工资为研究对象，基于中国区域劳动力市场的分析视角，对工业机器人是否替代劳动力等问题进行实证分析。本章的创新和边际贡献主要有：第一，率先采用中国制造业行业工业机器人数据、2008年经济普查数据以及2010年人口普查数据构建城市工业机器人使用的指标，衡量工业机器人在中国不同城市的增长情况，并基于亚洲其他国家的工业机器人发展构建中国城市工业机器人使用的工具变量进行因果识别。第二，基于中国区域劳动力市场变化的视角，分析中国城市工业机器人使用对当地劳动力在不同部门之间进行重新配置以及劳动力工作时长的影响，对“工业机器人替代劳动力了吗”这一问题做出合理解释。第三，对中国城市工业机器人使用对当地劳动力工资和技能溢价的影响进行实证分析，为现有研究关于工业机器人的收入分配效应提供中国证据。

8.2　模型构建与数据描述

8.2.1　数据来源

本章的实证分析涉及城市层面的工业机器人使用和劳动力在不同部门的就业、工资以及技能溢价等核心变量。首先，城市工业机器人使用程度的指标采用工业部门各细分行业的工业机器人台数、城市 15～64 岁适龄劳动力人数以及城市期初的产业就业结构加权平均得到。其中，行业层面的机器人台数来自国际机器人联盟数据库（International Federation of Robotics，IFR），该数据库提供了包括中国在内的 75 个国家涵盖农业、制造业和部分服务业部门的工业机器人年度增量和存量台数；城市 15～64 岁适龄劳动力人数来自 2010 年全国人口普查数据资料；城市的产业就业结构来自 2008 年中国经济普查数据，该数据提供了全国 344 个城市所有企业的从业人数，本章使用每个城市层面以及城市－行业层面的总就业人数构建城市的产业就业结构。其次，劳动力分部门就业、工作时长和工资等变量来自中山大学社会科学调查中心 2012 年、2014 年和 2016 年中国劳动力动态调查数据，该数据对劳动力个体开展每两年一次的动态追踪调查，样本覆盖中国 29 个省市，调查对象为样本家庭户中的全部劳动力（年龄 15～64 岁的家庭成员）。

此外，本章采用亚洲其他国家的工业机器人使用情况作为中国工业机器人使用的工具变量，数据来自 IFR、2004 年全国经济普查数据以及 2000 年全国人口普查数据资料。需要说明的是，IFR 行业与国民经济 2 位行业分类并非完全一致，根据数据的可获得性，本章通过与 CIC－2 位行业匹配得到 14 个制造业细分行业的机器人使用台数，将 2008 年经济普查数据、2010 年全国人口普查数据资料以及中国劳动力动态调查数据中的城市代码进行匹配，共得到 115 个可追踪的城市样本。本章研究的样本窗口期为 2012 年、2014 年和 2016 年三期。

8.2.2　变量定义

1. 城市工业机器人使用

本章参照 Dauth 等（2017）、Acemoglu 和 Restrep（2020）的研究方法，采

用城市的产业就业结构、城市适龄劳动力数量以及行业层面的工业机器人台数构建城市层面的工业机器人使用指标，计算公式为：

$$Robots_{c,t} = \sum_{j} \frac{emp_{j,c,2008}}{\sum_{j} epm_{j,c,2008}} \times \frac{Robots_{j,t}}{Labor_{c,2010}} \tag{8-1}$$

式中，c 表示城市，j 表示行业，t 表示时间；$Robots_{j,t}$ 表示 2012 年、2014 年和 2016 年全国范围内的 14 个制造业细分行业层面的机器人使用台数，$emp_{j,c,2008}$ 表示 2008 年某个城市－行业层面的劳动力数量，$Labor_{c,2010}$ 表示 2010 年某个城市 15～64 岁适龄劳动力数量。从公式（8－1）可以看出，城市层面的工业机器人使用数量是行业层面机器人使用数量的加权平均，权重为行业在考察样本之前年份（2008 年）占制造业行业劳动力总数的份额。理论上来说，如果某个行业在该城市所占的就业份额比较大，那么该行业的机器人增长对该城市的劳动力市场变化产生更大的影响。$Robots_{c,t}$ 的差异，一方面来自不同制造业行业层面机器人在 2012—2016 年的增长差异，另一方面来自不同城市在本章样本考察期之前产业就业结构的差异。此外，本章使用 2010 年该城市 15～64 岁适龄劳动力数量进行人均化。通过公式（8－1）的构建，$Robots_{c,t}$ 表示不同年份城市层面每万人中工业机器人的使用台数。

对于城市工业机器人使用的指标有两点说明：一是，本章的样本考察对象和时期是 2012 年、2014 年和 2016 年的区域劳动力市场，为了缓解实证分析过程中因反向因果可能产生的内生性问题，本章采用 2012 年之前的城市产业就业结构作为城市工业机器人使用的构建权重。同理，城市层面的适龄劳动力数量也是来自 2012 年之前的数据，这在最大限度上使得城市工业机器人使用相对于本章的区域劳动力市场更加外生化。二是，行业层面的制造业和产业就业权重均只包含了制造业部门，在 IFR 原始数据中提供了部分农业和服务业部门的机器人使用台数，本章没有使用非制造业部门的工业机器人构建指标主要基于如下考虑。一方面，本章与现有文献研究一致，重点分析工业机器人使用对区域劳动力市场的影响；另一方面，农业和服务业部门的机器人使用仅涵盖部分行业，如建筑和教育行业，并且相对于制造业机器人使用的台数非常少，分别在 2012—2016 年增加 1891 台和 21.9 余万台，前者增加的数量不到后者的 1%。

2. 区域劳动力市场

本章的实证分析基于区域劳动力市场的视角，主要的研究对象包括城市层面劳动力到制造业部门参加工作的概率、劳动力到服务业部门参加工作的概率以及劳动力到任意部门参加工作的概率，不同部门劳动力的工作时长、工资；不同部门不同技能水平劳动力工资等。此外，还包括劳动力的个人特征变量，如年龄、性别、户籍、受教育程度、母亲受教育程度等。

本章实证分析中主要变量的描述性统计见表 8-1。

表 8-1　主要变量的描述性统计

主要变量	2012 年	2014 年	2016 年	全部年份
城市工业机器人使用（台/千人）	0.91	2.35	5.08	2.59
城市工业机器人使用（IV）（台/千人）	8.37	9.13	11.31	9.44
当前是否参与工作	0.574	0.450	0.463	0.491
是否到制造业部门工作	0.169	0.140	0.137	0.147
是否到服务业部门工作	0.405	0.310	0.325	0.285
工作时长（每周小时数）	44.476	46.542	46.765	45.859
制造业部门工作时长（每周小时数）	45.850	49.213	47.985	47.758
服务业部门工作时长（每周小时数）	43.965	45.349	46.305	45.075
每小时工资	16.645	23.613	26.872	22.139
制造业部门每小时工资	13.564	15.745	17.298	15.399
服务业部门每小时工资	18.150	27.716	31.360	25.453

8.2.3　计量模型设定与估计方法

本章基于区域劳动力市场的视角，分析 2012—2016 年城市工业机器人使用对当地劳动力就业和工资的影响，根据亚洲其他国家的工业机器人使用情况构建本章实证分析的工具变量，进行 2SLS 回归。基准回归模型设定如下：

$$Y_{i,c,t} = \alpha + \beta Robots_{c,t} + \gamma X + \mu_c + \lambda_t + \zeta_{ict} \tag{8-2}$$

式中，$Y_{i,c,t}$表示城市 c 中的劳动力 i 在 2012 年、2014 年、2016 年就业和工资表现，如是否参与工作、在哪个部门参加工作、工作时长以及工资等；核心解释变量 $Robots_{c,t}$为同时期城市 c 每万人中工业机器人的使用台数。核心解释变量前的估计系数的经济学含义表示为城市工业机器人使用对当地 15～64 岁适龄劳动力就业和工资的影响。X 为一系列的个体特征变量，如个人年龄、性别、户籍、受教育程度以及母亲受教育水平等。此外，为了排除城市层面不随时间变化不可观测的宏观因素对回归结果可能造成的干扰，本章在回归方程中加入城市固定效应μ_c，同时为了排除随时间变化不可观测的宏观因素对回归结果可能造成的干扰，进一步加入年份固定效应 λ_t。ξ_{ict} 为随机扰动项。回归中将标准误在地级市层面进行聚类（cluster）。

对于本章的计量模型设定有两点说明：一是，回归模型（8－2）中的核心解释变量城市工业机器人使用的构建体现了两个维度的异质性，即行业进口关税税率差异和地区期初就业结构差异，不同制造业行业层面机器人在2012—2016年的增长差异和不同城市在样本窗口期之前的产业就业结构，这一分析框架使得本章的实证策略识别的是工业机器人使用对不同城市劳动力就业和工资的相对效应，而不是绝对效应。因此，回归模型（8－2）中核心解释变量前的估计系数所体现的经济学含义反映的是不同城市15～64岁适龄劳动力的就业和工资在工业机器人影响下的相对变化情况，后文对回归结果的解释和分析可以比较不同分位数上城市之间的效应差异。二是，机器人使用的增长来自当地制造业部门，回归模型（8－2）左侧是当地制造业部门、服务业部门以及两个部门劳动力的情况。因此，本章的回归结果既包含了工业机器人使用对当地制造业部门劳动力的直接影响，也包含了对当地服务业部门劳动力的间接影响，城市内部劳动力供需均衡的实现意味着不同部门之间劳动力配置和劳动力整体的就业参与状况会做出相应调整。

8.3 城市工业数字化对劳动力重新配置的影响

8.3.1 基准结果与分析

表8－2报告了基准回归结果。其中，第（1）、第（2）列分别是在控制劳动力个人特征变量前后当地15～64岁劳动力到制造业部门工作的概率对城市工业机器人使用的回归结果。为了控制城市层面和时间层面其他不可观测因素对结果可能造成的影响，在回归时均加入了城市固定效应和年份固定效应。结果显示，当地劳动力到制造业部门参与工作的概率与城市工业机器人使用呈负相关关系，控制个体特征变量之前在5%的统计显著性水平上显著，但在控制个体特征变量之后两者之间的关系不再显著。第（3）、第（4）列是当地15～64岁劳动力到服务业部门工作的概率对城市工业机器人使用的回归结果，结果显示，当地劳动力到服务业部门参与工作的概率与城市工业机器人使用呈

正相关关系，并且在 10% 的统计显著性水平上显著。当面对外部冲击时，城市内部劳动力供需均衡需要劳动力在不同部门之间以及与参与就业之间进行重新配置，城市工业机器人使用与制造业部门就业呈负相关关系，与服务业部门呈正相关关系，两个部门之间的净效益可以反映劳动力到任意部门参与就业的情况。正如第（5）列的回归结果所示，当地劳动力到所有部门参与就业的概率与城市工业机器人使用呈正相关关系（0.013 = -0.019 +0.032），但在统计显著性水平上并不显著。表 8-2 的回归结果表明，从区域劳动力市场的视角分析来看，城市工业机器人的使用与当地制造业部门的就业整体呈现替代效应，但是没有对当地劳动力整体就业参与造成负面影响，主要原因是相应的就业结构发生了改变，虽然制造业部门的劳动力在一定程度上被替代，但服务业部门的就业人数显著上升。

表 8-2　城市工业机器人使用与劳动力跨部门重新配置的回归结果

	(1)	(2)	(3)	(4)	(5)
	制造业部门	制造业部门	服务业部门	服务业部门	所有部门
地区工业机器人	-0.0223**	-0.0191	0.0294*	0.0322*	0.0131
	(0.0105)	(0.0116)	(0.0150)	(0.0160)	(0.0104)
年龄		-0.0195***		0.00300	-0.0165***
		(0.00338)		(0.00605)	(0.00559)
性别		-0.0488***		-0.128***	-0.177***
		(0.00719)		(0.00862)	(0.00959)
户籍		-0.0338**		-0.0178	-0.0516**
		(0.0155)		(0.0141)	(0.0208)
受教育水平		-0.00164		0.0952***	0.0936***
		(0.00290)		(0.00329)	(0.00441)
母亲受教育水平		-0.0112***		0.00648	-0.00472
		(0.00369)		(0.00516)	(0.00519)
城市固定效应	是	是	是	是	是
年份固定效应	是	是	是	是	是
观测值	26759	26759	26759	26759	26759
R^2	0.139	0.149	0.083	0.159	0.200

注：*、**、*** 分别表示在 10%、5%、1% 的置信水平下显著；括号内为稳健标准误，聚类到城市层面。下同。

虽然本章第三部分在城市工业机器人使用指标的构建过程中，采用样本窗口期之前的城市产业就业结构和适龄劳动力数量尽可能地使解释变量外生化，但工业机器人的使用依然可能会受到劳动力就业结构的反向影响，例如当前我国人力资本的扩张通过促进劳动技能禀赋提升对企业生产率的提高产生正向影响，企业进而需要采用智能化设备达到技能与技术的互补。另外，我国政府将机器人产业作为推动制造业转型升级的战略行业，鼓励机器人的使用，因此，实证分析依然可能存在因不可观测的遗漏变量偏误而导致的内生性问题。为了使本章的实证结果具有因果解释的意义，本章进一步构建城市工业机器人使用的工具变量，进行2SLS回归。在现有关于工业机器人经济效应的研究中，工具变量的构建，一是采用历史上的相关智能设备的发展作为当前机器人使用的工具变量，如Graetz和Michaels（2018）采用1980年行业机械臂的使用作为1993—2007年机器人使用的工具变量进行因果识别；二是采用机器人在不同国家之间应用规模的趋同性作为某一国家机器人使用的工具变量，如Acemoglu和Restrepo（2020）使用同行业欧盟国家的机器人应用规模作为美国机器人使用的工具变量。闫雪凌等（2020）使用美国采用美国同行业机器人的安装量作为我国工业机器人安装量的工具变量。

根据本章的研究维度，借鉴Acemoglu和Restrepo（2020）、闫雪凌等（2020）的研究思路，并考虑国家间制造业的相似性和机器人使用的实际情况，本章采用亚洲其他国家同行业的机器人使用作为我国行业机器人使用的工具变量进行识别。然后，采用与解释变量相同的构建方法，构建城市层面工业机器人使用的工具变量。为了防止采用相同来源的数据使得解释变量和工具变量之间因城市产业结构而不是行业机器人所产生的相关性，在城市层面工具变量的构建过程中，城市产业就业结构的数据来自2004年全国经济普查数据，城市适龄劳动力数量来自2000年全国人口普查数据资料。如图8－3所示，采用亚洲其他国家工业机器人作为工具变量与我国工业机器人作为解释变量在行业和城市两个维度均呈正相关关系。

表8－3报告了劳动力跨部门重新配置的工具变量回归结果，第（1）列结果显示，劳动力到制造业部门就业对城市工业机器人使用的回归系数显著为负，表明城市工业机器人使用显著降低了对当地劳动力到制造业部门参与工作的概率。第（2）列结果显示，劳动力到服务业部门就业对城市工业机器人使用的回归系数显著为正，表明城市工业机器人使用显著提高了对当地劳动力到

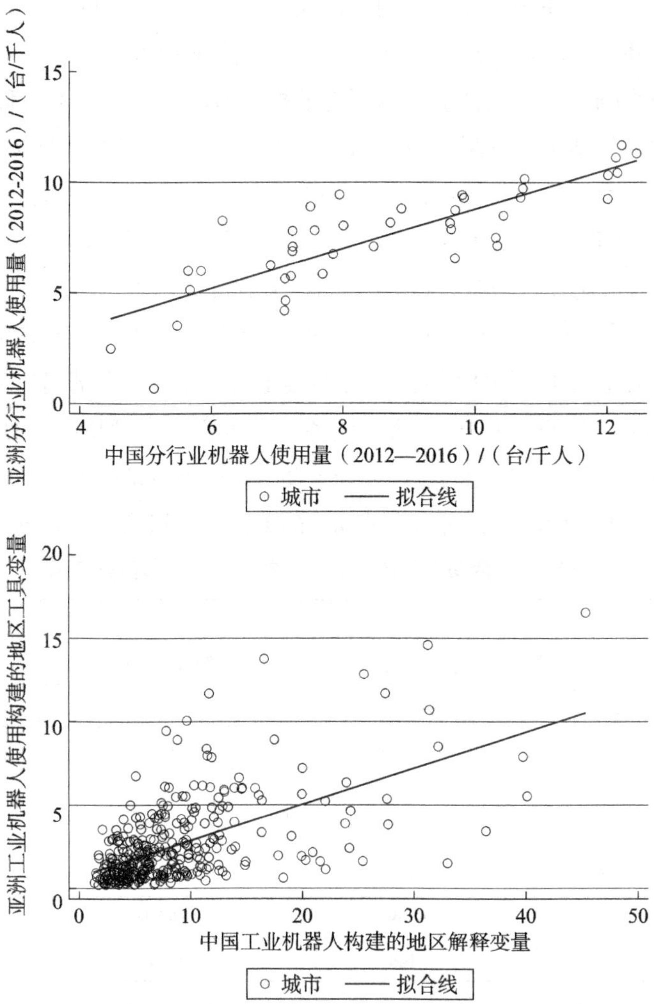

图 8－3　亚洲其他国家机器人使用与我国机器人使用的关系

服务业部门参与工作的概率。第（3）列结果显示，当地劳动力到任意部门参与工作的概率对城市工业机器人使用的回归系数相对而言很小，且不显著，表明城市工业机器人使用对当地劳动力整体就业参与的影响很小。表 8－3 使用工具变量回归的结果其背后有较强的经济学含义，城市工业机器人的使用增加 1 台（每万人），当地劳动力到制造业部门参与工作的概率下降 4.08%，当地劳动力到服务业部门参与工作的概率上升 4.43%。需要说明的是，本章实证策略识别的是城市工业机器人使用的相对效应，即工业机器人使用程度较高的城市与工业机器人使用程度较低的城市在劳动力参与就业的概率方面之间的相对性差异，并不意味着在全国范围内工业机器人使用增加会对就业产生整体的正面或负面影响。本章的数据显示所有的样本城市均经历了不同程度的工业机器人应用规模的增加，如果比较城市工业机器人使用程度10分位点和90分位点上的两个城市，这两个城市在2012—2016年工业机器人规模增加分别为1.47和6.89台（每千人），意味着劳动力到制造业部门参与就业的概率在工业机器人使用较大的城市比较小的城市在2012—2016年累计下降了约2.21%，而劳动力到服务业部门参与就业的概率在2012—2016年累计上升了约2.40%。两者之间互为相反，工业机器人的使用虽在一定程度上替代了制造业部门的劳动力，但劳动力会通过部门之间的就业转变做出调整。正如第（3）列所示，劳动力在两个部门之间的就业净效益接近为零，因为劳动力到服务业部门就业的概率上升使得城市工业机器人的使用不会对当地劳动力的整体就业造成负面影响。

表8-3　劳动力跨部门重新配置的工具变量回归结果

	(1)	(2)	(3)
	制造业部门	服务业部门	所有部门
地区工业机器人	-0.0408**	0.0443*	0.00346
	(0.0186)	(0.0238)	(0.0214)
个体特征变量	是	是	是
城市固定效应	是	是	是
年份固定效应	是	是	是
观测值	26759	26759	26759
R^2	0.149	0.159	0.200

注：2SLS回归时第一阶段的F统计量为110.453，说明工具变量有效。

本章关于劳动力跨部门重新配置的结论采用了与其他国家，如德国、加拿大类似的证据（Dauth等2017；Oschinski和Wyonch，2017），在许多工业机器人应用规模扩大明显的国家，制造业部门的劳动力在一定程度上会被替代（Acemoglu和Restrepo，2020；闫雪凌，2020），但工业机器人的使用会通过劳动力的跨部门重新配置改变就业结构，进而促进其他行业的就业，而不会出现整体就业大规模损失的情况（Dauth等，2017；Oschinski和Wyonch，2017；Bessen，2020）。本章的结果从地区劳动力在不同部门之间参与工作意愿的视角分析了城市工业人使用的地区相对效应，虽然这一过程是个体在受到以机器人使用为代表的制造业技术进步的冲击下自主选择的结果，但从整个社会发展的角度来看，城市工业机器人的使用增加使得一部分劳动力群体福利收益，而另一部分劳动力群体福利受损，那么政府在进一步协同推进工业智能化发展和实施就业优先战略中，应当充分考虑某些特定群体的福利收益。

8.3.2　劳动力跨部门重新配置的讨论

1. 什么样的劳动力在跨部门调整

相比于传统的工业设备，工业机器人具有智能化水平高、生产效率高的特点，并且与其他如人工智能、大数据等成为当前技术进步和产业转型升级的代表，而技术与技能的互补性意味着工业机器人会对不同岗位、不同技能水平的劳动力存在异质性影响（Autor 和 Dorn，2013），进而使得区域劳动力市场内部不同部门的劳动力技能结构做出调整。本章按照劳动力受教育程度的不同将劳动力群体分为 5 组，分析不同技能水平的劳动力面临当地工业机器人使用增加时在不同部门之间进行就业调整的情况。图 8－4 结果显示对于在制造业部门就业的劳动力而言，城市工业机器人使用主要对受教育程度较低（初中及以下学历）的劳动力产生负面影响，并且受教育程度不同的劳动力均出现了向服务业部门转移的情况，而受教育程度较低（初中、高中和中专学历）的劳动力跨部门调整更加明显。从理论上来说，由于受教育程度较低的劳动力往往是低技能劳动力，而低技能劳动力由于与工业机器人等智能化水平高的工作岗位的匹配程度较低，更容易受到工业机器人使用的负面冲击。图 8－2 的结果表明工业机器人的使用主要是替代了制造业部门的低技能水平的劳动力，同时较低技能水平的劳动力进行了跨部门重新配置。

2. 劳动力的工作时长如何变化

本章的上述部分主要是通过劳动力到不同部门参与工作的概率分析城市工业机器人使用对劳动力就业广延边际的影响，接下来本章将通过不同部门已经参与工作的劳动力的工作时间分析城市工业机器人使用对劳动力就业集约边际的影响。表 8－4 报告了所有部门、制造业部门和服务业部门劳动力工作时长对城市工业机器人使用的回归结果，前两列采用 OLS 估计，后两列采用城市工业机器人使用的工具变量进行 2SLS 估计，第（3）列是劳动力工作时长对城市工业机器人使用的回归结果，第（4）列加入劳动力个体特征变量以排除该城市人口特征的变化而对回归结果所造成的干扰。结果显示，对所有部门而

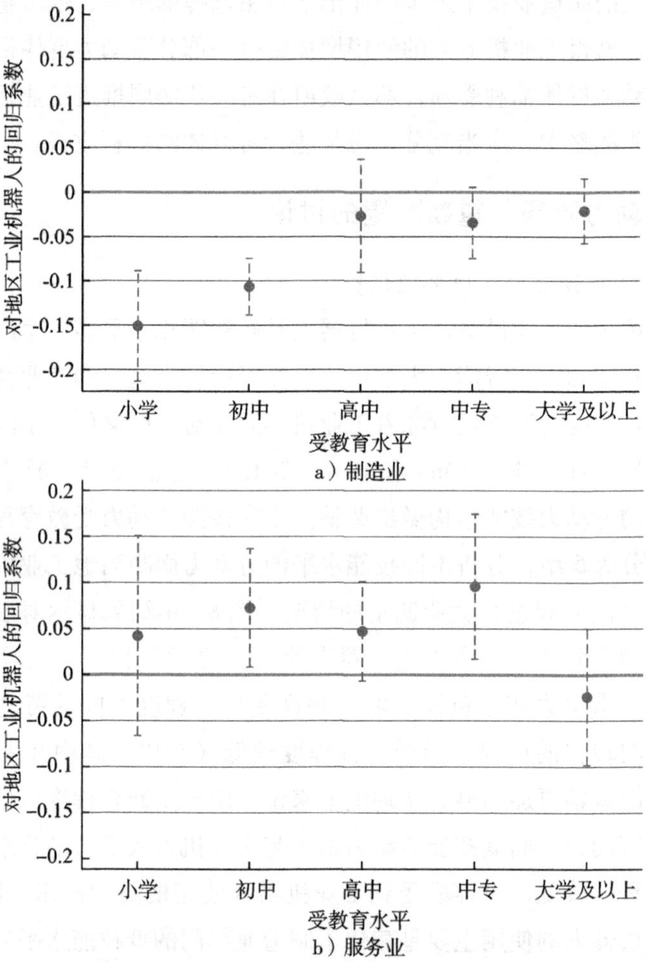

图 8－4　制造业和服务业部门不同技能劳动力的重新配置

言，工业机器人使用程度较大的城市，劳动力的工作时间更长。分部门而言，工业机器人使用对制造业部门的劳动力工作时长的影响不显著，且估计系数明显小于所有部门样本的估计系数，工业机器人使用会显著影响服务业部门的劳动力工作时长。这一结果可能的原因是工业机器人的使用替代制造业部门劳动力的同时使得制造业生产效率提高，因此并没有导致制造业部门劳动力工作时长的增加（OLS 回归结果显示显著为负），而根据基准回归结果分析，劳动力到服务业部门参与就业增加，使得服务业部门劳动力的工作时长增加，即就业的广延边际增加伴随就业的集约边际增加。

表 8-4　城市工业机器人使用与劳动力工作时长的回归结果

	(1)	(2)	(3)	(4)
	OLS	OLS	2SLS	2SLS
A. 所有部门				
地区工业机器人	0.0317**	0.0359**	0.0570***	0.0570***
	(0.0149)	(0.0155)	(0.0139)	(0.0161)
个体特征变量	N	Y	N	Y
观测值	11690	11690	11690	11690
R^2	0.053	0.085	0.053	0.084
B. 制造业部门				
地区工业机器人	-0.0401***	-0.0337***	-0.0125	-0.00426
	(0.00995)	(0.0103)	(0.0181)	(0.0183)
个体特征变量	N	Y	N	Y
观测值	3501	3501	3501	3501
R^2	0.099	0.112	0.098	0.112
C. 服务业部门				
地区工业机器人	0.103***	0.102***	0.131***	0.118***
	(0.0335)	(0.0342)	(0.0260)	(0.0298)
个体特征变量	N	Y	N	Y
观测值	8120	8120	8120	8120
R^2	0.047	0.084	0.047	0.084

注：所有回归中均加入了城市固定效应和年份固定效应，第（3）、第（4）列 2SLS 回归时第一阶段的 F 统计量均大于 10，通过了弱工具变量的有效性检验。

3. 劳动力年龄、性别的异质性分析

在城市工业机器人使用影响当地不同部门劳动力就业的过程中，劳动力自身的特征也会发挥重要的作用，本章的上述部分考察了城市工业机器人使用对不同技能水平劳动力跨部门重新配置的影响，本章将进一步分析城市工业机器人使用对不同年龄、不同性别的劳动力就业进行异质性影响，以分析哪些劳动力群体更容易受到城市工业机器人使用的冲击。表 8-5 报告了城市工业机器人使用与不同年龄、性别的劳动力重新配置的回归结果。对于第（1）、第（2）列所有部门而言，工业机器人使用主要抑制了 25～44 岁的男性劳动力参与就业的概率，促进了 15～34 岁女性劳动力的就业时长。对于第（3）、第

(4) 列制造业部门而言，工业机器人使用主要抑制了35~64岁的男性劳动力就业。对于第(5)、第(6)列服务业部门而言，男性劳动力相对于女性劳动力的就业参与概率更高，并且年轻群体的男性劳动力和女性劳动力的就业时长均有所提高。由此可见，不同年龄以及不同性别的劳动力面临工业机器人使用的冲击时所做出的跨部门就业调整也是不同的，出现这一结果的原因可能是不同年龄、不同性别的工人跨部门流动的成本不同，进而对他们因工业机器人使用的负面冲击而向其他行业转移的能力也产生了不同程度的影响。

表8-5 基于不同年龄、性别的劳动力重新配置的回归结果

	(1)	(2)	(3)	(4)	(5)	(6)
	所有部门		制造业部门		服务业部门	
	男	女	男	女	男	女
A. 是否参与工作（就业的广延边际）						
15~24岁	0.178**	0.0369	0.00877	0.00102	0.169*	0.0359
	(0.0710)	(0.120)	(0.0650)	(0.0262)	(0.0848)	(0.119)
25~34岁	-0.0604*	0.0465	0.000578	0.0656*	-0.0610	-0.0191
	(0.0346)	(0.0475)	(0.0488)	(0.0336)	(0.0381)	(0.0411)
35~44岁	-0.0694*	-0.0451	-0.145**	-0.0371	0.0756	-0.00806
	(0.0349)	(0.0548)	(0.0582)	(0.0279)	(0.0770)	(0.0535)
45~54岁	0.0596	0.00907	-0.0982**	-0.0220	0.158	0.0311
	(0.0763)	(0.0317)	(0.0370)	(0.0295)	(0.0985)	(0.0276)
55~64岁	0.00982	-0.0622	-0.0951***	-0.0864*	0.105*	0.0242
	(0.0441)	(0.0428)	(0.0299)	(0.0444)	(0.0588)	(0.0603)
观测值	11477	15282	11477	15282	11477	15282
R^2	0.349	0.299	0.181	0.184	0.230	0.226
B. 工作时长（就业的集约边际）						
15~24岁	0.128*	0.104*	0.0101	-0.00311	0.248	0.182**
	(0.0679)	(0.0521)	(0.0331)	(0.0545)	(0.156)	(0.0668)
25~34岁	0.144	0.0684***	0.0443	0.0103	0.187*	0.104***
	(0.104)	(0.0190)	(0.0881)	(0.0260)	(0.105)	(0.0374)
35~44岁	0.0713	0.0882	-0.0321	-0.0417	0.167*	0.205**
	(0.0832)	(0.0557)	(0.0737)	(0.0364)	(0.0839)	(0.0956)
45~54岁	0.0162	0.0554*	-0.192**	0.0288	0.130*	0.0773
	(0.0564)	(0.0325)	(0.0790)	(0.0641)	(0.0729)	(0.0732)

续表

	(1)	(2)	(3)	(4)	(5)	(6)
	所有部门		制造业部门		服务业部门	
	男	女	男	女	男	女
55 ~ 64 岁	0.00593	0.0597	0.536***	-0.344	-0.0870	0.145
	(0.0873)	(0.175)	(0.0823)	(0.830)	(0.104)	(0.154)
观测值	6437	5305	1893	1595	4498	3654
R^2	0.051	0.108	0.128	0.141	0.057	0.114

注：所有回归中均加入了城市固定效应和年份固定效应，均采用 2SLS 回归，其第一阶段的 F 统计量均大于 10，通过了弱工具变量的有效性检验。

8.4　城市工业数字化对劳动力工资的影响

本章上述部分主要从劳动力到不同部门的工作参与、劳动力在不同部门之间的就业调整以及不同部门工作时间等方面考察了城市工业机器人使用对劳动力就业广延边际和就业集约边际的影响。随着劳动力市场中总体就业数量和就业结构的改变，劳动力的收入水平也会出现相应的调整。相关的理论研究指出，人工智能和机器人等自动化技术的应用和推广将会对劳动力工资产生影响，尤其是不同技能水平的劳动力工资增长会受到不同程度的冲击，进而对技能工资溢价产生影响（Hemous 和 Olsen，2013；Lankisch 等，2017）。接下来，本章将从城市内部不同部门劳动力工资的工资水平以及不同部门内不同技能劳动力的工资等方面考察城市工业机器人使用对工资和技能工资溢价的影响。

8.4.1　劳动力工资增长的回归结果与分析

表 8-6 报告了城市工业机器人使用对劳动力工资的回归结果。与前文类似，对所有结果，本章依然分三类主体进行分析：所有部门、制造业部门和服务业部门。前两列采用 OLS 回归，第（1）列是当地劳动力工资对城市工业机器人使用的回归结果，第（2）列加入个人层面的特征变量以排除劳动力层面的其他变量对结果造成的干扰。结果显示，对所有部门而言，劳动力工资对城市工业机器人使用的回归系数很小，且统计上不显著，即城市工业机器人使用

对当地劳动力工资的影响并不显著。对制造业部门而言，工业机器人使用程度较大的城市，制造业部门的劳动力工资增长更快，城市工业机器人使用前面的估计系数显著为正。对服务业部门而言，城市工业机器人使用前面的估计系数显著为负，工业机器人使用程度较大的城市，制造业部门的劳动力工资增长更慢。第（3）、第（4）列是采用亚洲其他国家的层面机器人使用构建城市工业机器人使用的工具变量进行 2SLS 回归的结果，结果与 OLS 基本一致。这一结果有怎样的经济学含义呢？第（4）列的制造业部门的回归结果显示，城市每万人劳动力中工业机器人的使用增加 1 台，会使当地制造业部门的劳动力工资增长在 2012—2016 年上升 0.16%。若比较城市工业机器人使用程度分布 10 分位点与 90 分位点的两个城市，这意味着受工业机器人使用程度较大的城市的制造业部门劳动力工资增长比程度较小的城市在 2012—2016 年累计上升了 0.09%。表 8-6 第（4）列的服务业部门的回归结果显示，城市每万人劳动力中工业机器人的使用增加 1 台，会使当地服务业部门的劳动力工资增长在 2012—2016 年下降约 0.10%。同理，若比较城市工业机器人使用程度分布 10 分位点与 90 分位点的两个城市，受工业机器人使用程度较大的城市的服务业部门劳动力工资增长比程度较小的城市在 2012—2016 年累计下降了约 0.05%。这表明工业机器人使用对不同城市劳动力的工资增长的相对效应较小。

综合各部门的结果来看，城市工业机器人使用对制造业部门劳动力工资增长有显著的促进作用，对服务业部门劳动力的工资增长有显著的抑制作用，对所有部门劳动力工资增长影响较小。造成这一结果可能的原因是：一方面，工业机器人作为一种新技术有助于提高企业生产率，企业生产率的提高进一步提高了劳动力报酬。此外，当行业内低技能水平的劳动力被替代后，剩余劳动力的实际工资水平将会得到一定程度的提高。闫雪凌等（2020）基于 2006—2017 年制造业行业层面的数据样本研究发现工业机器人对制造业工资水平的影响效应不明显，并指出行业层面数据结构的缺陷可能是造成工业机器人工资效应不显著的原因之一。不同于他们采用制造业行业平均工资样本的研究维度，本章基于微观个体层面的工资数据，得到了与 Dauth 等（2017）、Graetz 和 Michaels（2018）类似的证据。另一方面，城市内部制造业部门和服务业部门之间存在劳动力的替代关系，当面临工业机器人使用的外部冲击时，制造业部门的较低技能水平的劳动力被替代，转向到服务业部门参与就业；当服务业部门进入较低技能劳动力时，会在一定程度上拉低服务业部门劳动力的整体工资水平。

表 8－6　城市工业机器人使用与劳动力工资的回归结果

	(1)	(2)	(3)	(4)
	OLS	OLS	2SLS	2SLS
A. 所有部门				
地区工业机器人	0.00642	－0.00108	－0.00675	0.00293
	(0.0301)	(0.0244)	(0.0448)	(0.0305)
个体特征变量	N	Y	N	Y
观测值	9627	9627	9627	9627
R^2	0.145	0.241	0.145	0.241
B. 制造业部门				
地区工业机器人	0.158 ***	0.145 ***	0.174 ***	0.164 ***
	(0.0211)	(0.0258)	(0.0268)	(0.0294)
个体特征变量	N	Y	N	Y
观测值	3169	3169	3169	3169
R^2	0.185	0.270	0.185	0.270
C. 服务业部门				
地区工业机器人	－0.0980 *	－0.0993 **	－0.142 **	－0.0974 **
	(0.0487)	(0.0424)	(0.0658)	(0.0472)
个体特征变量	N	Y	N	Y
观测值	6395	6395	6395	6395
R^2	0.143	0.234	0.143	0.234

注：所有回归中均加入了城市固定效应和年份固定效应，第（3）、第（4）列 2SLS 回归时第一阶段的 F 统计量均大于 10，通过了弱工具变量的有效性检验。

8.4.2　劳动力技能工资溢价的回归结果与分析

上一部分的分析是假设所有劳动力同质，然而，正如关于城市工业机器人使用对劳动力跨部门重新配置的影响所述，工业机器人使用会对不同技能水平的劳动力就业产生差异化影响，低技能水平的劳动力更容易被替代。按照这一逻辑，工业机器人使用可能会对不同技能水平的劳动力工资增长产生不同影响，从而进一步影响该城市的技能工资溢价。因此，本章将进一步从以下两个方面分析城市工业机器人使用对劳动力技能工资溢价的影响。

1. 不同学历水平的劳动力工资增长

工业机器人作为一种新技术，其应用要求具有更高技能的劳动力与之相匹配，而技术与技能的互补性意味着高技能劳动力可能要求更高的工资。与前文类似，本章按照劳动力受教育程度的不同将劳动力群体分为5组，分析制造业和服务业部门不同技能水平的劳动力面临当地工业机器人使用增加时的工资变化情况。如图8-5所示，对于在制造业部门就业的劳动力而言，城市工业机器人使用主要对受教育程度较高（高中及以上学历）的劳动力工资产生显著的促进作用，对受教育程度较低的劳动力工资影响不显著。从理论上来说，由

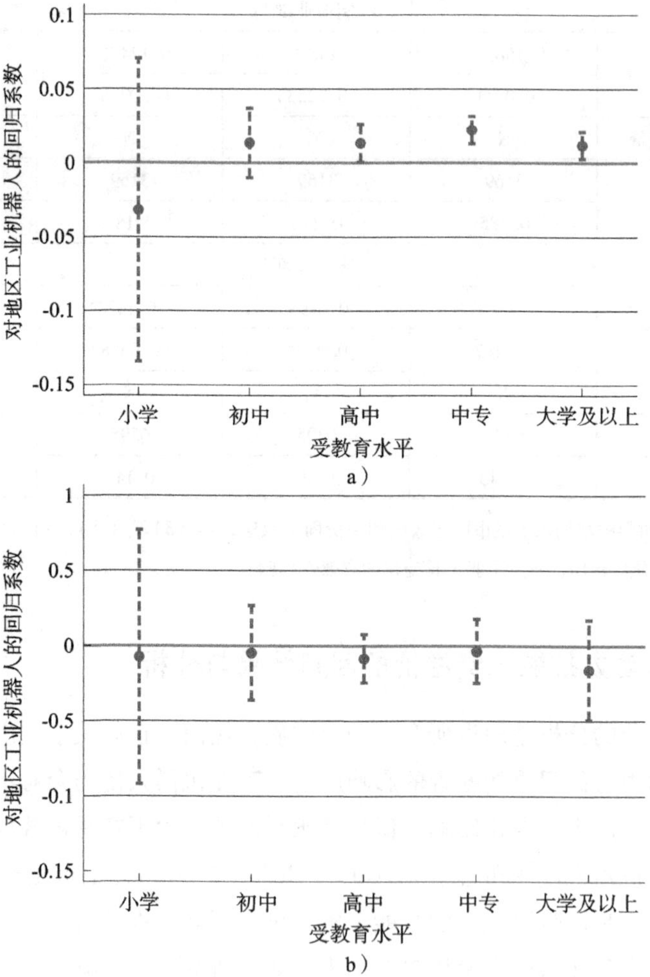

图8-5　制造业和服务业部门不同技能劳动力的工资增长

于受教育程度较高的劳动力往往是高技能劳动力，而高技能劳动力由于与工业机器人等智能化水平高的工作岗位的匹配程度较高，其工资水平更容易受到工业机器人使用的正向促进效应，而低技能劳动力则无影响，这意味着制造业部门出现劳动力技能工资溢价。对于在服务业部门就业的劳动力而言，城市工业机器人使用各个受教育程度的劳动力工资产生负面影响，但统计上不显著。

2. 不同技能劳动力面临的工业机器人使用强度

上述部分论证了城市工业机器人使用对制造业和服务业部门不同技能水平劳动力工资增长的影响，但是城市工业机器人使用的指标构建并没有区分当地的高低技能劳动力，无法反映出不同行业的工业机器人通过不同技能劳动力需求对其相对应的技能水平劳动力产生的直观效应。因此，为了进一步识别工业机器人通过不同行业的技能需求渠道影响劳动力工资增长，本章将根据城市在样本窗口期之前年份不同行业的技能强度，重新构建城市层面反映不同技能水平的工业机器人使用指标，考察其通过不同技能需求对不同技能劳动力工资增长的直观影响。[1] 采用不同行业的技能强度所构建的城市工业机器人使用指标能够反映出工业机器人对不同技能劳动力的需求，而后者往往决定了技能溢价水平。具体计算方式如下[2]：

$$Robots_{c,t}^{H} = \sum_{j} \kappa_{j,c,2004}^{H} \beta_{j,c,2004} \frac{Robots_{j,t}^{A}}{Labor_{c,2010}}$$

$$Robots_{c,t}^{L} = \sum_{j} \kappa_{j,c,2004}^{L} \beta_{j,c,2004} \frac{Robots_{j,t}^{A}}{Labor_{c,2010}} \qquad (8-3)$$

其中，$\kappa_{j,c,2004}^{H}$分别表示城市－行业层面的高低技能强度；$\beta_{j,c,2004}$与公式（8－1）一致，表示城市的产业就业结构；$Robots_{j,t}^{A}$表示亚洲其他国家同行业的工业机器人数量。通过公式（8－3）构建；$Robots_{c,t}^{H}$和$Robots_{c,t}^{L}$分别表示高技能劳动力和低技能劳动力所面临的城市工业机器人使用程度，它们分别通过使用样本窗口期之前年份的特定行业中的要素技能强度、城市的产业就业结构以及适龄劳动力数量将行业－年份层面的机器人使用构建到地区层面。由于每个城

---

[1] Dix－Carneiro和Kovak（2015）、Li（2018）等研究地区贸易冲击的效应时采用了类似的指标构建思路，以考察贸易对地区技能溢价或人力资本的影响，为本章的研究提供了有益借鉴。

[2] 由于2008年经济普查数据未区分不同技能水平的劳动力，因此，本章采用2004年经济普查数据中不同行业不同技能水平的劳动力强度构建不同技能劳动力所面临的城市工业机器人使用强度。此外，为了使其外生化，行业机器人数据来自亚洲其他国家的行业数据。

市的产业比较优势和每个行业的技能强度存在差异，因此由行业机器人所导致的技能需求在不同的城市也会有所差异。

表8－7报告了高低技能工人面临的城市工业机器人使用对高低技能劳动力工资影响的回归结果。与前文类似，本章依然对所有部门、制造业部门和服务业部门三类主体进行分析。前两列是低技能劳动力工资对低技能工人面临的城市工业机器人使用的回归结果，后两列是高技能劳动力工资对高技能工人面临的城市工业机器人使用的回归结果。结果显示，对于所有部门而言，不同技能劳动力的工资增长对不同技能劳动力所面临的城市工业机器人使用的回归系数均不显著。对于制造业部门而言，低技能劳动力所面临的城市工业机器人使用对低技能劳动力有正向促进作用，并且高技能劳动力所面临的城市工业机器人使用对高技能劳动力也存在正向促进作用，但后者的回归系数要明显大于前者，并且显著性更强。以第（2）列和第（4）列结果为例，低技能劳动力面临的工业机器人使用每增加1台（每万人），低技能劳动力工资增长约0.07%；高技能劳动力面临的工业机器人使用每增加1台（每万人），高技能劳动力工资增长约0.1%。后者的增长效应比前者高约48%。对于服务业部门而言，低技能劳动力工资对低技能劳动力所面临的城市工业机器人使用的回归系数为正，高技能劳动力工资对高技能劳动力所面临的城市工业机器人使用的回归系数为负，但统计上均不显著。

总体而言，本章区别不同技能劳动力所面临的城市工业机器人使用程度，分析了城市工业机器人使用通过对不同技能的需求对劳动力工资产生的影响，得到了与上一部分不同学历水平的劳动力工资增长相一致的结果，即城市工业机器人使用能够促进制造业部门的技能工资溢价，对服务业部门的技能工资溢价影响不显著。

表8－7　高低技能工人面临的城市工业机器人使用与工资的回归结果

	(1)	(2)	(3)	(4)
	低技能工人	低技能工人	高技能工人	高技能工人
A. 所有部门				
地区工业机器人	0.0191	0.0263		
（低技能工人）	(0.0221)	(0.0212)		
地区工业机器人			0.0344	0.0116
（高技能工人）			(0.0370)	(0.0322)

续表

	(1)	(2)	(3)	(4)
	低技能工人	低技能工人	高技能工人	高技能工人
个体特征变量	N	Y	N	Y
观测值	2465	2465	4584	4584
R^2	0. 133	0. 199	0. 139	0. 192
B. 制造业部门				
地区工业机器人	0. 0402	0. 0689 *		
(低技能工人)	(0. 0324)	(0. 0341)		
地区工业机器人			0. 118 ***	0. 102 ***
(高技能工人)			(0. 0363)	(0. 0282)
个体特征变量	N	Y	N	Y
观测值	1115	1115	935	935
R^2	0. 197	0. 286	0. 197	0. 250
C. 服务业部门				
地区工业机器人	0. 00785	0. 0224		
(低技能工人)	(0. 0368)	(0. 0376)		
地区工业机器人			-0. 0201	-0. 0484
(高技能工人)			(0. 0366)	(0. 0334)
个体特征变量	N	Y	N	Y
观测值	1315	1315	3616	3616
R^2	0. 158	0. 199	0. 143	0. 194

注：所有回归中均加入了城市固定效应和年份固定效应。

8.5　本章小结

工业企业的数字化转型进程可能涉及多个工业物联网技术项目的实施，此类项目可能会支持甚至在某些情况下会驱动转型的方向。这些项目应能增强企业应对日益严峻的挑战以及实现所预期的更好结果的能力。对于在数字化转型策略出炉时已经在进行中的工业物联网项目，必须对其范围加以审查、分析、评估，甚至做出调整，将其对于数字化转型策略的影响和贡献最大化。

2006年中国政府首次将智能机器人列为先进制造技术领域后，机器人在工业生产中的应用得到了快速发展。本章采用中国制造业行业工业机器人数据、2008年全国经济普查数据以及2010年全国人口普查数据构建城市工业数字化指标，衡量工业机器人在中国不同城市的增长情况，以2012年、2014年和2016年中国劳动力动态调查数据以劳动力的就业和工资为研究对象，从区域劳动力市场的视角分析了城市工业机器人使用对当地不同部门劳动力就业和工资的影响。研究结果表明：第一，工业机器人使用不会对当地劳动力的整体就业造成负面影响，但会在一定程度上替代制造业部门的劳动力，劳动力通过向服务业部门就业做出调整。城市工业机器人的使用台数每增加1台（每万人），当地劳动力到制造业部门参与工作的概率下降4.08%，当地劳动力到服务业部门参与工作的概率上升4.43%。第二，工业机器人使用所导致的劳动力跨部门重新配置主要体现为低技能水平的劳动力群体，并且城市工业机器人使用显著提高了当地劳动力的工作时长，主要源于服务业部门工作时长的增加。第三，工业机器人使用对当地劳动力的整体工资增长影响较小，但会显著促进制造业部门劳动力的工资和技能溢价增长，抑制服务业部门劳动力的工资增长，但对服务业部门的技能溢价无影响。

工业机器人的使用会使得劳动力在不同部门之间重新配置进而带来工资在不同劳动力群体间的再分配，了解和厘清哪些群体在工业机器人使用过程中受到的冲击更大，有助于政府制定相应的就业政策和收入再分配政策，以减少工业机器人带来的调整成本。针对上述结论，本章提出以下政策建议：第一，合理把握和推进机器人在工业生产中的应用，确保高技能劳动力的有效供给。工业机器人作为智能化技术的代表，与高技能劳动力形成优势互补，政府应加大人力资本投资，提升劳动力技能禀赋，推动劳动力技能结构与工业机器人等智能化技术相匹配，助力中国经济结构转型和产业升级。第二，重视特定受工业机器人使用冲击的劳动力群体的就业和收入再分配。当前中国政府出台各种政策支持工业机器人产业发展以促进经济结构转型和产业升级，本章研究发现，工业机器人使用程度较大城市的制造业部门劳动力、低技能劳动力群体在这一过程中所受到的冲击较大。因此，在支持和推进工业机器人使用的过程中，应充分考虑这些群体的利益，通过适当的就业政策和收入再分配政策对其进行补偿。

第 9 章　以数字经济发展驱动我国劳动力市场高质量发展的政策建议

9.1　加快形成国际国内双循环下的数字经济发展新格局

面对全球经济局势不确定性大幅提升，数字经济展现出巨大的韧性和优势，积极推进数字经济发展不仅成为各国复苏经济的关键抓手，也成为推动全球经济增长的新动能。中国数字经济依托国内市场蓬勃发展，已经成为经济发展与构建双循环格局的重要动能。但是目前制约数字经济发挥新动能作用的障碍仍然存在。在面临前所未有的百年大变局下，不断探索数字经济发展新路径、促进双循环格局的形成已经成为中国经济发展的必然选择。

9.1.1　加快布局新基建，铺就数字经济发展新基础

1. 全方位推进新基建的融合发展

自 2018 年 12 月“新型基础设施建设”的概念被首次提出以来，党中央和国务院持续加大政策引导，多次在中央重要会议上予以强调。如，2020 年 3 月 4 日的中共政治局常务会议再次强调加快数据中心、5G 网络等“新基建”进度，2021 年 3 月 12 日发布的《中华人民共和国国民经济和社会发展第十四个五年规划和 2035 年远景目标纲要》也明确提出“统筹推进传统基础设施和新型基础设施建设，打造系统完备、高效实用、智能绿色、安全可靠的现代化基础设施体系”。

部署新型基础设施是促进生态产业链整体健康发展的关键环节。首先，在当前阶段，我们应该充分利用国内市场的规模优势，优先促进新基建在国内市

场的推广，以便直接指导和推动上游和下游产业的需求链，培育一批新兴 ICT 企业。其次，关注实体经济和新一代信息技术的融合趋势，促进新型基础设施规划与部署，充分刺激工业互联网、5G 等的发展带来的新需求，为实体经济带来全方位、深层次和革命性的影响。最后，利用新型基础设施推动政企合作服务平台的创立，引导其发展成为趋势。

2. 创设东西联动新形式，弥补数字鸿沟

在布局“新基建”过程中，要注意东、西部地区的均衡融合发展。一方面，要时刻注意城乡之间、地区之间“新基建”的不平衡性，适当重视薄弱区域的基础设施建设，促进各地区发展的均衡，消除区域之间的数字鸿沟和发展差距，实现共同发展。另一方面，要更加重视对世界先进技术的学习，加强行业引领，促进我国新兴产业打破技术封锁，抢占全球技术高地。此外，“新基建”还将着力推进投资主体、区域布局和管理方式的多元化和市场化，鼓励多种市场主体参与，充分发挥民间投资的作用，提高管理和经营效率。在政策层面，要充分考虑东、西部地区资源需求和供给量的差异，进行科学布局，制定适应“新基建”的能耗审批和监控等政策。

要实现各地区因地制宜，在差异中联动发展。总体来看，东部地区优势明显，应更加重视技术研发，推动创新引领发展；而中西部地区由于基础薄弱发展潜力大，需要通过相关技术应用于地方产业带动当地经济发展。要利用东部的资金和技术优势，化解西部发展难题，以达到互惠互利，共同发展，用更低的成本打破空间壁垒。此外，还要继续认真做好东西部扶贫协作和对口支援、对口合作工作，助力对口地区跨越发展。

3. 发挥固有优势、补足短板，紧跟甚至引领全球新型基础设施建设趋势

从全球不同国家和地区来看，各国在涵盖 5G、工业互联网、人工智能、数据中心、物联网等新型基础设施领域的发展程度、技术水平表现不同。现阶段，虽然中国、韩国、美国、日本等在 5G 网络建设中位于第一梯队，但是中国在人工智能技术领域和数据中心建设方面，仍落后于欧美地区，存在技术短板。中国的数据中心还局限于国内市场，不同于美国数据中心能够为全球市场服务。但当前，随着越来越多的中国企业“走出去”开展海外布局，中国数据中心也需要紧抓机遇，加快国际化步伐。

中国应当紧跟全球建设的脚步，探索新型基础设施建设。不仅要有自上而下的决策执行提供保障，更需要市场这双“看不见的手”和政府那双“看得见的手”相互配合。与此同时，推进“新型基础设施建设”也为我们自身培养人才、吸引海外人才提供了良好的机遇。要通过建设新型基础设施，提升产业结构、促进产业升级，创造对高端技术岗位的需求，形成产业与人才的互动机制，最终提高中国高端制造业的国际竞争力。

9.1.2　强化数字技术研究，夯实数字经济发展基石

1. 强化数字技术自主基础研究，破解“卡脖子”问题

尽管中国数字经济规模和发展水平上均位居世界前列，但中国数字技术的关键核心领域存在明显的短板：一是，技术发展所依赖的关键芯片以及高端元器件与发达国家之间存在较大差距，核心技术“卡脖子”问题迫在眉睫；二是数字技术应用软件、操作系统等核心工具主要依赖进口，自主创新与核心技术的研发受制于人，如 MATLAB 的禁用对国内相关领域学术科研造成了一定的冲击；三是，从 0 到 1 的突破性技术不足，自主创新激励和保障机制不够完善，基础理论与研究方法欠缺；四是，产学研合作存在障碍，力量分散，研发成果的社会生产力转化能力较弱。

为提升数字经济的国际竞争力，中国要紧抓全球信息产业的技术前沿，加大核心领域基础研究领域投入，完善数字技术体系、尤其是自主创新层面，完善知识产权保护，激活企业自主创新动力，实现关键领域的创新发展强化数字创新技术产业应用。同时推动以高校、科研院所为核心的产学研合作，找准自主创新数字技术的核心方向，培育关键核心的数字技术人才，推动数字技术以市场为导向，将先进的数字技术转化为社会生产力；要在全球范围内吸纳人才，通力合作，形成以数字创新技术为核心的产业联盟，产业链纵向对接开放，推动数字技术全球共享；要依托资本，培育一批具备自主创新能力，掌握关键核心技术的跨国企业，建立开放竞争、合理有序的产业数字化生态系统。

2. 推动数字技术全球交流共享，形成国际统一标准

在复杂的国内国际形势下，要充分利用国内国外两种资源实现相互促进的循环发展模式，构建海外研发中心，虹吸全球高端生产要素、人力资本，整合全球资源，推动形成动态比较优势。政府应鼓励数字经济龙头企业跨境合作，输出 5G、大数据、云计算等国内先进技术，推动形成国际统一标准，树立国际先进领域话语权。必须坚持数字经济产业的开放和技术的主导作用。数字技术无国界。作为最新的生产手段，必须将数据资产放置在全球市场中进行流

通。因此，必须构建全方位数字技术对外开放政策，不仅应立足于全球视野来定位中国数字经济的发展，还应立足于加强与外界的数字技术交流，实现中国数字经济与世界数字经济产业的互补，构建全方位的数字经济产业的开放发展系统。

9.1.3 加快规范数字经济平台建设，促进贸易便利化

1. 加强数字经济中各技术模块融合应用，降低贸易成本

各种技术模块在数字经济中的整合和集成应用，将有助于优化贸易的各个环节及其组织过程，实现内需、供给和对外贸易的联动发展，为中国形成更高水平对外开放新格局、引领更高质量发展提供更加积极有利的新环境、新支撑和新动力。规范发展数字经济平台，可以有效地降低包括搜寻成本、运输成本以及沟通成本在内的贸易成本。从搜寻成本来看，数字技术的应用能够有效克服贸易过程中可能遇到的信息壁垒，实现对贸易数据的抓取与挖掘，大大减小进行企业信息搜集的时间、费用及风险；从运输成本来看，互联网、人工智能等数字技术与物流服务的融合，能够实现分拣运输、货物仓储的智能化，减小运输成本，降低运输空载率；从沟通成本来看，5G、物联网、工业互联网等数字技术能实现人机物即时高效的互联互通，有效地降低全球化分工与碎片化生产给企业带来的高沟通成本。

2. 构建高质量贸易与发展平台，提高贸易效率

要依托数字技术与平台经济，构建公开透明、自由开放、竞争有序的高质量贸易与发展平台，推进贸易便利化。数字经济通过重塑需求动能和调整收入分配刺激内需增长，国内需求的增加不仅能促进国内产业供给能力，也将通过数字经济平台（如天猫国际、京东海外购等）扩大进口规模，促进消费主体向国际贸易主体转变。进口规模的扩大，提升多样化需求的同时也将加快国内需求由低端向高端的转变，加速产品的更新迭代，并通过国内市场效应促进国内产业升级，为出口贸易创造条件。这一过程还会通过棘轮效应形成循环动力，推动国内国际双循环格局的动态发展。一方面，大数据、人工智能、机器学习等数字技术的成熟，可替代人类解决贸易中存在的基本问题，通过对贸易数据的实时分析实现自动化的决策处理，能够有效提高出口企业的运行效率。另一方面，数字技术在政务服务方面的应用能推进办公信息化进程，东道国与贸易伙伴的信息化服务如智能通关平台，大幅度缩短贸易时间，提高贸易效

率。此外，还需注意避免数字经济平台带来的垄断等不利影响。

9.1.4　扩大数字经济创新应用，推动制造业数字化发展

1. 大力发展工业互联网，实现智慧制造

中国作为制造业大国，智慧制造、工业互联网等发展目标提出已久，但制造业数字化转型有待提高，数据要素投入生产与价值创造能力较低，数字技术的融合应用大多停留在办公信息化阶段。中国要巩固制造业国际竞争优势，应加快推动数字经济创新应用，增强社会对数据要素投入生产和参与分配的认可。“十四五”规划指出，“在重点行业和区域建设若干国际水准的工业互联网平台和数字化转型促进中心，深化研发设计、生产制造、经营管理、市场服务等环节的数字化应用，培育发展个性定制、柔性制造等新模式，加快产业园区数字化改造”[1]。要将数字技术切实运用到生产环节，加速生产端数字技术的普及与融合，形成全面互联、高效互通的制造业综合信息系统，而后利用大数据、云计算等信息技术收集海量生产数据并进行优化处理，推动技术的不断升级，通过智慧化程度的提升不断提高实体经济的生产效率，实现智慧制造。

2. 加强数字经济与制造业的全覆盖融合，以数字经济产业发展带动制造业发展

在长期的演进过程中，数字经济必须充分覆盖制造业，并与制造业充分融合，要特别注意扩大新一代信息技术在消费、流通、交易、分配、国内和对外贸易等各个方面的应用，为制造业提供技术支持，以获取市场信息并增强竞争力。要利用信息技术全面促进社会成本的降低、智能水平的提高、产品创新与升级。充分发挥数字技术重点引领与全面影响的功能，依托数据要素与传统要素的渗透融合，重新配置生产环节包含的各种要素，实现制造业要素优化配置组合，推动数据要素和传统要素的共生共享，进而形成全新的制造业数字化发展模式，实现以数字经济产业的发展带动制造业的发展。

9.1.5　发挥数字经济网络连接效应，畅通国内国际产业循环

数字经济时代，新的技术范式引导生产过程逐渐向网络化、协同化发展。

---

[1] 资料来源：《中华人民共和国国民经济和社会发展第十四个五年规划和 2035 年远景目标纲要》第五篇第十五章“打造数字经济新优势”。

数字经济依靠虚拟网络打造了更加公开透明的市场空间，通过网络连接效应将中小企业嵌入产业集群的渠道拓宽，改善了国内产业同构现象，本地区将更加专注于其具有比较优势的产业，产业分工与区域产业专业化水平进一步提高。更加细致的国内产业分工提升了产业发展竞争力，有利于国内产业链的延伸，进而畅通国内产业循环。

另外，数字经济产生的网络连接效应，为企业嵌入全球价值链网络带来了更加便捷和经济的方式，提升国内企业参与全球价值链生产网络的数量与质量，深度融入国际经济循环，同时通过国际大循环为国内循环提供动力与支撑。一方面，深度参与国际经济循环可以缓解国内就业压力，提升国民生活水平，进一步拉动内需，扩大国内市场效应；另一方面，国际经济周期与高技术水平对国内工业技术升级和结构升级带来的技术溢出效应和示范效应，促进国内产业循环，为国内产业占领新一轮全球产业竞争的制高点提供力量。

9.1.6 完善数字经济产业布局，推进“一带一路”数字经济发展

1. 利用顶层设计，完善经济发展新格局下数字经济产业布局

构建数字经济产业发展的中长期发展规划，不仅是我国实现第二个百年目标的重要内容，也是数字经济产业健康发展的前提条件。目前，国家有关部门或一些地区已经相继推出了区域金融技术或数字经济发展计划，但这些计划似乎仍未与经济发展计划很好地融合在一起，并且具有强烈的局部概念性计划意识。同时，全国范围内不仅实体经济区域间布局非常不平衡，新兴的数字经济产业的布局也非常不协调，经济欠发达地区的数字经济行业和企业仍处于起步阶段，有些仍需从零开始。因此，当前必须站在两个一百年历史的交会点上，以我国社会经济全面发展的目标为基础，完善我国数字经济产业规划的顶层设计。

第一，根据经济发展新格局的要求，制定国家数字经济产业发展规划。该产业经济发展规划应立足于全球数字经济一体化发展的长远目标，并充分考虑数字经济发展对实体经济区域协调的积极作用，以此来统领全国的数字经济的发展及规划的制定。第二，为数字经济子行业制定发展计划、指南和目录，指出在全国各个时期和子行业中发展数字经济产业和产品的具体方向。第三，每个地区还必须根据国家数据为整个地区和该地区每个行业制定数字经济发展计划。经济行业计划的总体要求是完善地区和地区子行业计划目标。第四，数字

经济行业和非数字经济行业的公司必须根据既定目标制定相应的详细数字产品供需发展计划，根据市场规律，正确定位市场，引领发展。当前，数字经济的各个层次和各个方面的产业规划必须充分体现促进消费和扩大内需的国内经济双循环的要求，重点支持区域经济周期，重点发展龙头企业，并致力于促进全球产业链和供应链的健康成长。

2. 依托“一带一路”，开辟发展空间，助力沿线数字经济发展

数字经济新业态所表现出的平等性、普惠性和共享性等特征与“一带一路”倡议的“共商、共建、共享”原则相呼应。依托“一带一路”倡议，加快数字丝绸之路建设，助力沿线国家数字基础设施建设，推进互联互通，将我国成功的数字经济商业模式和业态进行推广，促进资源高效配置和创新集聚，大幅提升沿线国家福利水平，推动共建数字经济“利益共同体”。不仅可以为国内数字经济开辟新的发展空间，加速形成国内国际双循环新发展格局，还可以为新冠肺炎疫情常态化下经济全球化的健康发展和世界经济的繁荣与稳定注入新的动力。

9.2　积极释放数字经济带动就业“稳定器”的新动能

要想实现“稳就业”，激发数字经济新就业模式的“稳定器”作用至关重要。2020年3月17日召开的国务院常务会议指出，要对“互联网+”、平台经济等加大支持力度，发展数字经济新业态，催生新岗位新职业。

9.2.1　着力推动数据资源要素市场化改革，为吸纳就业奠定基础

《中共中央国务院关于构建更加完善的要素市场化配置体制机制的意见》首次把数据要素纳入进来，强调了数据作为生产要素的重要性。完善数据要素市场化改革，可以充分激活数据要素活力，进一步带动新就业模式发展，发挥数字经济对就业的“稳定器作用”。

1. 完善数据要素资源配置

一方面，数据本身就能产生新的价值，数据信息的价值创造带动新业态的创新和数字经济的发展。另一方面，数据要素可以促进经济运行系统中生产效

率的提升，提高原有要素的价值转换效率。数据要素只有经过数要素的创建、处理和传递给用户后，才能创造价值，参与价值分配。首先，要尽快消除阻碍价值创造、加工及分配流通的体制机制障碍，鼓励数据资源扩大开放程度、加强数据要素资源应用的广度与深度。补齐技术短板、强化科技攻关，完善数据隐私计算处理。二是继续完善信息基础设施建设，持续升级迭代，结合城市千兆网络和 IPV6 规模部署、5G 示范工程和大规模应用等网络建设，推进工业互联网建设及相关标准的统一、推广，不断扩大数据创造与采集规模，发挥出我国作为数据资源大国的优势。三是要针对政府各部门以及市场上的数字企业，破除信息孤岛、在保障数据安全的前提下，加强数据共享。四是完善数据创新链和产业链，大力支持数据信息共性关键技术研究，聚焦基础统计分析、风险感知和预测等竞争力较弱领域。为适应信息社会发展需要，应加快学校教育、职业教育改革，吸引境外高端人才来华就业创业。创新人才评价机制，完善吸引和聘用人才的配套措施。

2. 逐步形成数据要素市场体系

良好的要素市场体系是激发数据要素活力的制度保障。首先，数据资源确权是建立数据要素市场的前提。有必要加快有关数据资源权确认的立法，加强对数据产权的保护。确定数据产权的保护力度和各项权利的归属，规范数据市场主体的各项行为。将各类存储的数据转化为可量化、可交易的资产，为社会和企业带来经济效益，激发数据创造和交易的活力。其次，要结合现有的几个国内大数据交易中心的经验制定数据要素价值生成的市场公式规则，坚持数据资源市场化定价原则，鼓励多方市场参与，达成数据共享利用。并且吸收近年来数据交易案例，逐步制定相关权属分配与竞争规则，进一步规范数据要素交易市场，建立数据要素市场基本秩序。最后，要培育数据中介服务的发展。数据中介以采集和聚合数据为主，是连接数据供给与需求的桥梁，对数据产业的发展起着重要作用。培育数据中介服务将激活我国大量的沉睡数据资产，从而为社会的创新和发展提供服务。

3. 建立数据要素治理体系

数据要素治理体系涉及个人隐私信息的保护、对盗版违法数据的打击等，是维护数据要素市场的重要保障。首先，要注意对信息安全和隐私的保护，完善相关信息保护和个人信息隐私立法。其次，应加快 AI 算法应用与数据、多方安全计算、匿名化、差分隐私、同态加密、区块链等技术在数据信息和个人隐私中的应用。通过技术层面实现大数据开发应用与信息与隐私保护两者间的有效平衡。对个人信息违法违规行为和数据盗用等违法行为进行有威慑力的处理是整理行业乱象、提升监管效果的关键。建议工信、网信、公安以及相关行业主管部门严格依据《中华人民共和国网络安全法》等法律法规进一步强化管理，对违法收集、储存、交易个人信息隐私的依法依规严厉惩治；对个人信息网络灰黑产业坚决打击，切断灰黑产业的信息链条，严厉打击侵犯用户个人信息保护合法权益的违法违规行为。

9.2.2　发展平台经济，促进社会灵活就业，减轻结构性失业负担

建立健全平台经济社会信用体系和信用评价体系，降低企业信用认证成本。创新平台型组织管理模式，采用和推广“政府管理平台、平台管理企业”模式。推进政务运行、业务流程和服务模式数据化、智能化。根据“十四五”规划，要“深化‘互联网+政务服务’，提升全流程一体化在线服务平台功能。加快构建数字技术辅助政府决策机制，提高基于高频大数据精准动态监测预测预警水平”❶。帮助政府搭建无差别的政务服务体系，实现“业务集成、技术集成和数据融合”的融合处理，以及“跨层次、跨地区、跨部门，跨不同业务和系统”的业务目标、为数字政府的建设做出贡献，帮助各级政府建立一个广泛的新生态政府服务。为平台企业制定统计分类和标准，并在平台上开展经济统计监测。推动金融、住房、技能、生产等共享经济发展，鼓励共享经济平台企业促进灵活就业，鼓励各类生活服务平台建设发展，推动传统企业在线上线下两个维度的融合发展，完善低收入保障、医疗保险、失业保险等社会保障制度，减轻创业者的生存负担。

9.2.3　培训数字化工作技能，提升就业人才的数字素养

工业数字化应用属于技能偏向型技术进步，主要集中在焊接、组装、搬运等体力性、程序性的工作任务上，对低技能劳动力产生明显的替代。而在一些高技能、抽象性的工作领域还没有发现机器人对劳动力的规模替代，另外如操作、管理和控制机器人等任务则对劳动力提出了新的需求。因此，政府应加大

---

❶ 资料来源：《中华人民共和国国民经济和社会发展第十四个五年规划和2035年远景目标纲要》第五篇第十七章“提高数字政府建设水平”。

教育和培训投入，提高劳动力的数字化专业技能，推动劳动力技能结构与工业机器人等智能化技术相匹配，使劳动力具备胜任“创造和补偿机制”下带来的新岗位的技能，如机器人的技术研究、操作控制和维护管理等。

对缺乏数字素养的农村劳动力、弱势群体和产能过剩产业的劳动者进行新思维、新技能、新技术的数字技能培训。试点推广 MOOC 等“互联网 +”创业培训新模式，大规模开展公开在线培训。深化教育改革，建立和完善高校、中等职业学校学科的动态调整机制，加快面向数字经济的新工科建设，积极发展涵盖数字因素的新兴专业，促进数据分析和其他专业学科之间的交叉，深化互联网、物联网、大数据、云计算、人工智能等数字专业的人才培养机制建设。加强学校和企业之间的合作，加强建设云计算、大数据、人工智能和其他相关学科，促进高职院校和企业合作建立培训基地，提供有针对性的新技能培训，提高人们的数字素养，提升就业能力以适应数字经济发展大趋势，促进数字经济的发展。创新职业培训方式，落实国家基本职业培训制度，增强职业培训针对性和实效性。创新培训补贴模式，改善培训补贴效果，将培训安排由政府主导改为由受训者自主提出培训的需求，然后再申请补贴。扩大各高校专业设置的自主权，结合经济社会发展需要和高校自身办学能力，鼓励高校自设专业，培养更多数字专业人才。在基础教育、职业教育和高等教育中普及数字知识和技能教育，加强数字人才教育师资队伍建设，逐步建立和完善多层次、多类型的数字人才培养体系。

9.2.4 完善与数字经济相关的法律法规，规范新型劳动关系

政府相关部门应尽快调整相关法律法规，对新型劳动关系及认定标准做出更加清晰的界定，完善社保政策和社会信用体系，从制度上保障共享用工、灵活用工过程中的劳动者权利。同时，政府要出台精准的扶持政策，允许企业及时调整劳动制度，根据企业自身经营情况，采取调整工资、缩短工作时间、轮岗等灵活措施，为从业者创造更多新就业、创业机会，提升新业态灵活从业人员职业发展的可持续性与多样化，进一步防范新就业模式的结构性失业风险，吸引更多劳动者加入其中。

将数字经济就业与创业统计监测指标纳入就业统计指标体系中，进一步完善调查方法，统一统计口径，准确、客观地反映社会就业创业情况，为政府引导和规范数字经济促进就业创业打下坚实基础。政策体系方面需要进一步完

善，使其更加适应数字经济就业需求，逐步形成适应数字经济发展的就业政策体系，提高人力资源市场配置效率。全面提升数字化、智能化、网络化就业创业服务水平。

构建与数字经济发展相适应的政策法规体系。完善共享经济、平台经济、新个体经济管理以及清理不合理的行政许可等，支持平台企业创新发展，提高数字经济的国际竞争力。依法加强监管互联网平台经济，明确监管规则，完善垄断认定法律法规，严厉打击垄断和不正当竞争行为。探索建立自动驾驶、网络医疗、金融科技、智能物流等监管框架，完善相关法律法规和道德审查制度。

同时，按照审慎包容监管和保证劳动力市场更加灵活的要求，推动完善有关数字经济领域的劳动就业新业态，补足现有劳动法律法规的缺陷和漏洞。抓紧完善新就业条件下的劳动就业政策，切实保护劳动者合法权益。完善与新型就业模式相适应的社会保险政策和管理服务机制。全面实施社会保险全民参保计划，推动互联网平台灵活就业人员全面纳入社会保障。充分发挥失业保险在保障民生、防止失业、促进就业中的作用，扩大失业保险覆盖面。

9.2.5　引导企业建立与数字经济就业模式新变化相适应的劳资管理体系

在数字经济的环境下，企业应对传统的管理体系做出及时的调整，以适应数字经济时代就业模式新变化。其一，创新绩效考核方案。未来的工作将具有很大的灵活性，员工对工作时间的管理具有更大的自主性，企业的工作场所也趋于非标准化。因此，员工在工作时很可能置身于一个跨越时间空间的网络化系统中。基于这种情况，对员工的绩效考核应引入大数据等技术手段，同时注重客户反馈与评价，强化对员工的信用考核与评级。其二，完善企业激励机制。就业的灵活性与多元化使得未来就业人员对企业的归属感与企业文化的认同感较弱，因而若依靠其对企业的忠诚度而形成自我激励恐怕会影响工作的积极性。企业应建立灵活的奖励机制，比如采用累计制来决定员工的福利。其三，建立风险共担机制。未来企业将会面对更频繁的人员流动，因此企业必须寻求合理的方式，在保障劳动者权益的同时控制风险。

管理人员在具体实践的过程中，要能够基于现代信息技术发展的特点，将现有的劳动管理理念进行转变，并调整信息系统建设工作目标，除此之外，还需要通过集成信息模型的元素，进一步促进人事劳资管理的效果的提升。在管理工作中应用信息技术，有必要全面推进各种信息技术，使其应用优势得到充分发挥，促进企业的人事管理水平提升。

为了有效地解决人事劳动管理工作存在的问题，企业还需要加强信息技术的应用，规范化处理劳动和劳动管理工作，以提高工作效率和工作质量。在信息系统建设过程中，对系统功能进行合理设置。首先，需要做好数据的收集和积累，并在此基础上，建立一个合理的、有一定规模的数据库。其次，还需要对检索模式和算法进行适当的优化，从而实现对数据的有效分析和处理，提高企业劳资管理水平。

9.2.6 加大政策优惠，鼓励创业带动就业

满足数字经济创业者经营发展需求，加大政策优惠力度，在税费减免、社会保障、经营用地、设施建设等方面给予更大优惠、更多便利，鼓励专业服务机构提供多样化、专业化的优质服务。出台减息、免税等优惠政策，鼓励金融机构、社会资本、融资平台提供金融支持，增加创业担保贷款额度，满足数字经济企业家融资需求。鼓励经营性人力资源服务机构为需要“劳工共享”的企业提供免费对接服务。完善养老、医疗、失业等社会保障体系，缓解创业者的后顾之忧。在电子商务税费政策方面，要加快制定相关优惠政策，促进电子商务做大做强。

加强融资政策支持，认真落实新形式来支持新兴产业的发展，支持互联网龙头企业建设各种各样的开放平台，建设承接数字产业返乡创业的示范基地，构建有活力、积极的数字经济创新创业环境。在加快推进新三板融资改革方面，要稳步扩大试验规模，支持创新和创业公司建设，支持私募股权和风险资本基金投资数字经济领域，拓宽数字经济的可融资范围，以更好地支持数字经济的创新和创业。积极引进国外具备先进数字技术知识的高层次人才，培养一支国际化的专家队伍，支撑数字经济创新发展。

创业创新平台示范带动能力强，可以实现政策集成、资源集聚和服务集中，是推动创业就业的重要载体。要加大创业创新示范平台建设，鼓励创新创业园区、众创空间、科技企业孵化器在疫情防控期间降低或减免创业者场地租金等费用，对这些创业孵化示范基地、园区，政府要给予适当补贴，全力促进创业带动就业。积极拓宽创业投融资渠道，支持创业孵化器建设，积极构建市

场主导、风险投资参与、企业孵化的创业生态圈。

9.2.7　加快培育数字经济新兴就业机会

1. 推动数字产业发展壮大，拓展新兴行业就业空间

抓住数字经济发展机遇，深化落实创新驱动发展战略，加快建设数字基础设施，以借助互联网的发展，以物联网、大数据和云计算、人工智能、信息技术等行业为切入点，加强数字经济平台建设。在促进经济转型的过程中，提供更多的新兴创业就业机会。鼓励高效利用和开放共享数据资源，进一步扩大和提升新型消费，鼓励共享经济、电子商务等新业态蓬勃发展，以培育更多新就业模式和新增就业岗位。

2. 促进传统产业数字化转型，带动更多劳动者实现转岗提质就业

深入推进互联网、大数据、人工智能、实体经济融合发展，培育新的增长点、新动能。推动数字技术和制造业融合发展，以发展核心工业软件为着力点，建立健全工业互联网基础设施，加快传统制造业的数字化转型，增强制造业国际竞争力，拓展行业市场需求，吸纳更多人就业，带动更多的人找到工作。加快提升传统服务业的网络化、数字化水平，提高精准、高效、智能化服务的能力，在数字经济中创造更多就业机会。加快智慧农业建设步伐，充分利用以物联网、大数据等为代表的新一代信息技术，提升农业生产、经营、管理和服务的数字化程度，升级和延伸农业产业链，促进农村产业融合发展，加速农村振兴，建设数字乡村。

9.3　多方开拓数字经济驱动劳动力市场调整的新路径

9.3.1　以跨境电子商务发展为契机改善就业结构，促进跨境电子商务与国内就业的协调发展与良性互动

虽然前文的实证研究结果表明跨境电子商务对我国就业规模的扩大造成了一定的负效应，但是作为信息技术进步的应用成果，跨境电商满足了消费者日渐丰富的物质需求，正在推动国际贸易朝着更高层次的新阶段发展，对就业结

构的优化有一定的作用。在对待跨境电商就业效应的问题上，我们应当尽可能减轻其消极作用，扩大其积极作用，努力实现跨境电子商务与就业水平的“双赢”。为促进我国跨境电子商务发展与就业的协调发展与良性互动，利用跨境电子商务的就业效应改善就业结构、实现充分就业，提出以下建议。

1. 建设与完善跨境电商产业集群，有效利用产业集群的就业创业作用

跨境电子商务综合实验区和跨境电商产业园区都是我国目前很有代表性的跨境电子商务产业集群区。我国在2015年、2016年和2018年先后分三批成立了35个跨境电子商务综合试验区，覆盖我国东南沿海、中西部、西北和东北部共26个省份。产业集聚能够产生经济效应，通过集聚各种资源要素减少原材料的获取成本进而降低企业生产成本，通过劳动力的专业化分工提高企业生产效率。此外，产业集群内的企业通过带来大量的就业岗位，可以提供充足的就业机会，保证就业的稳定，同时，产业集群在吸引人才方面具有磁场效应，也可以通过吸引大量的外来人才和本地人才就业，支撑集群内企业的持续健康发展，通过扩大再生产产生更多就业机会。因此，我国政府应当顺势而为，充分利用跨境电商产业集群的就业创业优势。

2. 支持跨境电子商务平台发展，鼓励利用跨境电子商务自主创业

创业不仅能实现个人就业还能同时创造额外的就业机会，因此创业被称为就业之源，以创业促就业是近年来我国和地方政府的强烈号召。当前我国综合型跨境电子商务平台，如淘宝、京东等欢迎小微企业或者个人入驻。开设网店、成立网络自主品牌并运营日渐成为当今时代普通百姓一种低成本创业方式。因此，为了实现“大众创业、万众创新”的目标，有关部门应该不断完善跨境电子商务人才创业支持体系，为吸引创新型人才提供资源支持与政策保障。

3. 加强跨境电子商务及信息产业的人才培养力度

跨境电子商务作为一个综合型产业其发展也需要具备经济与贸易、国际商务、计算机等多个领域知识的复合型人才。在跨境电商时代下，贸易企业会对就业者提出更高的要求，传统外贸企业的从业人员已经很难适应和满足跨境电子商务的模式。例如，如今跨境电商平台的运营人员，不仅需要懂得跨境电子商务的交易流程，还要对市场推广、产品设计、数据分析、客户关系管理等方面都有一定的了解，需要具备洞察用户和企业需求的互联网思维。在当今人工智能等信息技术高速发展的背景下，劳动者只有不断掌握新的知识和技能，培养互联网思维，才能避免失业。因此，国家应该重视电子商务专业人才的培

养，提升教育培训水平，缓解互联网经济时代下的技术性失业问题，同时促进就业结构转型升级。为此，高等院校也要抓紧设立电子商务和国际商务这样的专业，更好地为社会培养跨境电商专业人才。

9.3.2 以提升各行业出口竞争力为抓手，"因业制宜"充分发挥数字经济吸纳就业效应

1. 加大劳动密集型制造业的政策帮扶力度，建立人才培养机制

根据研究可知，劳动密集型制造业的出口竞争力较强，但国际优势呈现下降趋势。要发挥数字经济助力劳动密集型制造业的发展，应该从以下方面入手。

政府不仅应从宏观层面制定相关政策，实施"制造强国""网络强国"战略等支持数字经济的发展，还应依靠各部门出台方案细则，统筹谋划重点推进，着力促进数字经济进一步创新发展，推动劳动密集型制造业出口竞争力稳定快速增长。另外，还应出台涉及税收、补贴、金融服务等内容的双创扶持政策，鼓励社会风险资金、私募股权投资等资金投资劳动密集型制造业，积极引导企业抢抓数字经济飞速发展的机遇，承借政府相关规划和政策的东风，借力发展。

随着数字经济的快速发展，相对简单的劳动将会被人工智能代替，劳动密集型制造业的劳动力成本优势将逐渐丧失。劳动密集型制造业对于高素质技能型人才的需求日益增加，由此可见对于人才的培养就显得十分重要。因此，必须培养与数字产业发展匹配的高端人才，建立人才培养体系，培育核心人才，使其成为数字企业的推动力和核心竞争力，为数字产业发展提供坚实支撑。着力打造一支支撑劳动密集型制造业发展的数字人才队伍，培养一批既拥有大数据分析能力，又掌握相关业务知识，并且理解劳动密集型制造业特点的具备互联网思维的复合型人才。

2. 完善资本密集型制造业的数字标准建设，搭建交流学习平台

相较来说，资本密集型制造业的出口竞争力优势较弱，数字经济对其发展的促进作用不够显著。究其原因，资本密集型制造业技术装备多、投资量大、容纳劳动力较少，数字经济的优势没有发挥出来。因此，数字经济应该从以下两个方面助力资本密集型制造业的发展。

一是完善数字标准，促使数字经济在标准框架中发挥其优势。规则和标准对于数字经济能否良性发展至关重要。建立标准化的体系，在标准的框架下推

动数字产业化和产业数字化的发展，对于提升数字经济与制造业融合，促进产业创新，提升国际竞争力具有重要的意义。因此，为了促进数字经济的标准化，有必要加快数字经济领域的基本共性标准和关键技术标准的研发和推广，推动数字技术和数字贸易在标准的体系下蓬勃发展，推动数字经济与传统制造业的融合，促进制造业转型升级，引领数字经济创新发展。在标准的框架下，使数字经济与资本密集型制造业的转型升级相适应。

二是政府部门、行业组织搭建交流学习平台，充分发挥数字经济的优势，如行业交流会、博览会等，吸引企业参与。通过行业龙头企业介绍其典型的经验和成功的做法，带动企业积极学习，形成示范引领效应。对于在制造业转型过程中遇到的难题和困境，可以交流经验，共同商议提出解决问题的办法。另外，通过搭建的平台，了解行业发展情况和趋势，提升国际化市场竞争力。

3. 加大对技术密集型制造业的科研投入力度，开展产学研合作

目前，技术密集型制造业的出口竞争优势虽不明显，但处于稳步增长阶段。数字经济对技术密集型制造业的促进作用最为显著。因此，数字经济助力技术密集型制造业的发展，应从以下两个方面入手。

第一，加大科研力度，促进数字经济与技术密集型制造业紧密融合，提升技术密集型制造业的出口竞争优势。目前，数字经济的重点都放在了发展应用上面，忽略了基础科研的重要性。众所周知，移动支付是构建数字经济基石之一，但光靠移动支付还不够，还要关注芯片以及操作系统。要想让数字经济快速发展，不仅要推动数字经济的“前方”，还要注重数字经济的“后方”，也就是基础科研。因此，数字经济企业要加大科研力度，政府要提供相关补助，引领企业开展技术攻关，对前瞻性的关键核心技术进行重点研究。建设各类研究平台，围绕数字经济发展的重点领域，人工智能、物联网、云计算等，建设制造业创新中心，统筹推进，重点攻克，建立新业态新模式。

第二，想要发展壮大数字经济，开展产学研合作必不可少。产学研之间的跨界合作是数字经济发展的新要求，因为产学研合作可以充分发挥各主体的优势，借力而行。要凝聚企业、高校和科研院所等各主体的力量，需要从理论和实践两个层面进行分析和研究，共同应对新时代或新情境变化带来的新挑战。理论层面要积极探索数字经济时代产学研一体化对接机制和模式，积极开展“产－学－研－用”数字经济人才培养，加快建设数字经济新学科，促进数字经济相关学科与其他学科融合，解决数字经济类人才与数字经济发展不相适应

的矛盾。在实践层面，要大力推动数字经济科技创新和成果转化，提升数字经济活力和竞争力，加快推动研发成果向技术密集型制造业转化。

9.3.3　以建设数字丝路为着力点壮大数字贸易，挖掘数字贸易吸纳就业的潜力

1. 着力打造国内数字经济开放合作示范区，构建开放合作新格局

结合国内国际双循环，以发展的眼光统筹规划，完善各省市数字经济布局。推进各省市布局数据产业园、智慧产业园及新制造基地，重点发展新金融、新制造等新兴业态，大力度培育引进专业人才，一定程度上借助外脑、外力，破解重点领域发展的瓶颈。集中创新资源开展基础性、前瞻性新一代信息技术研究，突破一批细分领域核心关键技术，提高数字经济核心竞争力。借助建设国家数字经济创新发展试验区的机遇，积极建设数字中国样板区、打造数字经济发展新高地；依托现有自由贸易试验区等，开展国家数字贸易综合试点，打造国内数字经济开放合作核心区，着力提升数字经贸合作水平，扩大数字贸易市场，充分发挥数字贸易对传统贸易的补充作用，加强与非洲、东盟、“一带一路”等重点区域国家的数字贸易合作，挖掘贸易吸纳就业的潜力。

2. 积极参与全球数字贸易治理，加强双、多边国际治理合作

主动参加全球有关数字贸易议题谈判，加强与全球主要国家的对话，探索构建数字贸易税收、贸易便利化等一系列制度与规则。尤其在数字产品对传统税收管辖权造成挑战、数据的本地供给与收益不匹配的背景下，急需密切关注数字经济国际税收规则新变化、新趋势，注重在 G20 框架内发出数字经济生产和消费大国的声音，积极开拓新的合作平台，争取数字贸易规则制定中的话语权，加强双、多边国际税收治理合作。

9.4　协调推进城乡数字经济均衡发展优化劳动力市场的新举措

9.4.1　繁荣农村电子商务促进农民增收，缩小城乡收入差距

在数字经济时代，乡村振兴战略的实施面临着互联网、大数据、人工智能

和实体经济深度融合的外在情境。数字经济对我国农业、农村、农民带来了难得的发展机遇，是农民增收的新动力。当前农村数字经济最活跃、最集中的形式之一是农村电子商务。作为农村数字经济的一种新业态，农村电子商务已成为销售流通农产品和拓宽农民收入来源的重要渠道之一。近年来，农村电子商务快速发展，深刻改变了农产品的销售模式，不断涌现电商直播、产地直销等新业态。许多农民把自己的田地和大棚变成了直播间，许多地方领导也以“带货主播”的身份推广销售当地农产品。大力发展农村电子商务能够有效促进农民增收，减小城乡收入差距，发展农村电子商务从新型基础设施建设、政府政策、人员培训等多个方面采取相关措施。

1. 完善农村地区数字基础设施建设

在新型基础设施建设的背景下，应着重提升农村地区互联网接入率，完善农村地区数字基础设施建设，进一步缩小城乡数字鸿沟，为农村电商营造良好发展环境。①加快改造升级农村信息基础设施。积极推进农村互联网接入设备、线路和服务升级，逐步实现城乡网络带宽容量平衡。全面提高农村固定互联网接入能力和速度。②加快建设5G农村基站。目前，98%的行政村已覆盖4G网络，其中包括部分贫困地区。然而，随着5G应用的加速，农村网络也面临着升级换代的内部需求。因此，有关部门要充分发挥领导和协调作用，逐步实现5G覆盖从重点城镇和村庄向城乡偏远地区的深度覆盖，并完成农村5G基站、管道、配套设施等基建任务。

2. 完善农村物流体系顶层设计

受农业生产自身特点的影响，农村物流也具有明显的分散性、季节性和复杂性特征。经营农村物流的主体主要是个体、零售。另外，受农产品的非标准化和易腐性特点的影响，我国农村物流组织化程度较低。农村物流基础设施比较薄弱。在村级，很少有单一的商业物流主体，更多是连接到乡镇物流基地的服务中心或服务点。因此，有必要重视农村物流网络体系的顶层设计，重视城乡物流体系的规划，以促进农产品顺利进入城市。一方面，扩大农村电商覆盖，完善三级（县、乡、镇）物流配送系统，加强县村物流配送中心和网点建设、打通城乡双向流动的通道，促进大型流通企业下沉到农村市场，促进流通网络集成，支持城市商业中心的建设，鼓励皮卡车到农村等，以提高农村提供的商品和服务质量。另一方面，我们需要加强非营利组织的建设，改造农产品批发市场和农贸市场，改善农产品冷链物流基础设施，加快冷链物流的薄弱环节，促进农产品安全、高效流通到人们的餐桌。

此外，在生产方面可以推动农业合作社，促进生产的组织化、规模化、规范化。大力发展销售端的电子商务、连锁经营等形式，促进农产品品牌化和高效化，通过对供应链前端生产、物流以及销售端的全方位提升，从根本上提高农产品的物流水平。

3. 强化地方政府政策引导，完善电商产业链规划

在农村电子商务发展中，地方政府要积极有为，在“淘宝村（镇）”的创业孵化、筹备建设、后续发展、信贷税收和人员技能培训等方面给予政策和行政扶持。①利用政策，引导农村个体可以围绕农村电子商务产业链进行创业，健全农村电子商务发展的产业链。当前，农村创新创业形式多种多样，创业活跃度非常高，涌现出大批返乡创业的农民工和返乡创业的高技术人员，这些都成为带动农村电商发展的动力。②鼓励闲置资产综合利用，如鼓励利用农户家中空闲场地、乡村老厂房等开展电商业务，建设电商产业基地实现产业集聚，带动村民电商创业就业。③地方政府可以为中小规模电子商务企业提供金融贷款方面的支持，并对符合资格的电商户给予房租、网络费用补贴或减免。建立电商诚信制度，开发电商征信系统，建立诚信基金和投诉先行赔付制度。④推动当地优势传统产业与电商融合对接，完善电商产业链规划。农村电商要突出特色产品产业的支撑。紧抓本村特色，因地制宜，规划特色农产品。在农业生产上，随着城乡资源的不断融合，订单式农业、观光式农业等新型业态加快发展，极大丰富了种植－销售的传统业态，拉升了农业的产业链。要发展农产品加工业，把更多就业和增值收入留给农民。发展乡村旅游、乡村健康、绿色优质农产品电子商务等新产业新业态，增加农民就业增收机会。

4. 加强电商从业人员培训，增强乡村电商产业发展动能

从地方政府看，可从强化创业教育、强化互联网思维、提升网络创业者的技能水准等角度，全面提升创业者的创业理念和技术，强化创业培训成为淘宝村发展的基础工程。积极向我国特色乡镇学习心得，培育返乡大学生、乡村好青年等创业主体，增强乡村电商产业发展动能；充分利用农村资源，针对文化程度较低的农民、大学生村官以及龙头企业管理人员等不同层级的人员进行差异化培养、定向培训，以更好、更快地适应电商业务的发展。

从农民自身看，要重视提升其在数字经济时代应具备的素养，鼓励其参加政府行业技能培训和各大电子商务平台的相关培训计划，增强其自身的电子商

务融入能力，帮助其以人力资源积累方式实现增收。

9.4.2 推进中西部产业数字化差异化发展，缩小中西部地区劳动力收入差距

工业数字化通过产业结构合理化和产业结构高级化可以促进我国劳动力市场整体就业率的提升，尤其是对中西部地区和高技能劳动力的就业增长有更加明显的作用。要加快中西部地区产业转型升级速度，积极鼓励制造业智能化应用，充分发挥工业智能化对中西部地区就业人员的吸纳作用。

物质和人力资本方面存在的区域性差异决定了我国东、中、西部不同的经济发展路径。在新一轮国际产业转移背景下，东部沿海地区应当积极融入国际产业链，加快实现价值链攀升和经济结构转型升级，以技术创新带动经济增长。物质和人力资本相对贫乏的内陆地区可以通过承接沿海地区的产业，根据各地区的比较优势、结合东部地区具有转移趋势的产业，确定西部各地区承接的重点产业，充分发挥自身承接能力。要利用西部地区土地、劳动力低成本优势，积极承接纺织、电子加工等劳动密集型产业，扩大中低技能劳动力的就业和收入状况。

东部沿海地区融入国际产业，西部地区承接东部地区过剩产业需要重点关注中国劳动力市场的就业极化现象，政府要继续加大对中低技能劳动者的人力资本投入，防止中等技能劳动力就业状况进一步恶化。一方面，加大西部地区教育经费支出，培养高等技能劳动力，通过优惠的政策通道吸引和挽留人才，为积极引进高端制造业等提供人才支撑。另一方面，应对中等技能劳动力的在岗、转岗技能培训给予支持，增加教育和培训投入，加强中等技能劳动力自身的技能储备，推动中等技能劳动力逐步向高等技能劳动力升级和转移。

9.4.3 推进城乡人才、技术、经验等要素流动，为乡村振兴注入新动能

中共中央办公厅和国务院办公厅印发的《数字乡村发展战略纲要》明确指出，“坚持城乡融合，创新城乡信息化融合发展体制机制，引导城市网络、信息、技术和人才等资源向乡村流动，促进城乡要素合理配置。”城乡要素的合理流动和有效配置有利于城乡融合发展。各级政府要坚决消除阻碍城乡生产要素自由流动的制度性障碍，积极推动人才、技术、经验等生产要素回流农

村，为乡村振兴注入新动力。积极向数字经济发达乡村学习，与数字经济示范、试点乡村搭建合作交流的平台，学习其先进经验与模式。

同时，完善乡村就业、创业扶持政策和社会保障制度，吸引和鼓励大学生回乡创业，发挥示范引领作用，带动当地村民运用数字技术销售农产品。各乡村可以针对农村劳动力的就业需求、培训愿望、求职动态等信息进行摸底和分析，直接为镇级甚至区级相关部门落实或制定适时可行的劳动力就业政策提供有力依据，为开展精细化就业服务提供翔实的数据支持。从中央政府到地方政府应不断完善基层就业服务体系建设，为每个基层就业服务组织配备就业服务专员，开展就业指导、岗位推介、台账管理等服务培训，推动精细化服务在基层乡村落地生根。

参考文献

[1] ACEMOGLU D, AUTOR D, DORN D, et al. Return of the solow paradox? IT, productivity, and employment in U. S. manufacturing [J]. American economic review, 2014, 104: 394 – 399.

[2] ACEMOGLU D, AGHION P, HEMOUS B D. The environment and directed technical change [J]. American economic review, 2012, 102 (1): 131 – 166.

[3] ACEMOGLU D, RESTREPO P. Artificial intelligence, automation and work [J]. Social science electronic publishing, 2018.

[4] ACEMOGLU D, RESTREPO P. Low – skill and high – skill automation [J]. Journal of human capital, 2018, 12 (2): 204 – 232.

[5] ACEMOGLU D, RESTREPO P. Robots and jobs: evidence from US labor markets [J]. Journal of political economy, 2020, 128 (6): 2188 – 2244.

[6] ACEMOGLU D, RESTREPO P. The race between man and machine: implications of technology for growth [J]. Factor shares, and employment, American economic review, 2018, 108 (6): 1488 – 1542.

[7] AGRAWAL A, GANS J S, GOLDFARB A. Artificial intelligence: the ambiguous labor market impact of automating prediction [J]. Journal of economic perspectives, 2019, 33 (2): 31 – 50.

[8] AMPATZIDIS Y, DE BELLIS L, LUVISI A. IPathology: robotic applications and management of plants and plant diseases [J]. Sustainability, 2017, 9 (6): 1010.

[9] AUTOR D H, DORN D, HANSON G H. Untangling trade and technology: evidence from local labour markets [J]. The economic journal, 2015, 125 (584): 621 – 646.

[10] AUTOR D H, DORN D. The growth of low – skill service jobs and the polarization of the US labor market [J]. American Economic Review, 2013, 103 (5): 1553 – 1597.

[11] AUTOR D H, KATZ L F, KRUEGER A B. Computing inequality: have computers changed the labor market? [J]. Quarterly journal of economics, 1998, 113 (4): 1169 – 1213.

[12] AUTOR D H, LEVY F, MURNANE R J. The skill content of recent technological change: an empirical exploration [J]. Quarterly journal of economic, 2003, 118 (4): 1279 – 1333.

[13] AUTOR D H, MURNANE L. The skill content of recent technological change: an empirical exploration [J]. The quarterly journal of economics, 2003, 118 (4): 1279 – 1333.

[14] AUTOR D H. Why are there still so many jobs? The history and future of workplace automation [J]. Journal of economic perspectives, 2015, 29 (3).

[15] BAREFOOT K, CURTIS D, JOLLIFF W, et al. Defining and measuring the digital economy [J]. Bea working paper, 2018, 3 (15).

[16] BARTEL A, CASEY I., KATHRYN S. How does information technology affect productivity? Plant – level comparisons of product innovation, process improvement, and worker skills [J]. Quarterly journal of economics, 2007, 122: 1721 – 1758.

[17] BAUER J M. The internet and income inequality: socio – economic challenges in a hyperconnected society [J]. Telecommunications policy, 2018, 42 (4): 333 – 343.

[18] BERG A, BUFFIE E F, ZANNA L F. Robots, growth, and inequality [J]. Finance & development, 2016, 53 (3): 10 – 13.

[19] BESSEN J. AI and jobs: the role of demand [R]. National bureau of economic research, 2018.

[20] BOGLIACINO F, PIANTA M. Innovation and employment: a reinvestigation using revised pavitt classes [J]. Research policy, 2010, 39 (6): 799 – 809.

[21] BRITZ J J, BLIGNAUT J N. Information poverty and social justice [J]. South African journal of library and information science, 2001, 67 (2): 63 – 92.

[22] BRYNJOLFSSON E, HITT L M. Beyond computation: information technology, organizational transformation and business performance [J]. Journal of economic perspectives, 2000, 14: 23 – 48.

[23] BRYNJOLFSSON E. Race against the machine: how the digital revolution is accelerating innovation, driving productivity, and irreversibly transforming employment and the economy [J]. Language, 2011.

[24] BUERA F J, KABOSKI J P. Can traditional theories of structural change fit the data? [J]. Journal of the European economic association, 2009, 7 (2 – 3): 469 – 477.

[25] BURGA R, BARRETO M E G. The effect of internet and cell phones on employment and agricultural production in rural villages in Peru [R]. Working paper, economics department, Universidad de Piura, 2014.

[26] COLECCHIA A, DE PANIZZA A, KOKSAL – OUDOT E, et al. Measuring the digital economy: a new perspective [R]. OECD, 2014.

[27] COLIN F, FRANK F, JASON H, et al. Speculation and e – commerce:: the long and the short of IT [J]. International journal of accounting information systems, 2009, 11 (2).

[28] DAICHI S, HIROYUKI Y, MARTIN G. Mobile phones and market information: evidence from rural cambodia [J]. Food policy, 2015, 57.

[29] DARON A, PASCUAL R. The race between man and machine: implications of technology for growth, factor shares, and employment [J]. American economic review, 2018, 108 (6): 1488 – 1542.

[30] DAUTH W, FINDEISEN S, et al. German robots – the impact of industrial robots on workers [J]. Cepr discussion paper, 2017.

[31] DAVID H. Why are there still so many jobs? The history and future of workplace automation [J]. Journal of economic perspectives, 2015, 29 (3): 3 – 30.

[32] DECANIO, STEPHEN J. Robots and humans C complements or substitutes? [J]. Journal of macroeconomics, 2016, 49: 280 – 291.

[33] Digital economy board of advisors. First report of the digital economy board of advisors [R]. U. S. department of commerce, 2016.

[34] DIMAGGIO P, HARGITTAI E, CELESTE C, et al. From unequal access to differentiated use: a literature review and agenda for research on digital inequality [R]. Working report 29, center for arts and cultural policy studies, Princeton University, 2004.

[35] DIX – CARNEIRO R, KOVAK B K. Trade liberalization and the skill premium: a local labor markets approach [J]. American economic review papers and proceedings, 2015, 105 (5): 551 – 557.

[36] DOMS M, DUNNE T, TROSKE K R. Workers, wages, and technology author [J]. Quarterly journal of economics, 1997, 112 (1): 253 – 290.

[37] ELISABETH B. Success factors of business model innovation [D]. 上海交通大学, 2018.

[38] FAFCHAMPS M, MINTEN B. Impact of SMS – based agricultural information on Indian farmers [J]. The world bank economic review, 2012, 26 (3): 383 – 414.

[39] FANG M, MUZAFFER U. Effects of gender differences on perceptions of destination attributes, motivations, and travel values: an examination of a nature – based resort destination [J]. Journal of sustainable tourism, 2008, 16 (4).

[40] FREY C B, OSBORNE M A. The future of employment: how susceptible are jobs to computerization? [J]. Technological forecasting and social change, 2017, 114: 254 – 280.

[41] FUHRMEISTER E R, SCHWAB K J, JULIAN T R. Estimates of nitrogen, phosphorus, biochemical oxygen demand, and fecal coliforms entering the environment due to inadequate sanitation treatment technologies in 108 low and middle income countries [J]. Environmen-

tal science & technology, 2015, 49 (19).

[42] FUTCH M D, MCINTOSH C T. Tracking the Introduction of the village phone product in Rwanda [J]. Information technologies & international development, 2009, 5 (3): 54 -81.

[43] GALOR O, MOAV O. Ability - biased technological transition, wage inequality, and economic growth [J]. The quarterly journal of economics, 2000, 115 (2): 469 -497.

[44] GOOS M, MANNING A, SALOMONS A. Explaining job polarization: routine - biased technological change and offshoring [J]. The American economic review, 2014, 104 (8): 2509 -2526.

[45] GOOS M, MANNING A, SALOMONS A. Job polarization in Europe [J]. American economic review, 2009, 99 (2).

[46] GRAETZ G, MICHAELS G. Is modern technology responsible for jobless recoveries? [J]. American economic review, 2017, 107 (5): 168 -73.

[47] GRAETZ G, MICHAELS G. Robots at work [J]. The review of economics and statistics, 2018, 100 (5): 753 -768.

[48] GUY M, ASHWINI N, JOHN V R. Has ICT polarized skill demand? Evidence from eleven countries over twenty - five years [J]. Review of economics and statistics, 2014, 96 (1).

[49] H CHENG, R JIA, D LI, et al. The rise of robots in China [J]. Journal of economic perspectives, 2019, 33 (2): 71 -88.

[50] HEMOUS D, OLSEN M. The rise of the machines: automation, horizontal innovation and income inequality [R]. Cepr discussion paper, 2013.

[51] HENRY D K, BUCKLEY P, GILL G, et al. The emerging digital economy II [R]. US department of commerce, Washington DC, 1999.

[52] IKENAGA T, KAMBAYASHI R. Task polarization in the Japanese labor market: evidence of a long - term trend [J]. Industrial relations: a journal of economy and society, 2016, 55 (2): 267 -293.

[53] JORGENSON D W, STIROH K J. Information technology and growth [J]. American economic review, 1999 (2): 109 -115.

[54] LANKISCH C, PRETTNER K, PRSKAWETZ A. Robots and the skill premium: an automation - based explanation of wage inequality [R]. Working paper, 2017.

[55] LI B J. Export expansion, skill acquisition and industry specialization: evidence from China [J]. Journal of international economics, 2018, 114 (9): 346 -361.

[56] MAHADERAN R, KALIRAJAN K. On measuring total factor productivity growth in Singapore's manufacturing industries [J]. Aplied economics letters, 1999 (9): 295 -298.

[57] MARGHERIO L, et al. The emerging digital economy [R]. US department of commerce,

Washington DC, 1998.

[58] MATEUS A. DESI 2015. Digital economy and society index methodological note [R]. EU commerce, Bruxelles, 2015.

[59] MESENBOURG T L. Measuring the digital economy [R]. US bureau of the census, 2001.

[60] NALEBUFF B J, BRANDENBURGER A M. Co – opetition: competitive and cooperative business strategies for the digital economy [J]. Strategy and leadership, 1997, 25 (6): 28 – 35.

[61] PAUL D, BART B. Make money surfing the web? The impact of internet use on the earnings of U. S. workers [J]. American sociological review, 2008, 73 (2).

[62] PéLISSIé R, MANYIKA J, HAZAN E, et al. Internet matters: the Net's sweeping impact on growth, jobs and prosperity [R]. McKinsey global institute, 2011.

[63] PETIT P. The economics of technology and employment: theory and empirical evidence – vivarelli, m [J]. Economic journal, 1997, 66 (1): 97 – 98.

[64] RAMASWAMY R R. Growth, trade, and deindustrialization [J]. IMF economic review, 1999, 46 (1): 18 – 41.

[65] REES H, SHAH A. An empirical analysis of self – employment in the U. K [J]. Journal of applied econometrics, 1986, 1 (1): 95 – 108.

[66] RODRIK D. Premature deindustrialization [J]. Journal of economic growth, 2016, 21 (1): 1 – 33.

[67] ROSENTHAL, STUART S, STRANGE, et al. Female entrepreneurship, agglomeration, and a new spatial mismatch [J]. Review of economics and statistics, 2012.

[68] SALOMONS A. Is automation labor – displacing? Productivity growth, employment, and the labor share [R]. National bureau of economic research, 2018.

[69] SCHWAB, JAMES C. Review of the world in 2050: four forces shaping civilization's northern future [J]. Journal of homeland security & emergency management, 2016, 8 (1): A260.

[70] SHIMAMOTO D, H YAMADA, M GUMMERT. Mobile phones and market information: evidence from rural Cambodia [J]. Food policy, 2015, 57 (11): 135 – 141.

[71] STIROH K J. Information technology and the U. S. productivity revival: what do the industry data say? [J]. The American economic review, 2002, 92 (5): 1559 – 1576.

[72] STRAUBHAAR T, ZIMMERMANN K F. Towards a European migration policy [J]. Population research and policy review, 1993, 12 (3): 225 – 241.

[73] TAKAHIRO T, TAKAHIRO H, TOMIO N, et al. Does removal of out – of – pocket costs for cervical and breast cancer screening work? A quasi – experimental study to evaluate the impact on attendance, attendance inequality and average cost per uptake of a Japanese gov-

ernment intervention [J]. International journal of cancer, 2013, 133 (4).

[74] TOURKOLIAS C, MIRASGEDIS S. Quantification and monetization of employment benefits associated with renewable energy technologies in Greece [J]. Renewable and sustainable energy reviews, 2011, 15 (6): 2876 - 2886.

[75] WANLIN G, YANG P, XIN C, et al. An online agricultural product transaction system [J]. New Zealand journal of agricultural research, 2007, 50 (5).

[76] ZEIRA J. Workers, machines, and economic growth [J]. Cepr discussion papers, 1998, 113 (4): 1091 - 1117.

[77] 蔡跃洲，陈楠. 新技术革命下人工智能与高质量增长、高质量就业 [J]. 数量经济技术经济研究，2019 (5): 3 - 22.

[78] 蔡跃洲. 数字经济的增加值及贡献度测算：历史沿革、理论基础与方法框架 [J]. 求是学刊，2018 (5): 65 - 71.

[79] 曹静，周亚林. 人工智能对经济的影响研究进展 [J]. 经济学动态，2018 (1): 103 - 115.

[80] 钞小静，周文慧. 人工智能对劳动收入份额的影响研究：基于技能偏向性视角的理论阐释与实证检验 [J]. 经济与管理研究，2021, 42 (02): 82 - 94.

[81] 陈德余，汤勇刚. 人工智能产业对区域经济发展影响测度分析 [J]. 科技管理研究，2021, 41 (2): 138 - 144.

[82] 陈维涛，韩峰，张国峰. 互联网电子商务、企业研发与全要素生产率 [J]. 南开经济研究，2019 (5): 41 - 59.

[83] 陈永伟，许多. 人工智能的就业影响 [J]. 比较，2018 (2): 135 - 160.

[84] 陈永伟，曾昭睿. "第二次机器革命"的经济后果：增长、就业和分配 [J]. 学习与探索，2019 (2): 101 - 113.

[85] 程虹，陈文津，李唐. 机器人在中国：现状、未来与影响：来自中国企业—劳动力匹配调查 (CEES) 的经验证据 [J]. 宏观质量研究，2018 (3): 1 - 21.

[86] 程虹，王泽宇，陈佳. 机器人与工资：基于劳动力质量中介效应的解释：来自中国企业综合调查 (CEGS) 的经验证据 [J]. 宏观质量研究，2020 (5): 1 - 13.

[87] 程虹，袁璐雯. 机器人使用、工艺创新与质量改进：来自中国企业综合调查 (CEGS) 的经验证据 [J]. 南方经济，2020 (1): 46 - 59.

[88] 程名望，张家平. 互联网普及与城乡收入差距：理论与实证 [J]. 中国农村经济，2019 (2): 19 - 41.

[89] 邓翔，黄志. 人工智能技术创新对行业收入差距的效应分析：来自中国行业层面的经验证据 [J]. 软科学，2019, 33 (11): 1 - 5, 10.

[90] 杜传忠，许冰. 技术进步与产业结构升级的就业效应：2000—2014 年省级面板数据

分析 [J]. 科技进步与对策，2017，34（13）：55－60.
[91] 段军山，余点点. 市场化改革与城乡收入差距收敛：基于中国省级面板数据的经验研究 [J]. 统计与信息论坛，2013，28（11）：39－47.
[92] 杜运周，张玉利，任兵. 展现还是隐藏竞争优势：新企业竞争者导向与绩效 U 型关系及组织合法性的中介作用 [J]. 管理世界，2012（7）：96－107.
[93] 樊纲，王小鲁，张立文，等. 中国各地区市场化相对进程报告 [J]. 经济研究，2003，(3)：9－20.
[94] 干春晖，郑若谷，余典范. 中国产业结构变迁对经济增长和波动的影响 [J]. 经济研究，2011，46（05）：4－16，31.
[95] 高文武，徐明阳，范佳健，等. 经济发展、城乡二元化对城乡居民收入差距影响的实证分析 [J]. 统计与决策，2018，34（3）：147－150.
[96] 郭峰，熊瑞祥. 地方金融机构与地区经济增长：来自城商行设立的准自然实验 [J]. 经济学（季刊），2018，17（01）：221－246.
[97] 郭凯明. 人工智能发展、产业结构转型升级与劳动收入份额变动 [J]. 管理世界，2019，35（07）：60－77，202－203.
[98] 郭美荣，李瑾，冯献. 基于“互联网＋”的城乡一体化发展模式探究 [J]. 中国软科学，2017（9）：10－17.
[99] 韩长根，张力. 互联网普及对于城乡收入分配的影响：基于我国省际面板数据的系统 GMM 分析 [J]. 经济问题探索，2017（8）：18－27.
[100] 韩雷，张磊. 电商经济是效率和公平的完美结合吗 [J]. 当代经济科学，2016，38（3）：80－90，127.
[101] 韩民春，冯乐兰. 工业机器人应用对我国劳动力就业影响的研究 [J]. 工业技术经济，2020（6）：117－122.
[102] 韩民春，乔刚. 工业机器人对制造业劳动力就业的结构性影响与地区差异 [J]. 产经评论，2020（5）：49－63.
[103] 郝楠. 劳动力就业“极化”、技能溢价与技术创新 [J]. 经济学家，2017（8）：27－32.
[104] 郝楠，江永红. 谁影响了中国劳动力就业极化？[J]. 经济与管理研究，2017，38（5）：75－85.
[105] 何婧，李庆海. 数字金融使用与农户创业行为 [J]. 中国农村经济，2019（01）：112－126.
[106] 何玉长，方坤. 人工智能与实体经济融合的理论阐释 [J]. 学术月刊，2018，(5)：56－67.
[107] 何宗樾，宋旭光. 数字经济促进就业的机理与启示：疫情发生之后的思考 [J]. 经济学家，2020（05）：58－68.

[108] 贺建风．新形势下数字经济的发展与治理［J］．人民论坛·学术前沿，2020（17）：40－47．

[109] 贺娅萍，徐康宁．互联网对城乡收入差距的影响：基于中国事实的检验［J］．经济经纬，2019，36（2）：25－32．

[110] 胡鞍钢，王蔚，周绍杰，等．中国开创“新经济”：从缩小“数字鸿沟”到收获“数字红利”［J］．国家行政学院学报，2016（03）：4－13，2．

[111] 胡志平．公共服务高质量供给与“中等收入陷阱”跨越［J］．学习与探索，2019（6）：64－72．

[112] 黄浩．数字经济带来的就业挑战与应对措施［J］．人民论坛，2021（01）：16－18．

[113] 黄茂兴，李军军．技术选择、产业结构升级与经济增长［J］．经济研究，2009，44（07）：143－151．

[114] 黄志平．国家级贫困县的设立推动了当地经济发展吗?：基于 PSM－DID 方法的实证研究［J］．中国农村经济，2018（5）：98－111．

[115] 惠炜，姜伟．人工智能、劳动力就业与收入分配：回顾与展望［J］．北京工业大学学报（社会科学版），2020，20（05）：77－86．

[116] 康铁祥．数字经济及其核算研究［J］．统计与决策，2008（5）：19－21．

[117] 赖德胜，包宁．中国不同区域动态就业弹性的比较：基于面板数据的实证研究［J］．中国人口科学，2011（06）：38－48，111．

[118] 赖德胜，高曼．地区就业岗位的创造：制造业对服务业的就业乘数效应［J］．中国人口科学，2017（4）：28－40，126－127．

[119] 赖光宝，赵邦宏．基于“推拉理论”的农村人口流动原因探讨：以河北省为例［J］．商业经济研究，2015（17）：48－49．

[120] 雷根强，蔡翔．初次分配扭曲、财政支出城市偏向与城乡收入差距：来自中国省级面板数据的经验证据［J］．数量经济技术经济研究，2012，29（03）：76－89．

[121] 冷艳丽，冼国明，杜思正．FDI 与城乡收入差距：基于交通基础设施视角的分析［J］．云南财经大学学报，2017，33（1）：63－73．

[122] 李海舰，田跃新，李文杰．互联网思维与传统企业再造［J］．中国工业经济，2014（10）：135－146．

[123] 李牧辰，封思贤，谢星．数字普惠金融对城乡收入差距的异质性影响研究［J］．南京农业大学学报（社会科学版），2020，20（3）：132－145．

[124] 李琪，唐跃桓，任小静．电子商务发展、空间溢出与农民收入增长［J］．农业技术经济，2019（4）：119－131．

[125] 李昕，关会娟．各级教育投入、劳动力转移与城乡居民收入差距［J］．统计研究，2018，35（3）：80－92．

[126] 李晓华. 数字经济新特征与数字经济新动能的形成机制 [J]. 改革, 2019 (11): 40-51.

[127] 李雅楠, 谢倩芸. 互联网使用与工资收入差距: 基于 CHNS 数据的经验分析 [J]. 经济理论与经济管理, 2017 (7): 87-100.

[128] 李英东. 交易权利、交易能力、交易制度环境与农民收入持续增长 [J]. 农村经济, 2017 (01): 54-59.

[129] 李永友, 沈坤荣. 财政支出结构、相对贫困与经济增长 [J]. 管理世界, 2007 (11): 14-26, 171.

[130] 李忠民, 周维颖, 田仲他. 数字贸易: 发展态势、影响及对策 [J]. 国际经济评论, 2014 (06): 131-144, 8.

[131] 刘亮, 李廉水, 刘军, 等. 智能化与经济发展方式转变: 理论机制与经验证据 [J]. 经济评论, 2020 (02): 3-19.

[132] 刘瑞明, 赵仁杰. 国家高新区推动了地区经济发展吗?: 基于双重差分方法的验证 [J]. 管理世界, 2015 (08): 30-38.

[133] 刘晓倩, 韩青. 农村居民互联网使用对收入的影响及其机理: 基于中国家庭追踪调查 (CFPS) 数据 [J]. 农业技术经济, 2018 (09): 123-134.

[134] 刘耀森. 财政支农支出与农民收入增长的实证分析 [J]. 广西社会科学, 2011 (11): 61-64.

[135] 刘远风. 土地权利与农村空心化治理: 基于新制度经济学的分析 [J]. 经济学家, 2014 (5): 63-69.

[136] 柳思维, 向宇腾, 唐红涛. 金融发展对电商减贫的非线性调节效应研究: 基于我国 285 个地级市的证据 [J]. 经济问题, 2019 (12): 34-43.

[137] 隆云滔, 刘海波, 蔡跃洲. 人工智能技术对劳动力就业的影响: 基于文献综述的视角 [J]. 中国软科学, 2020 (12): 56-64.

[138] 鲁钊阳, 廖杉杉. 农产品电商发展的增收效应研究 [J]. 经济体制改革, 2016 (5): 86-92.

[139] 罗良清, 平卫英, 张雨露. 基于融合视角的中国数字经济卫星账户编制研究 [J]. 统计研究, 2021 (1): 27-37.

[140] 罗珉, 李亮宇. 互联网时代的商业模式创新: 价值创造视角 [J]. 中国工业经济, 2015 (1): 95-107.

[141] 骆永民, 樊丽明. 中国农村基础设施增收效应的空间特征: 基于空间相关性和空间异质性的实证研究 [J]. 管理世界, 2012 (05): 71-87.

[142] 吕朝凤, 朱丹丹. 市场化改革如何影响长期经济增长?: 基于市场潜力视角的分析 [J]. 管理世界, 2016 (02): 32-44.

[143] 吕世斌，张世伟. 中国劳动力“极化”现象及原因的经验研究［J］. 经济学（季刊），2015，14（02）：757－778.

[144] 孟祺. 数字经济与高质量就业：理论与实证［J］. 社会科学，2021（02）：47－58.

[145] 聂高辉，黄明清. 人口老龄化对产业结构升级的动态效应与区域差异：基于省际动态面板数据模型的实证分析［J］. 科学决策，2015（11）：1－17.

[146] 潘希宏，范方志，官智强，等. 财产性收入增长、市场化进程与我国城乡收入差距：基于面板协整模型的实证分析［J］. 云南财经大学学报，2013，29（3）：39－44.

[147] 庞春. 交易效率、人口密度与厚实市场：内生分工的经济分析［J］. 经济学报，2019，6（4）：158－214.

[148] 彭刚，赵乐新. 中国数字经济总量测算问题研究：兼论数字经济与我国经济增长动能转换［J］. 统计学报，2020（3）：1－13.

[149] 彭继增，陶旭辉，徐丽. 我国数字化贫困地理集聚特征及时空演化机制［J］. 经济地理，2019，39（02）：169－179.

[150] 戚聿东，刘翠花. 数字经济背景下互联网使用是否缩小了性别工资差异：基于中国综合社会调查的经验分析［J］. 经济理论与经济管理，2020（9）：70－87.

[151] 戚聿东，刘翠花，丁述磊. 数字经济发展、就业结构优化与就业质量提升［J］. 经济学动态，2020（11）：17－35.

[152] 邱泽奇，张樹沁，刘世定，等. 从数字鸿沟到红利差异：互联网资本的视角［J］. 中国社会科学，2016（10）：93－115，203－204.

[153] 沈赏. 基于系统 GMM 的我国人工智能对产业转型升级影响效应分析［J］. 工业技术经济，2020，39（4）：155－160.

[154] 师博. 人工智能促进新时代中国经济结构转型升级的路径选择［J］. 西北大学学报（哲学社会科学版），2019，49（5）：14－20.

[155] 宋旭光，左马华青. 工业机器人投入、劳动力供给与劳动生产率［J］. 改革，2019（09）：45－54.

[156] 宋晓玲.“互联网＋”普惠金融是否影响城乡收入均衡增长？：基于中国省际面板数据的经验分析［J］. 财经问题研究，2017（7）：50－56.

[157] 孙浦阳，张靖佳，姜小雨. 电子商务、搜寻成本与消费价格变化［J］. 经济研究，2017，52（07）：139－154.

[158] 孙早，侯玉琳. 工业智能化如何重塑劳动力就业结构［J］. 中国工业经济，2019（05）：61－79.

[159] 田洪川，石美遐. 制造业产业升级对中国就业数量的影响研究［J］. 经济评论，2013，（5）：68－78.

[160] 王国敏，唐虹，费翔. 数字经济时代的人力资本差异与收入不平等：基于 PIAAC 微

观数据［J］. 社会科学研究，2020（5）：97－107.

［161］王家庭，李艳旭，马洪福，等. 中国制造业劳动生产率增长动能转换：资本驱动还是技术驱动［J］. 中国工业经济，2019（5）：99－117.

［162］王君，张于喆，张义博，等. 人工智能等新技术进步影响就业的机理与对策［J］. 宏观经济研究，2017（10）：169－181.

［163］王凯，庞震. 从社会主要矛盾变化看我国城乡收入差距的不平衡［J］. 当代经济管理，2019，41（5）：1－9.

［164］王林辉，袁礼. 有偏型技术进步、产业结构变迁和中国要素收入分配格局［J］. 经济研究，2018，53（11）：115－131.

［165］王沛栋. 农村电子商务产业集群发展的动力机制透析［J］. 重庆社会科学，2017（9）：61－67.

［166］王颂吉，李怡璇，高伊凡. 数据要素的产权界定与收入分配机制［J］. 福建论坛（人文社会科学版），2020（12）：138－145.

［167］王文. 数字经济时代下工业智能化促进了高质量就业吗［J］. 经济学家，2020（04）：89－98.

［168］王瑜. 电商参与提升农户经济获得感了吗?：贫困户与非贫困户的差异［J］. 中国农村经济，2019（7）：37－50.

［169］魏燕，龚新蜀. 技术进步、产业结构升级与区域就业差异：基于我国四大经济区 31 个省级面板数据的实证研究［J］. 产业经济研究，2012（04）：19－27.

［170］温忠麟，叶宝娟. 中介效应分析：方法和模型发展［J］. 心理科学进展，2014，22（05）：731－745.

［171］吴万宗，刘玉博，徐琳. 产业结构变迁与收入不平等：来自中国的微观证据［J］. 管理世界，2018，34（02）：22－33.

［172］吴振球，王振，程婷. 产业结构优化升级，经济发展方式转变与扩大就业：基于我国 1995－2011 年省级面板数据的经验研究［J］. 中央财经大学学报，2013，1（12）：70－77.

［173］武汉大学稳经济保就业课题组. 疫情冲击下保企业稳产业促就业的思考与建议［J］. 中国人口科学，2020（03）：2－10，126.

［174］伍骏骞，阮建青，徐广彤. 经济集聚、经济距离与农民增收：直接影响与空间溢出效应［J］. 经济学（季刊），2017，16（01）：297－320.

［175］向书坚，吴文君. 中国数字经济卫星账户框架设计研究［J］. 统计研究，2019（10）：3－16.

［176］肖端，杨琰军，谷继建. 农村普惠金融能缩小县域城乡收入差距吗［J］. 宏观经济研究，2020（0（1）：20－33.

[177] 谢绚丽，沈艳，张皓星，等．数字金融能促进创业吗?：来自中国的证据［J］．经济学（季刊），2018，17（04）：1557－1580.

[178] 许宪春，张美慧．中国数字经济规模测算研究：基于国际比较的视角［J］．中国工业经济，2020（5）：23－41.

[179] 续继，唐琦．数字经济与国民经济核算文献评述［J］．经济学动态，2019（10）：117－131.

[180] 阎大颖．中国各地区市场化进程差异对收入分配的影响［J］．上海财经大学学报，2007，(5)：59－66.

[181] 阎世平，武可栋，韦庄禹．数字经济发展与中国劳动力结构演化［J］．经济纵横，2020（10）：96－105.

[182] 闫雪凌，朱博楷，马超．工业机器人使用与制造业就业：来自中国的证据［J］．统计研究，2020，37（1）：74－87.

[183] 杨春艳．贸易开放与工资差距：基于中国制造业行业面板数据的实证研究［J］．世界经济研究，2012（7）：41－45，59，88.

[184] 杨丹萍，杨丽华．对外贸易、技术进步与产业结构升级：经验、机理与实证［J］．管理世界，2016（11）：172－173.

[185] 杨蕙馨，李春梅．中国信息产业技术进步对劳动力就业及工资差距的影响［J］．中国工业经济，2013（01）：51－63.

[186] 杨柠泽，周静．互联网使用能否促进农民非农收入增加?：基于中国社会综合调查（CGSS）2015年数据的实证分析［J］．经济经纬，2019，36（05）：41－48.

[187] 杨仲山，张美慧．数字经济卫星账户：国际经验及中国编制方案的设计［J］．统计研究，2019（5）：16－30.

[188] 姚毓春，袁礼，王林辉．中国工业部门要素收入分配格局：基于技术进步偏向性视角的分析［J］．中国工业经济，2014（08）：44－56.

[189] 姚战琪，夏杰长．资本深化、技术进步对中国就业效应的经验分析［J］．世界经济，2005（01）：58－67＋80.

[190] 于井远，王金秀．收入不平等与农户生活满意度：来自中国社会综合调查［J］．农业经济与管理，2020（5）：78－89.

[191] 原嫄，李国平，孙铁山，等．中国制造业各行业大类的区域转移特征与聚类研究［J］．经济地理，2015，35（10）：94－102.

[192] 翟涛，于翠平．贸易开放、有偏的技术进步和工资差距：基于中国制造业细分行业的实证分析［J］．商业研究，2016（7）：102－111.

[193] 詹晓宁，欧阳永福．数字经济下全球投资的新趋势与中国利用外资的新战略［J］．管理世界，2018，34（03）：78－86.

[194] 张浩然，衣保中. 产业结构调整的就业效应：来自中国城市面板数据的证据［J］. 产业经济研究，2011，52（3）：50－55.

[195] 张俊. 高铁建设与县域经济发展：基于卫星灯光数据的研究［J］. 经济学（季刊），2017，16（04）：1533－1562.

[196] 张磊，韩雷. 电商经济发展扩大了城乡居民收入差距吗？［J］. 经济与管理研究，2017，38（5）：3－13.

[197] 张丽君，巩蓉蓉，袁伟伦. 公共服务差距与区域间收入不平等的形成：基于2000—2019年省级面板数据的分析［J］. 公共管理评论，2021：1－32.

[198] 张岩，王小志. 农村贫困地区实施电商扶贫的模式及对策研究［J］. 农业经济，2016（10）：58－59.

[199] 张奕芳. 互联网贸易能否缩小收入差距?：双异质模型及来自中国的经验［J］. 经济问题探索，2019（06）：50－58.

[200] 张跃. 政府干预、经济集聚与城乡收入差距［J］. 广东财经大学学报，2020，35（1）：4－15，56.

[201] 郑玉华，蒋智华. 地区市场化水平对居民收入分配差距的影响效应分析［J］. 经济问题探索，2005（7）：144－147.

[202] 中国信息通信研究院. 中国数字经济发展与就业白皮书［R］. 中国信息通信研究院，2020.

[203] 朱琪，刘红英. 人工智能技术变革的收入分配效应研究：前沿进展与综述［J］. 中国人口科学，2020（2）：111－125，128.

[204] 曾亿武，郭红东，金松青. 电子商务有益于农民增收吗?：来自江苏沭阳的证据［J］. 中国农村经济，2018（02）：49－64.

[205] 曾亿武，张增辉，方湖柳，等. 电商农户大数据使用：驱动因素与增收效应［J］. 中国农村经济，2019（12）：29－47.

[206] 曾卓然. 市场化进程下二元经济结构对城乡居民收入差距的影响分析［J］. 经济问题探索，2019（12）：102－111.